HUIZHAN

高等学校会展经济与管理专业
本科系列教材

会展学原理

主　编　马　勇
副主编　李丽霞

重庆大学出版社

内容提要

本书吸收了国内外会展理论研究的最新成果，并参考了大量的国内外相关案例，将理论和实践紧密结合。全书共分为12章，分别为会展绪论、现代会展业的发展历程、会展组织的运营管理、会展场馆设计与管理、会展项目管理、会展市场营销管理、会展人力资源管理、会展客户关系管理、会展信息管理、会展物流管理、会展品牌管理以及会展旅游管理等。为方便学生学习，本书在每章后面都编有与章节内容相关的实际案例，帮助学生消化吸收理论知识，学以致用。

本书不仅可以作为高等院校会展经济与管理专业的必修课程教材，也可以作为会展行业中高层次管理人才的培训用书，或为大中专院校会展管理专业师生的参考读本以及高等职业教育、自学考试人员的辅助资料。

图书在版编目(CIP)数据

会展学原理／马勇主编.—重庆：重庆大学出版社，2015.2(2024.7 重印)
高等学校会展经济与管理专业本科系列教材
ISBN 978-7-5624-8787-6

Ⅰ.①会… Ⅱ.①马… Ⅲ.①展览会—高等学校—教材 Ⅳ.①G245

中国版本图书馆 CIP 数据核字(2014)第 001147 号

高等学校会展经济与管理专业本科系列教材
会展学原理
主 编 马 勇
副主编 李丽霞
责任编辑：尚东亮 版式设计：尚东亮
责任校对：秦巴达 责任印制：张 策
*
重庆大学出版社出版发行
出版人：陈晓阳
社址：重庆市沙坪坝区大学城西路 21 号
邮编：401331
电话：(023) 88617190 88617185(中小学)
传真：(023) 88617186 88617166
网址：http://www.cqup.com.cn
邮箱：fxk@cqup.com.cn (营销中心)
全国新华书店经销
POD：重庆新生代彩印技术有限公司
*
开本：787mm×1092mm 1/16 印张：17 字数：403 千
2015 年 2 月第 1 版 2024 年 7 月第 2 次印刷
ISBN 978-7-5624-8787-6 定价：49.00 元

编委会

总　序

在经济全球化和文化多元化日益加深的大背景下，会展业已经发展成为新兴的现代服务型产业，会展经济在经济全球化浪潮中脱颖而出，成为世界经济发展的亮点。进入21世纪以来，中国会展业搭上了经济快速发展和综合国力不断增强的快车，近几年更以每年20%～30%的速度增长，并以其强大的产业带动效应、集聚效应和辐射效应逐渐成为众多省(市)的支柱型产业，正朝着国际化、科技化、精细化和绿能化方向发展。中国正在由世界会展大国向世界会展强国挺进。

商务部2011年底发布的《关于"十二五"期间促进会展业发展的指导意见》中明确指出：会展业是现代服务业的重要组成部分，影响面广、关联度高、发展潜力大，在推动产业结构调整、加快转变经济发展方式中的重要作用日益凸显，必须从科学发展观的战略高度，认识发展会展业的重要性，把其作为一项长期任务抓紧抓好。教育部2012年颁布的《普通高等学校本科专业目录(2012年)》中，将旅游管理专业上升为与工商管理学科平级的一级大类专业，这意味着隶属于旅游管理类专业的会展经济与管理专业有了更好的学科地位。正是在这种会展经济繁荣发展和对会展人才需求急剧增长的背景下，积极整合会展教育资源，为我国会展业的发展提供强有力的人才保证和智力支持，使我国会展教育逐渐进入繁荣发展阶段，建设一套高质量和高水准的"高等学校会展经济与管理专业本科系列规划教材"则成为当前会展教育的现实迫切需要。

在教育部高等学校旅游管理类专业教学指导委员会的大力支持和指导下，重庆大学出版社历时3年在全国开设有会展经济与管理本科专业或方向的学校积极调研，充分论证，并征求高校和行业企业中众多会展专家对本专业课程设置及课程内容等方面的意见，在中国会展教育的开创者和著名学者、教育部旅游管理类专业教学指导委员会副主任、中国会展经济研究会创会副会长、湖北大学中国会展研究中心主任、旅游发展研究院院长马勇教授，以及教育部高等学校旅游管理类专业教学指导委员会主任、云南大学工商管理与旅游管理学院院长田卫民教授的具体策划和指导下，邀请了全国20多所开设有会展经济与管理本科专业的高等学校知名教授、学科带头人和一线骨干专业教师，以及会展行业专家、海外专业师资等参与积极论证、精心编撰，而成"高等学校会展经济与管理专业本科系列规划教材"。

会展领域专业人才的缺乏已成为制约我国会展业大发展的一大瓶颈，该套教材旨在为培养高校会展本科专业人才提供有力的教育支撑，缓解发展我国会展业大量引进国外人才的局面，真正促进我国会展教育的大繁荣大发展。该套教材着重达到两个目标：第一，完善我国会展专业高等教育体系，在全面总结中国会展产业发展的理论成果和实践经验的基础上，推进中国会展专业的理论发展和学科建设，提高中国现代会展从业人员的专业素养和理论功底；第二，在本科会展教育的过程当中，能够产生强有力的示范效应和带动效应，积极推动本科会展经济与管理专业课程改革与建设的持续健康发展。

本套教材定位于会展产业发展人才需求层次较高的本科教育，是在对我国会展教育人才培养方向、培养目标和教育特色等方面的把握以及对会展发达国家会展教育学习借鉴的基础上编写而成的，具有较强的前瞻性、系统性和完整性。本套教材主要有以下四大亮点：

第一，内容前沿。本套教材尽可能地将当前国内外会展产业发展的前沿理论和热点、焦点问题吸收进来以适应会展业的现实发展需要，并突出会展教育的中国特色。

第二，体系完整。本套教材围绕"融前沿、成体系、出精品"的核心理念展开，将会展行业的新动态、新业态及管理职能、关系管理等都融于教材之中，将理论与实践相结合，实现多角度、多模块组合，形成完整的教材体系，出版精品之作。

第三，注重引用。本套教材在保持本学科基本内容的基础上，注重处理好与相邻及交叉学科的关系，有重点、有关联地恰当引用其他相关学科的理论知识，以更广阔的视野来构建本学科的知识体系。

第四，较高水准。参与本套教材编写的作者很多都是中国会展教育的知名专家，学历层次高、涉及领域广，包括诸多具有博士学位的经济学、管理学和工程学等多方面的专家和学者，并且还有会展行业高水平的业界精英人士，我们力求通过邀请知名优秀的专业作者以保证所出教材拥有较高的水准。

在会展教育新形势新背景下，会展本科教材有新的需求，编写一套有特色、高质量的会展教材是一项复杂的系统工程，需要专家学者、业界、出版社等的广泛支持与集思广益。本套教材在组织策划和编写出版过程中，得到了会展业内专家、学者以及业界精英的广泛支持与积极参与，在此一并表示衷心的感谢！

“路漫漫其修远兮，吾将上下而求索。”希望这套教材能够满足会展本科教育新形势下的新要求，让我们一起努力，开拓创新，为中国会展教育及教材建设贡献一份力量。

高等学校会展经济与管理专业本科系列规划教材
编 委 会
2014 年 10 月

前　言

被誉为“城市经济助推器”的会展业，以其强大的产业经济带动性，早已成为衡量一个城市国际化程度和经济发展水平的重要标准之一。会展汇聚的巨大信息流、技术流、商品流和人才流，不断推动着商品和服务贸易、投资合作、技术和文化交流等各方面的发展和进步，成为当今世界上许多国家国民经济发展的新增长点。

随着我国经济的发展和第三产业的兴起，政府和企业界越来越重视会展业的发展。21 世纪的第一个十年中国会展经济获得了快速的发展，各地政府逐步将发展会展业提升到本地发展的战略高度，“十一五”期间，全国有 29 个省区市把会展业列入本地经济发展规划之中，40 多个城市设立了会展办、会展协会组织，各地区促进会展业发展的举措更加强劲，会展经济的综合作用日益突出。

然而，在日益开放的宏观环境下，我们也应清醒地看到，与世界上会展业高度发达的国家和地区相比，我国会展业还存在着诸多不足，如多数会展企业专业化水平不高，会展场馆利用率较低，会展业人才奇缺、会展品牌化程度不高等。在经济全球化大潮下，未来会展业的市场竞争将更加激烈，各地区会展业也都将面临机遇和威胁并存的局面。可以预见，今后会展业研究将面临更加多元、更加复杂的课题。为此，我们需要认真学习、总结和借鉴国内外会展理论成果和实践经验，探索会展业的运行规律，认真研究适合于我国会展业发展的运作模式和管理办法。

本书正是在这样的背景下编写完成的。为切实提高我国会展产业的服务和管理水平，加快会展专业人才培养的数量和质量，进一步推动我国会展业的持续快速发展，本书的写作吸收了国内外有关会展理论研究的最新成果，并参考了大量的国内外相关案例，对会展业的整体发展进行了较为详细和深入的阐述。全书强调创新、内容翔实、信息量大，并将理论与实践紧密结合，具有较强的理论性、系统性和实用性。本书不仅可以作为高等院校会展经济与管理专业的必修课程教材之一，也对从事会展管理实践的人员有一定的参考价值，还可供各级政府官员和业内理论研究者借鉴。

本书由全国知名的会展教育专家、湖北大学旅游发展研究院院长马勇教授和江西师范大学历史文化与旅游学院教师李丽霞共同撰写完成，全书章节最后由马勇教授统稿、定稿。

由于时间紧迫，能力所限，书中的缺点和错误之处在所难免，恳请各位同仁和朋友们批评指正，以便我们能不断完善。

编　者

2014 年 10 月于武汉

目 录

第 1 章　会展绪论 …… 001

1.1　会展的概念和功能 …… 002

1.2　会展研究的框架 …… 009

1.3　会展研究的方法 …… 013

案例分析:大连、沈阳、青岛等成环渤海区域会展中心城市 …… 017

第 2 章　现代会展业的发展历程 …… 020

2.1　会展的起源 …… 021

2.2　国外会展业的发展 …… 024

2.3　国内会展业的发展 …… 043

案例分析:新加坡　打造个性化旅游和亚洲旅游会展平台 …… 050

第 3 章　会展组织的运营管理 …… 052

3.1　会展企业组织管理概述 …… 053

3.2　会展企业的组织结构和部门设置 …… 057

3.3　国际会展行业协会组织 …… 062

3.4　会展行业组织的管理模式 …… 068

案例分析:会展组织　安全存不可预见因素 …… 071

第 4 章　会展场馆设计与管理 …… 074

4.1　会展场馆概述 …… 075

4.2　国内外会展场馆发展概况 …… 079

4.3 会展场馆的设计 …… 084
4.4 会展场馆的运营管理模式 …… 088
案例分析:上海会展业期待从“大”变“强” …… 091

第5章 会展项目管理 …… 094
5.1 会展项目管理的知识体系 …… 095
5.2 会展项目管理的基本流程 …… 099
5.3 会展项目管理的工具 …… 104
案例分析:德国展会项目管理特点与实践 …… 110

第6章 会展市场营销管理 …… 112
6.1 会展企业市场营销管理 …… 113
6.2 会展市场营销的主体构成 …… 119
6.3 会展市场营销体系 …… 123
案例分析:小松山“把买家留住”的营销管理 …… 131

第7章 会展人力资源管理 …… 134
7.1 会展人力资源管理概述 …… 135
7.2 会展人力资源管理的内容体系 …… 138
7.3 我国会展人力资源开发与培养 …… 142
案例分析:会议专业培训从内部做起 …… 148

第8章 会展客户关系管理 …… 151
8.1 客户关系管理的理论基础 …… 152
8.2 会展客户关系管理 …… 158
8.3 会展客户关系管理策略 …… 163
案例分析:别让这11件事“搞砸”你的展览 …… 166

第9章 会展信息管理 …… 169
9.1 管理信息系统与会展信息管理 …… 170
9.2 会展管理信息系统 …… 173
9.3 会展电子商务管理 …… 178
9.4 会展信息系统的安全管理 …… 185
案例分析:互联网改写传统展会模式 …… 189

第10章 会展物流管理 …… 192
10.1 会展物流管理概述 …… 193
10.2 会展物流系统的构建和保障机制 …… 196
10.3 会展物流管理的战略导向 …… 201
案例分析:“广交会”会展物流问题分析与解决构想 …… 207

第11章 会展品牌管理 …… 210
11.1 品牌和会展品牌概述 …… 211
11.2 会展品牌的塑造 …… 218
11.3 会展品牌与知识产权保护 …… 227
案例分析:宜春月亮文化节,塑造月亮文化品牌 …… 230

第12章 会展旅游管理 …… 234
12.1 会展旅游概述 …… 235
12.2 会展旅游的运作和发展 …… 239
12.3 我国会展旅游的发展 …… 245
案例分析:德国会展业带动商旅业快速发展 …… 250

参考文献 …… 253

HUIZHAN
会展经济与管理

第1章 会展绪论

【本章导读】

本章主要阐述了会展这门新兴学科的一些基本问题，共分为3节：第一节界定了会展的核心概念和会展的经济功能，对会议、展览、奖励会展和节事活动等4个基本概念作了试探性的辨析，对会展的基本功能、提升功能和辅助功能等经济功能进行了系统介绍；第二节确立了会展研究的框架，构建了以会展企业、会展场馆、会展项目、会展组织以及会展政策等为主体的会展业运行体系；第三节分析了会展研究的方法，主要从基本原理、一般方法和具体方法3个层次进行了系统阐述。

自世界上第一个样品展览会于1890年在德国莱比锡举办以来,现代会展业已经走过了100多年的历程。会展业的研究相比于其他一些历史悠久的学科来说,尚十分年轻。但历经一个多世纪的发展,会展正一步一步走向成熟,会展业作为一种新经济形态,其存在的形式、内容、功能和办展方式等各个方面都在不断进行调整和变化,人们对会展的研究也几乎涵盖了我们社会的全部领域,作为一个极富生命力的新兴学科,会展具有重要的学术价值和广泛的社会应用前景。本章将具体阐述会展的概念和功能、会展的研究对象和框架、会展研究的方法等知识内容。

1.1 会展的概念和功能

1.1.1 会展的核心概念

会展的概念有广义和侠义之分,狭义的会展仅包括会议和展览会。而广义的会展就是通常所说的MICE(M:Meetings公司业务会议;I:Incentive Tour奖励会展;C:Conventions协会或社团组织会议;E:Events节事活动),下面,按照广义的会展业定义对会议、展览、奖励会展和节事活动4个基本概念作试探性的界定。

1)会议(Meetings)

(1)会议的定义

所谓会议,是指人们怀着各自相同或不同的目的,围绕一个共同的主题,进行信息交流或聚会、商讨的活动。一次会议的利益主体主要有主办者、承办者和与会者(许多时候还有演讲人),其主要内容是与会者之间进行思想或信息的交流。

会议产业理事会①(CLC)将会议定义为"为协商或开展某种特殊活动,大量的人聚集到同一地点的行为。"现代会议早已超出了单一的政府会议格局,正朝着多元化方向发展,很多都是直接带有商业目的并能产生巨大经济效益的,如各种高峰论坛、专家培训会议等。

会议作为会展业的重要组成部分,同样在创造经济效益、促进城市建设、提升城市形象等方面具有特殊的作用。欧洲以拥有众多会议城市而著称,根据全球知名会议协会ICCA所统计的数据显示,欧洲国家及其各城市在吸引会议及会奖旅游方面仍居于首位(见图1-1)。

表1-1 ICCA会议城市排名(2012—2013年)

排名	2013年城市排名	会议数量	2012年城市排名	会议数量
1	巴黎	204	维也纳	195
2	马德里	186	巴黎	181
3	维也纳	182	柏林	172

① CLC的国内外会员机构超过26个,代表着会议业的13万多个公司和机构。它为会议策划者和供应商提供各种服务。

续表

排名	2013 年城市排名	会议数量	2012 年城市排名	会议数量
4	巴塞罗那	179	马德里	164
5	柏林	178	巴塞罗那	154
6	新加坡	175	伦敦	150
7	伦敦	166	新加坡	150
8	伊斯坦布尔	146	哥本哈根	137
9	里斯本	125	伊斯坦布尔	128
10	首尔	125	阿姆斯特丹	122
11	布拉格	121	布拉格	112
12	阿姆斯特丹	120	斯德哥尔摩	110
13	都柏林	114	北京	109
14	布宜诺斯艾利斯	113	布鲁塞尔	107
15	布鲁塞尔	111	里斯本	106

资料来源:2012—2013 年 ICCA 会议统计。

中国会展业近年来也发展迅猛,2013 年上海举办国际协会会议 72 个,比 2012 年增加 8 个,世界排名第 29 位,同比 2012 年上升 6 位;北京举办国际会议 105 个,比 2012 年减少 4 个,世界排名第 18 位,同比 2012 年下降 5 位。除了北京、上海外,中国上榜的城市和地区还有香港(89 个)、南京(17 个)、杭州(17 个)、澳门(16 个)、成都(11 个)、广州(11 个)、武汉(11 个)、西安(10 个)、苏州(7 个)、深圳(7 个)、台中(7 个)、天津(6 个)、合肥(5 个)等。

(2)会议的分类

随着各种高科技手段在会议活动中的广泛应用,会议的触角所能延伸的范围越来越广,形式也越来越灵活多样,如电视电话会议、视频会议等。常见的会议分类标准有以下几种:

①按照会议的地域范围和影响力,可以将会议分为 4 个层次,即国际会议、全国会议、地区会议和本地会议。不同的会议组织对国际会议有不同的定义标准,如国际大会及会议协会(ICCA)规定的国际会议标准有 3 个:至少有 50 个参加者;定期组织举行会议(不包括一次性会议);必须在至少 3 个国家举行。由于国际会议在提升举办地形象、促进当地市政建设和经济发展等方面所起的巨大作用,世界上各个国家都在积极争取承办国际会议。

②按照会议本身的性质,可将会议分成营利性会议和非营利性会议两类。前者主要由专业会议公司或一些营利性的机构来策划和组织,如常见的企业战略研讨会、营销高峰论坛、行业培训会议等,后者如政府工作会议、协会会议、公司内部会议等。

③按照举办者的性质不同,可以分为协会(如贸易、医药、食品等各种行业和科学技术协会、联谊组织等)会议,公司会议(销售、培训、股东等),政府会议,工会、政治团体、宗教等组织或自筹的会议等类型。其中,会议市场最主要的客源是协会会议,因为它具有周期稳定、规模大等特点。“一半以上的协会会议是与贸易展览会相结合举办的……,主要目的在于扩大贸易

和行业的发展”[①]。

④若以行业为划分标准，还可以将会议分成医学、科学、教育、农业、技术、环境等多种类别。在2012年中国展览数据统计报告中，所有的展览项目按照行业被细分为了39个类别，各单类展览项目无论是从数量上还是从展览总面积上来看，广州、北京和上海都排在全国前三位。

2）展览（Exhibitions）

展示一词（display[②]）来源于拉丁语的名词diplico和动词diplicare，表示思想、信息的交流或实物产品的展览。无论是思想/信息交流还是实物展览，两者都以一定规模的公众为主体，以促成思想/信息、产品的供求双方达成共识或协议为最终目标。由此看来，展览是一种既有市场性又有展示性的经济交换形式[③]。

（1）展览的定义

《美国大百科全书》对展览会这样定义：一种具有一定规模，定期在固定场所举办的，来自不同地区的有组织的商人聚会。一次展览会的利益主体主要包括主办者、承办者、参展商和专业观众，其主要内容是实物展示，以及参展商和专业观众之间的信息交流和商贸洽谈。

对于展览的定义，尚没有一个统一的认识。

“世界展览王国”——德国的定义是“带有展示的特性，比如，它作为专业展览为各种经济部门，为各机构，也为生产者提供解释性的、广告性的展示服务。”

苏联将展览定义为“人在物质和精神领域中所取得的各种成就的公开展示。”

《日本百科大全》定义为“用产品、模型、机械图等展示农业、工业、商业、水产等所有产业及技艺、学术等各个文化领域的活动和成果的现状，让社会有所了解。”

《英国不列颠百科全书》定义为“为了鼓舞公众兴趣，促进生产，发展贸易，或是为了说明一种或多种生产活动的进展和成就，将艺术品、科学成果和工业品进行有组织的展览。”

我国潘杰《展览艺术——展览学导论》一书将展览概念理解为“广义的艺术形式”。

虽然展览会的种类多样，但其名称构成具有明显的规律性，即由基本部分、限定部分和附加部分构成，其中，基本部分主要说明展览会的性质（博览会、展览会、交易会、展销会等），限定部分主要表明展览会的形式和内容，包括时间、地点、规模、专业等。

（2）展览的分类

尽管随着社会分工的深入和展览市场的细分，展览会的类型及举办形式在不断分化和演变，但按照不同的标准，展览会仍可以划分成一些基本的类型。

①根据展览内容的不同，国际博览会联盟（UFI）将展览会分为3类，即综合性展览会、专业展览会和消费展览会。

综合性展览会涉及多个行业，又称为水平型展览会或横向型展览会，如上海工业博览会、

---

① 吴克祥，周昕．酒店会议经营［M］．沈阳：辽宁科学技术出版社，2001．

② Display即show；place or spread out so that there is no difficulty in seeing．张芳杰．牛津现代高级英汉双解词典［M］．3版．牛津：牛津大学出版社，1984．

③ 林宁．展览知识与实务［M］．北京：经济科学出版社，1999．

杭州西湖博览会等。

专业展览会具有鲜明的主题，又称为垂直型展览会或纵向型展览会，主要展出某一行业或同类型的产品，如礼品展、汽车展。专业展览会的突出特征是常常同时举办讨论会、报告会，用以介绍新产品、新技术等。一般来说，专业展的规模小于综合展，但在展览业发达国家，大型综合展已基本让位于专业展。

综合性展览会和专业性展览会一般都属于贸易展览会，是为工业、制造业和商业等产业举办的展览，展览的主要目的是交流信息和洽谈贸易。

消费展览会的“展的”[①]基本上都是消费品，主要对公众开放，目的主要是直接销售。

②根据展览规模[②]的不同，可以将展览会划分为国际展览会、全国展览会、地方展览会和独家展览会。国际性展览会的参展商和观众来自多个国家（在展览业发达国家，著名品牌展览会的国外参展商所占比例一般都在40%以上），如汉诺威工业博览会、汉诺威信息技术展览会（CeBIT）和中国出口商品交易会等。本地展览会面向的专业观众主要是当地及周边地区的企业或公众，如上海别墅展览会、房展会等。全国展览会的规模界于国际展览会和地方展览会之间，独家展览会的规模则最小。

③根据展览时间的不同，可以将展览会划分为定期展和不定期展。定期的有一年四次、一年两次、一年一次、两年一次等，不定期展视需要而定。或者也可以根据时间将展览会分为短期展、长期展和常年展等。

④根据展览地域的不同，可以将展览会划分为国内展和出国展。国内展即在中国境内举办的各种展览会，包括来华展，即在中国境内举办的对外经济技术贸易展览会。关于出国展，值得注意的是，2001年2月15日印发的《出国举办经济贸易展览会审批管理办法》中明确界定：原则上出国不含港澳台在内，“赴香港、澳门特别行政区和台湾省的办展计划，仍由外经贸部审批”。

⑤根据展览功能的不同，可以将展览会分为教育性展览和中介性展览。

教育性展览主要是指经济建设成就类展览、人物先进事迹展览、专项整治类展览（如反腐展览、扫黄打黑展等）、科普类展览、欣赏性书画展览等。教育性展览一般属于非营利性展览，大都由政府或政府有关部门、社会民间组织等单位主办，展览的经费主要由政府拨款。主办者通过“展的”的展示，宣扬方针政策及制度的优越性，弘扬某种道德精神，普及科学及历史知识，提高人们的欣赏水平。

中介性展览一般为商业性展览，商业展的“展的”是可以转让的有形商品和无形商品，主办者主要是想通过举办展览，搭建一个平台，供参展商和观众（采购商与消费者）彼此见面，洽谈贸易。

⑥根据展览方式的不同，可以将展览会分为实物展览会和网上展览会两大类。有两点需要指出：第一，目前国内不少展览会在实地举办的同时也开设了网上交易，只不过网上交易额所占的比例较小，我们仍把这种展览会归入实物展览会。其次，网上展览是实物展览的有效补充，也是展览业发展的一个必然趋势。

---

① “展的”是指展览的组织者和参展者所要展示的物品及其所包含的内容，包括科学技术知识、社会经济发展的成果、人物先进事迹、各种各样的商品等。

② 这里的规模是指展出者和参观者所代表的区域规模，而不是展览场地的规模。

表 1-2 展览会的分类一览表

分类标准	划分类别
内容	综合性展览会、专业展览会、消费展览会
规模	国际展览会、全国展览会、地方展览会、独家展览会
时间	定期展、不定期展;短期展、长期展、常年展
地域	国内展、出国展
功能	教育性展览(观赏展、教育展、国家推广展) 中介性展览(商业推广展、贸易型交易展、消费型交易展、综合性展览)
方式	实物展览会、网上展览会

3)奖励会展(Incentive)

奖励会展管理协会(SITE)对奖励会展的定义是:"奖励会展是一种向完成了显著目标的参与者提供会展作为奖励,从而达到激励目的的一种现代管理工具。"米尔顿·阿斯托夫在《会议销售与服务》一书中指出:"奖励会展是作为奖励雇员和客户做出特别努力并达到活动赞助制定的条件而提供的一种会展奖励。这种奖励通常是一种豪华的、由旅行社全部代办的综合包价会展。"

从奖励会展的定义我们可以看出:奖励会展的对象(如员工、经销商、代理商)必须能够达成甚至超越企业个别或者总体业绩;奖励会展的形式通常是由企业提供一定的经费规划假期,委托专业会展公司精心设计的"非比寻常"的会展活动;而奖励会展的目的是犒劳创造营运佳绩的有功人员,并借此增加参与者对企业的向心力。

奖励会展最早出现在美国,早在 1906 年美国"全国现金注册公司"就给优秀员工提供了一次参观总部的奖励会展活动。奖励会展作为激励员工的有效方式这一观念从美国传到欧洲后,英国、德国、意大利和法国成为欧洲推行奖励会展的主要国家。根据奖励会展管理协会德国分会的调查,德国有 0.6% 的公司使用奖励会展作为激励员工的有效方式。59% 的奖励会展目的地在境外。欧洲是美国奖励会展最主要的海外目的地。从市场角度看,美国的奖励会展市场相当成熟,欧洲次之,而亚洲的市场仍有待发展。目前,亚洲经济较为发达的国家和地区如日本、韩国、新加坡、中国香港、中国台湾的大企业组织的洲内奖励会展,大大推动了亚洲奖励会展的发展。

4)节事活动(Events)

(1)节事活动的定义

从概念上来看,节庆是"节日庆典"的简称,其形式包括各种传统节日以及在新时期创新的各种节日。在西方事件及事件会展(Event & Event Tourism)的研究中,常常把节日(festival)和特殊事件(special event)合在一起作为一个整体来进行探讨,在英文中简称为 FSE(Festivals & Special Events),中文译为"节日和特殊事件",简称"节事"。

(2)节事活动的分类

广义的节庆包括非常广泛的内容,在西方把这些不同类型的节庆统一称之为 Event(事

件)。Getz 把事先经过策划的事件(planned events)分为七大类:

①文化庆典(包括节日、狂欢节、宗教事件、大型展演、历史纪念活动)文艺娱乐事件(音乐会、其他表演、文艺展览、授奖仪式);

②商贸及会展(展览会/展销会、博览会、会议、广告促销、募捐/筹资活动);

③体育赛事(职业比赛、业余竞赛);

④教育科学事件(研讨班、专题学术会议、学术讨论会,学术大会,教科发布会);

⑤休闲事件(游戏和趣味体育、娱乐事件);

⑥政治/政府事件(就职典礼、授职/授勋仪式、贵宾 VIP 观礼、群众集会);

⑦私人事件(个人庆典——周年纪念、家庭假日、宗教礼拜,社交事件——舞会、节庆,同学/亲友联欢会)。

1.1.2 会展的经济功能

自首届世博会在英国成功举办以来,国际会议和展览活动更加频繁,会展业迅速发展成为一个新兴的产业,并且和相关行业结合得越来越紧密。会展经济的功能,即指会展业依据自身成长机制,在实现自我发展的过程中,对会展业利益相关者,包括会展主办者、承办者、参展商、观展商以及会展举办地等的综合贡献。从会展经济在发展过程中的具体表现来看,其基本功能、提升功能与辅助功能共同构成了会展经济的功能体系。

1)基本功能(Principle Function)

会展经济的基本功能就是会展业最基础、最直接的功能,是会展经济得以发展的基石。会展经济的基本功能主要表现在 4 个方面,即产品展示功能、企业营销功能、信息传播功能和商贸洽谈功能。

(1)产品展示功能

产品展示是展览会最基本的功能,展览会就是为产品提供展示与推介的平台,从而使其扩大影响。这里的产品不仅包括实物产品,也包括先进的技术成果、新工艺等。从社会、经济与科技发展的历程来看,由于会议和展览的便捷性、集中性、直观性和快速性,其对新产品、新技术和新成果的展示与推广起着极其重要和不可替代的作用,即使在信息技术和手段迅速发展的今天也是如此。包括许多划时代的发明创造,如电话机、留声机、蒸汽火车、电视机等都是首先在展览会上亮相,得到展示,从而引起关注和得以推广。

(2)企业营销功能

企业营销也是会展经济的重要功能之一,会展活动为参展企业提供了一个充分展示自己的舞台。参展企业通过综合利用声、光、电等技术,对展台展位进行精心布置,并配合开展各种促销活动与公共关系活动,从而有效宣传企业的经营理念与产品品牌,在客户面前充分展示和树立自身良好的企业形象,为企业发展创造好的社会氛围。

(3)信息传播功能

会展活动就是大量人流、物流、信息流和资金流的汇聚,为国外与国内、政府与企业、企业与企业、企业与消费者以及社会各团体之间提供沟通与交流的机会,从而有利于促进各种新知识、新观念和各种经验与理念的传播。如北京高科技国际周通过设立高新技术产业论坛、硅谷杰出华人论坛、知识产权论坛、风险投资与融资上市论坛等多种论坛会场，邀请世界高科技相关行业的顶级人物进行演讲，从而促进了全球业界的相互沟通和交流。

(4)商贸洽谈功能

会展经济为展商和采购商提供相互认识、相互洽谈并实现交易的平台，从而加强国内外的经济、技术交流与合作。因此商贸洽谈也是会展经济的主导功能之一，展览会能起到促进经济贸易合作的作用，在每一个展览会上都能签署金额可观的购销合同，投资、转让、合资意向书等。例如，我国的著名品牌展广交会历年来的交易额都非常可观，并且多年来呈不断增长之势。根据其官网公布的数据，1997 年其全年交易额就已达到200 多亿美元，2002 年达350 多亿美元，到2011 年达到740 多亿美元。

可见，各类专业性、综合性的国际展览会有力地促进了中外的技术合作、信息沟通、贸易往来、人员互访和文化交流等，创造了良好的经济与社会效益。

2)提升功能(Advanced Function)

如果会展经济的基本功能是其得以发展的基石，那么会展经济的提升功能就是促进其发展的"助推器"。会展经济的提升功能主要表现在资源整合功能、经济辐射功能以及产业联动功能等3 个方面。

(1)资源整合功能

会展经济的整合功能主要表现在两个方面:一方面是有利于整合相关行业资源，另一方面是整合区域经济资源。

举办一次成功的展会活动，必须将这些行业的所有资源进行有效整合，包括会展场馆、旅游景点、旅游配套设施、城市基础设施甚至城市形象等，为会展活动服务。会展经济是一项综合性十分显著的产业，除了要涉及旅游业所包括的食、住、行、游、购、娱等行业外，还与运输、通信、广告、装饰、建筑等多个行业挂钩。

整合区域经济资源在大规模的国际性展会中表现得更为突出。如上海世博会的举办带来了滚滚人流，推动了长江三角洲地区经济的深度合作，打造一个长江三角洲的"世博圈"——以上海为核心，杭州、苏州、南京、宁波等在内的长江三角洲城市群迅速崛起，成为与德国慕尼黑、法兰克福、杜塞尔多夫和科隆等城市一样的会展城市群，实现了区域经济向更高层次的整体推进。

(2)经济辐射功能

会展业的经济辐射功能是指除其本身所带来的高额收入外，会展活动还将推动旅游业、商业、运输业、电信业、广告业等多个产业的发展，拉动城市基础设施和其他相关硬件设施的建设，创造大量就业机会，从而使会展举办地的综合竞争力得到全面提升。如深圳高交会为深圳带来大量商机，高交会的举办使酒店、商业、餐饮、景区、交通运输、邮电通信等行业都成为直接受益者，这些直接受益者的经营利润与同期相比均有数倍甚至几十倍的增长。

(3)产业联动功能

现代会展业经过几百年的发展正日益成为全球信息交流、技术进步和商品交易的重要载体，成为与信息通信、交通运输、城市建设、旅游休闲、宾馆餐饮、广告印刷等关联度极高的综合性服务贸易行业。这种高度的产业关联性使会展业成为众多产业联动发展的纽带，甚至整个城市经济发展的重要支柱。如广交会在广州举办50多年来,带动了一批相关产业的长期稳定发展,已成为广州经济不可或缺的重要组成部分,成为广州社会繁荣的重要支柱。

3)辅助功能(Assistant Function)

会展经济的辅助功能是指由基本功能和提升功能所引至的附加功能。会展经济的辅助功能主要表现在两个方面:一方面是城建优化功能,另一方面是就业促进功能。

(1)城建优化功能

具有国际影响的大规模展会对于提高举办地知名度、树立举办地的城市形象、展示城市风貌以及促进城市建设都有不可估量的作用。近年来,努力发展会展经济,以会展兴市,已成为世界上许多城市腾飞的首选之路。尤其对于那些本身第一、二产业能源有限,地域狭小,但在交通、通信、对外开放度以及城市特色方面具有较大优势的国家或地区,发展会展经济成为城市经济发展的重要战略。一些大型国际展会,如奥运会、世界杯足球赛、世博会等规模宏大的会展和赛事,对于举办城市经济实力、环境、交通和服务设施是一个很大的挑战。举办者在取得了会展举办权之后均投入大量资金进行市政建设的完善,为城市建设带来了巨大的发展契机。1996年德国为举办汉诺威世界博览会,项目赤字达11亿美元,但德国官方仍认为世博会是一次"巨大的成功",因为它缩短了不同文化之间的距离,改善了汉诺威的国际形象,财政赤字是一种"对未来的投资"。

(2)就业促进功能

由于会展业的经济辐射和产业联动功能,不仅会展业的发展对于就业有一定促进作用,一系列相关行业的发展更是为城市创造出许多就业机会。1996年汉诺威世界博览会,创造了10万个就业机会。香港一年的会展活动可为香港居民提供大约9 000个就业机会。历届奥运会在带动主办城市就业方面也都发挥了重要作用。1984年洛杉矶奥运会创造了2.5万个就业机会,1988年汉城奥运会给3.4万人带来了就业,1992年巴塞罗那奥运会的筹办期内,每年新增就业人数5.9万人,1996年亚特兰大奥运会带动了7.7万人的就业,2000年悉尼奥运会更是创造了10万个就业机会。

对于会展经济基本功能、提升功能以及辅助功能的发挥,不同的展会活动可能会有不同侧重。即使是同一展会在不同时期,其功能体系的组成也会有所变化。但是,会展经济的功能体系是一个相互联系、相互补充、相互倚重和相互影响的整体,任何一个展会的功能都不是单一的,如果我们仅把其中某一个功能作为展会的实现目标,展会就会变得单调和苍白。

1.2 会展研究的框架

会展作为一门尚未成熟的新兴学科,与其他学科一样,也有自己的理论体系。而要认识和探讨其理论体系,首先要从会展的研究对象入手,因为在科学研究领域中,理论体系的基本框架就是根据研究对象的特点而构建起来的。

1.2.1 会展研究对象

会展研究对象主要包括会展企业、会展场馆、会展项目、会展组织以及会展政策等,这5项主体共同构成了会展业的运行体系(见图1-1)。

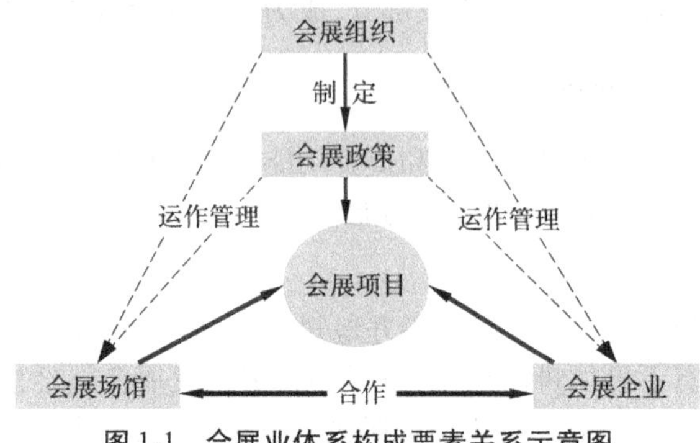

图1-1 会展业体系构成要素关系示意图

1)会展企业

会展业是由多种不同类别的企业构成的,不同的企业又隶属不同的标准行业,如展会组织与策划公司属于会展业,而展品运输公司隶属于交通运输业,展台设计与搭建隶属于广告业,参展商和专业观众的住宿接待属于饭店业等,因此会展企业是多种类型企业的总和。各种不同类型的会展企业相互依托,经营不同的业务,但都是为参展商、专业观众和所有与会者服务。会展企业的主体是会议策划/服务公司和展览公司,而展品运输公司、广告公司、展台设计与搭建公司等都属于外围服务企业。

2)会展场馆

会展场馆是会展经济发展的重要物质依托,其国际化、智能化与特色化程度是会展业发展水平的重要衡量标志之一。但是由于中国会展业起步较晚,会展场馆的发展在国际会展业的发展中也相对落后。会展场馆作为会展经济研究的主要对象,亟待解决的问题主要包括以下几个方面:现有场馆规模偏小、市场容量有限的问题,场馆配套设施不足、服务功能单一的问题,会展场馆科技含量较少、智能化水平较低的问题以及会展场馆的设计与分布缺乏长远规划和合理布局的问题等。

3)会展项目

广泛意义上的项目一般是指一项独特的主题性工作,即遵照某种规范及应用标准导入或生产某种新产品或新服务。会展项目简单地讲就是每一次的展会活动,即每一次的会议或展览。会展经济将会展项目视为重要的研究对象,其研究的主要任务就是加强我国会展业的会展项目管理能力。会展项目管理贯穿会展项目启动、会展项目规划、会展项目执行以及会展项目结束等各个阶段。

4)会展组织

会展组织包括两个方面:

一是会展业权威的行业管理机构,可以是政府性质的,也可以是非政府性质的。如在会展业发达的德国有全国性的“经济展览和博览委员会(AUMA)”,AUMA参与政府制定的国内外展览政策,并对展览市场进行协调、监督和管理。在日本全国性的日本观光公社(JNTO)下也设立了日本会议局(JCB),新加坡会展业的行业管理机构是新加坡会展发展局下设立的新加坡会议局,"会展之都"巴黎则是成立了专门性的会展会议局。

二是会展业专门的行业协会。会展行业协会主要负责根据相关政策法规,制定相应的行业规范、发布会展信息、协调行业矛盾,负责国际、国内会议及展览界之间的横向交流与联系,从而使得会展业的行业自律、内部协调能力以及国际化水平都大大增强。目前在会展业管理体制上,国际上通行的做法是——行业管理机构和政府通过制定法规来对会展市场运作进行宏观调控,而会展业的自律则由行业协会来施行。

目前,中国会展业的管理体制还很不健全,既没有统一的行业管理部门,也没有全国性的行业协会,会展市场秩序比较混乱,因此我国会展组织机构的成长步伐需要加快。

5)会展政策

会展政策包括指导和规范会展业发展的各种相关政策、法规、条例和规定。健全的会展政策体系将对主办者的资质条件、参展商的行业标准、展会地点与频率、招展程序与费用标准、展会评估体系等事项都有明确的规定,从而使会展活动的审批、促销、运行及接待等各个环节都有法可依。

我国会展相关政策法规亟待健全。虽然我国已经出台了《对外贸易经济合作部关于出国(境)举办招商和办展等经贸活动的管理办法》《出国举办经济贸易展览会审批管理办法》《商品展销会管理办法》《对外贸易经济合作部、国家工商行政管理局关于审核境内举办对外经济技术展览会主办单位资格的通知》《国务院办公厅关于对在我国境内举办对外经济技术展览会加强管理的通知》《在境内举办对外经济技术展览会管理暂行办法》等一系列法规,但这些管理措施仍然难以适应我国会展业发展的新形势,必须加强对会展政策法规的研究,加快会展业发展的法制化进程。

会展企业、会展场馆、会展项目、会展组织以及会展政策共同构成了会展业的运行体系。会展组织负责制定会展政策;会展组织和会展政策都对会展场馆和会展企业的运作管理进行调控、监督与指导;会展场馆和会展企业之间相互合作;然而无论是会展组织、会展政策,还是会展企业和会展场馆,其目标都是会展项目的策划与举办,都围绕会展项目,会展项目是会展业运行体系中的中心要素。

1.2.2　会展研究框架

会展研究内容取决于其研究对象的规定,同时随着社会的不断发展,会展研究的内容也不断地开拓,一般看来会展研究内容主要包括会展营销管理、会展财务管理、会展物流管理、会展人力资源管理、会展客户关系管理以及会展电子商务管理等,这些内容共同构成了会展的研究框架。

1)会展营销管理

会展活动的基本内容是会议与展览,展览顾名思义也由两部分组成,即"展"与"览"。"展"是指产品展示,"览"是指观众参观。无论是吸引具有实力的参展商进行产品展示,还是吸引数量众多的专业观众进行展会参观,都离不开会展营销,因此会展营销管理是会展经济研究中最为重要和最为基础的内容之一。

会展营销管理也是一个运用市场营销组合，通过为客户和顾客创造价值，来实现组织工作目标的过程。其营销管理的基本内容也不外乎是"4P"，但是会展业的特性也决定了其"4P"所包含的具体内容与其他行业营销的"4P"存在很大区别。会展营销管理的过程贯穿在展览组织、展览组团与展览推销以及客户联络与谈判等各个具体环节之中。

2）会展财务管理

会展业是一项经济产业，没有投入就没有产出，要使会展业的效益功能发挥到最大，会展财务管理是不可或缺的重要环节。承办展会的各项工作都需要费用，从时间上看，会展财务管理包括财务预算、财务支出、财务结算和经济效益评估等几个环节。会展财务预算应该在作出展会承办决定时就予以确定，并与计划工作结合作出详细预算。在展会承办过程中，应根据实际情况对财务支出进行必要调整和控制，并在展会结束后进行必要的财务分析与展会经济效益评估。

从费用支出的用途看，会展财务管理的内容则一般包括直接费用管理和间接费用管理。直接费用是指为筹办展览直接开支的费用，包括宣传、新闻、广告、公共关系、交际、联络、编印资料、摄影摄像等。间接费用是指为筹办和承办展会花费的人力、时间以及从其他预算中开支的费用，包括正式筹备人员、临时人员以及公关等相关工作人员的工资、开会、差旅、交通通信、文书（电话、传真、复印等）等费用①。

3）会展物流管理

会展物流是指展销活动供需双方以外的第三方组织者所提供的一种具有后勤保障功能的服务，是指展销产品从参展商经由会展中转流向购买者的物理运动过程，它是由会展组织者在综合会展现场多个供需对应体的信息要求后，统一指挥、统一安排、统一协调的物资流通体系。

物流管理（Logistics Management）是以物流过程整体为对象，对供应、制造、销售全过程中产品、服务及其相关信息的流动与储存进行规划、执行和控制的动态过程。会展物流管理则是运用物流管理的技术与手段，结合会展物流的特点与任务，对会展物流的全过程进行运作、协调与控制。会展物流管理的内容主要包括会展物流相关政策的研究与运用、会展物流渠道的管理、会展物流机制的管理等，核心内容是会展物流体系的建立与管理。会展物流管理将大幅度提高会展物资的配送流通效率，使会展活动的专业化服务体系更趋完善。

4）会展人力资源管理

知识经济时代，在产业发展中最具活力和决定性作用的因素是人，会展业的发展也是如此。会展队伍的建设与管理是一个系统的过程，会展业要获得长足的和可持续的发展，展览队伍必须朝着专业化、系统化和团队化的方向发展，这就是现代会展业人力资源管理的目标。会展人力资源管理的对象不仅包括对展览经理的管理、专业展览人员的管理，还包括对于展出工作人员、展会现场临时工作人员以及志愿人员的培训和管理。

中国会展业人力资源发展现状在数量规模、专业结构、素质能力以及空间分布等方面的问

---

① 刘松萍，李佳莎．会展营销［M］．成都：电子科技大学出版社，2003．

题都在一定程度上制约了我国会展经济的发展。因此会展人力资源管理成为我国会展经济发展需要研究的重要内容之一。

5)会展客户关系管理

在日趋激烈的行业竞争中,作为独立的经济实体,会展企业与市场的关系最重要、最根本地表现为企业与客户的关系如何。近年来,中国会展市场呈高速成长态势,但会展业的组织管理水平却不尽如人意。很多办展企业和组织者由于缺乏对客户关系管理(CRM,Customer Relationship Management)的认知,无法改善与客户的沟通技巧,往往忽视数字时代客户对互动性与个性化的需求,最终导致会展客户资源的大量流失。随着中国加入 WTO 后经济全球化带来一系列挑战,越来越多的会展企业开始重视客户关系管理在企业管理中的运用。

会展客户关系管理是会展企业以客户为企业资产的管理过程,是企业利用 IT 技术和互联网技术对客户进行整合营销的过程。会展企业客户关系管理通过改进客户价值、满意度和忠诚度等手段,来提高企业管理的有效性。会展企业客户关系管理的过程主要包括:收集客户信息,发现市场机遇;制订客户方案,实施定制服务;实现互动反馈,追踪需求变化;评估活动绩效,改善客户关系;等等。

6)会展电子商务管理

电子商务的普及与推广,给会展业的发展带来了新的契机。因为会展本身就是人们进行信息交流发布、洽谈商业合作和进行市场营销的场所,它发挥的是一种桥梁和媒介作用,而与传统会展业相比,电子商务为展会提供了一个更为快捷、互动和有效的商务通道,因此电子商务进入会展业是其自身发展的需要。

会展电子商务管理的内容主要包括两个方面,根据电子商务对于传统会展业的影响程度与介入程度分为不完全会展电子商务和完全会展电子商务。不完全会展电子商务即在会展的运作过程中部分地借助于电子商务,主要是借助电子商务手段为会展服务,实现网上招商、网上广告、订货、付款、货物递交、售前售后服务,以及市场调查分析、财务核算、生产安排等一项或多项内容。完全会展电子商务即网上会展,会展的组织、举办各个环节都实现电子化,举办者、与会者、参展者和观众之间的交流主要通过互联网络进行。

1.3 会展研究的方法

会展的研究方法是其理论体系中不可或缺的重要内容,也是其作为一个学科所必备的基本手段和工具。俄国生理学家巴甫洛夫在评价研究方法的意义时曾说过:“方法是最重要和最基本的东西。研究的严肃性如何,就完全依赖于方法,依赖于行动方式。一切都在于良好的方法”。[①]只有掌握科学的研究方法,才能推动和提高会展学科的理论水平和研究成果的实用价值。会展研究的方法按照基本原理、一般方法和具体方法 3 个层次进行阐述(见图 1-2)。

① 巴甫洛夫. 巴甫洛夫全集:第 5 卷[M]. 北京:人民卫生出版社,1959:16.

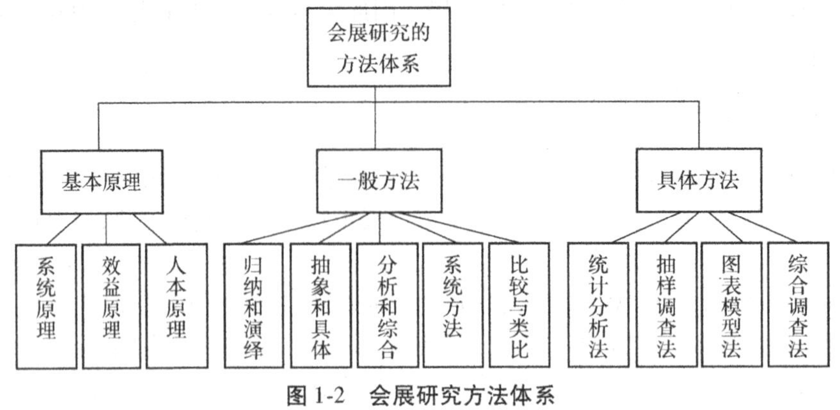

图 1-2 会展研究方法体系

1.3.1 会展研究的基本原理

1)系统原理

任何社会组织都是由人、物、信息组成的系统,任何管理都是对系统的管理,没有系统就没有管理。系统原理为认识管理的本质和方法提供了新的视角。所谓系统研究原理就是依据系统论的本质和方法,以确定系统为研究对象,把所需要研究的对象作为有机组合的整体,综合运用控制论、信息论、系统工程和运筹学的基本原理与方法,求得技术上先进,经济上合算,时间上最省的效果。系统原理包括整体性原理、动态性原理、开放性原理、环境适应性原理和综合性原理等多个分理论,在会展管理研究中,都会用到。

2)效益原理

研究会展,对效益价值的研究是重点。所谓会展效益是指会展活动中的劳动占用和消耗与有效成果之间的比较。所谓劳动占用和消耗,是指会展企业和管理部门在组织会展资源、完成会展管理任务的过程中所占用和耗费的物化劳动和活劳动,即会展活动管理成本和费用等。所谓有效成果,是指会展活动的最终产出,因而其有效成果也是多方面的。会展活动的效益原理主要包括经济效益、社会效益和环境效益,主要通过分析会展活动的直接效益与间接效益、正效益与负效益、长远效益与近期效益、宏观管理效益与微观管理效益等方面的问题。

3)人本原理

人本原理是时代发展的产物,与“以物为本”“以技术为本”等传统的管理思想有着根本区别,它始于对人性的假设,是20世纪50年代提出的,并经过不断地发展与完善,最终于20世纪80年代得以确立。会展业是劳动密集型服务行业,员工参与服务生产全过程,向顾客提供面对面的、高接触的服务,即使科技越来越发达,会展企业的服务也无法完全为机器生产所替代的。相反,在消费定制化和个性化需求不断提升的现代市场,对员工的要求越来越高,因此,会展研究融入人本原理具有现实意义。

1.3.2 会展研究的一般方法

科学的会展研究思维方法是将历史研究与逻辑方法相结合,共同构建与会展发展的历史趋势相适应的理论体系，从而反映会展现象的本质和规律，这是构建会展理论体系的一般科学思维方法。会展研究的一般方法包括：

1）归纳和演绎

这是会展研究最基本的思维方法。归纳是根据对某类事物中具有代表性的部分对象及其属性之间必然联系的认识，得出一般性结论的方法。演绎是从一般性知识引出个别性知识，即从一般性前提得出特殊性结论的过程。演绎推理的前提与结论之间存在着必然联系，只要推理的前提正确，推理的形式合乎逻辑，则推出的结论也必然正确。

2）抽象和具体

"具体与抽象"在认识过程中，具体有两层含义：一是指感性具体，这层含义上的具体是指进入人们表象范围的具有许多属性和规定性的客观事物的多样性的统一整体；二是指思维具体，这层含义上的具体是指对象作为多样性统一的整体在思维中的反映。抽象则是指在思维中把对象的某些方面、某些规定抽取出来并暂时割断它们与其他事物、其他方面、规定的普遍联系，从而分析、研究事物的各个方面和规定。认识客观对象的完整的思维过程是从感性具体到思维抽象，又从思维抽象上升为思维具体。

3）分析和综合

分析和综合是彼此相反而又紧密联系的过程。分析是把部分作为整体的部分分出来，是从它们的相互关系上来分析的；而综合是被分出来的各部分的综合，是通过各个部分、各个特征的分析而实现的。分析和综合是同一思维过程的两个方面，它们相互联系、相互制约。没有分析就没有综合，在综合时仍然必须分析。人的认识就是循着分析——综合——再分析——再综合的思维过程，一步步加深对客观事物的认识。分析可以被看成从结果追溯到产生这一结果的原因（执果索因）的一种思维方法，而综合则可被看成是一种从原因推导到由原因产生的结果（由因导果）的思维方法。在实际会展研究中这两个方法经常交织在一起。

4）系统论方法

系统论是研究系统的一般模式，结构和规律的学问，它研究各种系统的共同特征，用数学方法定量地描述其功能，寻求并确立适用于一切系统的原理、原则和数学模型，是具有逻辑和数学性质的一门新兴的科学。从系统运作的角度，会展现象由众多子系统构成，每个子系统之间存在着相互依赖的关系。

会展研究的方法并不是唯一的，这些方法并不会独立运用于其中一种或者两种方法，一般来说，在会展研究中它们是相互联系、相互促进、综合运用的。

1.3.3 会展研究的具体方法

会展的跨学科特征在其研究方法上表现得最为显著，因为研究对象的复杂性和研究内容的广泛性，借鉴并运用相关学科多样的研究方法成为一种必然。具体说来，会展学的研究方法主要有以下几种：

1)统计分析法

统计分析法是指借助统计工具对会展现象进行研究的方法,是统计学方法在会展研究中的拓展,由于该方法既可以用于历时性的时间数列分析以预测会展的发展趋势,又可以用于共时性分析以研究会展活动的空间关系,同时还可以描述会展活动的分布模式和结构。会展统计资料对研究会展活动的规律性具有重要作用,它是会展活动最客观、最现实的反映,也是统计工具分析处理的对象。统计分析法的第一步就是要搜集整理统计资料,在会展研究的范围内,这些资料主要来源于国家以及各省市州县的统计局,具有很大的真实性和权威性,因此,上述这些专门机构是我们获取会展统计资料最直接有效的渠道。对现有会展统计资料进行科学的数理分析是统计分析法最重要的环节,在实际操作过程中,这些分析工作可依托计算机技术,使用 Excel、SPSS 等统计分析软件来帮助完成。

2)抽样调查法

在社会科学领域,经常会用到抽样调查法来研究问题。会展学内容的繁杂性与动态性无形中加大了其研究的难度,采用抽样调查法,可以将重点研究的对象限定在一个相对较小的范围之内,因而是一种经济、省时且高效的方法。但是必须注意的是,在样本选择上需以随机性为基本原则,这样才能将系统偏差减至最小,从而使调查结果更具推论总体的意义。通过调查并对这些调查资料加以分析研究,就能掌握参展商的动机、兴趣等信息,从而了解到市场的现状。当然,抽样调查法更普遍的做法是根据研究目的预先拟订问卷调查表,然后在各会展举办地随机发放,回收后剔除少部分无效问卷,最后对余下的有效问卷进行系统分析。

3)图表模型法

这是在应用型学科当中使用得较多的一种工具性研究方法。由于各类会展设施都可以用不同符号在图上标示,所以在现实的会展活动中使用会展图是一种有用的手段和方法,交通图、场馆分布图、城市区位图、展位分布图等,都是会展开发者、管理者、研究者必备的工具和资料。绘制表格则是处理各项会展指标的数据排列及对比较为方便、直观的方法,在进行比较研究时,表格的运用尤其广泛。此外,会展作为一种多因素综合体,各部分的内外关联错综复杂,借助建立模型来阐释其各关联因子之间的组成关系和作用机制,有助于我们更好地理解与记忆。因此,图表模型法是会展学的基本研究方法之一。

4)综合调查法

这是研究社会现象和规律时常用的一种研究方法,它以"整体观"和"系统论"为立足点,其综合性体现在两个方面:一是综合与会展活动相联系的各个社会领域和相关学科的理论方法,如经济学、管理学、文化学、社会学、人类学、建筑学、环境学等,在进行同一项会展课题的研究时,可能需要交叉运用上述各种学科成熟的研究方法来共同解决问题。二是广泛地对与待研课题有关的条件和因素进行综合全面的考察分析,只有做好这一点,才能得出正确的结论。如对会展场馆的评价与开发,不仅要综合地考虑一定区域内会展设施分布及构成、价值功能以及开发前景等因素,而且还要分析会展设施所在区域的区位条件、经济基础和社会环境等因素，才能使评价的结论兼具客观性与科学性，并由此制定出合理的、可操作性强的开发规划，从而将会展资源的潜在优势转化成现实的经济效益。

案例分析：大连、沈阳、青岛等成环渤海区域会展中心城市

今年初举行的2013中国会展行业年会暨全国会展业高峰论坛上，大连、青岛被授予2013年度“中国十大影响力会展城市”称号，大连软交会被授予2013年度“中国十佳品牌展览会”称号。

据了解，在环渤海会展带上，大连、沈阳、青岛等已发展成为环渤海区域会展中心城市。随着地区影响力的增强，辽宁、山东的部分展会已辐射整个东北亚地区，包括韩国、日本等国家。

沈阳制博会——国内最大装备制造业展会

据了解，在20世纪相当长一段时间内，东北的工业基础居于全国之首，这里工业门类齐全，有汽车、轮船、航空、光学等大型国有企业，原油、钢铁等产量在全国居首要地位。

作为在振兴东北地区等老工业基地背景下成长起来的中国规模最大的装备制造业博览会，其拥有一大批稳定的参展商和客户群，构建了国内外先进装备制造业的展示平台、交流平台和贸易平台，为海内外企业展示实力、寻求合作、开拓市场提供了契机，为振兴东北地区等老工业基地和加快我国装备制造业的发展作出了重要贡献。

装备制造业博览会2002年以来已经连续在沈阳举办十二届，累计展出面积85万平方米，参展企业8 458家次，展位37 031个。其中，境外和外商投资企业2 507家次，分别来自美国、英国、法国、德国、加拿大、荷兰、西班牙、意大利、俄罗斯、日本、韩国、澳大利亚等25个国家和地区。

在影响力方面，装备制造业博览会吸引了来自汽车、机械、冶金、矿山、电力、军工、船舶、造纸，食品等行业的专业人士，一汽、华晨宝马、沈阳机床集团、北方重工集团、北方交通重工集团等单位组团参加制博会。

大连软交会——国内IT产业盛会

大连是中国最早发展信息产业的城市之一，城市信息化各类指数均居于全国城市前列。在信息服务业的基础上，大连连续举办了十二届中国国际软件与信息服务交易会。软交会是目前国内规格最高、规模最大、影响力最强的IT产业盛会，经过十年的发展，交易会已经成为中国软件业融入国际软件产业链的重要渠道，成为加强海内外交流合作，促进软件业产业快速发展的重要平台。

最近一届软交会，也就是第十二届中国国际软件和信息服务交易会于2014年6月19日至22日在大连世界博览广场举行，这次IT行业盛会的主题为：“智城市，酷生活”，聚焦IT智能在城市建设和日常生活中的实际应用，本届软交会展览面积3万平方米，有近600家参展厂商，百余个国内外团组，3万余名观众莅临。同期举办的会议论坛活动60余项，海内外业界知名演讲嘉宾将达到500余位，吸引高端听众超过万人。

本届盛会的参展产品更具创新性和实用性。智慧城市综合体验展区带来多种创新性产品和解决方案，采用互动体验的展示手段与观众一同体验、感知、分享智慧城市中的酷生活。例

如现代高技术集团公司带来的智慧交通领域解决方案—iBus 系列车载信息服务终端，将实现对运营车辆各种信息的实时采集、存储、处理、传输和发布，为公众提供更加便捷、高效、绿色、安全的出行环境。

青岛消费电子展——业界“旗舰”展会

第十三届中国国际消费电子博览会2014 年7 月11—14 日在青岛举办，消费电子展是全国唯一消费电子专业国际性博览会，也是中国消费电子产业的旗帜性展会。在十多年的专业化发展过程中，该展会为全球消费电子企业搭建行业交流平台，已成为推动全球消费电子产业发展的重要力量，得到了全球消费电子企业的认可。

数据显示，今年共有全球 376 家消费电子企业、141 家采购商参会，协议成交额 8.7 亿元，吸引到场观众 83 000 多人次。本届电博会展出了最新的创新智能家电及解决方案，并强化与观众的“交互性”，实现了从观看展会到体验展会的有效转变，让创新科技更加“接地气”，对加快智能产品的市场普及和生活应用进程产生了积极推动作用。

据统计，近十年来，青岛共举办各类会展活动 1 100 多个，用展面积 900 多万平方米。青岛已成为国内外具有较高知名度和影响力的重要会展城市，并荣获“中国十大影响力会展城市”“中国十大品牌会展城市”等荣誉称号。青岛会展业经历了项目由少到多、规模由小到大、性质由综合到专业、主题由单一到多元的演变，成长为发展快、辐射广、贡献大的新兴产业。

辽宁、山东展会影响力辐射东北亚

据了解，为促进中韩两国间科技、经济领域的交流与合作，有效搭建中韩企业交流平台，由沈阳市人民政府、韩国驻沈阳总领事馆共同主办，由沈阳市科技局承办的“2014 年中韩高新技术及产品展览会暨第 13 届中国沈阳韩国周——韩国优秀商品展览会”于 7 月 18—21 日在沈阳科学宫国际会展中心开幕。

本届展会参展领域包括节能环保、医疗器械、自动化装备、健康保健、美容护肤等。韩国中小企业中央会、春川市、大田市、江原道、全罗北道等，组织 40 余家优秀企业前来参展、洽谈。参展项目共 300 余个，参观人次预计达 1.5 万人次。展会期间，还将举办“中韩科技企业项目对接会”“第九届亚洲生物技术商务对接会暨韩国生物技术企业项目推介会”“韩国书法美术展”等。

此外，大连日本商品展览会是原大连中日贸易投资展示洽谈会，为中日贸易投资领域的专业性展览洽谈会，每年秋季在大连世界博览广场举办一届，2008 年至今，已成功举办 5 届(2012 年停办一届)，是中国国内唯一的全日本(日资)企业出展的国际性展览会，今年将于 10 月 16 日在大连世界博览广场举办。

5 月份，青岛成功举办了 APEC 贸易部长会议及第二次高官会。亚太经济合作组织(APEC)成立于 1989 年，是亚太地区最重要的区域合作组织。当前，APEC 共有 21 个成员，其对外贸易总额和经济总量分别占全球的 46% 和 57%，是世界经济增长的重要引擎。APEC 贸易部长会议在青岛的举办，充分说明了青岛在贸易、会展以及金融行业的地位。据统计，在环渤海的沈阳、大连、青岛举办的多个展会上，来自韩国、日本的商家和专业人士较多，这些城市发挥地理区位优势，已成为韩国、日本等国际公司进入中国的第一站。韩国、日本商品展览会在环渤海会展中心城市举办，体现了这种影响力。

资料来源：渤海早报，2014-07-25.

讨论题:

1. 分析案例,谈谈大连、沈阳、青岛等城市会展业快速发展的原因,以及今后的发展前景。
2. 结合上述案例,谈谈会展除了对经济和文化的贡献外,还有哪些其他方面的贡献。

【专业词汇】

会展(MICE)　会议(Meeting)　奖励会展(Incentive)　节事活动(Events)

【思考与练习】

1. 简单论述会展研究的一般方法。
2. 分析会展研究的对象和框架,并谈谈自己的理解。
3. 会展的核心概念有哪些,各有什么特点?
4. 为什么会展研究要用统计分析法?

第2章 现代会展业的发展历程

【本章导读】

本章主要阐述了现代会展业的发展历程，共分为3节：第一节阐述了会展的起源，分别从古代集市、近代展览、现代会展等3个方面展开阐述；第二节主要介绍了国外会展业的发展概况，主要从欧洲地区、北美、亚太地区和其他如拉美和非洲等地区展开论述；第三节主要介绍了中国会展业的发展概况，着重以北京、上海、广州等具有代表性的城市展开论述。

会展业的存在已有相当长的历史。据1710年出版的《市场与展览概述》(Description of Market and Fair)记载,展览会和办展机构早在中世纪就开始出现,当然以展出样品为主的现代意义上的商业展览会则是在工业革命和机器大生产之后才诞生。随着社会的演变和科技的进步,会展业这种经济形态的存在形式、内容、功能和办展方式等各方面都在不断进行调整和变化,并正朝着产业化、国际化、专业化、规模化的方向迅速发展。现代会展业受到了越来越多国家和地区的重视。本章将从会展的起源出发,探讨国内外现代会展业的发展历程。

2.1 会展的起源

在历史的长河中,展览的发展也是分阶段进行的,从原始社会和奴隶社会到现代社会,随着生产力的不断发展,展览的手段、规模和形式等都发生了翻天覆地的变化,可以说,展览是随着社会的经济、政治、文化的进步而产生和发展的。根据产生时期、举办形式、活动目的、组织方式等的不同,展览活动的发展历史大致可分为4个阶段(见表2-1)。

表2-1 展览发展的历史阶段

阶段	标 志	活动范围	典型形式	活动目的	组织方式
原始	原始社会	地方	物物交换	交换物品	自发
古代	工业革命前	地区	集市	市场	松散
近代	1798年法国工业产品大众展	国家	工业展览会	展示	有组织
现代	1894年德国莱比锡样品博览会	国际	贸易展览会和博览会	市场、展示	专业组织

2.1.1 古代集市

1)中国古代集市的发展

具有商业性质的集市最早出现在古代中国的奴隶社会,两千多年前,《吕氏春秋·勿耕》便有“祝融作市”的记载。集市包括市、集、庙会等多种市场交换形式。

“市”指人们交换产品的场所,到西周时发展成为官府控制的市场。在此后的几百年里,市坊制曾一度流行,即市的设立或撤销由官府决定,市是商业区,坊是住宅区,市区不建住宅,坊区不设店铺。在宋朝,市的地域、时间限制都被打破,官府控制的市逐渐消亡,市进入了一个新的发展阶段,商业色彩也越来越浓。

“集”大约形成于公元前11世纪,它是随着社会分工的深入和经济交流的扩大而发展起来的。与市相比,“集”的地点比较固定,举行时间具有明显的周期性,参加者主要是农民和手工业者,且彼此之间的交易活动实质上是生产者之间的产品流通,这些特点已经构成了展览活动的雏形。

“庙会”的产生源于宗教活动的开展,正如《妙香室丛话》中所记载:“京师隆福寺,每月九日,百货云集,谓之庙会”。比起乡村的集,庙会的内容更加丰富多彩,除了传统的产品交换外,还包括宗教仪式、文化娱乐等活动。

2)欧洲古代集市的发展

欧洲古代集市的产生时间比中国稍晚,但它在发展过程中表现出明显的规模性和规范性。在英文中,集市和博览会同为 Fair。欧美展览界普遍认为展览会起源于集市,因为集市已具备了展览会的一些基本特征,如在固定地点、定期举行等。然而,集市只是松散的展览形式,规模一般较小,并具有浓厚的农业社会特征,还处于展览的初级阶段。

许多西方学者认为,欧洲集市起源于古希腊的奴隶市场,以及后来的奥林匹克运动会和城邦代表大会。在中世纪,展贸以特许集市的形式出现,通常是每年季节性(主要在宗教节日)举行的集市,由城市或地方长官、国王或教皇授予举办展贸的权力。展贸的影响是跨地区的,促进了地区间经贸活动的发展。展贸期间,参展者和来访者都能享有一些特权(如税务减免、人身财务保护等),这样可以吸引更多的人来参与展贸活动,还成立展贸法庭处理交易纠纷和交易证明登记。大规模的展贸活动始于 11—12 世纪,其中最重要的是在伯爵领地"香槟地区"的展贸(Champagnemessen),成为欧洲的重要集贸中心。由于产品的交易引起资本交易的进行,展贸带动了资本流通,如德国教区的主教就通过香槟展贸向罗马教廷交纳贡银。到 1320 年,香槟展贸已成为欧洲最大的资本中心。中世纪晚期,欧洲已形成发达的展贸网,由过去单一地区举行展贸发展到由更多城市季节性地承办。在重要的集贸活动中,资本交易也同样促进交易发展,并导致了各国间汇率和外汇交易的发展,及强大国际货币的确定,从而又使资本与商品的交易相对独立,逐步分化形成金融中心和展贸中心。

因此相比较中国集市,欧洲的集市虽然产生稍晚,但发展相对较为成熟。一方面,欧洲集市在规模上相对集中,举办周期较长,且功能相当齐全,包括零售、批发甚至国际贸易、文化娱乐等。另一方面,各国政府先后制定了有关集市管理的法规。如英国的法律规定,每个臣民从家步行不超过 1/3 天的时间便可到达一个集市;若两个集市有冲突,历史长者优先,历史短者必须搬至距前者 20 英里(1 英里=1.609 千米)之外等。

由此看来,无论是从举办形式上,还是从基本性质上来评判,"集"和"庙会"都属于展览业的范畴。诚然,从原始社会的物物交换到具有明显规律性的集市是展览发展历史上的一大飞跃。

2.1.2 近代展览活动

1)欧洲近代展览活动的发展

18 世纪 60 年代工业革命的爆发,推动了欧洲经济的迅速发展,同时也引起了展览业的一系列变革。工业革命带来的影响使展贸业从货物交易变为了样品交易。行业自由化、工业化技术的发展及交通手段的改善使商人们无需在特定的时间、地点提供产品,而只需带样品来参展,拿着订单回去,并通过工业化的生产及时提供交易。于是展贸会的功能开始有所调整,由于国家间的贸易自由化,使展贸会丧失了它的特权,并逐步有了一种"展览"功能。

1798 年,在内务部长德纳夫沙托(De Neufchateau)的提议下,法国举办了世界上第一个由政府组织的工业产品大众展(Exposition Publique des Produits de l'lndustrie)。尽管在此之前欧洲也出现过一些工业展览会,但规模普遍较小且未连续举办,因而西方学者倾向于把这次展览作为近代工业展览会的开端。此后的近 50 年时间里,许多国家都模仿法国举办过工业展览会，然而由于当时保护主义盛行，这些工业展基本没有外国参展商。

1851 年，英国在伦敦举办了“万国工业大展览会”(The Great Exhibition of the Industries of All Nations)。该展览会在海德公园的水晶宫举行，展出面积达到 10 万平方米，参展商有 1.7 万多家，其中约 50% 来自国外，观众人数超过 600 万人次。这是第一个真正具有国际规模的展览会，其目的是通过展览活动促进国家间的贸易与合作，以实现全球资源和市场的共享。这次展览会便是后来世界博览会的前身，因而西方展览界把其看作是第一个世界博览会。世界博览会成为展览活动的一种高潮形式，伦敦、巴黎、维也纳、芝加哥、圣路易斯和旧金山等城市因为博览会的举行，大大改变了城市的面貌。

从 1798 年法国工业产品大众展算起，近现代会展业已经有了 200 多年的历史。

2) 中国近代展览活动的发展

在近代，中国的社会经济发展明显落后于西方，反映在展览业上就是集市作为主导展览形式一直持续到 19 世纪末。中国的近代展览活动包括 20 世纪初举办的几次展览会和博览会，以及抗战时期的展览会。1905 年，清朝政府在北京设立了劝工陈列所，北洋军阀农商部下属的劝业委员会也于 1915 年设立了商品陈列所，两者的目的都是为了鼓励生产和展示国产商品。1935 年 11 月至次年 3 月，中国艺术国际展览会在伦敦举行，这是中国第一次出国办展。本次展览会共展出展品 3 000 余件，观众达 42 万人次，在英国甚至整个欧洲引起了巨大轰动。在博览会方面，中国近代史上曾举办过武汉劝业会(1909 年)、南洋劝业会(1910 年)、西湖博览会(1929 年)等几次具有一定规模的博览会，目的大都是为了促进工商业的发展。另外，抗战时期国共两党政府分别举办了一些展览活动，规模较大的如迁川工厂出品展览会(1942 年)、四川省物产竞赛展览会(1943 年)、重庆工矿产品展览会(1944 年)等。上述这些展览会对近代中国的经济发展起了一定的推动作用，但在流通领域的作用远没有发挥出来。

2.1.3 现代会展业

传统的集市虽然具有市场功能，但由于规模过小且组织手段落后，所以无法满足大批量流通的需要；工业展览会则强调宣传展示，缺乏市场功能。这种尴尬的局面急切呼唤新型展览形式的出现。1890 年，德国莱比锡样品博览会的举办打破了这种“僵局”。样品博览会兼具集市的市场性和工业展的展示性，即以展示为手段，以交易为目的，因而被认为是现代贸易展览会和博览会的最初形式。

现代贸易展览会和博览会的发展过程大致可分成两个阶段：第一阶段是两次世界大战期间综合性贸易展览会的发展，第二阶段是第二次世界大战后专业展览会的出现与成长。第一次世界大战使许多国家陷入经济困境，同时也破坏了此前的国际自由贸易环境，各国不得不寻求新的途径来促进本国经济的发展，综合性贸易展览会和博览会应运而生。例如，在 1916 年和 1919 年之间，法国就举办过三届国际博览会，并取得了较大的成功。由于这段时期各国举办了过多的展览活动，展出水平和实际效益普遍下降，展览业出现了混乱的局面。1924 年，国际商会在巴黎召开了国际展览会议，以此为基础，国际博览会联盟(Union des Fairs Internationales，简称 UFI)次年在意大利米兰成立。该组织的成立对提高国际展览会的质量标准、维护全球展览业的正常秩序做出了重要的贡献。

第二次世界大战后，世界各国都着力进行经济建设和发展科技教育，劳动分工越来越细，产品更新速度明显加快，综合性的传统贸易展览会已难以全面、深入地反映工业水平和市场状况。在这种背景下，现代贸易展览会和博览会开始朝专业化方向发展，并在20世纪60年代成为展览业的主导形式。专业展览会在展览内容、参展商和观众上具有明显的专业性，这有利于反映某个行业及其相关行业的整体发展状况，因而具有更强的市场功能。

现代展览业经历了近一个半世纪的发展历程，形成了以欧洲和美国为龙头，以亚太地区为强大新生力量的全球化产业，拥有了全球性的行业组织——国际展览局和国际博览会联盟。这个被称为"无烟工业"的现代化产业为全球科学技术的传播，经济贸易的增长，为加快城市建设、交通、能源、通信、旅游和就业等事业的发展以及促进人们思想观念的更新与交流均起到了强大的推动作用。如果把科学技术比作现代人类文明发展的火车头，那么作为传播科学技术手段的展览业就是驱动这列现代文明列车的一个重要车轮。

目前，世界会展业正朝着国际化、专业化、高科技化等方向发展，前景一片灿烂。随着会展活动对社会经济特殊作用的进一步体现，会展业必将受到越来越多国家和地区的重视。而且，伴随会展活动的发展和会展理论研究的深入，统一的会展管理制度、会展技术标准等将在世界范围内逐步建立起来。

2.2 国外会展业的发展

经过几千年的发展，尽管展览活动通过展示来达到交换目的的基本原理还是没有改变，但是市场经济和国际贸易高度发达的现代社会，展览和会议早已超出了传统的物物交换或宣传展示的范畴，绝大多数参展商或与会者都把其作为展示产品、开拓市场和沟通信息的手段。换句话说，对于现代会展活动而言，"交换"的对象更多的是指产品、技术等各式各样的信息，甚至包括生活理念、业界动态等。本节主要介绍欧洲、北美、亚太地区会展业的发展概况。

2.2.1 欧洲会展业

欧洲是世界展览业的发源地，经过一百多年的积累和发展，欧洲会展经济整体实力最强，规模最大。欧洲展览经济以其数量多、规模大、国际化程度高、贸易性强和管理先进闻名于世。目前国际上公认的300多个最知名的、展出面积在3万平方米以上的专业贸易展览会，其中三分之二都在欧洲举办。欧洲的展览强国主要聚集在西欧，德国、法国、意大利、英国等都是世界级的会展业大国。地处欧洲中心、交通便捷的德国，位居世界展览国家之首，是世界头号会展强国。东欧会展业的发展则主要是以俄罗斯为中心。

1）德国会展业

德国有世界展览王国的美誉，是世界展览业的发源地。德国地处欧洲中部，交通条件便利，贸易展览历史悠久，根据德国贸易展览协会（AUMA）统计资料，早在2007年，德国就已拥有25个大型展览中心，可供展览使用的场馆总面积264万平方米，超过10万平方米的展览中心8个，超过5万平方米的展览中心5个。博览会是德国服务行业的重要支柱和促进德国经济发展和对外贸易增长的有效手段。

(1)德国展览业的特点

①展览中心规模庞大。据上海高校国家课题研究联合团队项目组2011年调查统计数据，全球十大顶级展馆德国拥有量第一，共计4家，展览面积146.5万平方米，占比46.9%，展馆平均面积高达36.63万平方米。4家顶级展馆分别是：汉诺威博览中心，49.53万平方米；法兰克福展览中心，34.57万平方米；科隆展览中心，34万平方米；杜塞尔多夫展览中心，28.4万平方米。每年在德国举办140多个顶级的国际、国内交易会和展览会，占全球展会总数的2/3。每个展览会平均展出面积超过5万平方米。德国几乎所有的重要城市都有自己的会展中心。

德国展览中心不仅面积大、设施齐全，还十分注意与周围设施的配合，其周围的铁路、巴士、地铁、货运站、航空、住宿、城市旅游、娱乐、文化等条件都很方便。

②展览企业国际性和专业性强。按营业额排序，世界十大知名展览公司中，德国企业占到6位，分别是汉诺威展览有限公司、慕尼黑国际展览公司、法兰克福展览集团、柏林展览公司、科隆国际展览集团和杜塞尔多夫展览集团。在出国办展方面，目前德国展览机构在全世界的办事机构400余个，已形成了全球化网络。

③展览效益巨大。德国展览业专业人才优势明显，会展业年平均营业额达25亿欧元，其带动的经济效益达230亿欧元，经济带动比例达到1∶9.5，并可以提供几十万个工作岗位。同时德国展会的国际参与度很高，国外参展商平均比例达48%，国外专业观众的平均比例达到25%。

④展会知名度高，吸引力强大。全球每年举办的世界顶级行业的博览会有2/3在德国举办，在德国举办的展会，外国参展商比例平均超过50%，20%以上的参展者来自于国外。德国举办的展览会内容丰富，涵盖各行各业，德国展览会成为世界顶级行业树立形象、发布产品信息和与客户和关注交流沟通的重要平台。

(2)德国主要展览城市介绍

德国主要的展览城市有汉诺威、慕尼黑、杜塞尔多夫、法兰克福、科隆、柏林、莱比锡、纽伦堡、汉堡等。这些城市都是国际著名的展览城市，它们都将展览业视为支柱产业进行发展，出台一系列鼓励措施和优惠政策，吸引参展商和观众。

汉诺威是世界上最著名的“展览之都”，其拥有世界上两个最大的博览会，“汉诺威工业博览会”和“信息及通信技术博览会 CeBIT”，此外还有其他重要的博览会如“汉诺威电脑与通信博览会”“汉诺威地毯及地面铺装博览会”“欧洲机床博览会”和“汉诺威国际林业木工机械展览会”等。

在德国慕尼黑举办的重要博览会有“建筑及建筑机械专业展览会 BAUMA”“电子电脑新材料展览会”“国际体育用品博览会 ISPO”以及“饮料技术展览会 DRINKTEC-INTERBRAU”等。

杜塞尔多夫的重要展览活动有“印刷与纸张、塑料博览会”“计量技术与自动化博览会 INTERKAMA”“包装技术博览会 INTERQUCK”以及“国际时装博览会”等。

法兰克福也是世界上最重要的展览城市之一，法兰克福拥有消费品博览会“AMBIENTE”和“TENDENCE”“国际汽车——小轿车展览会 IAA”“国际礼品展览会”以及“国际卫生——取暖——空调”专业博览会等。最具有吸引力的是每年秋季的法兰克福书展，成为世界各地出版商、书商以及作家的聚会场所。

在科隆举办的著名博览会有“国际食品市场 ANUGA”“国际图像博览会 PHOTOKINA”“国际家具博览会”以及其他如时装、家庭用具、五金制品、自行车与摩托车等方面的专业博览会。

柏林在世界上引起广泛影响的博览会主要有“绿色周(农业与食品业)”、柏林国际建筑贸易展、国际旅游展、国际电子消费品展以及国际航空航天展览会 ILA 等。

纽伦堡国际展览有限公司举办的纽伦堡国际玩具博览会、国际制冷及空调设备展等在世界上也有重要影响。

2)法国会展业

法国也是世界展览业最为发达的国度之一,是世界上重要的国际会议接待国,每年举办的展览会和博览会 1 500 余个。与德国相比,法国的优势主要是综合性展览会,近年来,法国开始重视开发国际贸易专业展,其国际专业展主要参与国及地区有比利时、意大利、西班牙、英国、德国、荷兰、瑞士、美国、葡萄牙和日本等。法国主要的展览集团有爱博展览集团、博闻集团、巴黎展览委员会、励展集团等。法国的国际著名展会有 BATTMAT 建材展、SIAL 食品展、SIMA 农业展、EMBALLAGE 包装展、VINEXPO 酒展、EUROPAIN 面包糕点展、AERONAUTIQUE 巴黎航空航天展以及 POLLUTEC 环保展等。

(1)巴黎——国际展览之都

法国拥有 160 万平方米的展馆,分布于 80 个城市,其中巴黎约占 60 万平方米。巴黎是法国展览业的中心城市,其次为里昂、波尔多、里尔等城市。“展览之都”巴黎是世界第一大国际会议中心,集中了法国 80% 以上的大型国际展会,每年为本地区带来超过 30 亿欧元的经济收入,相当于创造了 5 万多个全职工作岗位。巴黎每年举办专业展会超 400 个,接待观众 900 万人,参展商近 10 万家,展会涉及所有行业,平均每天有 5 个展会同期举办,最多的时候,每天有 15 个不同领域的展会同时举办①。巴黎主要的展览馆有巴黎凡尔赛门展览中心、巴黎北维勒班展览中心和巴黎布尔热展览中心等。

(2)法国国际专业展促进会(Promosalons)

法国会展业发展的最大特点是法国的主要展览公司共同组织成立了法国国际专业展促进会(Promosalons),理事会由巴黎工商会、法国外贸中心、法国专业展联合会、法国雇主协会、巴黎市政府、法国外贸部以及展览中心和专业展览公司的代表组成。这一由商会和政府牵头的民间组织为促进国外专业人士来法国参观交流起了很大的作用。

Promosalons 的经费来源主要有两个途径:一是由诸如巴黎工商会和展览场地公司等主要理事单位提供的年度补贴,占少部分;另一部分是由参加促进会的展览公司按所需促进的展会数目及促进宣传工作量而定的促销经费,这占促进会经费的大部分。

法国的任何一家展览公司均可申请加入促进会,但促进会对于同一个专题的展会只接纳一个展会加入,而且优先接纳质量最好的展会。促进会为了向这些展会提供国际促进业务,在近 50 个国家和地区建立办事处。这些办事处的任务是在各自负责的国家和地区展会开发形式多样的促进业务。

① 数据来源:食品商务网. http://www.21food.cn/

这种展会国外促进的方式很有意义，因为单个的展览公司，哪怕是财力强大的展览集团，都没有足够的实力在世界上50个国家建立属于自己的办事机构网络，但是从属于不同展览公司的65个展会把其经费集中到一起，就能组成一个有效的展会国际促销网络，这是世界上独一无二的促销网络。

3）意大利会展业

意大利地处欧洲南部，历史悠久，经济实力强大。由于意大利是一个以加工业为主的国家，其产品主要用于出口，因此促销工作十分重要；同时由于意大利享有"中小企业王国"的称号，众多的中小企业是意大利的经济支柱，其无力单独承担向国际市场促销的巨额广告费用。因此为了扩大出口，意大利每年在全国各地举办无数次各种类型的展览会，各类展览会对宣传本国产品、加强技术交流与合作以及推动出口发挥了重要作用，同时因展览会上聚集大量厂商，便于直接交流，大大降低了企业的促销费用和缩短了时间。

（1）展览概况

意大利展览业发达，是欧洲展览业第二大国，也是到欧洲参展的中国企业最多的第二大国。每年举行1 200多个展会，其中460多个获得国际认可，200多个具有国际影响力。意大利展会展品范围广泛，几乎涉及了各个生产领域。重要的生产领域如时装业、家具与室内装饰业、机床和精密机床、木材加工和纺织机械等都把国际博览会作为向国际扩展的跳板。

意大利展览会服务周全。参展者可享用带有空调的展厅、自动电梯和活动通道、翻译服务以及信息交流服务（复印机、传真机、电话、计算机、因特网以及国际信息库）。自动接待系统可以永久性地把观众的资料登记下来，使参观者可以定期收到已参观过的参展交易会的信息，参展公司的文件、名录和小册子。

（2）展览协会

意大利的展览会大都不是由展览会场地所有者举办，而是由专业人员组织，往往与该领域的企业协会或贸易协会联合。意大利的专业博览会协会主要有：

◆意大利工业展览委员会CFI（Comitato Fiere Insustrie）

是意大利行业代表性最强的专业展览会机构，其成员是工业家联合会中所有与展览有关的组织机构。CFI的任务是：在国内和国外提高意大利展览业的重要性，其最终目标是促进本国企业的国际化。为了实现这一目标，CFI力图通过先进的展览设施和优质的服务管理使意大利展览会保持在欧洲先进水平。该委员会常常作为唯一的对话者代表意大利企业界与国家和地方政府部门洽谈，并与管理展览场所的展览公司及国营和私营展览工作者接洽，积极争取政府官方以及同行业的支持。CFI的展览会集中在米兰（44%）、佛罗伦萨（8%）和帕尔马法举办（7%），总展览面积80多万平方米。主要展会有机械展、家具-建筑展、服装-纺织展、制鞋展、食品展、化妆品展、农业展、光学仪表展以及电子-安全展。

◆意大利专业展览协会（ASSOMOSTRE）

主要组织专业性的展会，在意大利全国展览业中具有举足轻重的地位，会员包括意大利展览促进协会（ASSOEXPO）、意大利家具展览组织委员会（COSMIT）、意大利展会组织公司（EIOM）等，主要介绍如下：

展览促进会ASSOEXPO，其业务是促销和组织专业展览，经营范围为伦巴底地区的工业、服务行业、商业和科技领域。组织的展览有：两年一次的 MAC-国际化工器、分析化验、研究、监控仪器及生物技术展（欧洲本行业最重要的展览会之一）；MOCAN-全国医疗卫生展；IBTS-MEM-国际声像广播电影电讯；SICOF-国际照相电影录像光学声像及照相修版器材展等。

意大利家具展览组织委员会 COSMIT，该公司从 1961 年开始组织米兰国际家具展览会，此外还组织 EUROLUCE 照明器材双年展，SALONEUFFICIO/EIMU 办公家具展，SALONCOMPONENTI/SASMIL 家具工业附件、半成品及家具部件双年展，SALONECOM-PLEMENTO 室内装潢展等。

其他展览公司：EIOM 组织电子、微电子、自动化、仪器仪表、工业化学、实验室设备、技术和附属产品等行业的专业展览；BIAS 组织国际自动化、仪器仪表和微电子展；RICHEMAC 主要组织国际化工展及国际化工业机械、分析化验、研究、监控仪器及生物技术展；SMAU 则承办了国际信息与通信技术展览会，包括信息系统、软硬件、电讯办公室系统和用品，企业管理软件及多媒体等。

◆意大利展览协会（AEFI）

成立于 1982 年，意大利最大的展览会行业机构之一，会员包括意大利的 41 家展览中心，以及展览组织和服务公司。其成员公司主要有马尔凯大区展览公司、东方展览公司、博洛尼亚展览公司、波尔扎诺展览公司、切赛纳农业展览公司等。

(3)展览城市

意大利大型国际展览会举办地点主要集中在米兰、博洛尼亚、巴里和维罗纳 4 个城市，每个城市都有设施良好的展览会场地。此外，这些城市同时又是著名的旅游城市，历史悠久，风景优美，名胜古迹多，文化艺术活动丰富。参展商和观众不仅能从展览会上获取信息，联系业务，还能在业余时间浏览市容、参观古胜，享受多彩的文娱生活。这也是这些城市作为展览城市成功的另一个重要条件。

(4)展览中心

◆米兰国际展览中心（FIERA-MILANO）

米兰国际展览中心是世界上最大的展览中心，也是世界上设备最先进的展览场地，米兰展览中心包括：米兰展览馆、米兰 RHO 展览馆、米兰城市展览馆和米兰展览中心，总占地面积近 430 万平方米，展览面积近 140 万平方米。著名的米兰国际家具展，米兰时装周，米兰设计周，米兰建筑设计展等一系列世界级展会均在此举行。在 2015 年米兰世博会之际，米兰展览馆也将承办部分展览任务。

◆博洛尼亚展览中心（Bologna Fiere SpA）

是欧洲主要展览中心之一，每年举办 70 多个展览会和博览会，其中具有国际领先水平的展会 15 个。该展览中心展出面积达 18 万平方米，共设 18 个展馆。主要的展会有博洛尼亚国际建筑业博览会（SAIE）、博洛尼亚国际建材和室内装饰展（SAIEDUE）、博洛尼亚国际建筑陶瓷卫浴设备展（CERSAIE）、博洛尼亚赛车展（Motor Show）、博洛尼亚皮革展（LINEAPELLE）等。

◆维罗纳展览中心（VERONA FIERE）

是意大利最古老，历史最悠久的展览场所，拥有 12 座展厅，展览面积 20.3 万平方米，其中 9.7 万平方米配备各项服务设施。该中心除了举办各类展览以外，还在“欧洲与古罗马剧场会议中心”中组织各种会议，该会议中心拥有 8 个会议厅，1 300 个座位，还有一个模块式自由组合结构的礼堂，总容量超过 2 000 人，并配有声像录放设备和电视电话会议设备。

◆巴里东方展览中心（FIERA-DEL-LEVANTE）

位于意大利东南端城市巴里，它是意大利南部展览面积最大的展览中心之一。占地 30 万平方米，每年举办 30 多个展览会，其中许多是国际展览。每年从意大利国内外来巴里的参展商超过 5 000 家，观众 200 多万人。展览涉及的行业有：信息、出版、休闲、摄像、黄金制品、时装、机械、企业服务、运输、农业和建筑等。在此举办的知名展览会主要有巴里东方博览会、国际样品博览会、东方农业博览会和东方建筑博览会等。

2.2.2　北美会展业

1）概况

北美展览会开始于 18 世纪，最早起源于专业协会的年度会议。北美会展业在发展初期，展览只是作为年会会议的一项辅助活动，仅仅是一种信息发布和形象性展示的媒介，展览会的贸易成交和市场营销功能曾在很长一段时间里并不为企业所重视。直到目前，仍有很多美国展览会与专业协会的年度会议合在一起同时举办。

从世界会展业的发展来看，北美地区会展业的发展水平仅次于欧洲，主要以美国和加拿大为代表。据上海高校国家课题研究联合团队项目组 2011 年调查统计，美国在世界展会场馆总面积排名上位居第一，为 660.3 万平方米，比排名第二的德国多出接近一倍（德国为 325.8 万平方米）。由于北美特别是美国强劲的经济实力以及国内巨大的市场容量，北美展览对于海外参展商具有较大的吸引力，北美会展业的发展水平从世界范围来看也仍然处于领先地位，并形成了自身独特的办展模式和风格。北美地区最著名的会展城市主要有多伦多、拉斯维加斯、芝加哥、纽约、奥兰多、达拉斯、亚特兰大、新奥尔良、旧金山和波士顿等。

2）主要会展城市

（1）会展新星——奥兰多

海水、沙滩、棕榈树和四季宜人的气候，以及海洋世界、迪斯尼、环球影城三大主题公园，再加上对公众开放的肯尼迪航天中心，使美国佛罗里达州的奥兰多成为一个纯粹的度假胜地。除此之外，交通便利，水陆空立体的交通网络，尤其是世界各国特别是欧洲各大航空公司都有直达奥兰多的航班。倚仗这些得天独厚的条件，奥兰多在美国众多会展城市中脱颖而出，也成为赫赫有名的“会展之都”。

然而这些都还不是奥兰多最终成为会展名城的独到优势，奥兰多会展业最显著的特点是其优质的服务。奥兰多的主要会展场馆桔县会议中心是全美仅有的几个由当地政府经营的场馆之一。该中心的经营口号就是“为用户提供卓越的服务，激发他们回来举办会展的欲望，提高优秀集体的名誉”。为激励员工热情地为客户服务，该中心长期举办一项由客户和员工参与的活动，发给每位来到该中心的客户印有标志的硬币，凡是得到一次满意的服务，客户可以给工作人员一枚硬币。年终时，得到硬币多的工作人员将受到中心的奖励。这项活动有两个好处，员工得到硬币的同时客户得到优质的服务。为用户提供宾至如归的服务和帮助，成为奥兰多在会展业竞争中取胜的至上法宝。

(2)沙漠中的展览城——拉斯维加斯

拉斯维加斯作为沙漠中人造的展览之城，同样以“世界会议之都”的美誉而闻名遐迩。拉斯维加斯每年承办大量国际性展会，几乎每天都有重要的展览或会议在此召开，其中不乏各行各业的顶级展会，可谓是行业的风向标。拉斯维加斯拥有超过970万平方英尺(1平方英尺=0.093平方米，下同)的会展场地，主要的场馆有拉斯维加斯会展中心，曼德勒海会展中心以及金沙会展中心等，其中拉斯维加斯会议中心是美国最大的会展中心之一，也是世界最现代化，设施最完善的会展中心，拥有200万平方英尺的展览面积和25万平方英尺的会议室空间，许多著名的展览如Comdex电脑展、汽车售后服务展、MAGIC、全美五金展等都在这里定期举办，每年接待的会议代表和观展人数以千万。会展业成为拉斯维加斯城市经济增长的关键，甚至成为整个南部内华达州经济发展的三大支柱产业(饭店、娱乐和会展业)之一，拉斯维加斯的成功来自于对独有优势的了解、准确的产业定位以及政府的政策支持等。

(3)经济中心——多伦多

多伦多是加拿大第一大城市，位于加拿大心脏地区，接近美国东部工业发达地区，汽车工业、电子工业、金融业及旅游业在多伦多经济中占有重要地位。多伦多是加拿大最受欢迎的展览城市，多伦多主要的展览场馆有大多伦多市会议中心、加拿大国家贸易中心、多伦多国际中心、多伦多会议中心等，其中，加拿大国家贸易中心面积100万平方英尺，有10个馆，每年举办各类展览会300多个，人流量520多万。多伦多因举办多个著名的国际博览会而蜚声遐迩。

(4)美国的十字路口——芝加哥

芝加哥是全球最大的会展中心城市之一，在20世纪90年代末连续数年排名北美城市第一位。芝加哥麦考密克会展中心(McCormick Place)是北美最重要的大型会展中心，它每年吸引四百多万商家和参观者前来洽商参观。麦考密克会展中心展馆面积达25万平方米，包括东南西北4个馆，其中南馆最大，各展馆之间有广场和走廊相连，可容纳10 000人；有会议厅112间；8 000个停车位，进出方便；有芝加哥地区最大的舞厅和拥有4 249个座席的Arie Crown歌剧院。这里每年要举办2 000多场专业展览和会议，接待人数超过250万，其中大型会展基本上每天一个，包括北美最大的专业汽车展——芝加哥汽车展、全球三大艺术展之一的芝加哥艺术展、全美最大的家庭用品博览会等。

历史上，芝加哥还举行过两次世界博览会。一次是1893年在杰克逊公园举行的哥伦布博览会，一次是1933年到1934年在波恩汉公园举行的进步世纪博览会。

(5)可口可乐的家——亚特兰大

亚特兰大是现代商业世界的重镇，有上百家包括可口可乐、达美航空、UPS、Holiday Inn及南方贝尔等大公司的总部设在这里，亚特兰大也是一个会议大城，1996年第26届夏季奥运会在此举行。亚特兰大主要的展览场馆有佐治亚世界会议中心和亚特兰大城市会议中心。佐治亚世界会议中心拥有能容纳7.2万人的佐治亚圆顶会场、占地21英亩(1英亩=4 046.86平方米，下同)的百年奥林匹克公园、140万平方英尺的展馆、105间会议室和2个大型多功能厅，交通条件也十分便利。亚特兰大城市会议中心已成功主办过多种大型的活动。

(6)商业之都——纽约

纽约市被誉为世界之都,一个多世纪以来,纽约一直是世界上最重要的商业和金融中心,直接影响着全球的媒体、政治、教育、娱乐以及时尚界。纽约与英国伦敦、日本东京并称为世界三大国际大都会。位于纽约曼哈顿中区的贾维茨会展中心,是全美三大会展中心之一,举办过多次大型国际性展览,如纽约国际礼品展、国际动漫展、世界玩具博览会等。

著名的自由女神像、联合国总部、时代广场、大都会艺术博物馆、中央公园、第五大道商业区、洛克菲勒中心、百老汇剧院区、唐人街等都在这里。

(7)东部名城——波士顿

波士顿是美国马萨诸塞州的首府和最大城市,该市拥有4个主要的会议中心:海恩斯会议中心、贝赛德博览中心、波士顿世界贸易中心和波士顿会议展览中心。其中波士顿会议中心于2003年动工,造价为7亿美元,可提供51.6万平方英尺展位,坐落在波士顿南边的港湾区,由阿根廷的建筑师Rafael Vinoly先生设计,显著特色在于又长又浅的拱形圆屋顶,主要展示厅相当于13个足球场,地下停车场有1 000个停车位。

(8)梦幻之都——洛杉矶

洛杉矶是美国的第二大城市,仅次于纽约。每年12月初在洛杉矶会议中心(Los Angeles Convention Center)举办的洛杉矶车展(LA Auto Show)是美国国内规模仅次于底特律北美国际车展(NAIAS)的第二大汽车展。洛杉矶会议中心(Los Angeles Convention Center)是世界上设计最科学、会展设备最先进的会议中心之一,其展馆、塔楼和大厅与中央广场的会议室相连,形成一个统一的整体。洛杉矶会议中心拥有720 000平方英尺的展馆和147 000平方英尺的会议室,使之成为各大盛会的最佳选择。会议中心共有54个会议室,299个座位的剧场及5 600个停车位。

洛杉矶还拥有自然历史博物馆、圣马利诺汉丁顿图书馆与艺术画廊,这里面陈列着莎士比亚的原始手稿。

(9)小牛城——达拉斯

达拉斯(Dallas),德克萨斯州第三大城市,也是美国三大会议中心之一,一年一度的德克萨斯州博览会在此举行。达拉斯会议中心展馆占地面积210万平方英尺,展览面积100多万平方英尺,每年在这里举办的展会3 600多次,参展人数数百万人。达拉斯不仅是美国西南部的金融与商业中心,同时还堪称美国的艺术之都。由法兰克·洛依德·怀特设计的著名的达拉斯戏剧中心、达拉斯交响乐团以及达拉斯的乡村音乐和西部音乐都在世界闻名遐迩,这都是达拉斯成为会展之都的独特优势。

2.2.3 亚太地区会展业

亚太地区主要是指东亚及太平洋地区,是世界旅游组织(WTO)根据世界各地的旅游发展情况和客源集中程度而划分的世界六大区域旅游市场之一。亚太地区包括以中国内地、韩国、日本、中国香港、新加坡等为代表的亚洲国家和地区以及澳大利亚等,是世界新兴的充满活力的展览市场。

近年来,亚太地区会展业发展强劲,成为全球会展业引擎,2006年至2011年,全球展馆面积平均增长12%，亚太地区展馆面积增长了38%，远高于欧洲的7%和北美的5%。亚太地区在世界会展业中的比重越来越大，在展馆面积方面，亚洲占全球比重由2006年的16%上升到2011年的20%，欧洲由50%下降到48%，北美由26%下滑到24%。展会面积方面，亚洲由2008年的18%上升到2011年的20%，欧洲由49%下降到46%，北美保持26%未变①。由此我们可以看到，世界会展业重心正由欧美向亚太转移。下面着重介绍一下亚太地区几个主要的会展城市的会展业发展概况。

1）新加坡会展业

（1）概况

新加坡地理位置优越，航线众多，交通便捷，可自由快速畅达亚太各大城市。在以新加坡为中心的三小时飞行距离内，有2.5亿人口活动，每年仅中转旅客就达250多万。新加坡正处在这样一个枢纽的位置，非常适合举办国际性的会展。目前，新加坡有64家国际航空公司的航线，可直飞50个国家的154个城市。新加坡是一个充满活力、缤纷色彩的动感城市，各种文化、烹饪风格、艺术和建筑有机和谐地融合在一起。通过各种主题节日（热卖会、美食节、热带圣诞等）、新景点（新加坡摩天观景轮）以及新活动（F1大奖赛），能持续地带给游客更多新的旅游体验。新加坡一直被列为最具优势的会展城市，被国际协会联合会评为世界第五大“会展之都”。

（2）会展业基本情况

2012年新加坡接待国际游客1 317万人，其中参加MICE活动的商务旅客平均停留时间为5天，人数达到535万人。国际会议数量不断攀升。ICCA统计数据显示，新加坡举办的国际协会会议数量由2003年的72个上升到2012年的150个，10年间翻了一倍多。到2012年，新加坡会议市场占有率达到全球会议总数的1.3%（见表2-2）。

表2-2　2003—2012年新加坡举办的协会会议情况

年　份	新加坡市举办会议数量	新加坡会议数量	占新加坡比重/%
2003	72	72	100
2004	100	100	100
2005	113	113	100
2006	113	113	100
2007	140	140	100
2008	137	137	100
2009	122	122	100
2010	154	154	100
2011	142	142	100
2012	150	150	100

数据来源：ICCA

① 冯楠.全球会展业发展趋势分析[J].中外会展，2013（2）.

从表 2-3 可以看出，近十年新加坡协会会议人数总体上呈现上升趋势，2003 年参会总人数为 35 181 人，2006 年首次突破 5 万人，增长到 54 072 人。2008 年参会总人数突破 6 万人。2011 年，参会总人数达到最高值，为 70 486 人，2012 年参会总人数较 2011 年略有下降，达到 54 047 人（见表 2-3）。

表 2-3 2003—2012 年新加坡接待会议情况（按当年会议总人数划分）

年　份	2003	2004	2005	2006	2007
会议总人数	35 181	30 630	38 893	54 072	45 377
年　份	2008	2009	2010	2011	2012
会议总人数	60 269	46 845	51 164	70 486	54 047

数据来源：ICCA

(3) 主要会展场馆

为增强会展国际竞争力和会展产品吸引力，新加坡一直把扩大会展场地，提高会展档次和接待能力作为一项重要的发展战略，不断投入巨资建造一流场馆。目前，场馆面积已具有相当规模（见表 2-4）。

表 2-4 新加坡主要会议展览设施

场馆名称	最大报告厅/（平方米·厅$^{-1}$）	最大宴会空间/平方米	会议桌数	最大展览空间/平方米
新加坡博览中心（10 个会议厅）	19 000	60 000	36 000	100 000
滨海湾金沙会展中心	11 000	8 140	6 600	18 570
国际会议和展览中心（新达城）	12 000	12 000	5 000	12 000
圣淘沙名胜世界	7 300	6 500	5 520	6 500
莱佛士城会议中心	3 200	225	2 000	225
新加坡香格里拉酒店	1 500	1 357	1 300	1 357
新加坡丽思卡尔顿千年酒店	1 400	1 085	1 000	1 085
新加坡君悦大酒店	1 250	1 234	1 000	1 234
新加坡文化大酒店	1 200	1 020	1 000	1 020
海滨会议中心	900	850	600	850

资料来源：全球最佳会议局联盟（BestCities Global Alliance）

①新加坡博览中心。新加坡最大的展览馆。2002 年 4 月开始正式启用，是政府的重点投资项目之一，总投资额近 1.4 亿美元，占地面积 25 公顷。2005 年 10 月，新加坡博览中心扩建完成，展馆由 6 个增加至 10 个，展览面积由原来的 6 万平方米上升至 10 万平方米。展馆顶棚高，无柱子，可以举办大型机械展览。同时，还有 1.2 万平方米的室外展览场，10 个大小不同的会议厅和 9 个会客厅，配备有先进的翻译、通信和传播设备。博览中心交通便利，与 3 条高速

公路相通，拥有可停放2 200辆汽车的停车场，还设有地铁站。博览中心建有新加坡的第二大餐厅，可同时供1万人用餐，为参展商提供不同档次的商务餐饮。新加坡博览中心扩建前每年主办400多个商业活动，每年场地出租率达45%。

②新达城国际会议和展览中心。新加坡第二大展览场所，是集展览、会议、办公为一体的多功能建筑。其中，坐落于四层的室内展览馆分为4个大厅，面积1.2万平方米。位于六层的会议大厅面积也为1.2万平方米，既可以举办大型会议，也可以作为展览场地，而分布于二层和三层的面积不同的会议厅，可容纳10人到1 800人不等，可为各种规模不同的会议提供选择。

③新达新加坡国际会议与博览中心。世界一流的场地，设在亚洲的集成度最高的会议、大会和展览中心的心脏。建筑面积超过10万平方米，这家屡获殊荣的设施，可容纳20 000人，提供5 200间客房，1 000个零售网点，300家餐厅。新达新加坡国际会议与博览中心交通便利，毗邻中央商务区和城市的娱乐场所和文化景点。距离樟宜国际机场也只要20分钟。

(4)酒店及会议场所

新加坡拥有众多国际一流饭店，可以接待各种类型的会议。目前，新加坡共有18家饭店拥有可容纳超过400位客人的多功能厅，另外有15个多功能厅可以容纳300~400位客人，29个可容纳200~300位客人的会议室。虽然现在还没有一家饭店有能力可以独立接待几千人的大型会议，但是由于新加坡国际会展中心周围拥有一批高档饭店可提供约6 000间的客房，步行即可抵达，加上会展中心本身可以提供多达12 000人参加的单独会议大厅，所以无论会展规模大小如何，其场馆问题并不存在。上述会展场馆均拥有国际水准的视听、音响和灯光效果装置，并可提供多种语言的同步翻译系统和最新的视频会议系统(见表2-5)。

表2-5 新加坡主要酒店及会议室情况

酒店英文名	酒店名称	会议室数量
Grand Copthorne Waterfront Hotel	Grand Copthorne 海滨酒店	34
Shangri-La Hotel, Singapore	新加坡 香格里拉酒店	25
Mandarin Oriental	文华东方	19
Grand Hyatt Singapore	新加坡君悦酒店	18
Changi Village Hotel (CVH)	樟宜村酒店	18
Carlton Hotel Singapore	新加坡卡尔顿酒店	14
Orchard Hotel Singapore	新加坡果园酒店	13
The Ritz-Carlton Millenia	新加坡美年丽思卡尔顿酒店	13
Singapore Marriott Hotel	新加坡万豪酒店	13
Furama RiverFront	富丽华滨江	10
Bintan Lagoon Resort	民丹湖度假村	9
Goodwood Park Hotel	古德伍德公园酒店	8
Raffles Hotel Singapore	新加坡莱佛士酒店	7
Capella Singapore	嘉佩乐酒店	7

续表

酒店英文名	酒店名称	会议室数量
Swissôtel Merchant Court	新加坡瑞士茂昌阁酒店	5
Copthorne King's Hotel	Copthorne 国王酒店	5
Hotel Fort Canning	福康宁酒店	4
Hotel Grand Pacific	大太平洋酒店	4
YMCA International House	基督教青年会国际屋	4
Furama City Centre	富丽华市中心	3

(5)各会议场所类型使用情况

新加坡举办会议的场所主要为新加坡各大会议展览中心和酒店会议厅,所举办的会议超过70%,此外,新加坡多所大学的会议厅也是举办会议的理想场所,年会议数量占到17.2%(见表2-6)。

表2-6 2003—2012 年协会会议场所利用率情况

会议场所类型	国际会议数	所占比例/%
会议/展览中心	270	34.1
酒店会议厅	337	42.6
其他会议场所	48	6.1
大学	136	17.2

数据来源:ICCA

(6)新加坡会展业管理

①政府部门宏观管理和行业协会监督约束规范旅游业发展。新加坡为了依法管理旅游业,颁布实施了《新加坡旅行社法》《新加坡饭店法》《新加坡旅游促进税法》等法律。为保证出售的商品质优价廉,新加坡旅游局和消协联合推出"优秀零售计划",对有信誉的商店颁发红白相间的鱼尾狮标志,作为信得过商店。游客倘若在旅游购物时受到诈骗,可到旅游局或消协投诉,一经查实,不但责令加倍赔偿游客损失,还要吊销其营业执照。

②重视对旅游业的规划和投资。新加坡政府在对旅游业进行有序管理的同时,也非常重视对旅游业的规划和投资。从20世纪80年代开始,新加坡每年对旅游业的投入达2亿~4亿美元。近年来,新加坡每年举办约6 000个商业会展项目,占全亚洲举行的会展总数的近1/4。在新加坡旅游业2015年蓝图里,新加坡旅游局计划将MICE产业的收入增加至105亿新元,同时维持这个领域在总旅游业收入中所占的比例,争取到2015年每年吸引1 700万游客,让旅游业收益增加两倍,达到每年300亿新元,并为旅游业创造10万个就业机会。为此,新加坡政府已经专门拨款20亿新元作为旅游业发展基金,其中一部分基金将被用于开发新景点,以便改善旅游基础设施,提升旅游业综合实力,并吸引更多、更大规模的商务活动。

③政府高度重视会奖旅游业。新加坡会展业发展始于20世纪70年代,较高的国际开放

度、有利的地理区位优势、完善的城市基础设施以及高水平的服务业水准等诸多因素令新加坡会展旅游业蓬勃发展。新加坡贸易与工业部所属旅游局专门设立了商务会展奖励旅游司统筹MICE的各项发展事务。早在2005年1月,新加坡政府就在出台“新加坡旅游业2015年愿景”时宣布,设立旅游业发展基金,以吸引更多海内外业者发展新加坡的旅游业,新加坡旅游局还利用这笔费用吸引许多国际组织把亚太总部设在新加坡,这些国际组织在协助新加坡业界吸引更多国际性展会、扩大新加坡的国际影响力、为其带来更多商务旅客等各方面发挥着极其重要的作用。

2)韩国首尔会展业

(1)概况

首尔是韩国经济中心、金融中心、物流中心和商务基础设施中心,也是韩国最杰出人才集中的地区。首尔都市区面积605.41平方千米,由25个自治市政区构成。首尔拥有600年的悠久历史,是韩国传统文化和现代文明交相辉映的城市。在全球范围内“自然与人,传统与现代”恰到好处地水乳交融的城市寥寥无几,而首尔正是其中之一。首尔的山川、江河等自然环境与城市建筑相互交融,风景秀丽迷人。首尔有众多的文化机构,博物馆机构有国立中央博物馆、国立民俗博物馆、世宗大王纪念馆、战争纪念馆、国乐博物馆、乐天世界民俗博物馆、三星出版博物馆、韩国刺绣博物馆、韩国泡菜博物馆等100多家。

目前,从全世界60个国家、170座城市(中国和日本的60座城市),有70多家航空公司所运营的航班飞往韩国;同时还拥有准时准点运行的民航国内航线和高铁及铁路等便捷的交通网。KTX高铁以每小时300千米的时速在2个小时内即可到达全国所有主要城市,令韩国铁路网变得更加快捷。

(2)会展业基本情况

2003—2007年,首尔市会展活动波段式增加,5年间举办国际会议509次,占全国总量的53%;2003—2006年举办的国际节庆活动共计1 226次,占全国总量的44%。其中2007年首尔市国际会议的召开量比2006年增长了32%。2007—2010年韩国全国国际会议举办量以年均20%的速度快速增长,首尔市国际会议举办量平均增速为17%,这反映出韩国努力平衡地方发展的成果(见表2-7)。

表2-7　2000—2010年首尔国际会议、活动举办现况(单位:件)

年度	国际会议		国际活动							
			合计		国际会议		展会		其他	
	全国	首尔	全国	首尔	全国	首尔	全国	首尔	全国	首尔
2000	104	68	544	338	292	195	117	103	135	40
2001	131	102	556	332	294	196	128	96	134	40
2002	124	83	561	301	296	182	130	98	135	21
2003	160	87	590	290	298	158	154	117	138	15
2004	164	109	648	312	302	164	160	123	186	24
2005	185	103	715	308	306	155	213	119	196	34

续表

年　度	国际会议		国际活动							
			合计		国际会议		展会		其他	
	全国	首尔	全国	首尔	全国	首尔	全国	首尔	全国	首尔
2006	185	89	825	316	420	191	193	99	212	26
2007	268	121	—	—	456	171	—	—	218	33
2008	293	125	—	—	634	193	—	—	255	30
2009	347	151	…	…	1 057	420	…	…	…	…
2010	464	201	…	…	1 070	343	…	…	…	…

资料采集:http://stat. seoul. go. kr/Seoul_System3. jsp? stc_cd=140 首尔统计网

韩国正努力培育 MICE 产业成为国家支柱型产业,首尔市 2009 年共举办国际性大会及会议 420 件、展览 194 件,参加者总数超过 335 万人,其中外国人参加者为 79 000 人;2010 年共举办国际性大会及会议 343 件、展览 205 件,参加者总数超过 217 万人,其中外国人参加者为 91 000 余人。

从活动预算规模来看,首尔市 MICE 活动预算超过 1 亿韩元的,2009 年共举办 39 件,2010 年共举办 118 件(见表 2-8)。

表 2-8　首尔市 MICE 举行活动按预算规模统计

预算规模	2009 年	2010 年
100 万元未满	634	2 812
1 000 万—2 500 万元	65	222
2 500 万—5 000 万元	34	91
5 000 万— 1 亿元	19	85
1 亿—5 亿元	23	100
5 亿—10 亿元	10	9
10 亿以上	6	9
未注册	2 141	205

资料整理:韩国会展网

(3)主要会展专业设施

首尔是韩国会展业的中心,2003 到 2009 年会展设施数达到 61 个。在首尔有 11 个可以举行国际性会展的场所,会展设施和规模总量全国领先。特别是位于江南山城洞的 COEX 拥有 12 个专门展馆、61 个会议室(见表 2-9)。

表 2-9　首尔市大会设施现况　(单位:个)

年　份	大会设施数	容纳人员数	会议室数
2003	41	57 897	12 976

续表

年　份	大会设施数	容纳人员数	会议室数
2004	41	56 957	13 084
2005	43	61 275	13 532
2006	50	80 415	14 370
2007	53	49 005	14 857
2008	55	53 897	14 852
2009	61	57 637	13 686

资料来源：http://stat. seoul. go. kr/Seoul_System3. jsp? stc_cd = 140 首尔统计网

在韩国有很多选择机会，可以找到符合自己兴趣和要求的活动场地。韩国拥有620多家酒店、67 000间客房，从干净低廉的旅馆到丽思卡尔顿、洲际酒店、希尔顿、君悦、万豪等世界级连锁高档酒店，以及新罗、乐天等国内连锁酒店。如果想体验韩国传统文化，可花费低廉的价格进行一次别有情趣的韩屋住宿体验。韩屋是几十年或几百年前修建的韩国传统房屋，用石头、土、木材等自然材料修建的建筑环境中，立足于风水地理之说，兼具实用性和美观性。在韩国美丽的传统建筑举办晚宴招待VIP顾客，也是非常理想的选择（见表2-10）。

表2-10　首尔市各种会议/会展设施分类情况

设施类别	2 009
会议中心/专门展示场	2 056
酒店、度假公寓	717
大学、研究机构	75
政府公共机关	43
其他	41

资料来源：http://stat. seoul. go. kr/Seoul_System3. jsp? stc_cd = 140 首尔统计网

(4)首尔城市发展政策

首尔城市发展主要政策紧扣传统、经济、文化、环境、幸福、清洁等主题，提出建设“明亮而充满魅力的国际大都市首尔”的方针。首尔城市发展的最主要8项政策是：创意文化城市、经济文化城市、城市均衡发展、汉江复兴计划、南山复兴计划、提升市民幸福指数、清洁绿色首尔。首尔城市的整体发展将对首尔城市旅游和会展发展起到巨大的推动作用（见表2-11）。

表2-11　首尔城市发展主要政策与实施

主要政策	发展基础及方向
创意文化城市	国际大都市建设 世界第5大会展城市 首尔荣获“2010世界设计之都”，欲继续打造世界设计之都

续表

主要政策	发展基础及方向
经济文化城市	启动“经济—文化城市营销”项目，以构建强大的城市品牌 首尔的未来新增长动力产业是旅游、设计、会展、数码内容、R&D、商务服务、创意产业等行业 向全球推介首尔的代表性文化庆典活动——“首尔文化节(Hi Seoul Festival) 已开展了为期4年的教育支援项目，改善教育环境
城市均衡发展	实施了无破坏新区项目，平衡汉江北部区域和南部区域的差距 实施汉江北部区域的街心重建工程，促进首尔整体的均衡发展
汉江复兴计划	规划期是2007年到2030年 目前有8大建设项目正在进行之中，分别是：以汉江为中心的城市空间结构再建项目；沿岸城建建设项目；改善汉江两岸景观项目；连接西海的船运基础设施建设项目；构建汉江为中心的环保网络建设项目； 汉江亲水性改善项目；汉江流域历史遗址利用项目；汉江主题公园建设项目
南山复兴计划	筹划南山复兴项目，目的在于通过南山生态、历史的持续恢复及与市民的相互沟通，制订创造南山脚文化所需发展战略，通过开发核心项目，打造以韩国传统形象为根基的南山特有的文化品牌
提升市民幸福指数	建设先进社会保障网络，首尔将成为优秀的社会福利城 建设无儿童安全问题的城市 正在进行“女人幸福的城市项目(女幸项目)” 制定了“长期租赁公寓”政策
清洁绿色首尔	实施“清新首尔项目”，要把首尔市内的空气质量提高至与东京同等的水平，并使首尔市民的平均寿命延长3年 用CNG公交车替换城市的柴油公交车 致力于利用新再生能源，营造环境友好型城市。首尔成为2009年C-40大城市气候领袖组织会议举办地 重新连接贯穿首尔的绿化带，构成绿色网络

资料整理：http://chinese.seoul.go.kr/gtk/cg/policies.php? pidx=1 首尔特别市官网

(5)首尔会展业发展策略

韩国作为亚洲第三、世界第八大国际会议举办国，作为亚洲举办过奥运会、世界杯的体育节事的国家，大型节事活动已经与韩国城市旅游发展密不可分，并且二者相互促进、相互提高的效果非常显著。在会展业管理和发展策略方面，首尔有着更多值得中国城市借鉴的地方：

①利用国际大型节事活动的举办，促进地方均衡发展。韩国有效利用国际大型节事活动，将韩国一系列中小城市介绍给世界，加速地方经济发展及基础设施建设。如：1993年大田世博会、釜山国际电影节、2012年丽水世博会、2018年平仓冬季奥运会等。

②城市发展以关心市民生活为中心，丰富城市观光景观。无论是首尔市不断增加的绿地、水域面积，还是丽水“世界美港”的发展目标，大型节事都加速了举办城市的发展，政府在节事活动准备过程中，充分考虑市民生活的需要，城市发展首先以市民便利、优化生活环境为目的，

因此节事活动也得到市民的大力支持。

③发展便捷大众交通、推广价廉物美的住宿服务。韩国大众交通整洁便利、价廉安全,交通指示清晰,一般都是韩英中日等多语种标识。韩国推出的经济型酒店、客栈、民宿、寺院、大学宿舍、传统韩屋等价廉而有趣的住宿选择,都深受旅游者喜爱。

④结合国际大型体育赛事,同时开发展示城市独特性与民族性的旅游产品。捆绑式的营销是韩国节事活动与城市发展的重要经营手段。借国际体育赛事的高关注度平台,宣传举办的城市文化、理念、差异性,大幅提高城市认知度、宣传城市品牌、吸引更多的观光客。

⑤开展全方位、立体式的综合信息交流(Integrated Marketing Communication:IMC)。韩国通过电影、电视、明星、流行音乐、网络、在线游戏甚至新闻播报等众多信息交流平台,向潜在的外来游客进行国家形象、城市形象宣传。

⑥通过城市节事活动的举办,培养公民意识、团结精神。通过节事活动的举办,成功地调动市民的自豪感和主人翁意识,使市民自愿自觉地遵守社会公约、认可共同体利益。公民意识的提升,为节事活动的成功举办、提高城市形象又起到了重大作用。

3)中国香港会展业

(1)概况

香港位处欧亚大陆东南部,太平洋与印度洋间航道要冲,西与澳门隔海相望,南濒南海,北与深圳经济特区相连,距广州市中心大约140千米,地理位置十分显耀。香港是进入中国内地的门户城市,是国际金融、贸易、投资、旅游、运输和通信服务中心。全境总面积为1 104平方千米,由香港岛、九龙半岛以及新界(包括262个离岛)组成。

由于独特的历史原因,香港是一个东西文化精髓汇聚的地方。香港人口中,约90%以上的人为华人,其中大部分原籍为广东省。外籍居民以菲律宾人、印度尼西亚人、泰国人最多,其次为英国人、美国人等。中文和英文是香港的法定语言,在政府部门以及法律界、专业人士和商界之中,英文是广泛采用的语言;香港为自由贸易港,对全球140多个国家和地区实行免签政策,进入香港十分方便,为国际会议的举办创造了良好的条件。

香港具有全球一流的城市基础设施,在香港举办会议可以方便到达城市各个地方;另外,在香港汇集了全球知名的专门会议服务机构和专业的目的地管理公司,为国际大型会议及公司奖励会议的举办提供专业的服务,成为吸引众多国际会议来港举办的关键要素。

(2)会展业基本情况

根据ICCA(国际大会与协会组织)研究表明,近年来香港会议一直处于平稳的发展状态,国际会议市场占有率维持在0.8%~0.9%。2012年香港共接待国际会议96个,在全球城市排名中排第38位,举办会议43%为国际型会议,49%为亚太区会议。

香港国际会议市场的主要客源来自于中国内地,且增速较快。2012年访港旅客达到4 800万人次,其中商务旅客为160万人(内地游客约为46%),约占总旅游人数的3.3%。2008—2011年,中国内地市场的年平均增长率为15.47%,远大于全球客源市场8.46%的增长率(见表2-12)。

表 2-12 2008—2009 年 MICE 各大主要市场访港过夜旅客人数

市 场	2008	2009	2010	2011	年平均增长率/%
美洲	136 746	131 027	155 137	157 430	3.78
欧洲、非洲及中东	183 107	176 145	192 245	203 985	2.85
澳洲、新西兰及南太平洋	46 024	44 352	48 521	51 339	2.89
北亚	139 589	115 507	128 293	140 781	0.21
南亚及东南亚	174 754	185 340	230 964	256 232	11.66
台湾	64 472	65 414	72 205	72 610	3.16
澳门特区	8 968	5 417	4 554	10 406	4.01
中国内地	413 997	441 646	598 022	670 156	15.47
总计	1 167 657	1 164 848	1 429 941	1 562 940	8.46

数据来源：香港旅游发展局《会展奖励旅游统计 2008—2011》

根据国际会议组织（ICCA）2003—2012 年统计资料显示，从会议类型上来说，技术、医学、科学、教育是香港举办较多的会议类型，分别为会议总量的 17.6%，16.0%，8.6%，8.1%。

（3）会议基础设施

就会议举办场地而言，会展中心、酒店、学校是国际会议的主要举办场地，通过 ICCA 统计资料显示，2003—2012 年在香港举办的国际会议中有 32% 选在会展中心举办，35.2% 会选择在酒店，27.4% 选择在学校举办。香港主要的会议展览场地有香港会议展览中心、亚洲国际展览馆及九龙湾国际展览中心等。

◆亚洲国际博览馆：具备众多国际顶尖展览设施，可提供租用场地超过 70 000 平方米，包括 10 个单层地面无柱式展馆，设施极臻完善，共提供逾 66 000 平方米的展览面积。博览馆内更有一个适合作表演场地的亚洲国际博览馆 Arena，配备高度完善之隔音及星级后台设施与灵活化组合式的座位系统，可容纳 13 500 人。所有展馆均可独立使用或连接其他场馆一并使用，切合不同类型展览活动的需要。

◆香港会议展览中心：总面积 66 000 平方米，包括 5 个展览厅，总面积 46 000 平方米；2 个会议厅，座位 6 100 个，总面积 6 100 平方米；两个演讲厅，面积 800 平方米，可容纳 1 000 人入座；52 个会议室，面积 6 900 平方米；另外还有 7 家各式中西餐厅、商场、银行、商务中心等相关设施，两家五星级酒店（君悦酒店及万丽海景酒店，总客房数 1 500 间），1 300 个车位等。

◆九龙湾国际会展中心：位于香港九龙湾展贸径一号，又称香港国际展贸中心（简称 HITEC），地处九龙湾心脏地段，是一座集合商业会议、娱乐购物及文化展览等多方面为一体的多功能大厦，总面积超过 170 万平方米，包括 3 000 平方米的“汇星”活动厅、1 812 平方米的宴会厅、1 137 平方米的演讲厅、80 ~ 107 平方米的大小会议室等。

酒店是会议举办的重要场地，在香港共有 150 余家酒店，提供近 58 000 间客房，可为多种会议及奖励旅游团队提供多样的选择。国际酒店连锁集团，如喜达屋、洲际、雅高、半岛等近 15 家国际酒店集团在港经营 40 多家酒店；本地酒店连锁集团如粤海、朗豪坊等 30 余家酒店连锁集团经营 100 余家酒店；此外香港还有大量的精品酒店、俱乐部、主题酒店、高端会所等机构为与会者提供会议及住宿服务。在以上酒店中，约有120余家已与香港旅业网(Partner Net)形成合作关系，会议主办方、与会人员可以通过香港旅游局官方网站搜索满足不同需要的场地。

(4)主要会议及奖励旅游活动

2012年香港共吸引超过160万名会议、展览及奖励旅游(MICE)过夜旅客，比上年同期增长2.8%。中国内地为其主要的客源市场，占所有过夜会议、展览及奖励过夜游客总量的45%以上，其次是南亚及东南亚，欧洲、非洲及东欧市场。

2012年在香港会展中心举办了“100 FDI Annual World Dental Congress(世界牙科联盟100年年会)”，在8月29日—9月1日举办期间共吸引来自世界各地的10 000名与会者参加。FDI(世界牙科联盟)年会是世界上被称为“超级大会”的会议之一，一百多年来，FDI与世界牙科同步发展，成为一个国际权威性的牙科联盟组织，现在FDI有150多个成员国家和地区，代表着全世界100多万名牙科专业人员。除此之外，2012年香港举办的大型会议还有“Asian Expo and Conference of the International Association of Amusement Parks and Attractions(亚洲景点博览会)”——亚洲最大型的游乐设施与旅游景点展览及会议、“62 Asia Pacific Conference of the Junior Chamber International”——全球最大的非政治性国际青年组织会议之一等。

(5)香港会展业服务管理

①特区政府及行业协会方面。

香港特区政府在经济发展中始终秉承积极不干预政策，强调维持自由市场机制运作，只有在市场失效的情况下，不排除必要的合理政府干预。政府在经济社会发展中始终扮演着“市场监护人”的角色，只有出现重大危机或突发事件，政府才进行谨慎干预，这就为最大限度发挥市场机制作用留出了足够的空间。香港会展业的发展也以此为准则，建立了与之相配套的旅游管理体制机制。

香港旅游发展署主要对包含会展业在内的旅游业发展提供策略性指导，香港旅游发展局作为政府出资的法定机构，其核心任务是采取国际化、专业化的运作方式在全世界推广香港。香港展览会议协会作为行业自律组织，其核心任务是对会展业进行日常规管。3个机构分工明确，在各自职能领域相对独立地开展工作。

香港旅游发展局①于2008年11月成立“香港会议及展览拓展部”(简称“MEHK”)，分企业会议及奖励旅游(Meeting and Incentives)、大型会议(Conventions)、展览(Exhibitions)等3个团队为选择在香港举办会议和展览活动的机构提供一站式专业支援服务，包括宣传推广、旅客宣传、为主要决策人协调场地考察安排、协助邀请嘉宾及与政府部门协商等。MEHK与“联合工作小组”成员(包括香港特区政府经济贸易办事处、投资推广署及香港贸易发展局)紧密合作，以发挥最大的协同效应。国际牙医联盟主席Dr Orlando Monteiro da Silva曾说：“MEHK成立一直是我们亲密的伙伴，我们赞赏与感谢MEHK团队在大会的招标、宣传营销及会议举办中为我们所做的各项支持。”

香港贸易发展局于1966年成立，是专门负责拓展香港特别行政区对外贸易的法定机构，活动范围覆盖世界各地市场。除透过本局在遍布全球办事处网络推广活动外，更利用旗下贸

① 香港旅游发展局(HKTB)是由政府资助，根据《香港旅游发展条例》成立的法定机构，主要职能是在香港各地宣传和推广香港作为旅游胜地，并积极提升访港旅客在港的体验。

易专门网站 tdctrade. com“贸发网”，担当香港与海外市场的网上接触起点，为工商界开拓网上商机，协助香港企业拓展全球市场，加强港商与当地企业的合作，并且收集及分析当地市场信息。

香港展览会议业协会，前身为香港展览业协会，于 1990 年 5 月由当时 10 家主要展览会主办机构创立作为行业的喉舌，与政府及法定机构协商，促进会员的商业利益。该协会有专门的执行委员会，负责处理会内一切重要事项，此外还成立了数个事务委员会，专门负责一些特别专案及活动，如展览营运事务、教育培训及会员事务、组织海外访问团及周年晚会等。

②公共服务方面。

香港能够为游客方便快速地安排旅程，并高效率地办理通关，加上香港具备一流的城市设施，使其成为了举办国际会议最具吸引力的城市之一。香港城市公共服务及城市基础设施建设主要体现在公共交通、旅游咨询、旅游信息化建设等 3 个方面：

香港的公共交通服务种类繁多，收费合理。旅游者可以选择铁路、巴士、轮渡和其他公共交通工具。八达通是香港的公共交通卡，应用范围十分广泛，可应用于公共交通、零售服务、自助服务等。香港的城市公共交通主要有铁路、专营巴士、缆车、电车、公共小型巴士、轮渡等。

香港旅游局于香港国际机场、新界罗湖口岸（与深圳接壤）、香港岛山顶及九龙尖沙咀均设有旅客咨询中心，为游客准备详尽的旅游资料和地图，还会帮旅游者设计线路。同时，旅游热线每日上午 9:00 至下午 6:00 为游客提供旅游信息咨询服务。另外，旅游局在香港设立总办事处，另在世界各地设有 15 个办事处，并于 6 个不同市场设有代办，全球游客亦可通过各地办事处获得旅游信息咨询及相关旅游服务。

香港旅游发展局官方网站是香港最大的旅游信息提供网站，设有 20 种语言可供选择，每月浏览人次超过 450 万。此外，随着智能手机的普及，旅游发展局也设计了适应于手机的旅游指南及应用程序。2011 年 5 月旅游发展局与电讯盈科合作推出的 Discover HongKong Mobile App Series，现在包括了两个程序：DiscoverHongKong · AR 为旅客提供超过 100 个景点、5 000 间零售店铺及 2 000 间餐饮食肆，以至全港各个商场及露天市场的详细资料；DiscoverHongKong · City Walks 提供 4 条不同主题的市区漫步游路线。旅游发展局也开发了多种与传统节庆有关的手机游戏，借此推广香港。

旅客可以在香港享受免费的 Wi-Fi 上网服务，浏览网页和下载手机应用程序。香港 Wi-Fi 覆盖区域包括：港铁多个车站大堂及月台、全港星巴克及太平洋咖啡店、7-Eleven 及 Ok 便利店，公共图书馆及 1 000 多个 PCCW 电话亭。截至 2011 年 5 月香港已经能够有 8 000 多个 Wi-Fi 热点供游客免费浏览最新旅游资讯及下载免费香港旅游攻略。

2.3 国内会展业的发展

中国会展业在改革开放后短短几十年迅速成长为一个新兴产业，在中国的经济舞台上扮演着越来越重要的角色。

据不完全统计，目前我国已有 40 多个城市将会展业作为城市经济发展的支柱产业，预计到 2015 年，全国展会数量将从 2010 年的 6 200 个增加到约 9 000 个，展会面积从 7 740 万平方米增加到 1 亿平方米，会展业产值从 1 450 亿元增加到 3 000 亿元。北京、上海、广州、大连、厦门、深圳、成都等城市的展馆建设日臻完善，同时由于具备在经济、人才、信息、技术、市场等方面的突出优势，这些城市的会展功能开始凸显，展览业蓬蓬勃勃、蒸蒸日上，占据了我国会展业的半壁江山。在这些城市的带动和示范下，我国会展业的发展开始从沿海走向内地，从国内走向国际，不断向纵深发展。

根据2011、2012、2013年中国展览数据统计分析报告①，近三年来我国举办的大型展览主要集中在上海、北京、广州、重庆等几大城市。2011年四城市办展数量占全年总量的35.3%，办展面积占全国总面积的35.58%；2012年四城市办展数量占全年总量的30.02%，办展面积占我国展览总面积的34.7%；2013年四城市办展数量占全年总量的31.1%，办展面积占全国总面积的32.8%，如表2-13所示。

表2-13　我国主要会展城市展览数据

2011年	举办数量/场	办展面积/万平方米	2012年	举办数量/场	办展面积/万平方米	2013年	举办数量/场	办展面积/万平方米
上海	674	953	上海	806	1 109	上海	798	1 201
北京	486	837	重庆	521	441	重庆	581	500
重庆	475	383	北京	422	563	广州	480	831
广州	220	735	广州	377	829	北京	418	552
总计	1 855	2 908	总计	2 126	2 942	总计	2 277	3 084
全年	7 333	8 173	全年	7 083	8 467	全年	7 319	9 392

按照展览面积来看，上海、广州、北京始终名列前三，且平均办展面积均超过1万平方米。由此可见，北京、上海、广州三大会展区域在全国会展业发展中一直处于领先地位，并互相竞争激烈，引领全国会展业不断向前发展。

2.3.1　北京会展业

北京是我国的首都，是全国的政治、经济和国际交流中心，科技、文化、经济、设施、旅游、人才等各方面的资源优势为北京会展业的发展提供了独特的条件和环境。北京的会展业是伴随着改革开放逐步发展壮大的，特别是进入20世纪90年代后，北京会展业呈现出繁荣发展的景象。进入21世纪，北京会展业发展更加迅猛，而且从单纯的会议业和展览业走向集会议、展览、节庆活动、奖励旅游等多业态融合发展的新阶段，在国民经济中所占的比重不断提高，对首都经济的促进作用日益明显。“十二五”时期北京将努力打造“中国特色世界城市”“亚洲会展之都”的目标，北京市会展业迎来前所未有的重要战略机遇期和新的快速增长期。总体看来，北京会展业的发展呈现出以下发展态势：

1）会展数量众多，规模庞大

中国成功加入WTO和北京奥运会的成功举办为北京会展业创造了绝佳的发展契机，在过

① 备注：历年的中国展览数据统计报告由中国会展经济研究会所作，每年的覆盖面有所不同，2011年统计规模为全国90个城市，2012年增加为102个城市，2013年进一步增加为292个城市。

去的十多年中取得了丰硕的成绩。2010 年北京举办国际会议数量达 98 个，全球排 12 位；《中国展览经济发展报告 2013》统计显示，2013 年北京 7 个主要展览场馆共举办 400 多场展览会，平均展览面积 1.32 万平方米；2013 年北京会展业总收入近 230 亿元，其中，会议收入约 120 亿元，展览收入约 97 亿元，奖励旅游收入近 10 亿元，增长两成多[①]。根据北京“十二五”时期会展业发展规划，到 2015 年，北京接待经国际大会及会议协会（ICCA）统计的会议数量将达到每年 130 个以上[②]，接待会奖旅游团队人数年均增长 15% 以上，举办规模 5 万～15 万平方米大型展会 30～40 个，举办规模在 15 万平方米以上的超大型展会 10 个以上，总收入超 300 亿元。

2）场馆加速建设，设施条件先进

截至 2012 年年底，北京市拥有 18 个会展场馆，且规模分布相对均匀，会展场馆的总展览面积达到 71.11 万平方米，室内展览面积达到 45.46 万平方米。根据《北京市“十二五”时期会展业发展规划》要求，到 2015 年，北京的会展场馆硬件设施会达到世界一流水准，室内展览总面积达到 60 万～70 万平方米，其中新建规模 20 万平方米以上的大型专业展馆 1 座；在区县建成 6 处以上可接待定时定址、规模超过 1 000 人的大型国际会议接待中心。

2013 年海内外参展商对北京展览会的总体评价也较高，特别是对于北京展馆软硬件设施和北京办展环境的评价，海外参展商的满意度要高于国内参展商；参展商，特别是专业观众对展台搭建、现场管理和服务也十分认可。

3）会展企业领先全国，配套服务优越

北京的会展行业主体发育较早。由于历史原因，我国的展览主办单位主要是各类行业协会组织。全国共有约 500 个国家级行业组织，其中一大半在北京。由原国家对外经济贸易部核准的具有主办国际展览资格的单位有 143 家，占全国的 60% 以上。目前在北京工商部门注册等级具有经营会展业务的公司已经超过 2 000 家，在全国具备举办大型国际展览资格的近 250 家展览公司中，北京就有 130 多家，占据了半壁江山。在北京，各类会展企业已经初步形成了由场馆、广告、装修、运输、旅游、咨询、法律等为会展提供综合服务的配套服务体系。

4）展会经验丰富，形成品牌效应

北京市会展业在全国起步较早，20 世纪 90 年代以来，北京先后成功地举办了世界妇女大会、国际档案大会、国际建筑师大会、万国邮联大会等几十个国际大型会议，以及大运会、亚运会、奥运会等国际大型盛会，北京已经具备了举办大型会议的成功经验，得到世界的公认与赞扬，这成为北京培育国际会展名牌的重要前提。而且北京是我国的首都，北京地区中央国家机关、大型国有企业总部、跨国公司、全国性科研机构和行业协会在华总部云集，权威机构集中，市场资源集中，北京会展业的发展从一开始就定位于大型、高档次、国际化的会议展览上，这为北京会展业的品牌化发展奠定了坚实的市场基础。截止到 2013 年，北京品牌展会中得到 UFI

---

① 数据来源：“北京市会展业发展联席会暨北京市会展业发展报告研讨会”发布的报告。

② 注：国际大会与会议协会（ICCA）统计的会议，是指国际协会组织的在三个以上国家定期轮办、具有一定规模的会议。另据 ICCA 的权威数据，2010 年北京举办国际会议数量达 98 个，全球排 12 位，全国居首位。

(国际展览联盟)认证的展览会有26个[①](见图2-1),居全国首位。这些展览会主要集中在工程机械、纺织机械、印刷、石化、食品、通信设备、医药、安全生产等专业领域,为促进行业内的国际交流与合作发挥了重要的作用。

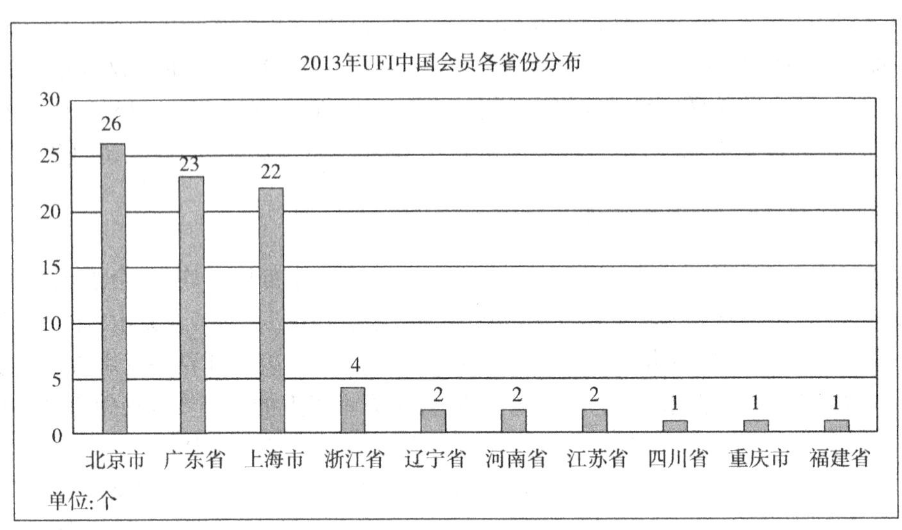

图2-1 2013年UFI中国会员各省份分布图

2.3.2 上海会展业

上海的展览业起步于新中国成立之后,改革开放之前,开始主要举办的是一些友好国家成就展和国内的工业展,每年举办的展览会数量只有20来个,那时展览会还是人们眼中的"稀罕事"。随着上海改革开放的扩大,特别是党中央、国务院开发、开放浦东的决策在国际上取得了重大的影响,海外对华的经贸发展重点移向上海,上海成为我国的经济与金融中心。上海人颇具头脑和细致的办展观念,使上海会展业迅速崛起,其发展思路明晰、大度大气,近年来取得了骄人的业绩,会展规模以每年近20%的速度递增,上海正在为跻身国际会展城市积极努力。整体来看,上海会展业的发展主要呈现如下几个特征:

1)会展业快速发展,综合效益显现

2009年,上海举办各类展览会526个,总展览面积723万平方米,分别为"十五"期末2005年的1.9倍和1.92倍,年均分别增长17.4%和17.7%,2013年,上海举办各类展会798个,总办展面积1 201万平方米,在全国城市中位居第一位。截至2013年6月30日,上海市已建成并运营的、具有一定规模和影响的会议中心35家,包括:已成为国际性会议中心的上海世博中心、上海国际会议中心,均将会议作为主营业务;另外依托酒店运营的会议中心,其主营业务为酒店运营,如上海豫园万丽酒店;还有依托风景区主营度假旅游的会议中心,如上海月湖会馆;以及依托写字楼的会议中心,如上海环球金融中心会议中心等。

上海市目前已拥有一批通晓外语、管理、贸易、营销和国际惯例的会展专业人才队伍。与会展相关的企业近3 000家,已经初步形成完整的会展及相关产业链。在场馆的建设及规模、

① 2013中国展览数据统计报告。

会展人才的素质、相关配套行业的整体服务水平、国际性大展比重等方面，上海与会展发达国家和地区的差距正在慢慢缩小。

上海会展业的高速发展大大增强了上海作为经济中心城市的枢纽功能、窗口功能、集散功能和服务功能，有力地促进了中外技术合作、信息沟通、贸易往来、人员互访和文化交流，创造了良好的经济和社会效益。上海市委、市政府非常重视会展业的发展，已将会展业列入今后重点发展的都市型服务业，制订了将上海建成"国际性会议展览中心"的战略目标，推出多项鼓励政策，培育其成为上海新的经济增长点。

2）场馆建设加速，规模效益明显

上海场馆建设初具规模。截至2012年年底，上海现已拥有大型展馆12家，分别是上海新国际博览中心、上海光大会展中心、上海展览中心、上海世贸商城、上海国际会议中心、上海国际展览中心、上海国际农展中心、上海东亚展览馆、上海商城、上海博物馆、上海美术馆、上海城市规划展示馆等，其中上海新国际博览中心室内展出面积达到20万平方米，成为目前唯一一个超大型场馆。上海会展场馆的室内展能达到了49.097万平方米，馆均面积4.0914万平方米，部分展馆具体数据如图2-2所示①。

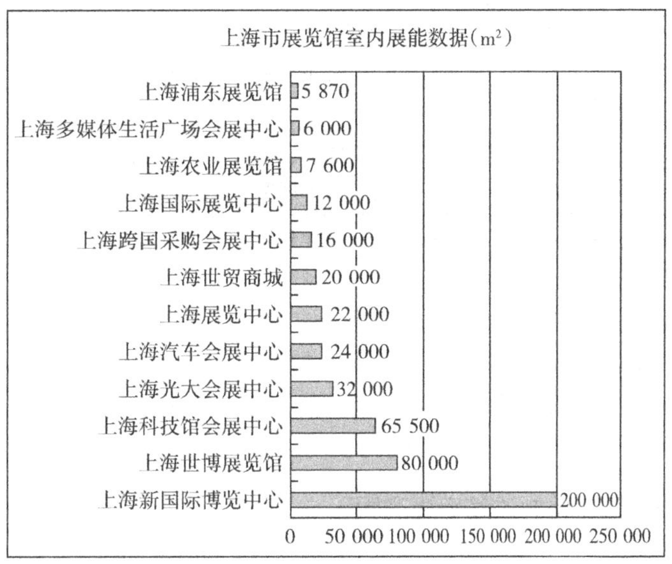

图2-2　上海主要展览馆室内面积

3）走国际化发展道路，品牌培育成效大

上海市会展业的竞争已经趋于国际化和白热化。从《财富》论坛、APEC会议、亚行年会、《福布斯》全球CEO论坛到汉诺威亚洲信息技术展（CeBIT asia），上海会展业已经逐步走上国际化、规模化与品牌化的道路，"中国国际模具技术和设备展"已加入国际展览联盟（UFI）。上海会展经济已呈稳步融入世界会展经济发展格局的态势，上海作为会展城市的国际形象和知名度得到空前的提升，开始彰显"会展之都"的风采。

① 数据来源：城市会展经济地理[N].中国贸易报，2013-12-24（A6）. http://www.chinatradenews.com.cn.

表 2-14 上海重要国际展会品牌一览

类 别	展会名称
汽车、工业、机械类	上海国际汽车展,中国国际工业博览会,中国国际模具技术和设备展览会,上海国际汽车文化及一站式服务展览会,亚洲国际动力传动与控制技术展,上海国际汽车零配件、维修诊断设备及服务用品展览会,中国国际工程机械、建材机械、工程车辆及设备博览会等
贸易、轻工业类	上海国际纺织工业展,中国华东进出口商品交易会,中国国际美容化妆洗涤用品博览会,中国国际体育用品博览会,中国国际纺织面料及辅料(秋冬)博览会,中国国际塑料橡胶工业展览会,上海国际广告印刷包装纸业展览会,上海国际纸浆纸工业设备展览会及研讨会,上海国际食品饮料加工包装工业展览会,世界纺织大会,上海国际珠宝展览会,上海国际儿童、婴儿、孕妇产品博览会,中国国际家用纺织品及辅料博览会等
IT 类	上海国际信息展,CeBIT 展,中国国际半导体工业展览暨研讨会,上海国际电子生产设备暨电子工业展览会,上海国际商用软件及开放技术博览会及研讨会,上海国际软件及系统集成展,亚洲消费电子展览会等
建筑类	中国(上海)国际建筑节能及新型建材展览会,上海国际居室装潢节,上海国际建材及装饰展览会,国际地面材料及技术展览会,中国国际房地产商务博览会等
生物制药类	上海国际制药机械及医药包装展览会,世界制药原料中国展(上海),全国新药、特药、非处方药展览会等
其他	中国(上海)国际乐器展览会,海洋博览会,国际太阳能及光伏会议暨展览会,中国(上海)国际环保技术设备展览会,中国国际厨房卫浴设施展览会等

资料来源:根据历年中国展览数据统计报告、中国展览业发展报告整理。

上海会展的国际化发展主要体现在两个方面:一是展览会数量和项目类型已呈现加速扩容的态势,涉及工业、教育、服装、建材等各个行业的会展连续举办,境内外客商踊跃参展、参观或采购。二是开始引入了不少会展新概念,会展业发展形式日趋丰富,一些具有国际影响力的品牌展会不断涌现,上海会展业的国际影响力不断增强。

4)会展企业增长迅速,体制改革率先突围

与北京的努力相比,上海会展业更多的是借助开放的市场环境和灵活的市场机制,从会展业体制改革方面入手来提升自身在会展业方面的竞争力。首先是大力转变政府职能,政府致力于聚焦场馆建设与规划,协调展商与服务商之间方方面面的关系,从而进一步强化展览公司的市场主体地位。例如,早在 2002 年上海市就率先成立了全国第一家会展行业协会——上海市会展行业协会,促使会展业市场体系运作规范的形成。

截至 2009 年年底,在上海注册的与会展相关的企业近 3 000 家,其中主营会展业务的企业约 700 余家,80% 以上为民营企业,慕尼黑、法兰克福等地的国际主要展览企业均已在上海成立了独资企业。截至 2012 年年底,上海会展行业协会 450 家会员单位中,从事会议、旅游服务的会员单位有 44 家,占比 9.8%。

2.3.3　广州会展业

广州是国内会展业发展最早、会展经济最活跃的地区之一，开放程度高是广州会展业最大的特点。广州展览的数量、展览面积、展会规模和影响，都位居全国前列，依托广交会的影响力和优势产业的强劲支撑，广州地区会展业出现了百展争雄的格局。在各类展会中，区域性展会成为广州展览会的主流。同时也包括国家级的会展，国外的来华专业展，还有民营展览机构所办的各类专业展。广州会展业主要呈现如下特点：

1）办展经验丰富，展馆优势明显

广州市具有举办大型国际性会展活动的多年实践经验，拥有号称"中国第一展"的广交会以及广州博览会、广州国际照明展等一系列品牌展会，在国际上有一定的知名度和影响力。2013年广州共举办展会480个，展览总面积831万平方米，平均展览面积为1.73万平方米，获得国际展览联盟（UFI）认证的会员单位增加为9个。截至2010年，广州拥有37个专业会展场馆，室内总展览面积约为126.52万平方米，占我国室内总展馆面积的19%，室外总展馆面积达78.5万平方米。在这些展馆中，10万平方米以上的展馆数有4个，名列全国前茅，尤其是中国进出口商品交易会琶洲展馆，室内展览面积为33.8万平方米，是亚洲最大的现代化展览中心，拥有8个面积406平方米可容纳184人的圆桌式会议室，1个1 174平方米可容纳675人的课堂式会议室，3个面积250平方米可容纳83人的课堂式会议室等[①]。

2）品牌效益强大，区位条件突出

"中国第一展"广交会已走过50多个春秋，成功举办了100多届，是中国目前历史最长、层次最高、规模最大、商品种类最全、到会客商最多、成交效果最好的综合性国际贸易盛会，该展会已经位列汉诺威通信及技术博览会之后，居世界第二大展览，在国内外享有很高的威信和影响力。

广东省电子及信息制造产值连续多年居全国第一，因而广州有华南地区最大的计算机、网络及通信设备展；广东省化妆品产销量占全国1/3，广州美容美发博览会成为全国最大的美容美发化妆品展；广东省家具业产值占全国1/3，出口占2/3，迢迢领先于各地，因此广州的家具展春季达到5万平方米，秋季3.5万平方米。在广州地区每年举办的上百个各种展览会中，国际性展览已占到1/3强。广州会展业也正在向品牌化方向发展。

广州会展业的发展在改善城市基础设施、环境整治、市容美化、强化城市功能等方面都取得了显著成效。广州将以"中国第一展"为龙头，通过与香港、深圳强强联合，尽快打造成为珠江三角洲的会展航母，建成国际性的会展城市。

---

① 郑兆磊. 2010年中国会展场馆综述[M]//过聚荣. 中国会展经济发展报告(2011). 北京：社会科学文献出版社，2011：29.

案例分析:新加坡　打造个性化旅游和亚洲旅游会展平台

新加坡旅游局近日在北京举办2014年亚洲旅游会展周媒体与业者研讨会。新加坡旅游局大中华区首席代表兼署长周振兴和新加坡旅游局展览与会议署署长潘政志在会后接受媒体采访时说,新加坡不仅为中国游客制定了更多个性化的体验,也希望吸引更多中国商务、会展企业能到新加坡参展,体验高效、细致的"新加坡服务"。

据周振兴介绍,来新加坡旅游不仅仅只是看"鱼尾狮"等标志性景点,游客还可以感受到多元的文化、观看精彩的赛事以及享受到安全、便利的旅游环境。"中国游客来到新加坡,感受是'既亲切,又陌生'。新加坡是多元种族构成的社会,从而形成了多样的文化。既有南洋华侨,又有马来文化和'小印度'风情。"据周署长介绍,2014年女子职业网球员协会(WTA)年终总决赛、F1赛车夜间赛等国际赛事也将于狮城拉开帷幕,游客到新加坡可以体验到更丰富多彩的内容。

新加坡旅游的吸引力不仅仅体现在内容的多样性上,还在于它能为游客提供便利的旅游环境。周振兴介绍称,现在赴新加坡旅游的中国游客中,自由行超过50%,因为新加坡不仅能为中国游客提供舒适、方便的大环境,还能不断推出新体验。在新加坡的"唐人街"——牛车水地区,能为游客提供一站式的咨询和WIFI信号,让游客根据自身需求走一条"个性化"的旅游路线。

在世界银行发布的经商环境经济体排名中,新加坡近年来占据榜首。作为"最容易经商的国家",潘政志介绍说,新加坡以提供补助的方式帮助会议展览署吸引各国旅游业者来新共寻旅游商机。在去年的亚洲旅游会展周上,中国的参展企业数量排名第五,而中国的客源排名第二,同时中国游客的增长和消费支出也非常快,因此中国业者参与亚洲旅游会展有非常大的潜力和增长空间。

在商务旅游和会展方面,新加坡旅游局在针对业者的要求,不断细化服务品质,时刻紧追市场动态和旅游业未来发展趋势。据介绍,亚洲旅游会展周的一大突出特色,是以其"集成式"的服务,为商务旅客在短时间内提供最多样化的内容。业者和品牌在会展周中可以参与不同的项目,做出深度的挖掘。新加坡提供一个关键性的平台,而2014亚洲旅游会展周非常适合成为渴望国际化发展的中国业者的跳板。

2014年亚洲旅游会展周将于10月27—31日在新加坡举行。届时将有来自航空、酒店、旅行社等多领域的机构和企业参加多场会展、领袖峰会等活动。

资料来源:新华网,2014-07-28.

讨论题:

1. 谈谈新加坡会展业未来的发展前景。
2. 结合案例,分析旅游和会展的互动关系,并谈谈其对中国会展业发展的启示。

【专业词汇】

古代集市(ancient agora) 近代展览(early modern exhibition) 现代会展业(modern exhibition industry)

【思考与练习】

1. 简述会展的起源与发展阶段。
2. 与会展业发达国家相比,我国会展业还存在哪些差距?
3. 结合会展业的发展历程,谈谈未来会展业的发展趋势。
4. 发达国家的会展业运作模式有何特点?
5. 简述北美展览业的发展概况。

第3章 会展组织的运营管理

【本章导读】

本章主要阐述了会展组织的运营管理，共分为4节：第1节主要介绍了会展企业组织的概念、特点、组织设计的原则、影响因素和组织设计的步骤等；第2节主要介绍了常见的会展企业组织结构类型、会展企业组织的部门设置，以及会展企业组织结构的创新；第3节着重介绍了国际会展行业协会组织，主要从知名的国际会议组织，国际展览组织以及其他的会展行业协会组织等方面进行了较为全面的介绍；第4节介绍了几种典型的会展行业管理模式，并对国际会展行业协会的运作模式进行了分析探讨。

会展组织包括微观上的会展企业组织和宏观上的国内外会展行业组织。会展企业是会展经济运行的主体和微观基础,它涉及的往往是某一个具体的展览或会议,其组织形式也是多种多样的。国内外会展行业协会已成为现代会展业管理的重要组织,其组织形式和运作模式在会展业发展中发挥着至关重要的作用,本章主要介绍这两种不同类型的会展组织的运行和管理。

3.1 会展企业组织管理概述

会展企业这一微观单元不仅是影响会展经济增长、滞缓或衰退的基本因素,而且它在要素市场和产品市场的运营中,与其他企业、经济部门所形成的相互联系(产品、服务、信息、技术联系)及其强度,决定了一个会展业的整体发展。会展企业的结构、功能、规模及其要素组合影响着会展业的性质、规模、产业结构以及发展潜力。本节主要介绍会展企业组织的概念、特征、组织设计的原则、影响因素等基本内容。

3.1.1 会展企业组织的概念

1)组织

组织是一群人为了达到一个共同的目标,通过人为的分工和职能的分化,运用不同层次的权力和职责,充分利用这一群人的人力资源和智力资源的团体。

组织与一般团体是有区别的:首先,组织有一个共同的目标,所有的组织成员都是为了实现这个目标而聚集在一起的;其二,组织成员之间是有一定的正式的、强制确立的相互关系,如企业总经理和部门经理之间就是上级和下级的关系,而非自然或随意形成的关系;其三,组织是管理的一项基本职能,它通过合理的组织结构设计与职务的划分,配备一定的人员,并确立各自的权力、责任和义务,以达到提高工作效率、实现组织目标的目的。

2)会展企业组织

会展企业组织是指会展公司为实现会议、展览或大型节事等会展活动的目标,通过合理的组织结构设计、人员分工和职务分化,确立组织内部成员各自的权力责任和义务,使组织内部高效运作以实现组织目标的过程。

对展会组织者来说,如何使企业现有的各项资源包括人、财、物等,围绕企业经营目标有效营运起来是其面临的重要问题之一。合理而高效的组织形式将是确保组展活动正常运行的前提条件,组展质量如何、效率如何、效益如何,都与组织工作的开展密切相关。

3.1.2 会展企业组织的特征

1)整体性

组织是一个团体所要实现目标的工具,同一组织中不同层次的员工构成了领导与被领导的关系，这种从属关系一定程度上影响到员工的心理反应，而组织目标的实现不是依靠任何一个个人的能力所能完成的，它是一个整体智慧的结晶。从这个意义上说，有效率的组织必须确保员工心理上的统一和力量上的凝结。

2）目标性

会展企业组织内部的全体人员都是围绕组织的目标而聚集在一起的，没有目标，就没有组织的团队和成员，组织工作也无法正常开展。

3）实现性

组织不是一个抽象的名词，而是体现人群结合的体系和人群活动的模式。有效组织必须做到为员工创造一个最佳的内部环境，协调员工关系以达到统一一致，结合人群，运用人力与物力实现企业目标。

4）信息传递性

高效组织必须做到使内部信息快速顺畅流通，以提高企业经营效益，确保企业经营活力。因此，组织内部必须形成高效的信息传递机制和资源共享系统，这是组织能否高效运作的基础。

5）应变性

会展行业发展迅速，市场形势和竞争环境也是瞬息万变，对会展企业来说，能否迅速地对变化的市场做出反应和调整，是企业在竞争中制胜的关键。

3.1.3 会展企业组织设计原则

组织设计原则指的是对会展企业组织建构的准则和要求。它是评价会展企业组织设计是否合理的必要条件。一般情况下，会展企业组织设计应遵循以下几个基本原则：

1）目标导向原则

在组织职能运作过程中，每一项工作均应是为总目标服务的，也就是说，会展企业组织部门的划分应以企业经营目标为导向，对于任何妨碍目标实现的部门都应予以撤销，合并或改造。在这一总的目标下有许多任务要完成，所以设计中要求“以任务建机构，以任务设职务，以任务配人员”。同时，考虑到具体工作实践中无法真正找到与职位要求完全相符的人员，故在遵循“因事设人”原则的前提下，根据员工具体情况，适当调整职务的位置，以利于发挥每一位员工的主观能动性。

2）分工协作原则

在社会化大生产中，适度的分工可以提高工作专业化程度，进而达到提高劳动生产率的目的。会展企业的组织分工有利于提高人员的工作技能、工作责任心，提高员工服务质量与效率。但是，过度分工往往导致协作困难，协作搞不好，分工再合理也难以取得良好的整体效益。因而在具体职责权限划分中，要注意安排中间协调机构，做好中间人工作，以促进组织内部的良好合作。

3)控制跨度原则

由于个人能力和精力有限,每个管理人员直接管辖的下属人数不可能无限多。控制跨度原则就涉及对特定管理人员直接管辖和控制下属人数范围的确定问题,也即是管理跨度的大小问题。受个人能力、业务的复杂程度、任务量、机构空间分布等多方因素的影响,会展企业管理跨度的确定必须综合考虑各方面因素,且需要在实践中不断调整。

4)权责对等原则

企业组织作为一个整体,它的各项业务的运转离不开各部门分工与合作,这种分工引发的是彼此间的牵制与约束,适当的约束机制可以确保各部门按计划顺利完成目标任务。如下级对上级的适当制约机制可以使上级的错误及时得以制止,对领导人的约束机制可以避免其独断专行,对财务工作进行约束可以避免财务漏洞,等等。

5)动态适应原则

动态适应原则要求企业组织在发展过程中,以动态的眼光看待环境变化和组织调整问题,当变化的外部环境要求组织进行适度调整甚至产生变革时,组织要有能力做出相应反应,组织结构该调整的要调整,人员岗位要变动的应变动。而且反应速度要快,改变要及时,从而得以应付竞争日益加剧的外部环境。

6)等级链原则

法约尔(Henry Fayrol)在《工业管理与一般管理》一书中阐述了一般管理的14条原则,并提出了著名的"等级链和跳板"原则,它形象地表述了企业的组织原则,即从最上级到最下级各层权力联成的等级结构。它是一条权力线,用以贯彻执行统一的命令和保证信息传递的秩序。会展企业组织结构的层次性、等级性使得等级链原则成为企业组织必须遵循的重要准则。对会展企业来说,等级链原则包含3个重要的内容。其一,等级链是组织系统中从上到下形成的各管理层次的链条结构,下级必须严格执行上级的命令;其二,等级链表明了各级管理层的权力和职责,组织中每个管理层以及每一个工作岗位的成员都必须清楚自己该对谁负责,该承担什么义务和职责;第三,等级链反映了上级的决策、指令和工作任务从上级由上层至下层逐层传递的过程,也反映了基层人员工作的执行情况以及将信息反馈给上一级领导的信息传递路线。等级链越明确,会展企业组织的决策、信息传递以及工作效率和效果就会越好。

3.1.4 会展企业组织设计的影响因素

会展企业在进行组织结构设计时需要重点考虑以下4个方面的因素。

1)企业战略

由于战略决定了企业组织的任务,进而从根本上影响到组织结构设计,一般来说,会展企业的组织结构设计要服从于企业的发展战略,也就是说企业所拟订的战略在一定程度上决定着组织结构类型的变化。当企业确定战略之后，必须分析和确定实施战略所需要的组织结构，因为战略是通过组织来实现的，如果没有一个健全的、与战略相适应的组织结构，所选择的战略就不可能被有效地实施。

2）技术

技术从广义上是指用于完成工作的各种类型的活动、装备和材料以及知识和经验等。技术对会展企业组织结构的影响如下：①技术越复杂，所需的经理人数和管理层次越多，即复杂技术一定有相应复杂的组织结构，且需要大量的监督与合作。如技术型会展要求组展企业具备相应的技术知识，这些技术知识需要相应的研发技术部门来完成。②复杂技术越多，需要的秘书人员和行政人员也越多。在技术复杂的会展企业中，对处理辅助性工作如翻译等的人员需求量也相应增多。

3）企业发展阶段

如同人与产品一样，企业发展也有一个生命周期，格林纳认为企业从创立到衰落一般要经历5个阶段。这5个阶段是：创造期、指导期、授权期、配合期与合作期。在不同的发展阶段，企业的组织结构也具有不同特征。在会展企业创造期，企业主要精力集中于开发产品与市场，企业规模不大，组织结构简单；指导期，伴随企业成长，企业开始划分职能部门，但这一时期企业组织结构的设计倾向于集权；授权期，企业意识分权的重要性，分权产生；配合期，分权与集权矛盾的解决需要中间机构来协调，故增设监督协调部门；合作期，主要体现在下层员工参与上层决议的问题，分权与集权得到成功控制。

4）外部环境

企业所处的外部环境包括区域会展业发展水平、政府扶持力度、城市综合环境等诸多因素，可以分为三大类：安定的、变化的和动荡的。安定环境下，会展企业的目标顾客消费偏好相对固定，很少有新技术突破，企业组织结构相对固定，分工严密，权责分明，强调集权与控制，弹性变化小。变化环境下，市场需求、竞争战略、广告宣传等发生改变时，由于这些改变有一定持续性，企业组织结构的设计稍加灵活即可。动荡环境是指未能预期和预测的变动而形成的环境，如新竞争对手的出现、新竞争战略、新技术的突破等。动荡环境具有不确定性和非经常性。组织的任务会经常变动，则专业化分工不能太细，职员所承担的任务应有一定的宽度。

3.1.5 会展企业组织设计的一般步骤

会展企业组织设计的一般步骤包括确定组织目标、明确组织的业务流程、划分职能部门、工作分析、人员配备和授权、内部沟通方式的确定等环节。具体见图3-1。

图3-1 会展企业组织设计的一般步骤

3.2　会展企业的组织结构和部门设置

任何组织都是由许多要素按照一定的联结形式有机组合而成，一个组织除了有形的物质要素外，还存在一些相对稳定的关系，包括横向的分工协作关系及其衍生的沟通关系，纵向的等级关系及其衍生的沟通关系，这些要素和关系构成了企业的组织结构。著名的管理学家孔茨认为，建立组织结构的目的就是要建立起一种能使人们为实现组织目标而在一起最佳地工作、履行职责的正式体制。组织结构是组织中正式确定的使工作任务得以分解、组合和协调的框架体系。

3.2.1　会展企业常见的组织结构类型

组织结构模型指组织中相对稳定和规范的工作关系模式，如工作任务如何分工、配合等。虽然受诸多外界与内部因素影响，不同会展企业有不同的组织结构形式，但主要的结构模型有以下几种：

1）职能式组织结构

职能式组织结构最早由被称为“科学管理之父”的泰罗提出来的。这种组织结构模型授予各职能部门一定的指挥和指导权，允许他们在自己的业务范围内对下面各部门实施此项权力（见图3-2）。

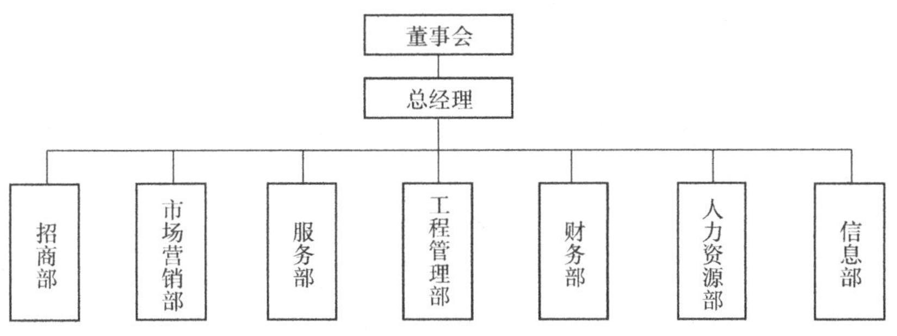

图3-2　职能式组织结构图

职能式组织结构的特点是下级人员除了接受上级领导的指挥外，还必须接受上级各职能机构的领导。这种组织结构形式虽然能够充分发挥职能部门专业化管理的作用，减轻了直接领导的工作负担，但是其缺点也非常明显，它不仅违背了集中领导和统一指挥的原则，形成了多头领导，而且还不利于建立和健全各级行政负责人和职能科室的责任制，此外，当上级领导和职能机构的指导和命令发生矛盾时，下级会无所适从，容易导致组织纪律放松，管理混乱的现象。

该职能式组织结构主要适用于业务类型单一、规模较小的会展企业。

2）事业部制组织结构

事业部制组织结构强调分权管理，是分权型的组织结构形式，这种组织结构形式被进行相关产品或服务多样化的大型综合性会展公司普遍采用，它体现的是“集中政策，分散经营”的指导思想。当会展项目增加、经营范围多元化，多元化事业部制组织结构就会出现（见图 3-3）。

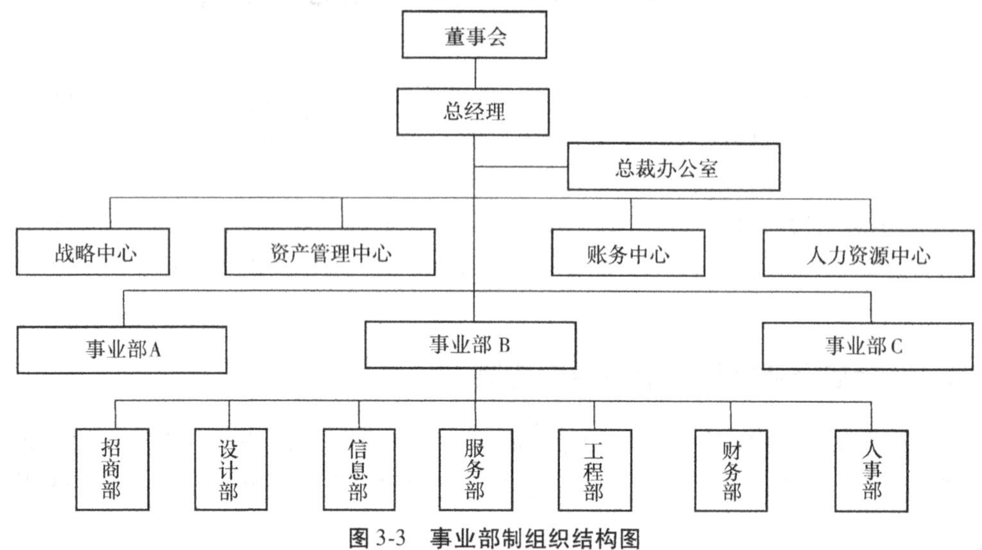

图 3-3　事业部制组织结构图

该组织结构形式有利于内部竞争，提高整体工作效率，同时，多产品、多项目经营有助于分散企业风险，提高会展企业经营的稳定性，也有利于实现专业化的管理。但同时也具有一定的局限性，这种组织形式需要雇佣更多的专业人才，雇佣更多的员工，经营成本会有所增加，而且，职能机构重叠设置，资源共享性较差，导致资源的利用率也不高。

该组织结构形式适用于服务种类多样化的大中型会展公司。

3）区域型组织结构

在区域型组织结构中，会展企业产品或服务的生产所需要的全部活动都基于地理位置而集中在一起，这种结构的设置一般针对企业主要目标市场的销售区域来建立。

区域型组织结构的优点是有较强的灵活性，它将权利和责任授予基层管理层次，能较好地适应各个不同地区的竞争情况，增进区域内营销、组织、财务等活动的协调。但同时该结构也有一定的不足之处，它在一定程度上增加了企业在保持发展战略一致性上的困难，同时有些机构的重复设置也可能导致成本的增加（见图 3-4）。

该组织结构主要适用于规模庞大、跨地区的全国性或国际性的大会展公司。

4）矩阵型组织结构

矩阵型组织结构是以产品或服务为中心的组织结构形式的一种，有些会展企业在需要完成某项任务时，常会形成项目部具体负责任务的完成。该组织结构形式一般如图 3-5 所示。

该组织结构的特点是项目小组成员既同原职能部门保持组织与业务上的联系，又参加项目小组的工作；职能部门是固定的组织，项目小组是临时性的组织。该组织结构的优点在于它能加强横向的联系，人力资源共享更灵活，且集众家之长，反应更为灵敏迅速；但是也有不足，组织的稳定性受到影响，多头领导，容易产生短期行为，对组织团队的稳定和企业文化的建设有一定的不利影响。

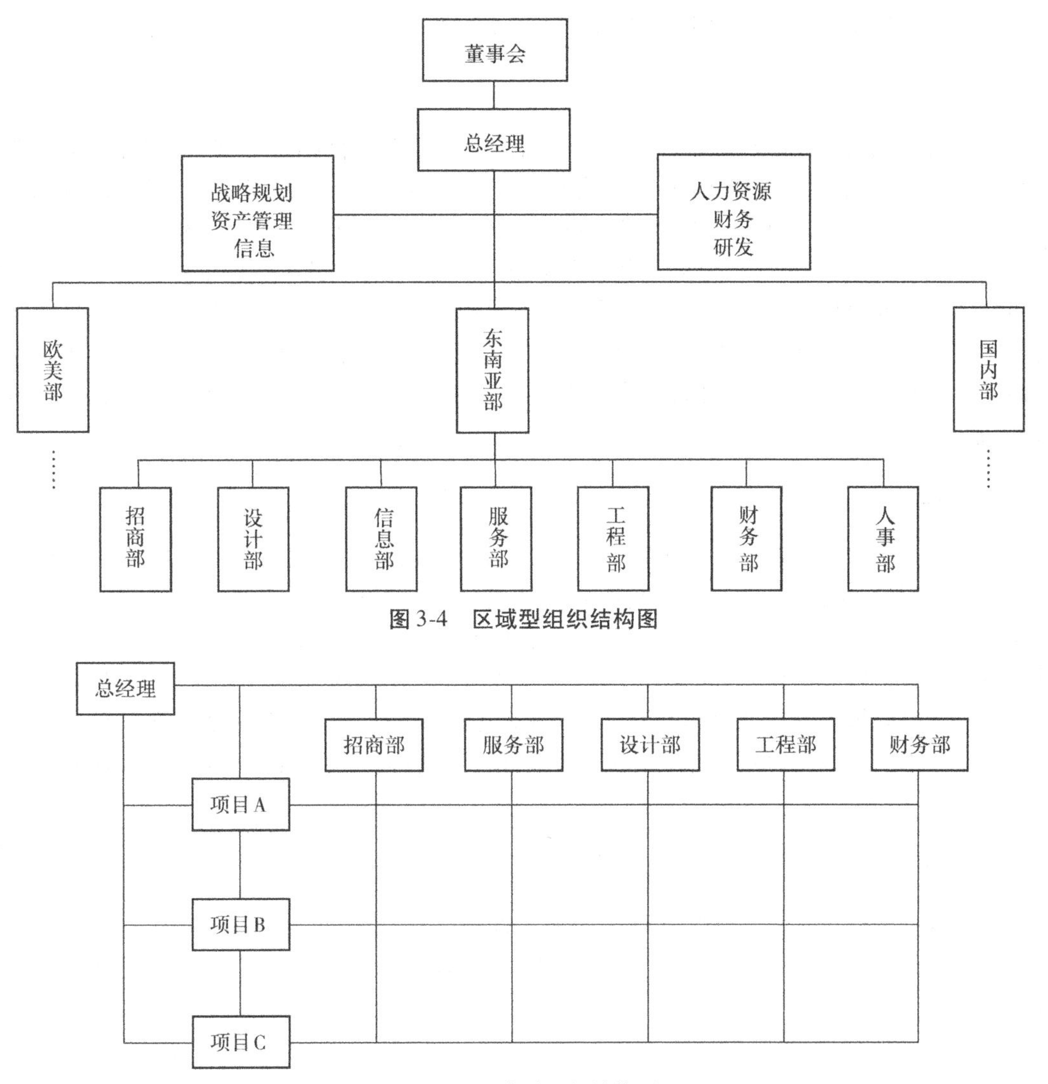

图 3-4　区域型组织结构图

图 3-5　矩阵型组织结构图

该组织结构形式适用于规模庞大、服务种类齐全的大型会展公司。

3.2.2　会展企业主要职能部门的设置

会展企业的职能部门划分是依据参展商在展会期间的活动类型，会展企业所做相应具体安排进行的。这种划分应该既考虑部门划分的科学性，又兼顾会展服务的质量与效率。一般来说，会展企业的职能部门主要有：

1）策划部

策划部是会展企业基础部门，其主要工作是企业策划和展出策划两部分。企业策划主要是对整个会展企业形象的策划、组织的包装等。而展出策划则是指制订展览工作方案，主要是列明工作事项，安排人员的责任范围，安排工作进程、费用支出等。展览是一项复杂工程，详细而合理的展览策划工作是保证各方人员按时、按质、按量完成各项工作必不可少的环节之一。

可以说，展会策划是会展的基础工作，也是核心工作。

2）业务部

业务部是会展企业的重要部门之一，企业盈利与否与业务部招商业绩息息相关，成绩斐然的业务部能激发企业活力，推动企业进入良性循环圈。会展企业业务部的主要职责是招商，即招徕和联系参展商，说服他们来参展，故有些企业直接设立招商部。其具体工作包括招展宣传、选择参展者、组织展览团。招展宣传包括宣传和联络两种方式，宣传对象是全体潜在参展者，而联络的主要对象是重要的潜在参展者。对申请参展的公司要依据事先约定的参展标准进行公平合理的选择，并召开筹备会，对入选的参展商进行展前“培训”，签订合同，还要与相关部门联络，谈好合作条件，做好准备工作。除此之外，业务部的其他工作还包括展品运输，展台设计与施工等。

3）市场部

市场部主要负责新闻宣传，广告策划实施，协调与各社会团体或政府的关系等。宣传工作是展出成功的基础保证，其手段主要是广告与联络，如查发信函、登门拜访、电话联系、媒体广告、印发资料等。公关的主要目的是争取与企业有关单位的理解与支持，特别是争取得到新闻媒体、政府机关等影响力比较大的单位的认可与帮助。市场部工作的具体内容还包括：制订年度场馆销售计划；根据市场变化，对价格政策的制定和修正提出建议并报请企业领导批准后执行；审核参展单位的资质；负责场馆营销，签订场馆出租合同；执行合同收款；负责有关展览会的报批手续；等等。

4）信息部

信息部负责展览会的通信、网络数据的租赁业务，以及会展企业信息系统的规划、建设与维护，应用软件及办公电脑、耗材的采购与管理，同时还负责企业内部的通信系统以及网络的建设与保障工作等。

5）管理部

管理部包括对展台准备工作的管理，展台后续工作的管理以及展会整体评估工作管理等，有些企业称之为会务部。管理部与业务部都是实战工作部门。如果说业务部主要活动于展前的话，那么管理部则主要活动于展中与展后，鉴于管理部承担了对整个会展最重要阶段——展台工作的组织与安排工作，管理部成为整个展览工作最重要、最关键的部门。

除了以上5个部门外，成功展会的顺利开展还离不开以下部门的配合与支持。

6）工程部

负责组织会展企业各项基建工作；企业所属各建筑物、构筑物、道路及各类管线的维修和养护；负责企业机电设备的日常管理工作；保证会展企业经营及展会期间所有服务设施，如展馆内装修和陈设、水电、音响系统、空调系统、电话等正常运行和使用的重要部门。

7）财务部

财务部是会展公司的重要保障部门之一，它的主要职责是直接管理资金，进行账目处理，协助会展企业经营者搞好企业经营核算，控制企业经营费用，使企业获得最佳经济效益。

8）人力资源部

人力资源部是负责企业员工招聘、培训、考核、激励等的部门。它是确保企业在任何时候、任何地点、任何情况下都能找到合适人选的主要部门。

9）保安部

保安部的主要职责是维护会议或展览的良好秩序，确保展会环境安全，也是举办展会活动时不可或缺的部门之一。

10）项目合作部

项目合作部以合作方式与有关部门共同承担各类型展览会的组织和接待工作，承担单个国家（地区）展览会的接待工作以及中国国际展览和会议展示会的组织工作，并通过对项目的再策划不断提高管理和服务水平，为参展企业和广大用户提供优质服务。

以上部门是依据一般展会正常运作的需要来设立的，在实际组织结构设计中会展企业应充分考虑自身情况，名称可有所不同，部门多少也可灵活处理。

3.2.3　会展企业组织结构设计创新

随着经济和技术的发展，企业的经营管理理论和实践也发生了巨大的变革，企业流程再造（BPR）、全面质量管理（TQM）的出现以及信息网络的建立推动了企业组织模式的发展和创新。为适应新的竞争条件，会展企业组织创新应包括价值链上企业组织间联系方式的创新、企业内部组织结构创新以及企业组织内外部运行机制的创新等内容，具体有以下几种形态。

1）扁平化组织

扁平化的组织结构是一种通过减少管理层次、压缩职能机构，裁减人员而建立起来的一种紧凑而富有弹性的新型组织体系，它具有高效、灵活、快捷等优点，是一种静态构架下的动态组织结构，能凝缩时空，加速知识的全方位运行，提高组织绩效。

扁平化组织最大的缺点或挑战则是管理人员要面对较多的下属，如何管理、协调这些下属是每一个管理人员的重要任务。组织的扁平化是现代会展企业的努力方向之一，正确把握扁平化的程度是组织结构模式的关键内容。

2）学习型组织

美国管理学家彼得·圣吉在其著作《第五项修炼》中提出了学习型组织理论。学习型组织强调会展企业组织机构及成员必须不断学习，抛弃旧的思维方式，相互之间坦率真诚，了解企业运行，制订每人都认同的计划与构想，然后共同实现这个构想，从而提升企业的应变能力和发展能力。

该组织形态的本质特征是组织的学习及适应，即通过自我超越、改变心智模式、建立共同愿景、团体学习和系统思考这5项修炼组织，特别是组织的高阶管理者能够识别企业中的“结构性问题”“成长上限”“调节环路”等，并以“讨论”“深度汇谈”“兼顾探询和辩护”等方式为组织创造一个协调、开放、创新的环境。

该组织的优越性主要表现在:拥有终身学习的理念和机制,建有多元回馈和开放的系统,拥有学习共享与互助的学习氛围,具有不断增长的学习能力,工作学习化和学习工作化。

3)网络型组织

网络型组织是会展企业间的一种联盟方式,它通过将拥有不同竞争优势的会展企业组建成实体或虚拟企业,并各尽所能,各扬其长,以充分发挥优势互补的作用,共同发展,谋取更多经济利益。

网络型组织成员是独立的企业法人,分别承担法律责任,其经营协调不是由行政命令加以实现,而是通过交涉与沟通、指导来进行。因此,网络内企业一般不存在核心企业与非核心企业之分,彼此是平等的合作伙伴。网络型组织创新的具体实现包括战略联盟、连锁经营以及企业集团等多种方式。

4)虚拟型组织

虚拟型组织打破了传统会展企业组织结构的层次与界限,组织内没有固定的组织层次和内部命令系统,企业界限亦趋于模糊化,是一种开放式的组织结构。组织内各成员之间无上下隶属关系,完全是富有弹性的伙伴关系,主要是通过契约关系共享资源与经济利益、围绕项目而组成的团队性联盟。因此可以在拥有充分信息的条件下,从众多的组织中通过竞争招标或自由选择等方式精选出合作伙伴,迅速形成各专业领域中的独特优势,实现对外部资源的整合利用,从而以强大的结构成本优势和机动性来完成单个企业难以承担的市场功能。虚拟组织的优势在于它的组织成本优势和快速反应能力,内部强调平等、诚信、快速和合作。

3.3 国际会展行业协会组织

会展活动是国际化的经济活动,众多国际会展专业组织在世界会展业市场化、规范化的发展中,起到了重要作用。熟悉和了解这些国际会展组织,积极地与它们沟通,参加它们的活动,将使我们有更多机会获取国际会展行业信息,了解国际会展发展动态和趋势,积极参与国际竞争,使我国会展业能够加快发展。

3.3.1 国际会议组织

1)国际会议协会(ICCA①)

国际会议协会是全球会议业最主要的国际专业组织之一。国际会议协会创建于 1963 年,总部位于荷兰首都阿姆斯特丹。在全球拥有 86 个国家和地区的 600 多个企业会员。

作为世界主要的会议专业组织,国际会议协会包含了所有当前以及未来的会议领域专业

① ICCA:International Congress & Convention Association.

部门，协会肩负如下使命：

①提高协会成员举办会议的技巧及对会议行业的理解。

②为协会成员间的信息交流提供便利。

③为协会成员最大限度提供发展机会。

④根据客户的期望值逐步提高专业水准。

国际会议协会将其成员按所属会议产业专业部门分类，并以一个英文字母作为成员类型的代号（见表3-1）。

表3-1 国际会议协会成员分类体系

成员类型	代表字母	成员数量
会议/旅行/目的地管理公司	A	68
航空公司	B	10
专业会议展览组织者	C	115
旅游及会议局	D	149
会议信息及技术专业机构	E	53
饭店	F	56
会议场所及展览中心	G	179
荣誉会员	H	5

资料来源：国际会议协会（ICCA）。

国际会议协会采用一种区域性的组织结构，该协会不仅致力于促进统一会议产业专业部门成员之间的协作，而且要突破会员所属会议产业部门类型的限制。促进在统一区域的不同会议产业部门成员间的合作。基于这种目的，国际会议协会成立了区域分会、国家和地方委员会。国际会议协会将全世界划分为9个区域，设立了9个区域分会。非洲分会、法国分会、北美分会、亚太分会、拉美分会、斯堪的纳维亚分会、中欧分会、地中海分会、英国/爱尔兰分会。此外，国际会议协会在全世界17个国家和地方设立了委员会。

各种会议公司或机构必须交纳入会费和年费才能成为国际会议协会的成员，并享受该协会提供的产品与服务。国际会议协会提供的产品和服务有：

①协会数据库说明。

②协会数据库报告书。

③协会数据库提供的按客户要求特制的表格名录。

④公司数据库说明。

⑤公司数据库提供的按客户要求特制的表格名录。

⑥国际会议协会数据专题讨论会资料。

⑦国际会议市场统计资料。

国际会议协会提供的产品和服务对于帮助其会员了解国际会议市场，获取行业信息、开展会议行业教育和调研活动，以及制订会展发展计划和策略，有着重要的参考价值。

2)国际协会联盟(UIA①)

国际协会联盟于1910年在比利时布鲁塞尔召开的国际组织第一届世界大会上正式宣告成立。该联盟是一个独立的、非政府的、无政治色彩的可帮助4万个国际组织和客户交换信息的非营利性组织。该组织自成立以来就成为了提供有关国际组织和全球信息的先锋。国际协会联盟用书面、光盘和互联网的形式为广大用户提供了大量的数据资料。国际协会联盟的宗旨和活动是:

①在人类尊严、各国人民团结和沟通自由的基础上为建立全球秩序作出贡献。

②在人类活动的每一个领域里,特别是在非营利和志愿者协会里,促进非政府网络的发展和效率的提高。

③收集、研究和传递有关信息,如政府和非政府国际机构、它们之间的关系、召开的会议及它们面临的问题与采取的策略。

④国际协会联盟尝试用更有意义、更切实有效的信息传递方法,将其所提倡的联合活动和跨国合作发扬光大。

⑤促进国际协会就法规政策、协会管理和其他问题开展研究。

国际协会联盟每两年召开一次大会,选举国际协会联盟执行委员会。该执行委员会由15~21个成员组成,每个成员任期最长4年。国际协会联盟的正式会员不超过250个,要有全体大会根据候选人的兴趣和他们在国际机构中的作用选举产生。通常候选人都在某个国际机构中发挥过积极的作用。正式会员包括外交家、国际公务员、协会管理人员、国际关系教授和基金负责人。正式会员不用交纳年费,但要在各自的领域内为维护国际协会联盟的利益、进一步扩大联盟的影响作出努力。对国际协会联盟的宗旨和活动感兴趣的法人团体和个人,只要交纳年费,并经过国际协会联盟执行委员会批准,就可以成为国际协会联盟的非正式会员。非正式会员如各种组织、基金会、政府机构和商业企业有权优先使用非正式会员的服务。

国际协会联盟的工作语言为英语和法语。自1910年以来,国际协会联盟出版了300多种出版物和系列出版物,大多数出版物用英语出版。国际组织年鉴用各种语言编入索引供其他国际组织使用。期刊《跨国协会》(Transnational Associations)刊登英文和法文的文章。该联盟的年度预算为80万美元,通过成员的预订刊物费、联盟的研究和咨询合同收入、出版物的销售及服务支付95%的预算费用,其余部分来源于比利时、法国、瑞典政府及一些官方和私人机构的捐款和赞助。

3)会议联络委员会(CLC②)

1949年,四家社团组织的领导人在一起讨论会议业的发展形势,这个团体建立了一个委员会,并制订了一套贸易标准。这就是著名的会议联络委员会(Convention Liaison Council),他们制订了以下4个基本目标:

①达成这些组织间对各自责任的相互理解和认同。

②通过研究项目和教育项目,为处理会议程序创造一个坚实和稳定的基础。

---

① UIA:the Union of International Association.

② 2000年更名为Convention Industry Council。

③在会员组织间举行大家共同感兴趣的教育项目和活动。

④让大众知晓,会议对整个社区和国家经济的必要性。

这4家创始组织为:美国住宿业与汽车旅馆协会、美国社团组织经理人协会、国际服务业市场营销协会、国际会议和旅游局协会。今天,该委员会由29家组织构成,一半代表买方,一半代表卖方,共代表着一万三千多个公司和机构。

多年来,该委员会一直是这个行业中的教育领导者,它创建了注册会议专业人士认证项目(Certified Meeting Professional Program)。CMP认证项目从1993年起在国际推广,平均每年有1 000个项目得到CMP认证。1961年出版的会议联络委员会手册介绍了会议中涉及的三方——赞助组织、饭店和会议局各自的具体责任。该手册现在已经重印了7版,内有实用的清单、表格和行业词汇。

3.3.2　国际展览组织

1)国际展览业协会(UFI[①])

国际展览业协会其前身是国际博览会联盟,是世界上主要博览会组织者、展览场馆业主、各重要国际性和国家展览业协会的联盟,于1925年4月15日在意大利米兰市由20个欧洲顶级国际展会发起成立的。总部设在法国巴黎。2003年10月20日开罗第70届会员大会上,该组织更名为全球展览业协会(The Global Association of the Exhibition industry),仍简称UFI。国际展览业协会是迄今为止世界展览业最重要的国际性组织,其会员分布在世界五大洲72个国家和地区的一百多个城市(见图3-6)。

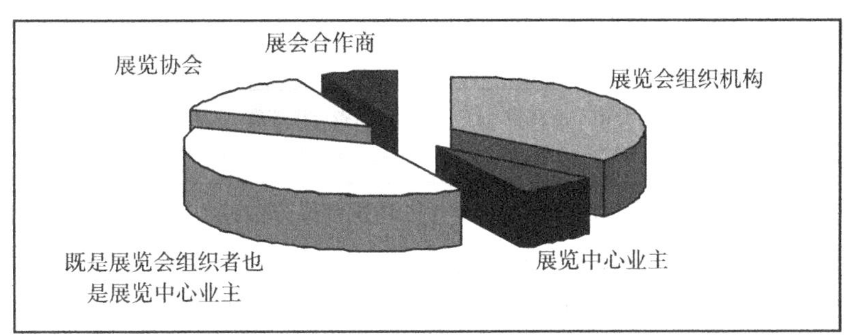

图3-6　国际展览业协会会员类型

资料来源:国际展览业协会。

2004年,国际展览业协会对其会员机构共主办的703个交易会和展览会授予UFI质量认证。国际展览业协会有一套成熟的展览评估体系,对由其成员组织的交易会和展览会的参展商、参观者、规模、水平、成交等进行严格评估,用严格的标准挑选一定数量的交易会和展览会给予认证。国际展览业协会认证(UFI Approved Event)是高质量国际展览会的标志。由于国际展览业协会在国际展览业中的权威性,得到国际展览业协会认证的交易会和展览会在吸引参展商、参观者方面优势明显。国际展览业协会认证的基本条件有:

---

① UFI——国际展览业协会:The Global Association of the Exhibition Industry,旧称Union des Foires Internationales,简称UFI。

①展会必须至少已定期举办过三次。

②展会必须是一个有 20% 以上外国参展商的国际展会。

③有 4% 以上外国观众的国际展会。

④外国展商纯租用面积达到展会纯租用总面积的 20% 以上的国际展会。

作为世界重要的交易会和展览会的组织者,国际展览联盟会员做出了显著的成绩:

①主办 4 000 个交易会和展览会。

②年租用展览面积达 5 000 万平方米。

③每年吸引 100 万参展商。

④每年吸引 1.5 亿展会参观者。

国际展览业协会没有个人成员,只有团体成员。截至 2013 年 UFI 中国会员达到了 84 个,主要分布在我国的北京、广东、上海 3 个省市的会员数约占总会员数的 84.5%。如图 3-7 所示:

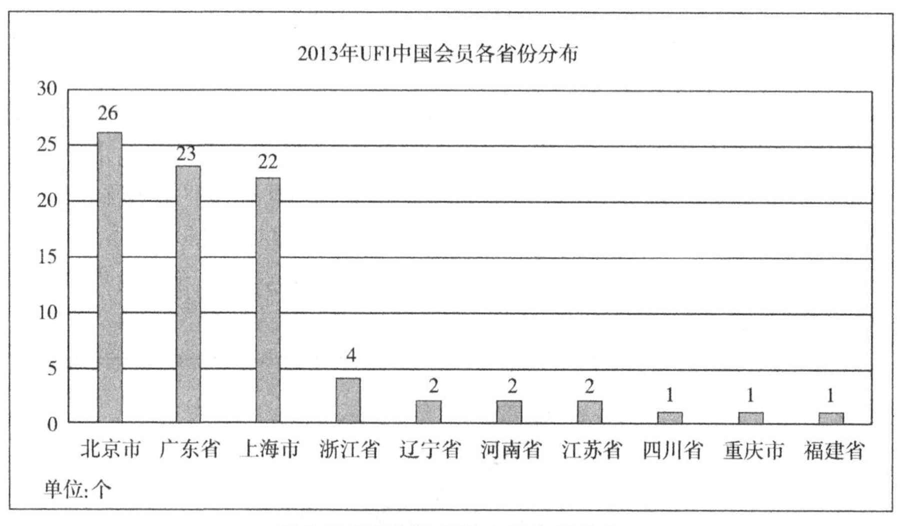

图 3-7 2013 年 UFI 中国会员分布

从城市的分布上来看,2013 年 UFI 中国会员主要分布在北京市、上海市、深圳市、广州市,其中北京市的会员数达到了 26 个,上海市的达到了 22 个,深圳市的达到了 11 个,广州市的达到了 9 个,这 4 个城市的会员数约占总会员数的 81%[①]。

国际博览会联盟的主要目标和职能有:

①为展览业的专业人士提供有效的网络平台,让他们相互交流看法和经验。

②提供独特的营销和交流工具在全球范围内促进展览业的发展。

③向其会员提供宝贵的有关展览业领域的研究成果。

④提供教育培训和高层次的研讨会。

⑤协助处理影响会员共同利益的争端问题。

① 资料来源:2013 中国展览数据统计报告。

2)国际展览管理协会(IAEM[①])

国际展览管理协会(IAEM)成立于1928年,总部设于美国达拉斯。该协会与国际博览会联盟(UFI)在国际展览界均享有盛誉,被认为是目前国际展览业最重要的行业组织,两者现已结成全球战略伙伴,共同促进国际会展业的发展与繁荣。

国际展览管理协会的成员来自46个国家,成员数量超过3 500个。其使命是通过国际性网络为成员提供独有的、必要的服务、资源和教育,以促进展览业的发展。

国际展览管理协会的基本目标有:

①促进全球交易会和博览会行业的发展。

②定期为行业人员提供教育机会,提高他们的从业能力。

③发布展览会信息和统计数据。

④为展览人员提供见面机会,交流信息和想法。

国际展览管理协会提供展览管理的注册培训认证项目CEM(Certified Exhibition Management),该培训项目的必修课程包括项目管理、选址、平面设计与布置、计划书的制订、会议策划、标书的制订与招标。高级课程为:展览策划与预算、经营展会的法律问题、安全与奉献问题的防范。高级课程专为取得CEM认证,并可能使用CEM培训认证项目开展培训活动的人员所开设。

3.3.3 其他组织

1)奖励旅游管理协会(SITE[②])

奖励旅游管理协会成立于1973年,是全球唯一的非营利性的、致力于综合效益极高的奖励旅游产业的世界性组织。该协会为那些设计、开发、宣传、销售、管理和经营奖励旅游的机构提供教育研讨会和信息服务。目前奖励旅游管理协会有1 800个会员,他们遍布80多个国家,协会还在不同区域设有28个分会。协会会员主要来自航空公司、游船公司、公司企业、目的地管理公司、地面交通公司、饭店、官方旅游机构和旅游公司。

奖励旅游管理协会的会员享有以下权利:

①获得与分布在80多个国家的1 800个会员的联系方式。

②被列入协会的名录。

③在参加奖励旅游管理协会年会时享受优惠注册费。

④能够参加奖励旅游管理协会在全世界的分会活动和教育培训项目。

⑤在参加奖励旅游交易会时会获得展示台所需的奖励旅游管理协会成员展示材料。

⑥可以在个人名片和公司信笺上使用奖励旅游管理协会的标志。

⑦有资格参加奖励旅游管理协会水晶奖大赛。

⑧有机会获得奖励旅游管理协会认证的称号。

⑨能以会员价订购奖励旅游管理协会的出版物,免费获得奖励旅游管理协会提供的研

① IAEM:the International Association for Exhibition management.

② SITE:The Society of Incentive & Travel Executives.

究报告。

2)世界场馆管理委员会(WCVM[①])

世界场馆管理委员会汇集了全世界场馆行业专业人士和设施的主要协会。它的6个协会成员为5 000多个经营管理场馆设施的专业人员提供专业资源、论坛和有益的帮助。场馆设施包括全世界1 200个体育馆、竞技场、大剧场、会展中心、演艺中心和会议场所。

世界场馆管理委员会成立于1997年,它通过加强成员协会和会员之间的信息和技术交流来促进沟通和专业发展,以促进场馆行业的专业认识与相互了解。世界场馆管理委员会的六大协会会员是:会议场馆国际协会(AIPC)、亚太会展委员会(APECC)、国际会议经理协会(IAAM)、欧洲活动中心协会(EVVC)、亚太场馆管理协会(VMA)和体育场馆经理协会(SMA)。

世界场馆管理委员会的目标是:

①让世界更好地了解场馆行业。

②鼓励协会成员相互交流和合作。

③促进有关场馆管理专业信息、技术和研究成果的分享。

④推动成员协会之间的沟通,以提高和改进世界场馆行业的知识水平和公共传播。

⑤世界场馆管理委员会定期召开会议,促进场馆管理相关的信息交流,并开展相关教育活动。

3.4 会展行业组织的管理模式

3.4.1 会展行业管理模式

行业管理模式是指政府通过设置一定的政府机构并制定相应的政策,或通过行业中介组织对某一特定行业进行监督和管理。目前世界上主要有3种具有代表性的会展行业管理模式:政府干预模式、政策扶持模式和市场运作模式。

1)政府干预模式

德国和法国是政府干预模式的典型代表。在德国会展业的发展过程中,政府扮演着重要的角色,政府干预色彩很浓。这种干预模式主要表现在以下几个方面:

(1)在管理方面

有一个政府授权的权威协调管理机构——德国经济展览会与博览会事务委员会(AUMA),对每年的国内外博览会进行组织和协调。AUMA是德国全国性的行业协会,是代表德国政府进行宏观调控的唯一的会展管理机构,成立于1907年,总部设在科隆。AUMA是德国展览业的最高联合会,它是由参展商、购买者和博览会组织者三方力量组合而成的联合体。主要职能是:审定年度展览计划;严格审查和评定展览会名称、内容;监督展览会服务;核查展

① WCVM:The World Council for Venue Management.

览组织者的能力和信誉;统计调查展览后效果;支持中小企业到海外参展。

AUMA 具有统一性、权威性,其地位在德国是不可动摇的,AUMA 为确保德国博览会市场的透明度,制定了许多规章制度和措施,对每年的国内外博览会、展览会进行组织协调,尽量避免国内或国际展览会之间出现重复的情况,如为制止会展雷同、保护名牌会展,AUMA 对会展名称给予类似商标的保护。AUMA 还根据章程要求,在会议、展览的类别、展出地点、日期、展期、周期等方面进行协调,保护了参展商、组织者、参观者多方面的利益。另外,AUMA 还聘请业内人士对展会进行考察,并对会展经济进行研究,为德国政府管理会展经济提供了很好的建议和非常重要的参考作用。此外,它还每年与经济部、农业部、能源部等政府各个部门协调,准备一个国家会展计划,该计划一旦批准,便由 AUMA 会同有关部门协调选择专业会展公司进行具体的运作。

(2)德国政府大力支持展览场馆的建设

展览场馆属于展览的硬件设施,是衡量一国展览水平的主要标志之一。但由于展览场馆属于固定资产,资本投入大,回收期长,投资风险和经营风险比一般的资产要大得多,所以一般来说,在会展发展业初期,民营资本或社会资本不愿进入展览场馆市场,这就导致展览场馆资本进入不足和场馆供给不足的现象,并严重制约会展经济的发展。

任何一个国家在会展发展初期都会面临这样的问题。为了支持会展产业的发展,德国政府不惜巨资建造大型现代化展馆,极大地促进了德国会展经济的发展。政府投资建立规模宏大的展馆设施,在确定展馆归属国有的前提下,不直接参与展馆的日常运作,而是以长期租赁或委托经营等形式把场馆的经营管理权授让给德国大型的会展管理公司。政府的职责主要体现在对行业的宏观调控方面。

(3)国有展馆的市场运作模式

政府投资建设展览场馆后便委托会展公司经营,政府只作为展馆的所有者存在。德国会展公司在授让国有展馆后,既从事展馆经营又组织会展项目,是以展馆经营管理者和会展项目组织者的双重身份存在。如汉诺威国际展览公司通过政府授权管理的展馆就超过 100 万平方米,同时,它还每年在全世界主办 50 多个国际展览会,场馆经营与项目经营结合的方式构成了德国展览公司特有的经营管理模式,共同构筑成集团经营的核心内容。

会展公司在成功组织会展项目后,便将所有的会展服务委托给各会展服务公司实施,这些公司将根据与会展公司签订的合同,以专业化服务能力为参展商、观展商提供周到的会展及配套服务。几十年来,德国会展业能在世界一直独占鳌头,很大程度上归功于这种运作模式的成功实践。

2)政策扶持模式

新加坡和日本是典型的政府扶持模式。新加坡把展览业作为国民经济的支柱产业,各部门、各行业全力扶持,通力合作,制订了一整套扶持、服务、规范、协调和发展的计划。比如特准国际贸易展览会资格计划(AIF),从国家贸易政策和发展目标出发,对符合政府产业发展方向的展览会,或者评估符合标准的委员会,授予 AIF 资格证书,并给予最高达 2 万新币的政府资助。为提高竞争力,新加坡减免参展企业税收,并压低场馆租金,从周边的饭店、餐饮等服务设施收入中拿出 10% 补贴场馆。

日本政府1994年制定了《通过促销和举办国际会议等振兴国际旅游法》及《实施细则》，规定具备条件的市街道村可向运输大臣提出办理资格认定申请，经认定的国际会议旅游城市由国际旅游振兴会负责提供信息、宣传促销、资金援助以及人员培训等。此外，东京投资10亿美元建造一座8万平方米的现代化东京国际展览中心，成为城市的象征。

3）市场运作模式

中国香港的市场运作模式是比较明显的。在香港会展业发展过程中，半官方机构香港贸易发展局的地位和作用十分凸显。会展中心在建设和扩建过程中始终采取政府出地，贸发局招商，专门管理公司的经营模式。1984年，贸发局与新世界有限公司合作新建会议展览中心，1997年会展中心落成，会展场地总面积达到6.4万平方米。会议展览中心建好后，贸发局把建设的重点转向招展，公平参与市场竞争，重视提高服务质量，创立名牌展会。2010年香港商贸展录得超过64.8万来自外地的买家人次，较2009年上升超过13%。超越了金融海啸前的水平。其中，亚太区的访客人次上升13%，至20.2万人次。中国内地的访客人次达23.2万，较往年增长接近10%。同时，参加商贸展的本地访客人次亦大幅上升14%至超过120万①。这些都与香港市场经济体制完善，市场发育成熟不无关系。

我国会展管理体制目前实行的是审批制，也带有强烈的行政干预色彩，但与德国和法国不同的是，我国的审批制表现为政府对会展企业是否具备主办会展的主体资格进行审批，对会展公司的市场行为进行干预，甚至表现为政府直接作为主体进行市场活动。政府必须转变其职能，由原来的市场干预转为市场服务，而会展管理体制也必将由审批制转为备案制或登记制。因此，学习和借鉴发达国家的会展行业管理模式，对于我国会展业的发展有很好的参考作用。

3.4.2 会展行业协会运作模式

目前，国际上会展行业协会的运行模式，按照行业协会、政府、市场和企业之间的关系，主要可归纳为3种。第一种是以美国为代表的“水平运作模式”，第二种是以日本和德国为代表的“垂直运作模式”，第三种是以法国、中国香港为代表的“交叉运作模式”。

1）水平运作模式——企业推动型

以美国为代表的“水平运作模式”是一种主要以会展企业自发而形成的组织、自愿参加为特点的行业协会模式，具有较强的民间性，在管理上自由放任，规范松懈。其最大的特点就是企业自主推动，会展企业在发展过程中，碰到同行业内部价格上的相互倾轧与产品质量问题时，会展企业组织出于维护自身利益和市场秩序的需要，被迫产生组建行业协会的冲动，尝试着用行业自律的方式规范市场行业秩序，例如，美国展览管理协会（IAEM）。显然，在这种背景下所成立的行业协会，其动力源就在于企业本身，其他的因素，如政府提供帮助或指导仅仅是动力源的外部因素。即会展企业只要存在相同的利益，就可以建立一个行业协会，政府对此既不干预，也不予资助。行业协会为企业提供技术与信息服务，协调政府、企业、消费者之间的关系，同时实力强劲的行业协会，如美国商会及美国制造商协会与联邦政府、议会都保持密切联

① 数据来源：2010香港展览业调查报告，香港展览会议业协会2011年6月发布。

系。当政企发生矛盾时，这些行业协会组织寻求议会的支持与介入，按照长期以来美国人所推崇的以对立制衡原则处理政府与行业协会的关系。

2）垂直运作模式——政府推动型

以日本和德国等国家为代表的“垂直运作模式”是一种政府行政作用参与其中、大型会展企业起主导、中小会展企业广泛参与的行业协会模式。其突出特点是强调政府的推动作用，对内是政府机构，对外是民间团体。日本和德国的政府通过机构改革与职能调整，大大削减专业经济管理部门，使专业经济管理由过去偏重条条性的部门管理向偏重综合性的行业管理转化。这样，从政府职能中逐渐剥离出一些职能转交给行业协会，使行业协会在政府的主导下得以产生，都积极致力于高速发展本国市场经济，力图建立政府与社会合作或官民协调的宏观管理模式。行业协会具有庞大的组织机构和较高的组织化程度，协会的覆盖面广，政府与行业协会是一种合作协调关系。

3）交叉运作模式——市场推动型

以法国、瑞士、中国香港为代表的“交叉运作模式”不像企业自主推动和政府主导推动动力源那样单一，主要是指在市场的推动下，市场出现了管理混乱，无序竞争的状况，于是政府与会展企业在组建协会的过程中，政府与会展企业都倾注了大量的精力，很难分清到底是企业还是政府哪一方起了主导作用，可以说是企业和政府合力推动的产物。而且行业协会与政府的关系非常密切，如中国香港的香港展览会议协会（HKECOSA）的主要职责是配合政府宣传把香港建成亚太展览之都，提供行业培训以提高行业水平，为会员单位制造商机，增强会员之间的联络，代表行业向媒体和政府表达统一意见等。

案例分析：会展组织　安全存不可预见因素

7月20日，2014年第20届国际艾滋病大会（以下简称国际艾滋病大会）如期在澳大利亚第二大城市墨尔本开幕，1万多名与会者在开幕式上集体悼念6名在7月18日马航MH17航班坠毁事件中遇难的抗艾专家。

7月19日，国际艾滋病协会（IAS）证实，至少有6名前往澳大利亚墨尔本参加本届国际会议的艾滋病专家在MH17航班坠毁事件中罹难。事件发生后，第20届世界艾滋病大会组委会第一时间发函悼念马航失事航班遇难者，称这将是世界艾滋病研究和防治界的巨大损失。同时，国际艾滋病大会组委会决定空出遇难专家的发言时间，以致哀悼。

MH17航班坠毁事件，再次在会展业界引起广泛关注。“此次事件属于不可抗因素。”业内资深人士曹雨禾接受《中国贸易报》记者采访时表示。

而此前，在失踪的马来西亚MH370航班上，有22位前去马来西亚参加画展的中国青年画家。

据记者调查显示，会展项目组织中存在不可预见的风险因素。也有业内资深人士表示，目前，中国会展项目组织方缺少安全防范意识。

会议服务存不可抗因素

"据我所知,就某一个会议而言,这是第一次发生这种极为罕见的事件。"曹雨禾表示,会展项目组织服务针对突发事件一般不会提前做预案。

曹雨禾强调,面对台风、暴雪等这类自然灾害,会展项目的组织方还可以做些预案,但像空难这种突发事件,则无法做预案。乘客的安全保护应该属于航空公司的保险责任。

据曹雨禾介绍,一般情况下,会议的组织方不会为会场外的参会者购买保险。有的会议组织者会为会议购买保险,但也仅针对自己服务范围内的行程,如外出参观途中、会议会场内、会议宴会上等。

事实上,目前,国内的会议主办方、组织方一般不会为台风、暴雪等这类自然灾害做不可抗因素的预案。

曹雨禾认为,会议组织者选择会议目的地的首要条件是有安全保证,同时,也会根据会议举办地的天气、交通、政局、社会治安情况等规避相关风险。与其做完美的预案、买保险,不如提前规避风险。比如,容易发生地震、海啸、台风的国家或地区,会议组织方不会将其作为会议的目的地。当然,也没有企业愿意去易发生自然灾害的地方参加任何会议或奖励旅游。

在曾负责组织高端会奖旅游的陆地看来,为客户购买保险不是组织方的责任,但提醒客户购买人身意外保险,算是组织方提供的贴心服务。

要有保险意识

一般来说,外国参展商对于出境参展都有很高的安全意识。

"法国在参加中国2010年上海世界博览会(以下简称2010上海世博会)时,有6件参展展品分6次不同的航班运送至上海。"一位不愿具名的2010上海世博会组委会负责人介绍说。

据该负责人介绍,在参加2010上海世博会的参展方中,法国是安全意识最高的。其参展的6件印象派绘画大师的作品,分别是塞尚的《咖啡壶边的妇女》、博纳尔的《化妆间》、梵高的《阿尔的舞厅》、米勒的《晚钟》、马奈的《阳台》、高更的《餐点》(又名《香蕉》),还有罗丹创作的雕塑作品《青铜时代》。以上这些收藏于巴黎的奥赛博物馆的法国"国宝"有5件单品的保险金额都在1亿欧元以上。

该负责人表示,目前,中国出境展览会组展方对展品的安全意识淡薄,出境参展的展品一般委托运输代理公司负责,但作为出境展的组织方应该具有安全防范及预防风险的意识。

近年来,中国企业出境参展的频率大幅增长,其中,也发生过出境参展展品丢失事件。上述负责人认为,作为服务的内容,出境展组织方有义务提醒参展企业,在人身安全、展品运输等过程中,加强风险的防范意识。

据记者从有关方面了解,富沃思(北京)国际会议管理有限公司作为第20届国际艾滋病大会中国组团方,负责中国区的招商和参会工作。有知情人士透露,中国参加第20届国际艾滋病大会的人员已安全抵达澳大利亚墨尔本。

资料来源:中国贸易报,2014-07-22.

思考题:

1. 结合案例,分析会展组织管理过程中存在哪些不安全的因素?
2. 谈谈如何预防展览和会议举办过程中可能会出现的各种危机?

【专业词汇】

会展企业(exhibition enterprise) 组织设计(organizational design)
组织结构(organizational structure) 运营管理(operations management)
行业协会(industry association) 会议组织(conference organization)
展览组织(exhibition organization) 国际会议协会(the international conference association)
国际展览会联盟(Union of international exhibition) 奖励旅游管理协会(incentive travel management association)

【思考与练习】

1. 分析会展企业的外部环境对其组织结构的设计有何影响?
2. 列举常见的会展企业组织结构形式,并结合案例,谈谈其有何优缺点。
3. 谈谈会展企业组织结构的创新。
4. 阐述不同会展行业管理模式的特点。
5. 举例说明政府扶持模式与政府干预模式有什么不同?

第4章
会展场馆设计与管理

【本章导读】

本章主要阐述了会展场馆的设计与管理，共分为4节：第一节主要阐述了会展场馆的概念、类型和特点，会展场馆的经营定位和会展场馆的内部管理等；第二节主要分析了国内外会展场馆的发展概况，着重从国内外会展场馆的发展现状特征及我国会展场馆建设的结构调整等几个方面展开论述；第三节主要介绍了会展场馆设计的原则和要求；第四节主要论述了中国会展场馆的几种典型的运营管理模式。

会展场馆是开展各种会展业活动的舞台，是会展业发展的物质基础，场馆功能的有效发挥和各种设备设施的有效运作是会展得以顺利开展的物质保障，会展场馆的国际化、智能化、特色化的程度是会展业发展水平的重要衡量标志之一。但是，我国会展业起步较晚、规模偏小、水平尚低，离国际水平还存在相当差距，因此在会展场馆的设计与建设上还缺乏长远规划和合理布局，会展场馆的管理水平与会展发达国家相比也还有一定的差距。这也是本章要探讨的主要内容。

4.1　会展场馆概述

4.1.1　会展场馆的概念、类型和特点

1）会展场馆的概念①

对会展场馆的概念从字面上解释，包括“场”和“馆”两个方面：“场”即会场，指能够容纳大量人群聚集的会展场地；“馆”即会馆，指能够展示各种展品或开展信息交流活动的建筑空间。具体来说，会展场馆是指举办会议、展览及相关活动所占据的建筑空间及其附属场地，它应该具备几个基础条件：其一，它必须依托一定的建筑物，有一个开展各种会议或展览活动的足够大的场地以及与之配套的设施设备，即硬件条件要齐全；其二，它是公开面向社会公众并对之提供一系列相关的服务；第三，它具有商业性质，能够与使用这些场馆空间和设备设施的会展企业或组织达成商业性合作合同。

2）会展场馆的类型和特点②

（1）会展场馆的类型

①如果按照会展场馆的用途来划分，可以分为会议中心、展览中心、博物馆、展览馆、美术馆、纪念馆、陈列馆、城市规划展示馆、体育馆、体育场、文化馆、文化广场、剧院、剧场等多种场馆。

②如果按照会展场馆的规模来划分，可以分为超大型会展场馆、大型会展场馆、中型会展场馆、小型会展场馆和临时会展场馆。

③如果按照会展场馆性质的不同来划分，可以分为项目型、单纯型和综合性会展场馆。项目型是指不专门用于会展，只是偶尔举办会展的场所，如一些宾馆酒店举行小规模展览的场所；单纯型指专门用于某个行业展示或某种会议举办的活动场所，如各种博物馆；综合型指可以举办各种商贸展览和交流会议的活动场所，如各大城市的会展中心。

④如果按照会展内容的不同来划分，可以分为综合型、展览型、博览型、会议型会展场馆等。

---

①　张敏．会展管理[M]．上海：上海人民出版社，2011：203．

②　张敏．会展管理[M]．上海：上海人民出版社，2011：206．

(2)会展场馆的特点

当前会展场馆大都具备如下特点：

①规模日益庞大。随着我国会展业的快速发展，会展对经济的拉动效益越来越显著，各地政府对会展场馆建设的支持力度也在不断加大。2010 年上海世博会的成功举办不仅促进了上海会展行业的大发展，也在一定程度上带动了全国会展业的发展。2010 年我国在建和已经完工的会展场馆共有 44 个，这些新建的场馆大都以综合型和大型的会展场馆为主，如合肥滨湖国际会展中心，其室内展览面积高达 12 万平方米，在我国会展场馆室内面积排名中高居第三，也是华东地区面积最大、配套设施最齐全的会展中心之一；2010 年建成的江苏泰州中国医药城会展中心则是目前亚洲规模最大、我国唯一的专业医药展览交易中心。

②设备设施建设更加先进。大规模新建的场馆不仅有展馆，还一定有各种附属和相关的设施，如大型的停车场、大规模的演出活动和体育赛事的举办场地、公众交流洽谈的电子设备和网络技术等，各种设施一应俱全，以容纳大量参展商和公众前来参展和观展。

③智能化技术的广泛应用。现代会展场馆都会配备智能化的信息管理系统和计算机网络，参展商可以通过智能化的技术来参展并与公众获得交流和洽谈；观展者也可以通过各种多媒体和电子终端技术更加方便地参与会展和获取展会上的有用信息；会展公司也可以通过信息系统分析、记录和统计各种展会信息，更好地宣传促销展会，并更好地提供会展服务。

④服务水平的不断提高。科技的应用让人们的生活更加美好，不仅展馆的硬件条件得到很大改善，会展业竞争的加剧也极大地推动了展会无形服务质量的提高。会展场馆的设计会更加人性化，各种服务的细节更加的“以人为本”，服务水平逐渐与国际接轨。

4.1.2 会展场馆的经营定位

会展场馆应实现一定的分工，特别是在国内的大城市中，会展场馆的数量正与日俱增，会展场馆在发展中如果没有明确的市场定位，很难在市场竞争中获胜。

1)按照规模进行经营定位

按照会展的规模来进行经营定位与分工是较为可行的方式。因为会展场馆的规模就决定了举办会展活动的规模大小。会展场馆在经营时按照自身的规模确定发展战略，这与会展场馆硬件本身有直接联系，因此操作起来同样有效。

上海各场馆一直都在不断探索展馆经营的市场定位问题，并且已经在市场分工和经营方面走在了全国前列。如光大会展中心的展馆面积是 35 000 平方米，针对自身场馆的特点，光大会展中心展会项目经营主要选择 3 万平方米以下的展览，并将客源市场主要定位在北京和香港等展览高端市场，场馆经营取得了较好的效益。再如上海展览中心，由于场馆是 20 世纪 50 年代的老建筑，经过改造和扩建，目前拥有 23 000 平方米的展馆和 10 000 平方米的会议场馆，因此上海展览中心展会项目的经营定位就是：积极关注 2 万平方米左右的展览，发展小型展览，争取中型展览，放弃大型展览，业务重点选择与百姓密切相关的消费展览会。而上海国际展览中心就主要经营 1 万平方米左右的展会，从而在服务、体制和经验上突出优势。

2）按照行业进行经营定位

按照行业领域来划分会展场馆的目标市场也是较为常见的方式，但是该种方式的应用必须结合具体的行业实际和市场环境来进行，因为会展场馆在大体功能上一般较为相似，具有一定规模和设施的会展场馆对不同行业一般也具有一定的普适性。所以，按照行业予以市场分类和经营定位要适当应用，否则，有时候不仅不能实现理想的市场划分，甚至会引起更为激烈的市场竞争。

3）按照办展形式进行经营定位

办展的形式是参展商和观展者较为注重的方面。办展形式对于会展场馆来讲，主要有两种：一种是引进展，一种是自办展。目前大多展览场馆都在先经营引进展览项目积累经验的基础上，开始开拓自办展业务，以提高展馆经营利润率。

办展形式从另一方面来讲，对于会展场馆，尤其是中小型会展场馆在建设时可以预先实行特色化设计，通过与众不同的场馆设计，实现某种特殊的办展形式，从而获得特定的市场群体的关注。如中国国际科技会展中心凭借其开发商北辰集团的科技背景，实现光纤到桌面，提供千兆级的国际、国内链接，彻底解决客户上网带宽瓶颈问题，提供高质量的IP电话、可视电话、视频点播等服务；依托吉通通信在该会展中心的数据中心，为客房提供主机托管、虚拟主机、虚拟专网等服务；电话局在楼内建设的4 000门模块局，除提供充足的电话线路外，还可直接提供E1数字电路等。并且该会展中心南靠北三环路、北邻北四环路、西接京昌高速公路，位处中关村科技园区之辐射区，是距中关村最近的大型展览中心。因此伴随着计算机、网络、通信等高科技产业的大型国际性展会越来越多，该会展中心成为高科技会展的首选。

总之，会展场馆无论采取何种经营定位的方法，都应作为会展场馆设计建设的有机组成部分，将市场经营定位作为其发展的战略核心，并从场馆设计、建造、管理等方面紧紧围绕该经营方向，实现最终的战略目标。

4.1.3　会展场馆的内部管理

现代会展场馆的管理大致分为硬件管理和软件管理两大方面。硬件管理主要是指物业管理和现场管理；软件管理则主要指战略管理、危机管理、客户管理和员工管理等方面。

1）硬件管理

（1）物业管理

物业管理指对场馆内建筑物及与之配套的所有设备设施的维修、保养，对场馆内清洁卫生、安全消防保卫、场馆内外绿化等全方面的管理。物业管理的目的就是最大程度地发挥物业的使用价值，使物业保值增值；同时使会展中心的参展商的需要得到最大程度地满足，提高会展场馆运营效率。物业管理是现代化会展管理中的重要内容，许多会展公司为提高竞争力，往往会通过招标的方式将场馆物业管理工作交由专业的物业管理公司全权负责，实现物业管理的专业化。

（2）现场管理

会展场馆的现场管理包括展会开幕前的装修施工和展品进场的管理、展会举办期间的各项服务和管理、展会结束后的清场等具体的工作内容。展会开幕前的布展工作管理的重点在于展台搭建的专业化和形象化,装修垃圾等的处理,对各种安全隐患如超负荷使用电线、易燃易爆装饰物或气体的使用等的严格排查等;展会举办期间的各项服务和管理工作主要包括现场登记和入场管理、展会期间提供咨询引导等服务、提供诸如翻译和广播等专业性的服务、现场的巡视和安全管理等多方面,以保障展会的顺利进行;展会结束后的清场工作主要是督促参展商们尽快将展品清点撤走,现场清洁卫生的打扫和整理等,以提高场馆的使用效率,为下一次展会做好最快的准备。

2)软件管理

(1)战略管理

现代场馆竞争力越来越大,战略管理的重要性越来越突出。战略管理能够立足长远,整合场馆内外的资源,满足市场的需求并获得长远发展的客户,是培育场馆竞争优势的重要途径。概况来说,战略管理主要包括确立战略目标、分析市场内部和外部环境、进行市场定位、制定各项具体的战略、实施战略并对战略结果进行评价等内容。战略管理关系会展场馆的长远生存和发展,是场馆管理者们关注的焦点。

(2)危机管理

场馆危机管理主要是指针对场馆内各种事先不可确定的突发事件的提前预防和事后处理,一般来说会展场馆可能遇到的危机主要有停电和火灾、爆炸和人身侵袭、食物中毒、传染病和突发疾病事件等,这些可能发生的危机产生的后果会对组织、人员、展品、场馆内资产和声誉等造成极大的危害。对展馆的危机管理主要包括危机前预警和防范、危机初发的应急反应、危机中的处理办法和注意事项、危机后期的警觉和善后处理、危机后的恢复和反思等几个主要的步骤。

(3)客户管理

会展场馆的客户主要包括会展主办方、会展承办方和参展商。对场馆客户的管理主要是指充分运用客户管理的理论和思想,以客户为中心,尽全力满足所有客户的需求,追求客户满意,建立并维系良好的客户关系,创造客户忠诚。现在的会展场馆客户管理都有专门的客户服务中心,并建立客户信息管理系统,通过这些途径来充分了解客户和获取客户需求信息,尽可能地发现客户的潜在和现实需求,从而为客户提供全方位的人性化的服务。

(4)员工管理

会展场馆的所有服务工作都是通过员工来完成和实现的,因此,员工的素质和能力直接体现了场馆管理的运营和管理水平。会展场馆的员工既包括高层的战略管理人才,也包括一线的设备设施维修、安全保卫和清洁卫生打扫等工作人员。员工管理主要包括员工的招聘录用、培训、考核、激励和晋升管理等多方面。员工管理是场馆经营管理成功的关键要素之一,一个好的会展场馆绝不能忽视对员工的管理。

4.2 国内外会展场馆发展概况

4.2.1 国外会展场馆发展概况

在国外尤其是在德国、意大利、法国等会展业发达国家,会展场馆的空间发展模式表现为集聚的特点,其最大优势是容易实现规模效应。其中,"集聚"的内涵主要指由大规模带来的非同一般的影响力和品牌效果。事实上,国外会展场馆的发展是聚中有散的,只不过这里的"散"不是松散,而是一种合理布局。

1)总体上重点集中、合理分散

会展发达国家凭借自己在资金、技术、交通及服务等方面的优势,建造大规模的现代化场馆,举办高水平的展览会,在国际会展市场竞争中占据着主导地位。从总体布局上来看,会展业发达国家或地区的场馆建设具有"重点集中、合理分散"的特点。

所谓重点集中,包括两层含义:一是指会展场馆主要集中在几个大城市,以便集中力量培育国际会展名城;二是指各会展城市的场馆建设规模较大,便于统一规划、集中布展。例如,德国是名副其实的展览大国,在世界50强展馆中占有11席,面积达239.68万平方米。顶级展馆拥有量第一,共计4家,展览面积146.5万平方米,占比46.9%,展馆平均面积高达36.63万平方米,呈现数量多、面积大、实力强的特征。全国的展览场地主要分布在汉诺威、科隆、慕尼黑、法兰克福及杜塞尔多夫等城市,而且周边各项基础设施完善,正因为如此,世界上许多国际性的品牌展览会都落户德国。

所谓合理分散,即指几乎每个会展业发达国家都制定了科学的会展业发展规划,表现在场馆上便是突出重点、分级开发,以确保本国会展业具有持续发展的潜力。例如,目前意大利的大型国际展览会主要在米兰、博洛尼亚、巴里和维罗纳4个城市举办,这些城市都是著名的旅游城市,但相隔一定的距离且各自的品牌展览也不一样,因而在开展会展活动上各具特色;同时,为促进意大利经济的进一步发展,也形成了一些地区性会展中心。

2)单个场馆规模优先、以人为本

相对会展业总体布局的聚中有散而言,国外会展场馆更加讲究规模,大部分场馆的展览面积都在10万平方米以上;在建筑设计和设施安排上则强调以人为本,即尽量为参展商和观展人员提供方便。如2000年5月在德国汉诺威举办的印刷机械展Drupa是全球最具影响的展览会之一。整个展览会分18个馆展出,展览总面积达15.8万平方米,有来自42个国家的1 800多家厂商参展,来自德国及世界各地的约40万观众观展。场馆的各项设施和服务均以人为本,旨在为参展商和观众提供全方位的配套服务。观众一进展馆便能得到一份用多种文字编写的参观指南,各展馆的展览内容、观众出口、公共交通及停车场一目了然;展场中间的露天场地设有饮食和休闲中心,除提供快餐外还有各式风味餐厅;不同展馆之间有遮雨通道相连,在有些地方参观者还能乘坐电动通道直接进入不同展区。

3）场馆建设持续优化，不断扩张

随着会展业的快速发展，大多原有的场馆已经不能满足要求，必须对原有场馆进行改建和扩建。以可持续发展原则来指导会展中心的规划建设、改建扩建，是欧美国家新老会展中心普遍遵从的理念。规划时重视扩建方式、后续工程或改建工程，且不影响建成部分的使用。如法兰克福、科隆和柏林会展中心就采用这种模式。它们逐步拆除老的、不适用的建筑而以新的大跨度、大规模、高效率的建筑取代，在不断的建设过程中，应用新的技术，适应新需求，完善新功能。如科隆会展中心就在原地将围院式建筑逐步改造为大跨度的展厅，并以连廊将各个展馆相连通。再如法兰克福会展中心，它拥有从 1909 年一直到 2001 年建设的包括穹顶式多功能会堂、超高层办公楼、大跨度的新型展厅等各类型的建筑。其形态清楚地刻画出多次改扩建的时间痕迹。这样的扩建投资规模比较小，实施灵活，多以加建单独的大型展馆、连接通廊或主要的入口大厅等内容为主。

4.2.2 我国会展场馆发展概况

1）全国场馆总面积持续增加

截至 2012 年 12 月 31 日，中国会展场馆室内展览面积达到 852.48 万平方米，室外展览面积达到 491.14 万平方米，总展览面积达到 1 343.62 万平方米，总建筑面积达到 3 257.57 万平方米，同比分别增加 137.34 万平方米、88.38 万平方米、232.73 万平方米、251.35 万平方米；数量方面，2012 年中国会展场馆总量达到 286 个，比上年增加 17 个，其中新建会展场馆 14 个。总体来看，室内展览面积 1 ~ 3 万平方米的场馆有 124 个，数量最多。在新建会展场馆里面，有 3 个是超大规模的会展场馆，其室内展览面积均超过 10 万平方米，分别是上海跨国采购中心五角世贸商城、重庆国际博览中心和武汉国际博览中心，这些分布在不同地域的巨型会展场馆极大地促进了所在地域的会展经济的发展，为地方会展经济的腾飞提供了很好的硬件基础。

表 4-1　2012 年全国各省市区会展场馆情况①　　单位：平方米

场馆数目前十位		室内展览面积前十位		总展览面积前十位	
省市名称	个　数	省市名称	面　积	省市名称	面　积
广东	39	广东	1 421 533	广东	2 583 325
山东	30	山东	862 741	山东	1 404 741
浙江	27	浙江	793 163	江苏	996 618
江苏	24	上海	692 465	浙江	958 613
北京	18	江苏	631 167	上海	857 465
上海	14	北京	454 626	北京	711 126
福建	12	福建	340 586	河北	615 966

① 郑兆磊. 2012 年中国会展场馆综合分析[M]//过聚荣. 中国会展经济发展报告(2013). 北京：社会科学文献出版社，2013.

续表

场馆数目前十位		室内展览面积前十位		总展览面积前十位	
省市名称	个　数	省市名称	面　积	省市名称	面　积
河北	11	河北	335 966	福建	579 586
河南	9	重庆	278 500	重庆	549 000
广西	8	湖北	248 400	湖北	442 400

表 4-2　2012 年中国新建会展场馆明细①　单位：平方米

城市	场馆名称	建筑面积	室内展览面积	室外展览面积	总展览面积
江苏	镇江体育会展中心	53 900	6 000	—	6 000
浙江	宁波宁海国际会展中心	73 600	13 494	—	13 494
山东	胶州市会展中心	38 900	—	—	—
山东	鲁台会展中心	120 000	—	—	—
山东	泰山国际会展中心	75 000	16 000	—	16 000
山东	济宁邹城国际会展中心	54 000	6 000	—	6 000
安徽	马鞍山市体育会展中心	70 000	7 000	—	7 000
湖南	郴州国际会展中心	58 100	6 000	—	6 000
湖北	武汉国际博览中心	470 000	150 000	40 000	190 000
新疆	克拉玛依会展中心	30 200	11 000	12 700	23 700
河北	张家口市文化艺术会展中心	188 400	—	—	—
重庆	重庆国际博览中心(悦来会展城)	429 700	200 000	190 000	390 000
上海	上海跨国采购中心五角世贸商城	480 000	200 000	20 000	220 000
四川	新世纪环球中心	12 000	—	12 000	12 000

2）单个场馆规模不断增大

中国目前已经认识到会展场馆在规模上与国外的差距，因此，近来新建的会展场馆面积不断扩大。以室内展览面积为指标对全国 286 个满足要求的会展场馆进行排名，发现前十名的会展场馆总展览面积达到 260. 28 万平方米，占全国总展览面积 19. 27%；前十名的会展场馆的室内展览面积总计 167. 48 万平方米，占全国总量的 19. 48% 。这些会展场馆有 4 个分布在华东，3 个分布在中南；2 个分布在西南，另外一个处于华北的天津梅江，具体见表 4-3。

① 郑兆磊. 2012 年中国会展场馆综合分析[M]//过聚荣. 中国会展经济发展报告(2013). 北京：社会科学文献出版社，2013.

表 4-3　中国排名前十的会展场馆①　单位：平方米

地区	城市	场馆名称	建筑面积	室内展览面积	室外展览面积	总展览面积
中南	广东	中国进出口商品交易会琶洲展馆	11 100 000	338 000	43 600	381 600
华东	上海	上海新国际博览中心	—	200 000	100 000	300 000
华东	上海	上海跨国采购中心五角世贸商城	480 000	200 000	20 000	220 000
西南	重庆	重庆国际博览中心	429 700	200 000	190 000	390 000
中南	湖北	武汉国际博览中心	470 000	150 000	40 000	190 000
华北	天津	天津梅江国际会展中心	280 000	126 800	39 000	165 800
华东	山东	青岛国际博览中心	220 000	120 000	60 000	180 000
中南	广东	中国进出口商品交易会流花路展馆	170 000	120 000	10 000	130 000
华东	江苏	南京国际博览中心	168 000	110 000	30 000	140 000
西南	四川	成都世纪城新国际会展中心	120 000	110 000	20 000	130 000

此外，从表 4-2 中我们也可以看到，2012 年全国会展场馆建设数目不多，但是大型和超大型会展场馆建设引人注目。

3）区域会议展览带已经形成

我国区域会议展览空间已经初步成长起来，由于会展经济对城市具有强烈的依附性，因此，会展带与城市带在空间上具有一致性。目前我国会展业已形成了“长三角、珠三角、环渤海、东北、中西部”等 5 个会展经济产业带。

（1）长三角展览带——以上海为中心

长三角展览带城市纷纷将会展定位为经济增长的重要支柱产业，各种展览场馆也不断兴建，并引领着全国的会展场馆建设。上海市作为长江三角洲的龙头城市和亚洲会展之都，已形成了较大规模的会展经济，目前上海跨国采购中心五角世贸商城、中国博览会会展综合体、大虹桥会展中心项目均已启动，其中上海大虹桥国家会展中心建成后将是目前世界上规模最大、水平最高的国际会展中心，该展馆面积约 50 万平方米，建筑面积约 120 万平方米，其展览规模和体量上大约相当于 3 个上海新国际博览中心。未来几年，随着这批巨型会展场馆的建成，上海市的会展经济竞争力必将进一步增强，对长三角会展经济带乃至世界会展经济格局产生一定的影响。此外，宁波、杭州、苏州等长三角城市都在积极推动会展场馆的建设，使长江三角洲展览带成为全国场馆市场最为活跃的区域之一。

（2）珠三角展览带——以广州为中心

珠三角则是我国会展经济发展历史最为悠久的区域，如久负盛名的广交会，新兴的深圳高交会等都是该区域著名的品牌会展。加上该区域工业经济较为发达，更为会展经济的发展和会展场馆的建设提供了有力支撑。

① 郑兆磊. 2012 年中国会展场馆综合分析[M]//过聚荣. 中国会展经济发展报告（2013）. 北京：社会科学文献出版社，2013.

截至2010年,广州拥有37个专业会展场馆,室内总展览面积约为126.52万平方米,占我国室内总展馆面积的19%,室外总展馆面积达78.5万平方米。在这些展馆中,10万平方米以上的展馆数有4个,名列全国前茅,尤其是中国进出口商品交易会琶洲展馆,室内展览面积为33.8万平方米,是亚洲最大的现代化展览中心,拥有8个面积406平方米可容纳184人的圆桌式会议室,1个1 174平方米可容纳675人的课堂式会议室,3个面积250平方米可容纳83人的课堂式会议室等①。

截至2012年,我国华东地区共计117个会展场馆,分别占全国总展览面积的39.09%和全国室内展览面积的41.34%,这一增长必然进一步带动珠三角会展业的发展。

(3)环渤海展览带——以北京为中心

以北京、天津、大连等为代表的环渤海城市带因为具有政治、经济和文化意义,也成为雄踞东亚地区的会展城市带。据不完全统计,截至2012年年底,北京市拥有18个会展场馆,且规模分布相对均匀,会展场馆的总展览面积达到71.11万平方米,室内展览面积达到45.46万平方米,北京决定自2013年起开始进行中国国际展览中心新馆二期的建设,该项目二期规划总占地面积1 182亩,规划建设面积约24万平方米,拟投资30亿元,主要建设8个室内展馆及15万平方米室外展场;大连依据有力的地理位置,迅速成为东北地区与外界交流的平台,其会展业对整个东北地区都有很强的辐射作用,大连服装博览会2002年得到国际联盟资质认证成为我国内地第一个获此认证的服装类展会。此外,在建会展场馆方面,天津国家会展中心于2012年5月开始动工;截至2012年年底,山东共计拥有30个会展场馆,室内展览面积也高达86.27万平方米,位居全国第二。

4)会展场馆集聚与分散并存

无论是会展中心城市在特定区域内的空间布局,还是会展中心城市内的会展场馆的空间布局上,都同时存在集聚与分散并存的局面。会展场馆的集聚有利于单体会展企业降低基础设施和市场营销成本,形成规模效应,而分散则利于树立新的形象。在会展中心的宏观区位上,环渤海带、长江三角洲与珠江三角洲形成了3个会展中心城市集聚带,在会展中心城市内,有的城市也形成了集聚带。以广州为例,如广州的中国商品交易会火车站附近与新建的广州锦汉国际展览中心形成了相对集中的展览区。另外,在广州会展中心的分散趋势也很明显,如由于广州会展业规模的扩大,在琶洲岛规划建设并于2003年秋季投入使用的新会展中心,形成了一个新的城市副中心。

4.2.3 我国会展场馆建设的结构调整

1)布局结构调整

如前所述,我国会展场馆主要集中于三大地带,即珠三角、长三角以及环渤海地区。这些区域会展经济在我国会展产业发展中形成了一个产业高地。然而从全国的发展来看,我国会展场馆的布局还不够平衡,我国西部地区在会展场馆的建设上还较为滞后。同时,我国西部地

① 郑兆磊.2010年中国会展场馆综述[M]//过聚荣.中国会展经济发展报告(2011).北京:社会科学文献出版社,2011:29.

区却拥有众多的资源,未来具有极大的发展前景,因此,我国政府应在有条件的大城市,鼓励采取多种途径筹资兴建大型的会展场馆,以此进一步推动我国西部地区会展产业的发展。

2)规模结构调整

我国会展场馆在规模上总体较小,无法与国外大型会展企业相比。但是,我们也应该看到,会展场馆的建设不能一哄而上,全部建造成为超大型的场馆。这样不实际也是不符合市场经济运行规律的。笔者认为,会展场馆在设施上力求现代化、创新化是正确的,但是在会展场馆的规模上则应该采取等级递进的策略。即各种规模的场馆应该有序存在,这样可以实现较为理想的经营分工,有利于避免场馆之间恶性竞争的情况出现。

3)资本结构调整

由于会展场馆建设需要大量的资金,因此,我国会展场馆在建设时大多数是由政府出资或政府与大型企业集团联合出资兴建,资本来源较为单一。为了能够更好地促进我国会展场馆的发展,提升会展场馆的硬件和管理水平,应实现投资主体的多元化。如可以通过组建中外合资的会展企业,对会展场馆进行建设投资;也可以由著名外国会展企业单独投资。我国也应鼓励民营企业进入会展业,推进该产业的不断进步。民营企业经营较为灵活,管理较为创新,因此,民营企业进入会展场馆领域,必将在为投资主体多元化作出贡献时,也有利于我国会展场馆管理机制的多元化发展。

4.3 会展场馆的设计

4.3.1 设计原则

高水平的会展场馆设计应当是融汇了建筑学、装饰学、美学、心理学、结构学等各门学科的设计。在具体的设计过程中,还应当遵循一定的原则。“绿色、人文、科技”这是我国奥委会做出的承诺,这一理念也可以借鉴到我国会展场馆的设计中来。

1)遵循合理化原则,做好会展场馆的布局规划

对会展进行评估和资质认可最具权威性的组织——国际展览业协会(UFI)曾发表报告,一个城市或地区如果基础设施相对完备、人均收入在世界中等以上、服务业在GDP中的比重超过制造业且过半、外贸总额占GDP的比重接近或超过10%、行业协会的力量相对较强,那么会展经济就会在该城市或该地区得以强势增长,并发挥相关的积极作用。因而,我国在进行场馆规划时,必须考虑该地区的宏观经济发展状况,因地制宜、有步骤地合理建设。

此外,合理化原则也可以体现交通的便捷性和人文环境的优化上。如广交会旧址展馆由于不能满足交易会逐年扩大的实际需要,便将新会展中心选址于珠水环绕的琶洲岛,上接科学城和五山大学城、下接广州大学城及莲花山旅游休闲中心,除有江海大道、华南快速干线等5条南北向主干道和新港东路及环岛北路东西向道路外,未来地铁二号和四号也将在这里交汇。为配合总体规划的需要,黄洲大桥未建先移,向西移至琶洲岛西侧。规划中华南快速干线和东

环高速公路从西到东将琶洲岛分为A,B,C 3个区。广州会展中心就是心脏地带B区的核心,其周围将发展起与会展相关联的配套设施如酒店、写字楼、银行、商业服务、博物馆等;A区是西区,以居住、康乐为主导功能;东区C区是以高科技产业研发、旅游度假和高品质居住为主导功能的综合区,营造了一个宽松的人文环境和便利的交通环境。

2)遵循专业化原则,推动会展场馆设计与国际标准接轨

在国外,会展场馆一般都纳入城市规划之中,具有专业化水准,无论在外观的构思还是内部设计上都有许多值得我国学习与借鉴的方面。比如,会展场馆的选址一般在城市中心区,注重交通的便捷性;展厅一般只有一个层面,以利于参展商布展和观众观展;展厅没有柱子,使展厅可以任意分割,没有视野局限;展厅的高度考虑参展商制作高展示物和眉板设计的需求;配备设置货物卸区、停车场、厕所;展览设施全部实现智能化,配置优良的观众导看系统;设有专门为参展商和观众休息的绿地等。我国在今后会展场馆的设计与改造时,要吸收国外会展场馆建筑设计的先进理念,注重国外会展场馆在具体细节处理上的标准与做法。而且,我国一些具有实力的城市可以邀请国外的建筑设计师竞投方案。这样,若干年后我国的会展场馆面貌会有所改观,逐步走向与国际化接轨的道路。像近年来,上海会展业迅速崛起,德国汉诺威展览公司、杜塞尔多夫展览公司、慕尼黑展览公司联合投资兴建与经营的上海新国际博览中心,堪称艺术与科技的完美结晶。德国三大展览公司联手合作参与上海会展场馆的建设,不仅带来了新的理念与模式,而且培育了中国会展场馆品牌,有助于中国会展场馆的建设向世界一流水平迈进。

3)遵循文化性原则,体现会展场馆设计的特色化

一个优秀的会展场馆的设计,一般具有立意高、创意新、设计奇、风格独特等特点,能够对观众形成巨大的视觉冲击和心灵震撼,这种创意特色需要设计者在建筑设计具备深厚的文化感悟力。里斯本世博会上,路边上造型独特的路灯、会场边河流上竖琴式的单臂斜拉索桥梁,无不展现出设计者那让人叹为观止的创造力、想象力和良苦用心。设计者甚至根据“海洋——未来的财富”的主题,在通往大西洋海口的沿岸地带,把所有建筑都设计成船、帆、浪花、水滴等形状,体现出了人与自然的和谐。

新加坡深受汉文化影响,风水学盛行,其国际会议与展览中心(新达城)的建筑群是典型风水学的体现。4座45层和一座18层的大楼环立,象征人的五指,中间一座世界上最大的喷泉,寓意财源滚滚之意。所有建筑物的雨水都汇集起来用作灌溉花草和洗车之用,既环保又有象征“肥水不流外人田”之意。建筑整体设计充满了文化气息,显得十分有特色和新意。

近年来,全国各地把会展场馆作为城市形象来抓,如西安国际展览中心,展馆主体外观造型似鲲鹏展翅,隐喻西安城市建设的腾飞。又如重庆技术展览中心,其圆形馆外风格别致,展厅为大尺度半圆形、各层共享大空间的建筑,室外结合自然地形成了沿公路层层叠落的台阶式绿色广场,使整个建筑视野广阔、环境宜人。由此可以看出,文化氛围的营造有助于体现会展场馆设计的特色和创意性,提高会展场馆的档次。

4)遵循科技化原则,设计中融合高新技术

现代化的会展场馆需要现代化配套设施设备,以满足各种类型的展览活动,并为其提供全

面、安全、高质量的服务。一般说来，会展场馆设计中应包括中央空调、自动消防控制系统、保安监控系统、广播音响系统、地面综合布线、电脑宽带网线等基本服务设计。并且，还可以将一些新技术新设置纳入会展场馆设计，如楼宇自动化管理系统、新型材料的运用、VOD 国际会议功能、计算机宽带网技术和无线上网操作等。针对一些国际会展场馆的特殊需求，还可以将数字会议网络(Digital Conference Network，DCN)、红外语言分配会议同声传译系统、组合式大屏幕投影电视墙等先进设备运用于场馆设计中，为会展提供优质高效的服务。

5)遵循生态化原则，设计与环保节能相结合

可持续发展是21 世纪的主题之一。会展业要获得经济效益、社会效益和生态效益的统一，必须注重会展场馆的生态化设计。目前，“绿色会展场馆”的概念在国内外已经相当时兴，即会展场馆的选址、建筑材料选择到内部装饰布局都力求突出生态化的特色；在布展用品的选用上做到易回收的材料优先；十分注重节能降耗和三废处理，如使用可以节能的变声增压换热装置及节能节耗的空调制冷液等。在一些场馆布展项目设计中，生态化理念也深入人心，如汉诺威世博会芬兰展馆移栽一片故乡的桦树林，使用高科技手段再现了大自然怀抱中特有的宁静和恬静，刻画出了生机盎然的生态环境。

4.3.2 设计要求

会展场馆在建设时应遵循一定的标准，特别是对于不同类型的场馆其所参考的技术标准也有一定的差异性。如会议中心和展览中心在设计和建设时所考虑的内容是不同的。这里主要对展览中心设计时的要求作一简要介绍：

展览中心的设计主要分为两块，即外部设计和内部设计。外部设计主要涉及展览场馆的区位选址以及外部连通性。考虑的要素主要有场馆选址、交通组织、货物运输等。内部设计则涉及场馆的内部空间结构和功能分区等问题。

1)外部设计

(1)区位选址

从国内外主要会展国家的场馆建设来看，会展场馆选址有以下几种模式：

①处于城市中心。这类会展中心以法兰克福、科隆和斯图加特会展中心为代表。它们多拥有较长的建馆历史，所处位置基本就在城市中心的附近不超过 3 千米的距离。其周边已处于建成状态，可供会展中心扩展用地近乎没有了。其中地处欧洲交通枢纽和金融中心的法兰克福会展中心更具典型性。有建于 1909 年的世界最大的弯隆式建筑，有建于 1989 年达 265.5 米的当时欧洲最高建筑，已成为城市地标的博览会大厦。从会展中心步行仅 10 分钟可达市中心的火车站。建于 1924 年的科隆会展中心则与著名的科隆大教堂隔河相望，与繁华的市中心距离很近。

②处于城市近郊。这类会展中心以杜塞尔多夫、柏林会展中心为代表。它们的历史相对较短，多建于 20 世纪 70 年代前后，一般处于城区边缘，距市中心 5 千米左右。既有便利的公共交通系统，又有相对宽敞的扩展用地。通过几十年的运营，这些会展中心也在不断扩建改建。目前它们的扩建能力也近乎到达极限。以杜塞尔多夫会展中心为例，它的展览面积

已经从最初1971年的11.3万平方米扩充到2000年的23.4万平方米，现有场地已经接近饱和。

③处于城市远郊。这类会展中心以慕尼黑、莱比锡会展中心为代表。它们均为近年来迁新址建成的，处于城市的远郊，距市中心10千米左右，靠近高速公路或快速道路。这类会展中心多是因原有市中心老馆发展受限制而异地重建的，它们的选址往往是改造利用一些衰落的产业用地。比如慕尼黑会展中心利用了旧的机场，而莱比锡会展中心则利用了废弃的工业垃圾堆场。选择远郊一方面能为场馆发展储备充足的建设用地，而同时也带动了城市新区的发展。

④相对独立的会展城。德国汉诺威是最典型的会展城，作为世界上最大的会展中心，它拥有近47万平方米的展览面积，俨然是个小城市的规模。它距市中心虽然仅6千米，但却自成一体，相对独立。凭借2000年世界博览会的契机，汉诺威会展中心改造扩建了部分场馆，进一步加强了其会展城市的功能。

(2)外部交通组织

由于会展中心规模庞大，展览活动具有短期性的特点，因此展览期间人流、物流量相对集中。配备高效率、大容量的交通是大型会展中心必需的条件。因此，会展中心的外部设计应十分注意其外部交通的组织。通常考虑的外部交通条件包括以下几种类型：

①公路交通条件。公路运输仍是目前主要的运输方式之一。高速公路和高等级公路是到达会展城市或会展中心的重要途径之一，同时也是重要的物流运输线。因此，多数大型会展中心都建在城市的边缘或是郊区，靠近连接城市间的高速公路入口。不少会展中心甚至就坐落在高速公路边，如柏林、莱比锡和慕尼黑会展中心。即便在市区范围内的会展中心也距离高速公路的入口不远，一般不会超过2~3千米。只有少数相对比较老的会展中心身陷于城市中心，距离高速公路入口比较远，制约了其自身的发展。

②轨道交通及城市公交条件。在拥有发达的轨道运输网络的城市，其客运方式由以下部分组成：城际特快、城际列车和地区间列车。城际列车的时速一般可达200千米，因此乘坐火车是城市之间到达目的地的选择方式之一。如大部分的德国城市以火车站周边为城市的中心，从火车站往往有便利的公交车或城市轨道交通系统可以通达会展中心。如杜塞尔多夫会展中心主入口前有两条地铁线均直达市火车站；有一路公共汽车也可直达市中心。上海新国际博览中心就建设在位于城市轨道交通二号线的龙阳路站附近。柏林会展中心不仅在周边布置了城市铁路、地铁和公交巴士系统，甚至将专门的城市铁路修进了场地的中间，在展会期间开设专列。

③与航空港的联系。德国地处欧洲的中心，由于地理及经济的因素形成几个重要的国际空港城市，如法兰克福、杜塞尔多夫等。因此，德国在会展场馆设计时，常利用航空运输的有利条件，实现参展商和参展物快捷的长途运输。德国的主要会展城市一般都拥有自己的机场。乘坐飞机是外国，特别欧洲以外的参展商和参观者的主要方式。因此，会展中心与机场的高效连接是展会活动的重要保障，也是其是否具备国际性的硬件基础。多数会展中心与机场的距离在15~20千米，其间有高速公路、城市快速路、城市铁路等相连接，15~20分钟即可到达。

少数会展中心则依托机场选址，如杜塞尔多夫会展中心距机场只有3千米，可以利用周边机场的配套设施，更好地解决了旅行的效率问题。也有的会展中心距离机场比较远，这样的会展中心需要有高效的快速车行道辅助实现快捷的运输。如慕尼黑新会展中心距机场34千米，但高效率的城市外环路可以保证在20分钟左右到达。会展中心都会加设来往于机场和会展中心之间的专用巴士来解决大量人流的集散。

④与航运码头的联系。虽然河流运输并不是主要交通方式,但河流航运仍是一些会展中心货流运输的选择途径之一。因此,许多会展城市坐落于河流近旁,有一些会展中心就沿河岸建设,如科隆、杜塞尔多夫会展中心均建在莱茵河畔。因此,在有条件的城市会展中心建设应考虑到与码头之间的交通组织。

2)内部功能设计

会展场馆内部功能设计应遵循两大原则,即要具备完善的功能和优化的环境服务。

(1)完善的功能设计

会展场馆目前已经不再仅仅是为会展活动提供空间的场所,会展场馆已经逐步成为城市中重要的景观建筑和经济活动空间。如国外的会展场馆还同时提供购物、休闲、娱乐等服务。因此,在设计会展场馆时:一方面应尽力完善会展服务型设施,如餐饮、购物、娱乐、商务;另一方面还应努力扩展其他类型的功能空间,力争实现会展场馆的一馆多用。

德国的会展中心一般都提供有必要的信息咨询站点和方便简易的餐饮休闲服务设施,大规模的会展中心还设有新闻中心、展览服务机构等。但酒店设施一般靠城市功能来解决,仅有少数的会展中心会有自己的酒店。如杜塞尔多夫市周边有7.5万张酒店床位,在大型展会期间预订酒店非常困难,因此会展中心就计划建设自己的四星级酒店。

(2)优越的环境服务

会展场馆内部环境同样具有十分重要的意义,环境的营造体现了会展场馆的精神和理念,是会展场馆理念形象的表征。一般而言,会展中心往往给人尺度大、人工化、缺乏生气的印象,而不少国外会展中心非常重视景观环境的人性化设计:包括庭院、屋顶和垂直绿化,从城市到展馆内外无处不在的标识、标志设计以及尽可能提供休闲的场所等。

在环境的特色化设计方面,比如绿化和环境处理,国外也领先一步。如慕尼黑和莱比锡在场馆规划中均非常注意景观绿地的设计。它们共同的特点是在会展中心各展厅之间或主要的轴线上设置绿化休闲场地,供参展、参观者使用,并可开展多种室外展示活动。在场馆外围,特别是主要入口的周边进行大规模的景观设计。这两个场馆中还有大片的人工湖,这对营造良好的环境氛围,改善小气候及消防储备都很有好处。

(3)一流的会展设施

会展场馆内部结构设计中对于会展空间的设计关系到会展活动的质量。因此,优秀的会展场馆都会在无柱大厅、展览面积、地面承压、展厅高度、展品运输、信息服务等方面加以特别关注。

4.4 会展场馆的运营管理模式

会展运作模式,指政府及相关管理机构、行业组织和相关企业通过法律和有关政策建立起来的行政管理和合作制度,它包括对基本运作模式和经济背景的界定,也包括管理权力在相关政府之间的分配和协调制度,还包括不同行业和企业之间相互关系的约定和定义[①]。这里我们介绍几种主要的会展场馆运营管理模式。

4.4.1 民营资本投资的企业自主管理模式

企业自主管理模式即由民营资本出资建设场馆并由其进行经营管理,政府和行业协会都只是较少地介入,会展场馆建成后成为会展企业的资源,由该企业对场馆设施统一管理。

企业自主管理模式是在高度的市场化背景下企业实力不断增加、运营能力不断提高的反映,该模式有一些显著的优点:其一,它给予了企业更多的自主权,企业的经营运作会更加灵活,这非常有利于构建一个相对完整的会展市场运作体系,而且企业自负盈亏,它们会更加有效率地进行资源整合,这也将带动整个社会资源的高效合理配置,对建设资源节约型社会也有一定的推动作用;其二,企业自主经营管理将加大我国会展行业的市场竞争力度,促进会展企业品牌的建立,推动我国会展企业向国际高水平会展公司看齐,提高我国会展业整体的持续健康发展。

上海新国际博览中心(SNIEC)就是第一家中外合资合营的展览中心,它由上海陆家嘴展览发展有限公司与德国展览集团国际有限公司(成员包括德国汉诺威展览公司/德国杜塞尔多夫博览会有限公司/德国慕尼黑国际展览中心有限公司)联合投资建造,SNIEC 自 2001 年 11 月开业以来,运营取得了巨大的成功,平均每年举办 100 余场知名展览会,吸引约 400 余万名海内外客商。近年来,SNIEC 不断致力于发展与客户的战略合作伙伴关系,目前已经与许多国内外展览巨头签订了长期合作协议,SNIEC 品牌已赢得业界认同,可以说,SNIEC 的成就是 12 年来中德两国创造性合作的典范,并在高度竞争的市场环境中展示了其强大的竞争力和丰富的经验。

企业自主管理模式对会展企业的运作能力和服务水平要求很高,而且当宏观经济遭遇大衰退或大的金融危机时就会导致企业的市场运行面临很大困境。因此,企业自主运作模式在一定程度上也仍然需要得到政府部门的有效引导与行业协会的支持,并接受政府部门的监督。

4.4.2 政府直接投资主导的管理模式

政府直接注资场馆是国内外最为主要的场馆建设形式之一,由于会展场馆建设投资大,周期长,私人资本一般不愿意承担如此大的投资风险,所以世界上大多数一流的展览中心都是由政府投资兴建,展览中心和会展场馆主要为政府所有,会展场馆作为城市的公共设施或形象建筑而存在,并为城市的经济发展服务。

政府直接投资主导的管理模式有两种主要的形式:其一就是公益型展馆,这类场馆不以营利为目的,它由政府直接投资并设立专门的机构直接管理,该类场馆具有政府直接支持的背景,国家的控制力度高,因此能够更有效地整合会展整体的资源,充分发挥场馆的社会效益,全体市民都能享受场馆所带来的公共服务。其二就是政府直接投资建设场馆但委托专业的会展管理机构进行场馆的经营管理,政府仍然拥有场馆的所有权,但会将经营权和管理权通过招标、谈判、协商等方式完全下放给专业的会展场馆经营公司,在委托或授权过程中,双方会订立

---

① 张敏.会展管理[M].上海:上海人民出版社,2011:53.

相关的授权或委托协议书,明确各自的权力义务和责任。一般而言,场馆经营公司负责经营,可以充分对资源进行调配,目的是实现场馆经营效益的最大化;政府作为展馆的所有者,主要是通过对展馆的委托经营来实现国有资产的持续保值增值。

世界上最大的展览场馆——德国的汉诺威展览中心就是由政府投资兴建的,该展览中整个占地100万平方米,共27个展馆,室内展览面积达到49.8万平方米。政府不仅直接投资了场馆的建设,还投资改善了场馆周边的停车设施,建成了发达的公路和轨道交通网,从而使该展览中心成为国际市场交流的著名展馆。

我国的广交会场馆也是由政府投入巨额的财政资金建设营造的,并由政府直接参与展馆的运营管理。广交会至今仍是中国规模最大、层次最高、商品种类最全、参展人数最多且成交效果最好的综合型国际贸易展会①。

政府直接投资并主导的管理模式虽然有政府的强力支持,展览场馆规模庞大、设施齐全,在硬件条件方面有非常强的优势。但是,过度的政府依赖也容易导致会展管理对市场信息的捕捉滞后,对参展商和专业观众的需求认识不透彻,同时,由于政府管理的介入,容易造成会展场馆所有权与经营权模糊不分的现象,使会展场馆的经营效益受到一定的影响。

4.4.3 多方投资的股份制经营管理模式

多方投资主要是指政府和私人共同投资进行展馆的建设,并采取股份制方式进行场馆的经营管理。这种场馆建设和管理模式一般是由政府先牵头立项,投入一部分资金,然后再引入其他的民营资本投资共同建设,也就是说场馆建设的大量资本并不全由政府完全承担,只是承担一部分,此外,政府还会在政策上给予适当的支持。场馆建成后归所有的出资人共同所有,并根据各自的出资额获得相应的回报。

这种投资模式下,政府会牵头成立会展企业集团,并采取股份制经营方式,这种经营模式不仅可以分摊场馆投资的风险,并且可以充分利用管理、人才和政策等多方面的优势,多个股东共同经营管理,也使管理机制更加灵活。

德国大部分会展中心基本是由各级政府牵头出资建设,并成立了专门的有限责任股份公司加以运营管理,其专业化和国际化水平都是世界领先的。这样的建设经营模式和组织结构:一方面是使会展中心可以获得政府从土地、交通乃至政策方面的大力支持,使其具有城市基础性公共设施的特征,树立城市形象;另一方面也可以保证高效、灵活的商业运营管理,带动城市和地区经济。

多方投资的股份制经营模式也存在一些弊端,由于是政府与民营资本共同投资,因此容易产生产权关系难以明晰、合同管理繁杂的缺点。此外,股东多头经营也容易带来利益分配不均、意见分歧难以统一等多方面的问题。

综合上述几种主要的会展场馆经营管理模式,我们可以看到,每一种模式都各有自己的优缺利弊。因此,展馆经营者必须在立足展馆效益最大化的基础上,充分考虑到组展机构、参展商以及专业公众等各方的利益,同时还要能站在战略层面考虑展会对地区乃至全国范围内的辐射和影响。

---

① 许传宏.会展服务管理[M].北京:北京大学出版社,2010:238.

案例分析:上海会展业期待从“大”变“强”

近日,随着9—12期扩建工程N1,N2,N3,N4展馆的相继建造完成,上海会展业的“地标”——上海新国际博览中心全面落成。从1999年11月4日正式启动建设以来,上海新国际博览中心已经走过了13个年头,而上海会展业也经历了“起步—发展—腾飞”三部曲,且在推动上海经济结构调整上的重要作用越发显现。未来,会展业将如何改善自身的“短板”,成为上海经济新的增长点,引起业界广泛关注。

沪会展业将迎“双引擎”

20世纪90年代,上海经济进入了一个高速增长时期,上海会展业也依托本地经济飞速发展而迅速崛起。统计显示,20世纪80年代,上海每年只举办一二十个展览项目,作为主办和经营会展的专业公司也只有寥寥数家。到了20世纪90年代,这种情况发生了显著改变,随着上海城市的国际化程度越来越高,跨国企业集团大量进驻,本地的会展数量每年以20%的速度递增,开始创造巨大的经济效益和社会效益。上海新国际博览中心就在这个时候悄然进入市场。

据了解,上海新国际博览中心于1999年正式启动建设后,其展览业务年均持续增长。截至2011年年末,全年共举办约94个展会,展览合同销售面积达480万平方米。

“自2001年11月2日SNIEC一期工程建成开业至今,每年约举办80场知名展览会,吸引约400余万名海内外商人,已成为世界最成功的展览中心之一。SNIEC也被视为中国展业与国际展览界进行交流的一个重要窗口。”上海新国际博览中心有限公司总经理董汉友介绍,全面落成的新国际博览中心拥有17个风格相似的单层无柱式展厅,室内展览面积达20万平方米,室外达10万平方米。随着展馆的全面落成,预计2012年展览销售面积将进一步增长。SNIEC作为中德两国经济、贸易、文化等方面合作最为成功的领域之一,它的落成也将进一步推动上海建设成为世界一流的国际会展中心。

上海会展业的“异军突起”,不仅提高了中国在全球展览市场上的比重,也让正在转型中的上海经济有了先发优势。业内人士表示,一批在过去曾经拉动上海经济快速发展的增长点,现正趋于成熟或衰退,其带动作用明显减弱甚至丧失。会展业则具有很高的经济效益和社会效益,据有关部门测算,其拉动系数高达1∶9,同时还可以带动一大批人就业。从上海近几年的情况来看,会展业的发展速度远高于GDP的增速,已经成为上海经济新的增长点,将会展业作为上海的主导产业无疑具有战略意义。

今年年初,商务部与上海市政府投资230亿元的国家会展中心项目,落户上海虹桥。根据规划,此项目建筑面积约120万平方米,由展览场馆、综合配套设施和后勤保障设施组成。其中展馆展览面积约50万平方米,建成后将是目前世界上规模最大、水平最高的国际会展中心。该项目建成后,将在展览面积上取代汉诺威展览公司,成为全球会展行业的领头羊。

业内普遍认为,虹桥会展综合体建成后,政府型展会将移师虹桥。未来,新国际博览中心如何与该项目对接,使二者发挥“合力”效应引人关注。对此,董汉友表示,上海新国际博览中心与虹桥会展综合体作为上海浦东、浦西两大会展项目,应各自发挥优势,错位经营。虹桥会展综合体将来或以政府类展会为主,上海新国际博览中心则瞄准国际化、专业化方向发展。

值得一提的是，近两年中国的会议产业发展迅猛，一些城市在会议业的扶持力度上明显大于展览行业。面对新发展形势，董汉友表示，上海新国际博览中心在保证展览业继续向前的基础上，近年来在酒店配套建设方面谋求会议与展览共同发展。如今，在上海新国际博览中心附近已建成浦东嘉里中心和卓美亚拉喜玛拉雅酒店，两座高档酒店内均设有会议室，解决了展会期间同期举办会议论坛的场地，使参会代表不用再将时间耗费在展馆与会议中心的路程上，最大程度地方便了与会者。

诸多"短板"待改善

"十二五"时期是全面建设小康社会的关键时期，会展业在推动产业结构调整，加快转变经济发展方式中的重要作用日益凸显。不过，尽管近几年国内会展业的发展突飞猛进，但与国际上会展业发达的国家相比仍有差距。

上海现代服务业联合会周禹鹏会长表示，我国会展业与世界上一些发达国家会展业相比，在规模、能级，特别是办展水平上都还有一定差距。上海作为我国的经济中心，可借助上海新国际博览中心全面落成及浦东会展综合配套服务日益完善的契机，改善会展业的"短板"情况。

业内人士表示，目前上海会展业的行业自律机制和规范尚未形成，具体表现在：展馆建设缺乏长远规划和合理布局；各个展馆展览面积不够大且布局分散；展会审批"政出多门"，同一主题的展览你办我办他也办，看似热闹，实际收效甚微；收费标准"内外有别"，对海外展商收费偏高，未给予同等国民待遇。

另外，上海会展人才的缺口还比较大，无法满足整个行业日益扩张的需求。如何针对这些人才缺口，培养适合的人才储备是摆在会展业面前的一道难题。

转型发展是必由之路

上海会展业的发展瓶颈并不是单个的问题，事实上，这也是"突飞猛进"的中国会展市场的一个缩影。

在日前由上海新国际博览中心有限公司承办的"2012 中国会展领袖论坛"上，中国商业联合会会长张志刚指出，一个国际会展业中心城市应具备五大条件：一是交通发达；二是人均 GDP 达到世界中等发展水平以上；三是流通服务业在 GDP 中比重超过制造业；四是商业外贸依存度高；五是有强大的中介组织和配套社会服务。

目前，世界上的展览趋势向专业展快速发展，会展主题体现时代脉搏，互联网催生的电子商务、网上展览正在使展览业发生深刻变革。而我国会展业发展似乎还没有适应这样的变化。首先，缺乏对规律的认识、探索，大兴土木，盲目重复建馆，重视硬件建设，不重视软件建设；其次，找不准定位，到处都提会展是支柱产业，到处都办国际化展览，实际专业化办展水平很低，办展人才不足；缺乏在科学发展观指导下的宏观总体战略规划；同时，会展业的发展缺乏法制化管理。对此，张志刚建议有条件发展会展业的城市，当地政府既要遵循经济规律，在前期给予会展业必要的培育和扶持，又要减少行政干预，充分发挥市场在配置资源中的基础性作用，遵循规律办会展，努力向着专业化、市场化、法制化、产业化和国际化的方向健康发展。

就展览项目的国际比较而言，我国已居亚洲第一，成为一个"展览大国"。但是，相对于展览项目数的"领头羊"地位，我国的展览直接收入却比很多国家都少得多。"展览经济总量比美国、德国、日本、英国、法国、澳大利亚等许多国家都小。展览收入占 GDP 比重在发达国家一般在 0.1% ~0.2%，而我国目前这一比重还不足 0.08%，说明我国展览产业化和市场化程度还很低，就展览收入而言，我国还不是一个展览大国。"中国国际经济发展研究中心行业特邀研究员罗百辉指出，我国的展览项目绝大多数是中小项目，规模大的项目和品牌项目屈指可数。尽管这些展览的总展出面积也是一个巨大的数字，但就展览收入而言，我国还不是一个展览强国。另外，我国展览场馆的总面积虽在全世界中居前列，但出租率比发达国家要低得多。

国际展览业协会候任主席陈先进在会上表示，目前，创新驱动、转型发展已成为推动我国展览业发展的必由之路。“需要在办展的意识、形式及技术手段上尽快转型，通过转变思想、创新技术，促进我国会展业产业健康升级。”

资料来源：上海金融报，2014-08-05.

讨论题：

1. 结合案例思考，上海会展业该如何实现由大变强？
2. 以当地一个展览中心为例，分析并评价其管理和运作模式的成功和不足之处。

【专业词汇】

会展场馆（Exhibition hall） 场馆运营（Exhibition hall operation）

【思考与练习】

1. 简述会展场馆的分类和特点。
2. 会展发达国家在场馆建设方面有何优势？
3. 简述会展场馆设计的原则。
4. 会展场馆选址应考虑哪些因素？
5. 实地考察当地的会展场馆，分析其内部功能设计和经营定位是否合理。
6. 谈谈几种主要的展馆运营模式及各自的优缺点。

第5章 会展项目管理

【本章导读】

本章主要阐述了会展项目管理的知识内容，共分为3节：第一节界定了项目管理的定义，对什么是会展项目、会展项目的类型及特征等作了全面阐述，并介绍了会展项目管理的知识体系；第二节着重介绍了会展项目管理的流程，阐述了会展项目管理的流程主要包括会展项目的启动、会展项目的规划、会展项目的实施与控制以及会展项目的结束与评估等几个阶段；第三节主要介绍了会展项目管理的主要工具，具体介绍了要径法、头脑风暴法、甘特图法以及德尔菲法等的应用。

项目管理技术和会展业对于我国而言都是相对新兴的技术与产业,通过项目管理技术来提升会展产业的营运效率,是所有的会展研究者和会展从业人员都需要不断关注的课题。本章主要探讨的就是会展项目管理的基础知识。

5.1　会展项目管理的知识体系

5.1.1　项目和项目管理

1)项目

根据项目管理协会(Project Management Institute,PMI)出版的《项目管理导引手册》,项目(Project)是为了开发某一特定产品(Product)、服务(Service)或欲得到某一特定结果(Result)所进行的临时性投入工作。所谓临时性,即是该项目有时间上的始点(Beginning)与终点(End),因此项目具有生命周期(Life Cycle)[①],典型的项目周期可包括项目发起、论证、启动、规划、执行、控制、结束等多个阶段。从广义上来说,所有具有生命周期且有计划与规律的活动,都可以成为项目,包括了各种服务、产品与某种特定结果。项目是一项创新的事业。

项目的特点主要有明确的目标性、受环境和时间的约束性、客户对象的确定性、一定的风险性、不可逆性和系统性等。

2)项目管理

项目管理是管理学的一个分支,目的是将知识、技能、工具和技术运用到项目活动上,使其能满足项目相关者的需求和期望。随着项目及其管理的发展,项目的范围也更加广泛。近年来"项目管理"被提炼成一种具有普遍科学规律的现代化理论模式,使之成为新的管理方式和新的管理学科代名词。所谓项目管理就是在特定的组织环境中,为有效实现项目的特定目标而制订的一整套原则、方法、辅助手段和技巧。现代项目管理有别于经验性的传统项目管理,它体现在项目管理的管理理念、管理组织、管理方法和管理手段上的现代化。

项目管理是在有限的资源条件下,为实现项目目标所采取的一系列管理活动,它是理顺与项目有关的众多错综复杂的难题的一种手段和过程。项目管理主要具有以下几个特征:

(1)复杂性

项目管理涉及项目构思、项目论证、项目规划、项目实施、项目控制、项目评估等多个环节,需要合理配置人、财、物等多项资源,因此说它是一项复杂的工作。

(2)创造性

由于项目的独特性,不同项目的项目管理过程也表现出不同的个性,都根据项目的特点有各自的创新,因此项目管理不是一成不变的工作,它是一个体现创造性的过程。

---

① 张敏.会展管理[M].上海:上海人民出版社,2011:69.

(3)专业性

项目管理需要专业化的集权领导和专门的项目组织,从而合理有效地进行分工,提高管理效率;同时项目管理需要专业人才的参与,项目经理在项目管理中起着非常重要的作用。

5.1.2 会展项目和会展项目管理

1)会展项目的类型和特征

会展项目作为一种新型的项目形式,具有自身的项目特色。一般来说,不同类型的项目往往具有各自不同的特征。

(1)科技展示型项目

科技展示型会展项目主要是指以某种高科技产业或优势产业为依托举办的专业性科技博览会或交易会等,如光电科技博览会、高新技术展示会等。这类会展项目具有以下特征:

①专业性强。科技展示型会展项目对参展企业和观展商都有专业性方面的要求。参展的企业必须是从事某种高科技产业的企业,对该产业有充分的认识和了解,并有相关的科技产品。而观展商一方面要具备该行业的专业知识,能识别相关产品;另一方面要具备一定的购买力,才能保证展会的交易额达到一定水平,通常是使用某项技术的专业性公司或企业。

②技术含量高。科技展示型会展项目对会展组织者,更确切地讲应该是展会承办者提出了较高的技术要求。由于在项目任务中会涉及较多的技术性工作,比如展馆的布局、展台的设计、专业设备的配置等,因此项目的技术含量高,对工作人员的相关技术水平有一定的要求。

(2)产品交易型项目

产品交易型会展项目主要是指将某产业与内外贸相结合而开展的产品交易会、展销会等,如车展、房展等。这类会展项目具有以下特征:

①项目针对性强。一方面,在参展商的组织上具有很强的针对性,一定是生产某产业产品的企业;另一方面,观众参与具有很强的针对性,一般情况下来观展的企业和个人大都对该产品存在消费需求并具备一定的购买能力。

②交易目标优先。产品交易型项目以产品交易为主要目标,因此在项目目标体系中交易目标占据优先地位,展会组织者应首先满足参展商或观众的交易需求。与此相适应,展会组织者在招展过程中,一定要组织一批有购买力的专业观众,以扩大展会交易额。

(3)综合博览型项目

综合博览型会展项目主要是指以宣传本地人文资源如文化、艺术、体育等为宗旨的大型展览活动,如1999年昆明世界园艺博览会、2010年上海世博会等。这类会展项目具有以下特征:

①项目周期长。综合博览型项目由于其项目内容广泛往往具有较长的项目周期。首先项目启动阶段是一个充分调研、精心构思的过程,因此要花费较长的时间;其次项目规划阶段是一个涉及多项工作任务的复杂筹划过程,历时也较长;再次项目执行阶段是一个需要多方监控的实施过程,由于展示内容丰富、广泛,需要提供较多的时间观展。

②成本预算高。综合博览型会展项目以展示某地人文资源为宗旨,不以产品交易为目标,因此展会直接收益小,成本代价大。同时这类项目涉及多项工作任务,需要花费大量的人力、

物力以及财力资源,成本预算高。

③观众范围广泛。综合博览型项目由于展会内容丰富,对观众形成较强的吸引力,同时对观众没有专业性的限制,因此观众范围广泛。从观众区域范围上看,既有本地观众出于对本地人文资源深入了解的需求前往观展,更有大规模的外地旅游者出于求新、求奇的需求前去观展。

(4)会议洽谈型项目

会议洽谈型会展项目主要是指以重要的城市为中心而举办的综合性的国际会议及大型论坛活动等,如 APEC 会议、亚洲博鳌论坛等。这类会展项目具有以下特征:

①重复性强。会议洽谈型项目一般是定期举办的会展项目,重复性强。尤其是一些大型的国际会议,每年定期举行,但每届的举办地一般安排在不同的洲、不同的国家、不同的城市,在同一城市举办的重复性较小。

②服务全面。会议与展览不同,服务范围更加全面。一次大型的会议,从音响、通信、信息系统、场地布置到会间服务都要全面到位。比如餐饮服务,一般的展览型项目要求比较简单,只提供基本餐饮,而会议洽谈型项目通常要提供包括早餐、中餐、晚宴等的全方位服务,开会期间一般还有茶点服务。

③参与人数少。会议洽谈型项目与前几种展览型项目不同,与会人员有一定的人数限制。一般的展览会都有上十万的人流量,而会议型项目有上千人就算很大规模了。同时,高规格的会议对与会人员有较高的专业与其他条件要求。

2)会展项目管理

所谓会展项目管理就是以会议和展览为中心展开各项工作,为有效实现项目的特定目标而制订的一整套原则、方法、辅助手段和技巧。由于会议与展览的时效性,要求会展组织者在有限的时间里做好展会的组织工作。在这一过程中如果以项目的概念贯穿始终,能更好地实现时间、技术和人力的有效利用,使会展组织者最大限度地实现会展目的,服务好参展商与观展者。项目管理在国外会展业运作中已得到广泛应用,会展项目管理在中国会展业中的应用也将为中国会展经济提供有效和较为理想的运作模式。

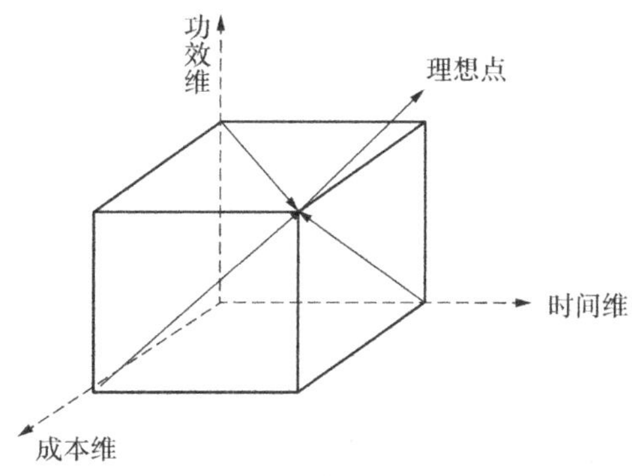

图 5-1　会展项目管理的三维要素框架

会展项目管理是为了实现目标而展开的一系列活动的集合,它不是一项项孤立的活动,而是一系列活动有规律地组合而形成的一个完整的过程。会展项目的运作围绕着会展项目的功效、成本和时间 3 个要素而运作。

(1)功效维

会展项目运作的目标就是为了盈利,即通过会展项目的管理达到多项收益目标,功效维属于成果性目标,是会展项目的来源也是会展项目的最终目标和目的,在会展项目实施过程中,功效性目标被分解成项目的功能性要求,是会展项目全过程的主导目标。一般会展项目的功效性目标有成交额、投资额、专业观众数量、门票收入、旅游收入以及城市形象提升等效果。

(2)时间维

由于会展项目的独特性,会展一旦结束,项目即告结束,即项目是有起点和终点的,任何会展项目都会经历启动、实施和结束这样的过程。会展项目的时间维表现是启动阶段比较缓慢、实施阶段比较快速,而结束阶段又可能比较缓慢的规律。

(3)成本维

会展项目管理必须在有关利益主体的运作下,利用有限的资源(人力、物力、财力等)在规定的时间内完成任务,这些有限的资源就是成本的控制,我们把它归纳为成本维。成本越低,效益就越高,成本越高,效益就越低。

在一定范围内,功效、成本和时间三者是相互制约的,当时间(即进度)要求不变时,质量要求越高;当成本不变时,质量要求越高,则进度越慢;当质量标准不变时,进度过快或过慢都会导致成本的增加。

5.1.3 会展项目管理的知识体系

所谓会展项目管理知识体系(Event Project Management Body of Knowledge, EPMBK)①,就是说明会展项目管理专业范围内的知识总和的概括性术语。会展策划和管理的内涵相当丰富,根据戈德布莱特的活动管理模型,按照会展项目管理的活动流程,我们分析一下在一个新的展览会从无到有的过程中,项目人员主要需运营哪些知识,具体如图5-2所示。其中,项目管理是知识平台,其他相关知识均按照会展项目管理的基本流程展开。(会展项目管理的基本流程见本章第2节)

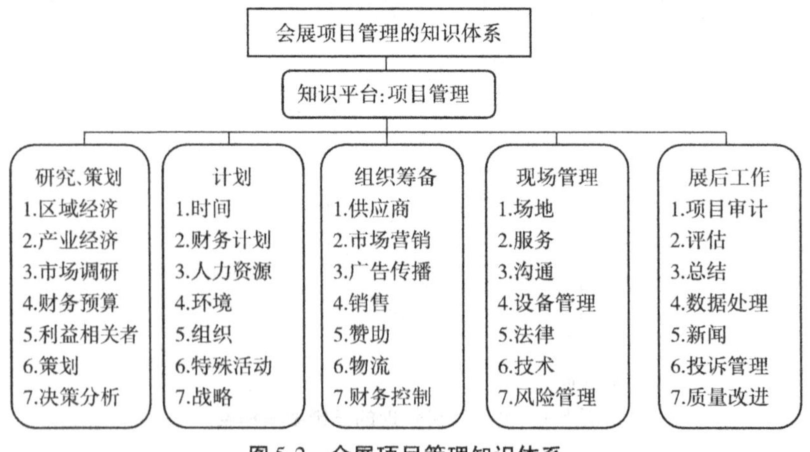

图5-2 会展项目管理知识体系

① 王春雷.陈震.展览项目管理——从调研到评估[M].北京:中国旅游出版社,2012:21.

5.2 会展项目管理的基本流程

展览会是一个十分庞杂的系统,为了使会展项目取得成功,项目团队必须在项目管理中选用实现项目目标所必需的合适过程。流程就是一组为了完成一系列事先制定的产品、成果或服务而需执行的相互联系的行动和活动。按照会展项目的特点,会展项目管理过程一般可以划分为4个阶段。分别是会展项目启动阶段、会展项目规划阶段、会展项目实施与控制阶段和会展项目结束和评估阶段,如图5-3所示。

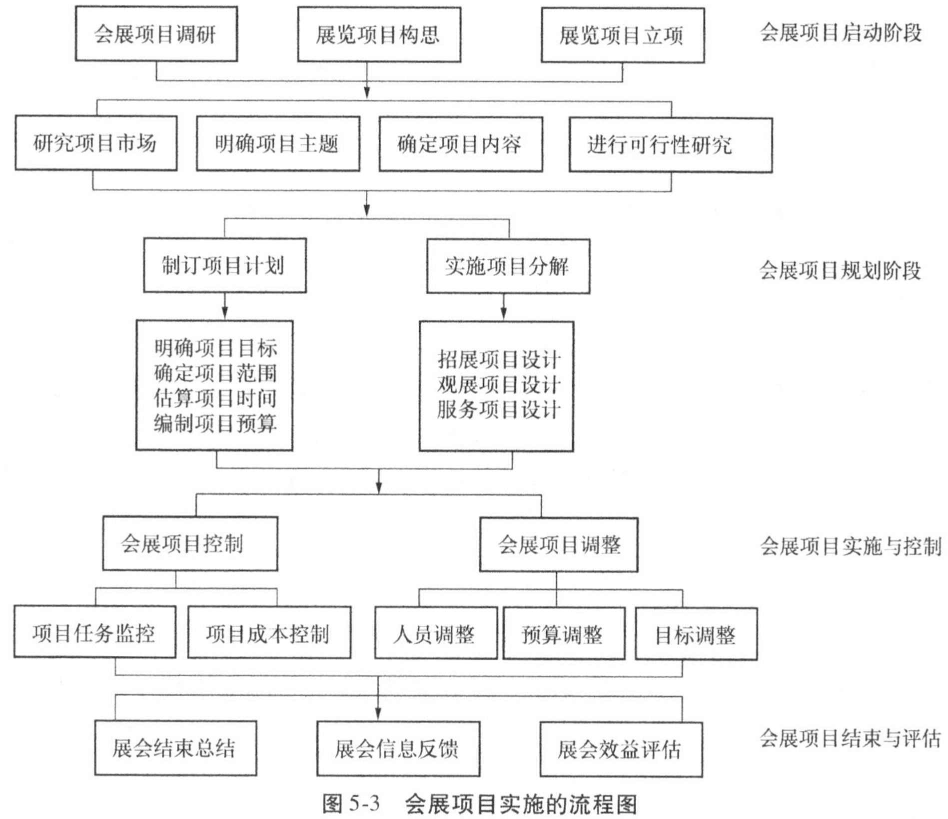

图5-3 会展项目实施的流程图

5.2.1 会展项目的启动

会展项目启动是会展项目管理过程的起点,这一阶段主要包括以下3个方面的工作:

1)会展项目调研

需求是项目产生的根本前提。而会展作为复杂的运作项目,涉及众多的利益相关者,而他们的需求是多种多样的。因此,该阶段以识别市场需求为目的,以便针对需求确定会展项目。按照大的方向分,会展项目调研的市场对象包括两类,即参展市场和观展市场。

①参展市场的调研包括:具有参展需求的产品类型、某类产品的参展需求规模、周边地区同类项目的举办情况,以及本地区举办该主题会展项目的资源优势等。

②观展市场的调研包括:拟参展产品的吸引力及市场需求规模、以本地区为核心的客源市场的观展优势等。

2)会展项目构思

会展项目构思又称会展项目创意,它以调研的结果为导向,确定会展项目主题,并对该主题项目的投资目标、功能、范围以及项目涉及的各主要相关因素进行大体轮廓的设想和初步界定。会展项目构思的具体内容包括:

(1)确定会展项目主题

一个专业展览会必须主题鲜明、目的明确。这是会展项目构思的首要步骤,组展者在客户需求识别的基础上,还需要考虑以下因素:近期同类展会的举办情况;本地区举办该主题会展的资源优势;组展单位举办该主题会展的实力,包括经济实力、场馆设施情况等。所确定的主题应该能反映本行业的专业知识、最新动态。

(2)构思相关项目内容

包括本次会展项目投资的目标,项目投资的背景及意义,项目投资的功能及价值,项目实施的环境和配套设施条件,项目的成本及资源约束,项目资金的筹措及调配计划,项目投资的风险及化解方法,项目的实施及其管理,项目实施后预期的经济、社会、环境的整体效益等。

(3)实施项目可行性研究

这是项目启动过程中最重要的一个环节,它主要包括3方面的内容:一是从市场的角度分析,该主题的会展项目是否有投资的必要;二是从技术、设计的角度分析,以会展企业现有的硬件与软件基础,组办该主题的会展项目是否可行;三是从财务的角度分析,企业对该主题的会展项目进行投资在经济上是否合理。

3)会展项目立项

某主题的会展项目通过可行性论证后,一般都需要申报到有关部门进行核准后才能启动,这是避免重复办展,保证项目质量的有效手段。会展项目的正式立项意味着会展项目启动过程告一段落。

(1)国内项目立项的有关规定

中国现行的审批办法规定,在国内举办超过1 000平方米的国际性展览会均需审批。并且按照会展项目所涉及的主题类别、办展企业种类与级别以及项目范围的不同,分别报不同级别的主管部门,以不同的渠道审批。

这种管理办法在一定程度上规范了会展项目的立项行为,但同时按主办单位的隶属关系进行分渠道、分级审批的办法存在很大的管理漏洞,仍然避免不了重复办展的现象。

(2)国际项目立项的权威机构

在国际上,一致公认的会展项目立项的权威机构是"国际博览会联盟(UFI)"。UFI有一套成熟的会展立项评估体系,对会展项目的参展商、专业观众、规模、水平等进行严格评估,达到标准的,准予立项,有效控制了展会质量。

5.2.2　会展项目的规划

会展项目规划是会展项目的纸上模型，它是引导项目管理工作向组展目标方向发展的蓝图，这一阶段的主要工作包括以下 2 个方面。

1）制订会展项目计划

用于计划的每一分钟都可以在执行阶段得到三到四倍的回报。制订项目计划是会展项目规划的首要工作，它是项目组织根据项目目标的规定，对执行项目中的各项工作任务做出的周密安排。一般来说，制订一个简单的会展项目计划应该包括以下内容：

（1）明确会展项目目标

会展项目的实施是一种追求某种目标的过程，这一目标不仅要在组展方与客户方之间达成一致，而且必须明确、具体、切实可行。一个明确合理的会展项目目标应该具有以下特点：一是体系性，即项目目标不是单一的，而是一个满足会展组织者、参展商以及观展商三方多方面需求的多重目标体系；二是优先性，即对会展组织者而言，在项目成本、时间和技术技能 3 个基本目标构成的目标体系中，需要确立一个优先性目标，以便目标发生冲突时进行权衡；三是层次性，即会展项目目标具有一个从抽象到具体，从宏观到微观的层次，随着会展项目的分解不断细化，从而将项目总体目标贯彻到各实施环节中。

（2）确定会展项目范围

根据项目目标，项目计划应确定完成项目目标的项目范围或工作任务。确定会展项目范围一般包括以下内容：一是参展商规模的确定，即确定会展项目的招展范围，参展商类型、层次、数量等，以形成与项目目标相适应的参展规模，满足观展商的需求；二是观展商范围的界定，即确定观展人员的类别、购买力水平、数量等，以确保展会交易额达到一定水平，满足参展商的需求；三是会展承办企业服务范围的确定，即确定会展企业为满足客户需求，实现自身目标，应该向参展商和观展商分别提供哪些服务。

（3）估算会展项目时间

为了确保会展项目以合理的进度执行，使会展企业和客户在有限的成本约束下，发挥最大的时间效率，会展企业需要科学估算承办某主题项目可能需要的时间，这是会展项目计划中不可或缺的内容。对会展项目时间的估算包括两个方面：一是估算每项活动或工作元素从开始到完成所需的时间，如展前筹备工作所需的时间，展中客户交易所需的时间，展后项目评估所需的时间等，这种估算是基于项目团队队员平均工作能力之上的；二是估算会展项目的总体进度与花费的时间，但并不是每项活动所需时间的简单相加，还需要考虑各项目之间的时间衔接、时间重叠等因素和意外事件发生的可能。

（4）编制会展项目预算

项目预算是项目执行的尺度，也是成本控制的有效手段。会展企业应根据会展项目范围，对企业的人、财、物等各项资源进行配置，并进行合理的总体和分项预算。会展项目预算主要包括 3 个方面：一是人力资源预算，主要解决 3 个问题，即完成整个会展项目需要哪些人才以及各类人才的需求数量，这些专业人员从何而来，如何合理配置这些人员以形成会展项目团队；二是物力资源预算，主要解决以下问题，即完成该会展项目需要什么样的专业展览设施，什么样的配套服务设施和何种高新技术等；三是资金成本估算，即对由人力资源成本和物力资源成本构成的直接项目成本进行资金估算。

2)实施项目分解设计

项目分解就是将一个会展项目整体分解成易于管理、控制的若干个子项目或工作任务，实际上就是给出明确的会展项目范围。一般而言，一个会展项目可以分解为招展项目、组展项目和服务项目。实施项目分解设计就是分别对 3 个子项目进行设计。

(1)招展项目设计

招展项目是企业会展项目中的一个重要子项目。会展项目的成功与否在很大程度上取决于参展商的质量与数量。不同类型与规模的展会对参展商的质量、档次要求不同，会展企业在招展项目的设计与策划上也应有不同侧重。比如按国际博览会要求，外商比例应超过展位的20%，因此要加强企业在海外的招展宣传。在专业会展中，招展项目则更多地体现出“团队形式”，即通过国内外的协会集体组织参展。

(2)观展项目设计

会展不仅需要参展商的参与，还要有一批高质量的观展者和贸易商，才会形成较大的成交量。在观展项目设计中主要涉及对观展者的组织及促销计划，不同类型的展会，在观众组织上要采取不同的策略。一般对于非专业展会，尤其是与老百姓生活有关的行业展览，观众的组织应该是灵活的。只要专业性不太强，都应积极鼓励普通观众的参与，不要求门票，并在展览期间穿插节目表演和抽奖活动，吸引观众观展，同时在展馆内开展低价促销活动，扩大交易额。对于专业性很强的展会，可以考虑“仅供专业人士”参观，以避免“热闹有余，收获不大”的现象。

(3)服务项目设计

商业化运作的现代会展项目，给会展企业提出了越来越多的要求，细致周到的服务成为会展项目成功的保证。因此，服务项目设计是会展项目规划的重要内容。服务项目设计的原则是：急参展商之所急，想观展商之所想，提供完备的服务。一个国际性会展项目的配套服务项目设计，不仅包括展会的一般常规性服务，还包括一些个性化服务。

例如，在上海世贸商城举办的“第三届中国国际地面材料及铺装技术展览会”中，会展企业在服务项目设计上专设“大会推荐运输商”“大会推荐展台搭建商”等服务性展台；在展会的中心地带设参展商休息室，提供不同口味的茶点，并在午间安排午餐盒饭服务；此外，现场还设有商务中心及新闻中心，提供电话、传真及电脑刻字等服务；在展会举办地所在的同楼层就设有银行，提供金融服务；主办者还委托专门化的会务服务公司，提供参展商及特邀专家的住宿及旅行安排。更为周到的是，在展会入口处，上海市法定产品质量监督检验机构——上海市建材及构件质量监督检验站在会展企业的安排下，设立服务台，为展会中的产品作质量鉴定，这一举措增加了参展商对展会产品的信赖程度。

5.2.3 会展项目的实施和控制

项目规划阶段一旦完成就进入项目执行阶段，它是一个使项目在既定的项目时间和项目预算中执行的工作过程，主要包括会展项目控制和调整两个方面的内容。

1）会展项目控制

项目控制是通过信息收集，判断和监督项目执行过程的一项持续性工作。实施会展项目控制是规范项目运行，保证项目按照既定目标和预算展开的有效手段。一般而言，会展项目控制又包含以下两个方面的内容：

（1）项目任务监控

为了使会展项目顺利实施，首先应该对会展项目涉及的各项工作任务进行实时监控，及时发现问题，寻找差距，以便及时调整，始终保持项目执行的正确方向。会展项目无论大小，都应该监控如下的内容：当前项目计划的完成情况；已完成工作任务的复杂程度和所占比例；已完成工作任务的质量；项目团队成员之间的沟通、协作水平；会展场馆的运作和有关设施的使用情况等。

（2）项目成本控制

项目成本控制是会展项目控制的核心，成本一旦失控就难以在预算内完成项目任务，会展企业应该建立相应的财务制度，在项目执行过程中进行预算和成本控制。会展项目成本控制的关键在于经常及时地分析成本绩效，即把实际已发生的一定数量的成本所完成的工作任务和花费相同数量成本计划完成的工作任务相比较，尽早发现实际成本和预算成本之间的差异。成本控制是一个持续的过程。

2）会展项目调整

项目总是处于一个变化的环境中，通过项目控制会发现项目实际执行过程与计划任务之间不可避免地存在偏差。下一步要做的就是项目调整，主要包括以下3个方面的内容：

（1）会展项目人员的调整

通常会展企业总公司或项目组织的变化以及项目人员的个人原因，都会引起项目团队人员的变更，如领导职务变动、新人接手、员工病假等，这时需要对会展项目人员进行调整。项目人员的调整有以下渠道：一是与项目组织的主管上级沟通，从会展企业内部重新获得一批精兵强将；二是同参展客户沟通，他们可能会推荐一批人才；三是同项目团队人员交流，挖掘一批新的骨干。

（2）会展项目预算的调整

如果展会规模没有得到有效估算，可能会导致会展项目预算的偏差，对人、财、物等资源的配置不合理影响会展项目的实施，这时需要对会展项目预算进行调整。项目预算的调整同样从人、才、物3个方面展开，关键在于在调整的过程中寻求一切使成本最小化的方法，避免因调整造成项目执行的资金瓶颈，同时稳定项目团队人员情绪，沉着应对预算调整。

（3）会展项目目标的调整

随着会展项目的不断推进，会展客户（包括参展商与观展商）越来越清楚地认识到一些在项目初期未能认识到的问题，因而不断产生一些新的需求，这时会展企业需要及时调整项目目标，尽可能多地满足这些需求。调整项目目标要注意两点：一是同客户积极地沟通、协调，及时把握新的需求动向,并在目标上达成一致;二是充分考虑项目成本预算,尽可能在成本控制下完成项目目标的调整。

5.2.4 会展项目的结束和评估

项目执行阶段的结束,并不意味着会展项目管理活动的终结,还要经历一个项目结束的过程。这一过程主要是对会展项目进行执行后的评估,主要包括3个方面的内容:

1)展会结束总结

在项目执行工作完成后,进行会展项目完成情况报告,项目团队人员的绩效评估,以及会展项目成功的经验总结或失败的原因分析。会展企业要发展、要提高,就要在每次会展项目的实施过程中不断总结经验,吸取教训,为以后的项目管理工作提供借鉴和参考。

2)展会效益评估

展会效益包括直接或间接的经济效益和社会效益。直接的经济效益是指会议和展览所成交的金额,如参展商的订单收益;间接的经济效益是指会展所带来的门票收入、广告收入、餐饮、交通、旅店收入等。社会效益是指展会双方以及会展所在地获得的社会影响力和示范效应。进行评估时,会展企业应从上述3个方面评价会展收益。

3)展会信息反馈

会展现场的活动结束后,会展企业项目管理还有一个重要环节就是与参展客户进行信息的双向反馈。会展企业需要请专业人士对参展的观众情况进行分析,并将由专业信息处理公司计算出的有关数据以及效益评估结果主动迅速地传达给各参展商,同时收集反馈意见与建议,以便进一步提高企业会展项目管理的质量。

5.3 会展项目管理的工具

面对错综复杂的项目管理过程,项目管理者必须拥有能够协助其有效管理的工具才能有条不紊地管理项目运作过程中的各种大小事务并落实各项项目管理的要求。一般来说,项目管理的工具主要有如下几种。

5.3.1 要径法①

要径法(Critical Path Method,CPM)是由美国杜邦公司与Sperry Rand两家公司于1950年发展而成的,它强调通过资源的重新分配,在尽可能减少费用支出的前提下达到缩短项目完成时程的目的。这种方法的核心就是先为项目管理制订出一条要径(Critical Path),操作方法是将项目从开始到结束过程中的主要任务与活动串成一条“任务链”(Chain of Tasks)或“活动

① 张敏.会展管理[M].上海:上海人民出版社,2011:79.

链"(Chain of Activities)。从项目开始起,要径上任何任务或活动的落后都会让项目无法如期完成。由于这些任务与活动对项目是否如期完成至关重要,所以关键任务与活动在资源分配和管理上享有最高的优先权。因此,当要径上的任务与活动有可能落后的时候,项目管理者就必须立即调拨资源以确保该任务能够如期完成。从例外管理(Management by Exception)的角度来看,关键任务与活动正是项目管理者必须格外关心的课题。表 5-1 是要径法在进行项目管理规划时所主要采取的变量与参考依据。

表 5-1　要径法进行计算的主要变量与参考依据

计算项目	代　号	定　义
期望的活动时间 Time	T	一项活动的期望运行时间(expected duration)
最早开始的时间 Early Start	ES	如果所有的前项活动都在最早的时间开始的话,接续的这一项活动最早可以在什么时候开始
最早完成的时间 Early Finish	EF	如果一项活动在最早开始时间开始的话,最早可以在什么时候完成
最晚开始时间 Late Start	LS	在不影响项目完成时间的前提下,一项活动最晚可以在什么时候开始
最晚完成时间 Late Finish	LF	如果一项活动在最晚时间开始的话,最晚可以在什么时候完成
总残值 Total Slack	TS	在不影响项目完成时间的前提下,一项活动最多可以延误多久的时间

图 5-4 为要径法的示意图。

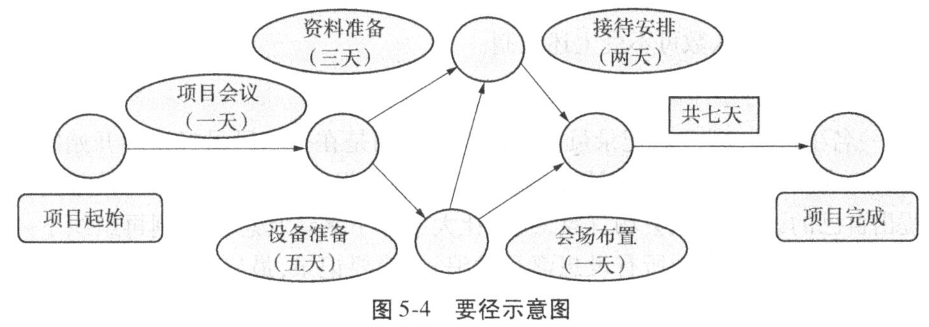

图 5-4　要径示意图

5.3.2　头脑风暴法

头脑风暴法可以用于会展项目管理的很多方面,例如会展理念、会展主题的确定,会展举办城市的选择,会展方案的确定等方面,都可以用到这个方法。

1)概念

头脑风暴法(Brainstorming)又称集体思考法或智力激励法,于 1939 年由美国学者阿历克斯·奥斯本提出,并在 1953 年将此方法丰富和理论化。

所谓的头脑风暴法是指采用会议的形式，如集体专家开座谈会征询他们的意见，把专家对过去历史资料的解释以及对未来的分析，有条理地组织起来，最终由策划者做出统一的结论，在这个基础上，找出各种问题的症结所在，提出针对具体项目的策划创意。

2）基本程序

头脑风暴法力图通过一定的讨论程序与规则来保证创造性讨论的有效性，由此，讨论程序构成了头脑风暴法能否有效实施的关键因素，从程序来说，组织头脑风暴法关键在于以下几个环节：

（1）确定议题

一个好的头脑风暴法从对问题的准确阐明开始，因此必须在会前确定一个目标，使与会者明确通过这次会议需要解决什么问题，同时不要限制可能的解决方案的范围。一般而言，比较具体的议题能使与会者较快产生设想，主持人也较容易掌握；比较抽象和宏观的议题引发设想的时间较长，但设想的创造性也可能较强。

（2）会前准备

为了使头脑风暴畅谈会的效率较高、效果较好，可在会前做一点准备工作。如收集一些资料预先给大家参考，以便与会者了解与议题有关的背景材料和外界动态。就参与者而言，在开会之前，对于要解决的问题一定要有所了解。会场可作适当布置，座位排成圆环形的环境往往比教室式的环境更为有利。此外，在头脑风暴会正式开始前还可以出一些创造力测验题供大家思考，以便活跃气氛，促进思维。

（3）确定人选

一般以 8 ~ 12 人为宜，也可略有增减（5 ~ 15 人）。与会者人数太少不利于交流信息，激发思维；而人数太多则不容易掌握，并且每个人发言的机会相对减少，也会影响会场气氛。只有在特殊情况下，与会者的人数可不受上述限制。

（4）明确分工

要推定一名主持人，1 ~ 2 名记录员。主持人的作用是在头脑风暴畅谈会开始时重申讨论的议题和纪律，在会议进程中启发引导，掌握进程。如通报会议进展情况，归纳某些发言的核心内容，提出自己的设想，活跃会场气氛，或者让大家静下来认真思索片刻再组织下一个发言高潮等。记录员应将与会者的所有设想都及时编号，简要记录，最好写在黑板等醒目处，让与会者能够看清。记录员也应随时提出自己的设想，切忌持旁观态度。

（5）规定纪律

根据头脑风暴法的原则，可规定几条纪律，要求与会者遵守。如要集中注意力积极投入，不消极旁观；不要私下议论，以免影响他人的思考；发言要针对目标，开门见山，不要客套，也不必作过多的解释；与会者间相互尊重，平等相待，切忌相互褒贬；等等。

（6）掌握时间

会议时间由主持人掌握，不宜在会前定死。一般来说，以几十分钟为宜。时间太短与会者难以畅所欲言，太长则容易产生疲劳感，影响会议效果。经验表明，创造性较强的设想一般要在会议开始 10 ~ 15 分钟后逐渐产生。美国创造学家帕内斯指出，会议时间最好安排在 30 ~ 45

分钟。倘若需要更长时间,就应把议题分解成几个小问题分别进行专题讨论。

3)头脑风暴法的成功要点

一次成功的头脑风暴除了在程序上的要求之外,更为关键是探讨方式、心态上的转变。概言之,即充分、非评价性的、无偏见的交流,具体而言,则可归纳为以下几点:

(1)自由畅谈

参加者不应该受任何条条框框限制,放松思想,让思维自由驰骋。从不同角度,不同层次,不同方位,大胆地展开想象,尽可能地标新立异,与众不同,提出独创性的想法。

(2)延迟评判

坚持当场不对任何设想作出评价的原则。既不能肯定某个设想,又不能否定某个设想,也不能对某个设想发表评论性的意见。一切评价和判断都要延迟到会议结束以后才能进行。这样做一方面是为了防止评判约束与会者的积极思维,破坏自由畅谈的有利气氛;另一方面是为了集中精力先开发设想,避免把应该在后阶段做的工作提前进行,影响创造性设想的大量产生。

(3)禁止批评

绝对禁止批评是头脑风暴法应该遵循的一个重要原则。参加头脑风暴会议的每个人都不得对别人的设想提出批评意见,因为批评对创造性思维无疑会产生抑制作用。同时,发言人的自我批评也在禁止之列。有些人习惯于用一些自谦之词,这些自我批评性质的说法同样会破坏会场气氛,影响自由畅想。

(4)追求数量

头脑风暴会议的目标是获得尽可能多的设想,追求数量是它的首要任务。参加会议的每个人都要抓紧时间多思考,多提设想。至于设想的质量问题,自可留到会后的设想处理阶段去解决。在某种意义上,设想的质量和数量密切相关,产生的设想越多,其中的创造性设想就可能越多。

4)会后的设想处理

通过组织头脑风暴畅谈会,往往能获得大量与议题有关的设想。至此任务只完成了一半。更重要的是对已获得的设想进行整理和分析,以便选出有价值的创造性设想来加以开发实施。头脑风暴法的设想处理通常安排在头脑风暴畅谈会的次日进行。在此以前,主持人或记录员(秘书)应设法收集与会者在会后产生的新设想,以便一并进行评价处理。

设想处理的方式有两种。一种是专家评审,可聘请有关专家及畅谈会与会者代表若干人(5人左右为宜)承担这项工作。另一种是二次会议评审,即由头脑风暴畅谈会的参加者共同举行第二次会议,集体进行设想的评价处理工作。

5)避免误区

头脑风暴是一种技能,一种艺术,头脑风暴的技能需要不断提高。如果想使头脑风暴保持高的绩效,必须每个月进行不止一次的头脑风暴。

有活力的头脑风暴会议倾向于遵循一系列陡峭的"智能"曲线,开始动量缓慢地积聚,然后非常快，接着又开始进入平缓的时期。头脑风暴主持人应该懂得通过小心地提及并培育一个正在出现的话题，让创意在陡峭的“智能”曲线阶段自由形成。头脑风暴提供了一种有效的就特定主题集中注意力与思想进行创造性沟通的方式，无论是对于学术主题探讨或日常事务的解决，都不失为一种可资借鉴的途径。唯需谨记的是使用者切不可拘泥于特定的形式，因为头脑风暴法是一种生动灵活的技法，应用这一技法的时候，完全可以并且应该根据与会者情况以及时间、地点、条件和主题的变化而有所变化，有所创新。

5.3.3 德尔菲法

德尔菲法是在20世纪60年代由美国兰德公司首创和使用的一种特殊的策划方法。德尔菲是古希腊的一座城市，因阿波罗神殿而驰名，由于阿波罗有着高超的预测未来的能力，故德尔菲成了预测、策划的代名词。德尔菲法用于会展项目策划时，可以用于市场预测、方案确定、主题的确定等多个方面。

所谓德尔菲法是指采用函询的方式或电话、网络的方式，反复地咨询专家们的建议，然后由策划人作出统计，如果结果不趋向一致，那么就再征询专家，直至得出比较统一的方案。这种策划方法的优点是：专家们互不见面，不能产生权威压力。因此，该方法可以自由地充分地发表自己的意见，从而得出比较客观的策划方案。

运用这种策划方法时，要求专家具备项目策划主题相关的专业知识，熟悉市场的情况，精通策划的业务操作。专家的意见得出结果后，策划人需要对结果进行统计处理。但是这种方法缺乏客观标准，主要凭专家判断，再者由于次数较多，反馈时间较长，有的专家可能因工作忙或其他原因而中途退出，影响策划的准确性。

德尔菲法的基本方法是：

第一步，把一群富有市场经验且可以相互补充的专家汇集在一起，通常为30～50人，并设定控制条件（常用的方法是邮寄调查表以避免群体压力影响）；

第二步，设计、分发第一轮调查表，要求回答者确定或提出某些事件发生的可能性以及发生的可能时期；

第三步，整理第一轮回收的调查表，整理包括确定中间日期和确定两个中间四分位数，以便减少过于乐观或过于保守的极端意见影响；

第四步，把统计整理的结论制成第二轮调查表寄予同一专家组的成员，要求回答是否同意四分位数范围，如仍是在四分位数之外，请专家们解释原因；

第五步，将第二轮调查表的结果及评论意见整理成表；

第六步，有没有必要再征询一两轮，要看预测的差异是否过大，评论意见的寄发是否有助于专家组形成新的较为统一的意见；

第七步，总结预测结果，包括中间日期、中四分位数范围，以及正确对待和消化处理那些意见尚未统一的预测事项。

5.3.4 甘特图法

1）甘特图概述

甘特图法（Gantt Chart）也叫横道图法，1900年由亨利·甘特发明，是用来表示项目进度的一种线性图形技术。在会展项目管理中,横道图主要是用水平长条线表示项目中各项任务和活动所需要的时间,以便有效地控制项目进度,优点是简单、明了、直观,易于编制。在甘特图上,可以看出各项活动的开始和终了时间。在绘制各项活动的起止时间时,也考虑它们的先后顺序。

甘特图是一个二维平面图,横维表示进度或活动时间,纵维表示工作内容,(见图5-5)。

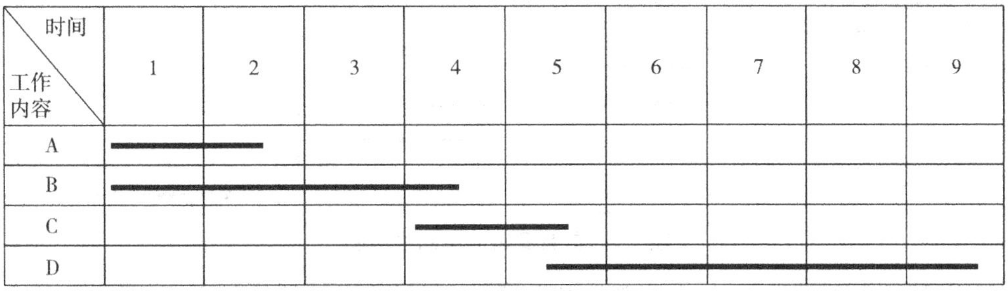

时间 / 工作内容	1	2	3	4	5	6	7	8	9
A									
B									
C									
D									

图5-5 会展项目进度横道图

图中的横道线显示了每项工作的开始时间和结束时间,横道线的长度表示该项工作的持续时间。横道图的时间维决定着会展项目计划粗略的程度,根据会展项目计划的需要,可以以小时、天、周、月、年等作为度量项目进度的时间单位。这对于涉及方方面面许多工作的会展项目管理非常有利。

2)横道图的类型

(1)带时差的横道图

在会展项目计划中,在不影响整个项目流程的前提下,某些工作开始和完成时间并不是唯一的或者确定的,往往会有一些机动时间,即时差。这种时差在传统的横道图中并没有表达,而在改进后的横道图中可以表达出来,如图5-6所示。

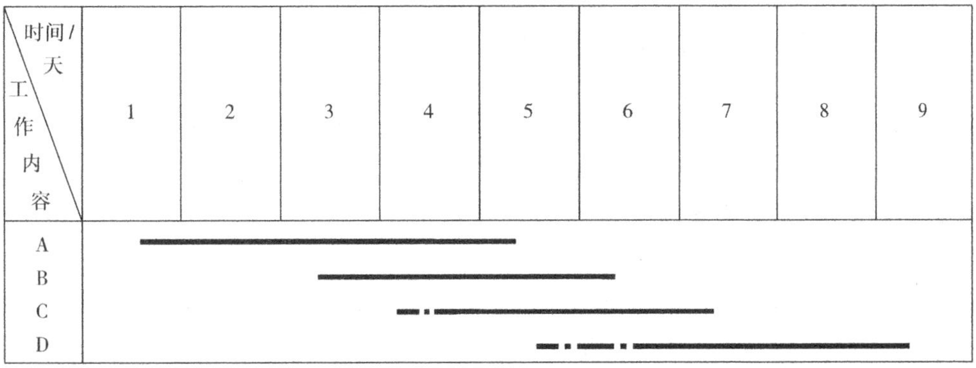

时间/天 / 工作内容	1	2	3	4	5	6	7	8	9
A									
B									
C									
D									

图5-6 带有时差的横道图(实线代表工作进度,虚线代表时差)

(2)具有逻辑关系的横道图

将会展项目计划和进度两种智能结合起来,在传统的横道图中表达出来从而形成具有逻辑关系的横道图,如图5-7所示。

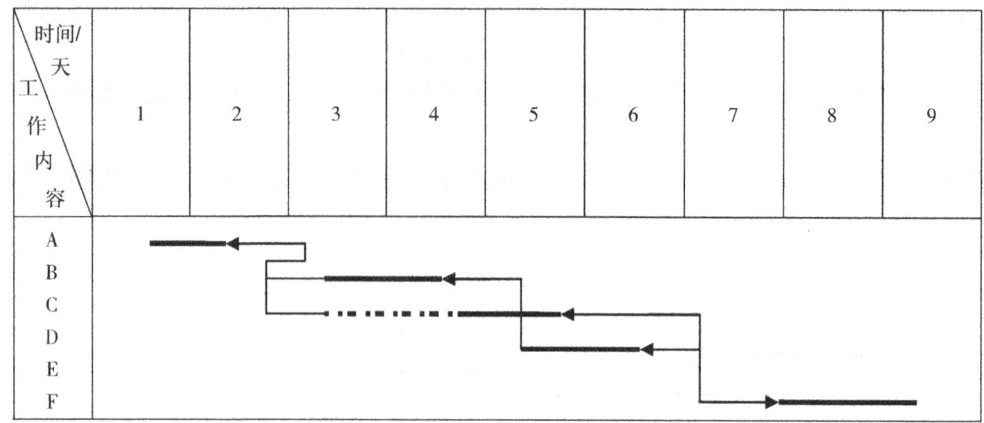

图 5-7 具有逻辑关系的横道图

上述两种类型的横道图,具有直观性和关联性,会展项目管理的过程中,可以按照实际情况选择不同的方法。

案例分析:德国展会项目管理特点与实践

如果说国外众多的展会规模大都是不断积累的结果,国内会展业还处于初级发展阶段,很多国内展会目前无法在规模上同国外老牌展会相抗衡,那么国外新立展会的成功能带给我们什么新的启示呢?作为处于国际领先水平的展会到底应该具备哪些特征呢?

一、变化:适应行业发展需求动态调整展会题材

享有行业晴雨表之称的展会需要实时跟踪展会所属行业的最新动态,适时通过新立、分列、拓展和合并等方式调整展会题材,使展会始终保持强大的生命力。

二、聚合:精心策划展会主题建立"展会群"

精心策划展会主题,给予每届展会以准确的行业定位,使该展会从众多同题材展会中脱颖而出无疑又成为塑造品牌展会的核心工作。德国展会从消费品展到工业展,从教育展到旅游展,无不注意确定鲜明的具有时代气息的展会主题,给业内及观众以深刻的印象。相比之下,国内很多展会很少在展会主题的鲜明性和时代特色方面做文章。

德国展会注重运用不同的展会品牌形象策略打造"展会群",挖掘相关相似展会题材中的共同点,给予这些展会以相同或相似的市场定位,从而采用相同和相似的营销策略,服务于彼此有密切联系的目标市场。这样不仅有利于不断增强展会品牌的整体含金量,而且有利于降低推广成本。相比之下,国内经常使用的"系列展会"的概念相对单一,往往只是将某个行业展会的不同展区分立出来单独办展,比如"建材系列展"有"石材展""屋面材料展""照明展""家用五金展"等,缺乏以更广的视角看待展会之间的共同点。

三、人性:赋予展会文化内涵积极发挥教育功能

现阶段,中国展会的功能还主要停留在促进商业销售和贸易层面。而德国展会已把文化元素融入其中,给大众开辟领略世界文化、畅游科技创新的空间。展会主题体现专业精神,具有时代气息，整个展会的文化和时代气息浓厚。与德国展会相比，国内展会明显没有给观众这种文化上的"亲和力"，缺乏与观众的互动，展示方式缺乏创新，相关活动功能过于单一，展会的相关功能有待进一步开发。

德国展会主办者还经常有意识地将展会打造为行业教育平台，在德国展会上经常可以见到该行业的研究教育及培训机构的展位，他们带来最新的研究成果，带来最新的行业教育理念。同时，很多与该行业相关专业的大学生也会带来自己的设计作品、科技发明与商业计划。德国绝大多数展会在门票方面给予学生以半价的优惠，以鼓励与该展会行业相关专业的学生参观。

资料来源：会展商学院的博客，2014-07-21.

思考题：

1. 结合案例讨论德国展会项目管理的成功之处。
2. 分析我国展会项目管理与国外的差距，并提出改进措施。

【专业词汇】

会展项目（Exhibition project）　会展项目管理（Exhibition project management）　头脑风暴法（Brainstorming method）　德尔菲法（Delphi method）　横道图法（Gantt chart mathod）

【思考与练习】

1. 比较分析会展项目管理与一般的项目管理有什么不同？
2. 简述会展项目的内涵。
3. 简述会展项目的类型及其特征。
4. 简述会展项目管理的流程。
5. 剖析会展项目管理方法的使用。

第6章 会展市场营销管理

【本章导读】

本章主要介绍了会展市场营销管理的内容,共分为3节:第一节对营销和会展营销管理的概念进行了简要探讨,对会展企业营销管理的内容做了系统分析,并阐述了会展企业市场营销所采取的主要策略;第二节分析了会展市场的主体构成,会展市场的主体包括主办者、承办者、参展商和观展者等;第三节着重介绍了会展的市场营销体系,主要从会展城市、会展主办者、会展企业、展览场馆、参展商,旅游企业等展开介绍,并简单论述他们各自的营销对象、营销内容和营销目的。

随着经营主体的增多和竞争水平的提高,会展业市场变得更加复杂,市场研究与营销管理在区域会展业发展和会展企业经营管理中的重要地位更加凸显。本章对于会展市场营销管理的介绍将主要从会展企业的市场营销管理、会展的市场主体构成和会展的市场营销体系3个方面展开探讨。

6.1 会展企业市场营销管理

6.1.1 营销和会展营销管理概念

1)营销和营销管理

对于什么是市场营销,曾有过多种口径不一、重点有别的表述方式,其中较有影响力和代表性的有以下几种:

①美国市场营销协会(AMA)定义委员会1960年给出的定义为:"市场营销是引导货物和劳务从生产者流向消费者和用户的企业商务活动过程"。

②美国西北大学著名的市场营销专家菲利普·科特勒教授提出:"市场营销是个人和群体通过为他人创造产品和价值并进行交换而满足其需要和欲望的社会过程和管理过程"。[①]

③英国旅游局市场营销部主任阿兰·杰弗逊在总结有关市场营销的定义和观念的说明时写道:"市场营销就是将常识用于协调职能。市场营销所关注的就是作为有组织规划基础的研究。市场营销所关注的就是生产、定价、促销以及'盈利'"。[②]

通过上述市场营销的概念我们得知,市场营销是通过价值交换来满足人的需要和欲望的过程,而要实现这种价值交换就必须得益于有效的营销管理。营销管理是指通过创造、培育、实现并维持与顾客之间的价值交换以达到企业目标而进行的一系列的活动,其具体内容包括对营销活动的计划、组织、执行、评价,设置高效的营销组织机构,以及对营销人员的培训和管理等多方面。市场营销管理是保证市场营销活动有序开展和成功实施的重要保证。

2)会展市场营销管理

会展市场营销管理属于营销研究的范畴,许多理论都与营销学相关,营销的目的在于通过宣传与沟通的方式来达成推广和交换的效果,由此我们可以看到,会展营销与传播学也是相关的。因此,会展市场营销就是把营销学及传播学的相关理论与操作方式运用到各种类型的会展活动的营销管理工作中,以达到会展营销的目的。但由于每种会展活动的意义、形式、规模和目标诉求都有所不同,因此,会展市场营销管理活动也是非常复杂的,它必须在对各种会展活动充分了解的前提下,针对具体的展会项目进行具体的市场营销管理工作。

---

① 菲利普·科特勒,等.旅游市场营销[M].2版.谢彦君,译.北京:旅游教育出版社,培生教育出版集团,2002:9.

② 利克里什,詹金斯.旅游学通论[M].北京:中国旅游出版社,2002:154.

6.1.2 会展企业市场营销管理的内容

会展企业一般是展会活动的主要承办者，其市场营销的运作能力在很大程度上关系到展会活动举办的成败。一般来说，会展企业的市场营销管理内容主要包括如下几个方面：

1）会展营销信息系统分析

会展营销信息系统与分析研究不仅贯穿于企业营销管理的始末，也贯穿于会展企业经营管理的各个方面。从营销战略规划制定到具体的计划实施都离不开会展营销信息系统的支持，它不仅提供基本的原始数据，而且还能通过数据的处理为公司高层提供重要的分析报告，为会展企业各业务部门制订营销计划并付诸实施提供最准确的信息指导和信息反馈。

2）会展营销战略规划制定

会展营销战略规划是会展企业获得长期成功的重要保证。它是以市场为导向，通过全面掌握市场信息与企业的自身资源状况，努力使组织的目标、各种资源的调配与外部的市场环境达到最佳协调并具有切实可行策略的一种管理过程。会展企业营销战略规划的目标是企业资源最优化配置，市场需求与企业产品最佳吻合，企业经营战略与全球市场环境最大程度适应，全体员工和顾客满意度不断增加，企业投资主体利润持续增长。如图 6-1 所示。

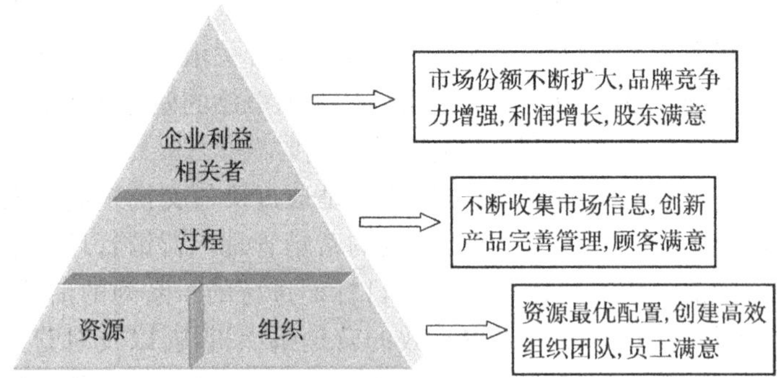

图 6-1　会展企业营销战略规划目标

3）会展企业市场环境分析和营销调研

（1）会展企业市场环境分析

会展企业经营环境包括外部环境和内部环境两个部分。外部环境是会展企业不可控制的各类因素的总和，包括宏观外部环境和微观外部环境。宏观外部环境具体体现为政治、经济、社会文化、科学技术、法律等方面。会展企业对于宏观外部环境的分析可以采用企业战略管理中的 PEST（政治 Politics、经济 Economy、社会 Society、技术 Technology）分析方法。内部环境主要指企业人力、物力和财力资源配置、组合以及利用情况对于企业经营管理的影响。会展企业对于内外部环境的综合分析同样可以采用企业市场营销中的 SWOT（优势 Strengths、劣势 Weaknesses、机会 Opportunities、威胁 Threats）分析方法。

（2）会展企业市场营销调研

会展企业市场营销调研首先要对参展商与观展商的购买行为分析，参展商与观展商购买行为分析属于消费者行为研究的范畴，它是现代会展企业以顾客需求为中心的经营理念的具体体现，参展商与观展商购买行为研究的实质就是通过分析参展商与观展商的购买过程，明确影响参展商与观展商购买行为的主要因素，从而帮助会展企业制定经营决策。图6-2“参展商购买过程示意图”具体地表明了参展商购买过程中的一系列行为，观展商的购买过程也与此类似。

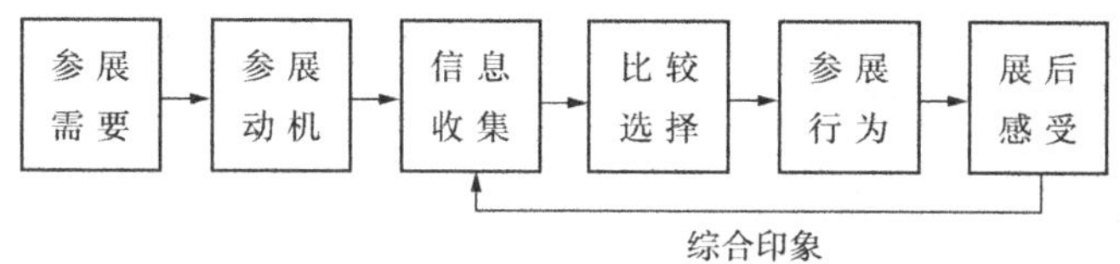

图6-2 参展商购买过程示意图

会展企业市场调研就是运用多种方法对会展市场信息进行综合的调查和分析研究，会展信息是指反映会展活动特征及其发展状况的数据、消息、情报等的总称，它是企业发现新的市场机会和进行正确的经营决策的基础。若以市场信息的内容为标准，会展市场信息研究大致可分为三类，即市场开发方面的信息研究、会展技术方面的信息研究以及专业客户方面的信息研究等（如表6-1所示）。

表6-1 会展市场信息分类

信息类型	主要内容
市场开发方面的信息	会展市场的现状及发展趋势 同类型展览会的经营状况 展览会的市场占有率 潜在竞争者的数量和规模
会展技术方面的信息	会展场馆建设与装潢技术 新的布展概念与工艺 更先进的会议或展览设备 其他相关技术
专业客户方面的信息	参展商或与会者的基本情况 忠诚客户的经营动态 参加展会的目的 对展会项目、服务、价格的要求、建议和意见等

4）会展营销计划制订

会展企业营销计划是在企业营销战略规划的指导下所制订的切实可行的总体行动方案，它包括对会展营销形势的总结、营销目标的制订、营销策略和具体行动方案的构思等。会展营销计划的内容一般如图6-3所示。

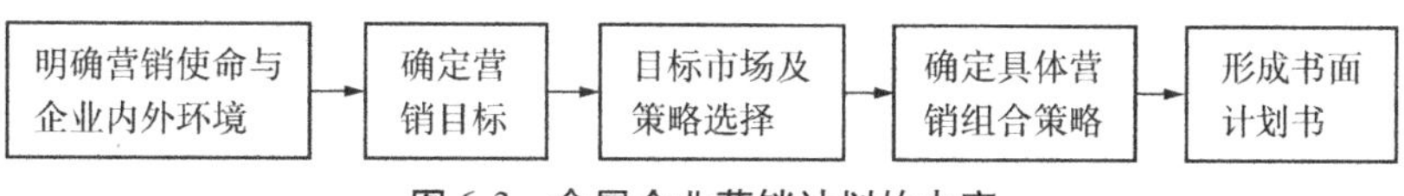

图6-3 会展企业营销计划的内容

5)会展企业营销组织与执行

会展企业营销部必须根据营销计划明确本部门的营销目标和具体的营销任务,并在此基础上设置合理的营销组织机构、配备相应的营销人员并赋予其相应职务,同时,还需根据营销目标与营销活动计划安排分配给各部门各岗位各阶段的目标以及不同时期各营销人员应承担的具体任务。在营销活动实施过程中,营销部必须不断收集和反馈信息,并将信息提供给企业营销信息分析研究的部门,供其随时掌握企业营销工作的进展和市场信息。

6)会展企业营销评估与控制

营销评估与控制是保证会展企业营销计划顺利实施的重要环节,它通过及时搜集处理各类营销信息,监督营销计划的执行,调整营销活动中偏离营销目标的行为和做法,及时反馈营销信息和营销执行情况,不断评估营销人员的工作效果,以促进营销活动的顺利开展,实现企业营销计划和目标。会展企业营销评估包括对各种营销活动进行分析与比较、对营销部门及其人员业绩的评估,对营销组织机构进行评估与调整等;会展企业营销控制包括销售控制、利润控制、客源结构控制等内容。

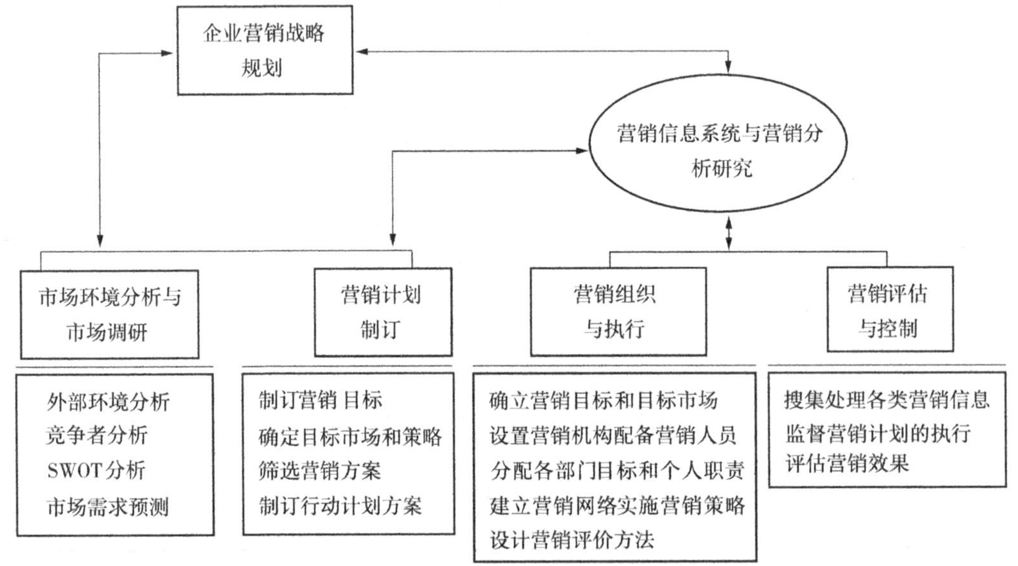

图6-4　会展企业市场营销管理的内容体系

6.1.3　会展企业的主要营销策略

市场经营策略研究对于优化会展企业的经营效果具有重要意义。虽然每种经营策略反映的是会展企业经营过程的不同侧面,但都有一个共同的目的,就是帮助会展企业选择最合适的目标市场,并充分发挥企业的优势,增强会展企业的市场竞争力。

1)市场定位策略

市场定位是在市场细分概念的基础上于20世纪70年代提出来的。它指会展企业根据客户偏好、资源优势和竞争态势,在市场细分的基础上确定目标市场,并为占据目标市场所采取的相应策略。

(1)会展市场细分

科学的市场细分是会展企业制订市场定位策略的重要前提,为保证市场细分的结果能正确反映市场结构的现状,会展市场细分应遵循可操作性、可进入性和可盈利性的原则。会展市场细分的最终目的是帮助会展企业有效地选择并进入目标市场。只有在明确目标市场后,会展企业才能依据自身的发展目标、资源优势及竞争态势等,设计适销对路的会展项目,并采用恰当的营销组合,从而有效扩大市场份额。

(2)目标市场策略

目标市场的选择即在市场细分的基础上,通过分析各细分市场的特点和企业的经营状况,确定目标市场并采取适当的策略予以占领。目标市场的选择一般要综合考虑会展企业实力、会展产品特点、市场需求特征、产品生命周期、市场竞争状况等多方面的因素。与一般企业的目标市场选择策略一样,会展企业在选择目标市场时也通常采用以下 3 种策略:

①无差异策略。无差异策略又称整体目标市场策略,即会展企业尤其是具体的展览会或会议不考虑购买者需求的差异性,而视目标市场作为一个整体,只推出单一的会展项目,并运用统一的市场营销组合,以满足整个市场的需求。

这种目标市场策略的突出优点是经营成本和销售费用较低,且有利于形成规模和培育会展品牌,缺点是对大多数展览会不太适用,并容易导致激烈的市场竞争。

②集中策略。所谓集中策略,是指会展企业在市场细分的基础上,仅选择其中的一个或少数几个细分市场作为目标市场,然后集中企业的所有力量实行高度的专业化经营,以确保在少数细分市场上占有较大的市场份额。

这种目标市场选择策略比较适合中小规模的会展企业,以及特色鲜明、能吸引特定购买者的会议或展览。其突出特点是使会展企业充分发挥自身的资源优势,从而在特定市场上具有相当的竞争力,同时还具有资金周转灵活、经营特色明显、更好地满足参展商的需求等众多优点。采用此策略的缺点主要体现为过分依赖某一市场,经营风险较大;若所选定的目标市场盈利能力强,则极容易招致竞争者介入等。

③差异化策略。差异化策略即指会展企业根据资源条件和外部环境,选择两个或两个以上的细分市场作为目标市场,然后针对各个细分市场的需求特点,推出不同的会展产品和采取不同的营销组合。

差异目标市场策略的主要优点在于:有利于扩大会展企业的总收入和树立良好的企业形象;即使会展企业推出的某个展览会遭受严重的市场竞争和市场考验时,对于企业整体经营的稳定性也难以形成致命打击。其局限性在于成本费用较大,而且由于经营力量分散,形成规模效应的难度较大,并容易影响经营效率的提高和整体优势的发挥。

2)市场发展策略

一个会展企业要在激烈的市场竞争中站稳脚跟,就必须努力扩大本企业产品在市场上所占的份额,即提高产品的市场占有率。为实现和保持较高的市场占有率,会展企业应采取合适的市场发展策略,其总体原则是扬长避短、发挥优势。总的来说,会展企业可通过两种途径来占领新的市场,一是扩张,二是多角化经营,具体表现为 9 种方法,如图 6-5 所示。

	原有产品	相关产品	新型产品
原有市场	市场渗透策略	产品开发策略	产品创新策略
相关市场	市场开发策略	多角化经营策略	产品发明策略
新兴市场	市场转移策略	市场创造策略	全方位创造策略

图 6-5　会展产品-市场战略

下面，将以某个会展企业推出的 A 展览会为例，详细阐述上述市场发展策略中 5 种常用策略的含义：

市场渗透策略指会展企业立足于原有市场和产品，通过改进产品和服务，逐步提高 A 展览会的市场占有率；

市场开发策略的核心是为展览会 A 寻找新用途、新客户，即以原有产品或稍加改进后的产品争取新的参展商；

市场转移策略是指企业将 A 展览会销售给竞争对手尚未进入的新兴市场；

产品发明策略指会展企业精心策划其他企业从未推出过的新型展览会，并力图进入这些企业已经成熟的市场；

多角化经营策略即指会展企业凭借现有资源优势，同时向多个行业的其他业务发展。这种策略有助于会展企业分散经营风险，增强应变能力，但容易产生泡沫经济现象。

3）市场竞争策略

会展企业之间的竞争，主要目的是为了争夺最有利的目标市场，并占领更大的市场份额。由于各会展企业的总体实力和竞争优势不同，在竞争策略选择上也大不一样。总的来说，会展企业在市场竞争中主要运用 6 种策略，即品牌制胜、创新制胜、服务制胜、技术制胜、价格制胜以及规模制胜。

若以市场地位为依据，会展企业的竞争策略又可分为市场主导者、市场挑战者、市场追随者和市场利基者策略。以上各种竞争策略所强调的重点有着明显的区别：市场主导型策略的重点是开拓会展市场总需求、保持企业的现有市场份额和提高市场占有率；市场挑战型策略的基本原则是攻击领导型会展企业或其他竞争对手，以夺取更大的市场份额；市场追随者的常用方法是效仿主导型会展企业，为市场提供类似的展览或会议项目；市场利基者通常着重开发被大型会展企业忽视的小部分市场，以求得“夹缝”中的生存，其主要经营策略与经营方式是实行专业化营销。

4）营销组合策略

市场营销组合（Marketing Mix）是 1964 年美国哈佛大学鲍顿教授首先提出来的，现已成为市场学的一个重要概念。对于会展企业而言，营销组合即指企业为了满足目标市场的需要，对会展产品、参展报价等各种可控变量（Controllable Factors）的组合使用。有效的营销组合是会展企业市场营销活动能否成功的关键。

会展市场营销组合中包含的可控因素很多，但大致可以概括为 4 个基本变量，即会展产品、展会报价、分销渠道和促销手段。其中，每一种变量又包含许多内容，从而形成若干亚组合。会展营销活动的实质是综合发挥会展企业的相对优势，做到产品、价格、促销等多方面的

"适合"和各种可控因素的动态组合。

需要特别指出的是,1984 年后,国际著名的营销大师菲利普·科特勒先生提出了大市场营销(Mega-marketing)的思想,即 6P'S 理论。他认为企业不应该简单地顺从和适应外部环境,而是要尽力去影响自己所处的营销环境,鉴于此,他在 4P'S 的基础上又提出了两个 P——权力(Power)和公共关系(Public Relations)。根据 6P'S 理论,合理利用政治力量和公共关系,有助于会展企业打破国内外的各种壁垒,开辟新的市场,当申办国际性的展览会或由官方举办的国际性会议时尤其适用。

6.2 会展市场营销的主体构成

会展市场主体是指会议与展览运作过程中的主要参与者。会展市场主体主要包括 3 个部分,即展会的组织者、参展商与观展商。会展组织者是一个展会事件的发起者,整个展会事务的执行者,以及展后事务的处理者,是在会展中处于主导地位的市场主体。通常在会展的实际运作过程中,展会的组织者又分为主办者和承办者,主办者与承办者在法律地位与职责上有明显的区别。参展商是受会展组织者邀请,通过订立参展协议书(或会展合同),于特定时间,在展出场所展示产品或者服务的主体。观展者是通过购买门票或提前注册入场参观、与参展商进行洽谈的自然人、企业以及其他相关的市场主体。下面,主要从展会主办者、承办者、参展商和观展者 4 个方面进行详细阐述。

6.2.1 主办者

会展主办单位大多为政府部门和事业单位性质的各类协会、商会等,其在主办各类展会时,也必须充分尊重参展商和观展商的自由选择权。由于我国目前既没有专门的会展法,也没有专业会展组织者资格的认定标准,因此对于会展主办者资格的认定并没有专门部门和专门文件作出明确规定,一些零散的规定散见于部委规章、地方性法规,甚至是部委的某些函件中。如在《关于出国(境)举办招商和办展等经贸活动的管理办法》中,对涉外会展主办单位资格应具备的条件做了相关规定。该《办法》第五条规定:"外经贸部及其授权的单位,主办全国性的赴国(境)外的招商活动。各省、自治区、直辖市、计划单列市人民政府的对外经济贸易主管部门,主办本地区的赴国(境)外的招商活动。除上述单位外,不得组织赴国(境)外的招商活动。"接着《办法》第六条则根据办展的范围和规模,对主办单位做了进一步的具体规定。

关于展会组织者(包括主办者和承办者)的职责,在《关于出国(境)举办招商和办展等经贸活动的管理办法》中也作出了相应界定。《办法》第七条规定主办单位的职责为:根据外经贸发展战略需要,结合本地区、本单位业务实际,制订并负责向外经贸部申报出国(境)招商活动和办展活动计划,选定招商项目、展览商品和参加活动的企业、审核招商或办展承办方案、监督检查招商或办展活动的效果。

从 1997 年我国会展活动的实际运作来看,展会的主办者主要包括各级政府部门、各级贸易促进机构、各类行业协会、商会以及部分规模较大的企业等。

1)政府部门、贸促机构

各级政府部门和贸易促进机构代表国家和地方利益,因此在组织展会时,主要考虑的因素是国家和地方的经济发展规划、贸易和产业政策等,从而在此基础上兼顾考虑其他因素做展出决定。如对于世界博览会,由于世界博览会是全球最高级别的国际展览会,是各国动员全国力量,全方位展示本国社会、经济、文化成就和发展前景的最好机会。举办世界博览会,能给举办国创造巨大的经济效益和社会效益,提升举办国的知名度,促进社会的繁荣和进步。因此,世界博览会的申办和主办通常由各国政府部门和申办城市的政府部门担任主办者的重要角色,对世界博览会的全程进行运作。

2)行业协会、商会

商会、行业协会代表行业的利益,因此主要考虑产业或行业的相关政策与发展。在我国大多数举办成功的国际性展览,其主办者都是中国的行业协会,而非行业协会主办的同类展览一般都不如行业协会主办的展览有规模和有影响力。我国行业协会主办专业展览主要具有以下几方面的特点和优势:

◆行业协会掌握全面的行业信息和发展动态,办展具有针对性,能较好地满足行业、参展商和用户的需要;

◆行业协会拥有众多的会员单位,与国内外同行具有广泛的联系,拥有庞大的网络系统和较大的影响力;

◆行业协会在办展的同时,往往还要举办一些对行业发展有针对性的学术交流活动和新产品、新技术介绍活动,以及行业的重要的会议等,这是其他单位办展所不具备的;

◆行业协会容易得到政府部门和国际行业组织的支持和帮助,以及行业企业的信赖。

因此,即使是国外的知名展会“移居”中国,要想占据中国市场,通常也必须与我国相关行业协会合作,才能保证展会的规模和水平。我国各类行业协会众多,如中国软件行业协会、中国电子元件行业协会、中国印染行业协会、中国仪器仪表行业协会、中国船舶代理行业协会、中国抗菌材料及制品行业协会等,几乎各行各业都成立了自身的行业协会。而商会则一般为各地设置的商会,如四川省总商会、海南三亚市总商会、福建泉州市总商会等,也有按行业分成立的商会,如中国信息产业商会、中国机电商会、福建惠州鞋业商会等。

3)公司企业

公司与企业主办展会时,通常与政府部门或行业协会结为伙伴,这样有利于提升展会的知名度和扩大展会的影响力。一些大型企业自己主办展览的目的主要是发布新产品,增加销售额,提升公司形象等。

无论是政府部门、贸促机构,还是行业协会和商会,以及公司企业,虽然办展的出发点有所不同,但是在做出展出决定时,都应从实际需要出发,力求站得更高、看得更远、展览举办得更科学。

6.2.2 承办者

从表6-2“我国部分展会主办者与承办者一览表”可以看到，展会承办者一般为企业法人，承办者主要负责展会的具体运作以及运作过程中的具体事务。

对于我国会展承办单位资格的规定，目前我国实行的是资格审定制度。凡从事境内对外经济技术展览会（简称“来华展”），或出国举办经济贸易展览会（简称“出展”）业务，都必须获得政府有关部门批准的办展资格，否则不能进入展览市场。对来华展资格审定是必须经外经贸部批准获得办展资格的单位，才能从事来华展览业务。目前全国具有举办来华展资格的单位约300多家。

对于出国展览资格的审定，则主要依据中国国际贸易促进委员会2000年颁布的《出国举办经济贸易展览会审批管理办法》，《办法》中规定下列单位具有出国办展资格：中国贸促会及其行业分会；各省、市、自治区及计划单列市（含原计划单列市）贸促分会；各省、市、自治区及计划单列市（含原计划单列市）外经贸主管部门；原外贸、工贸总公司；各进出口商会和外商投资企业协会；以及经外经贸部批准的其他单位等。目前全国具有出国办展资格的单位约200多家。从国际标准来看，目前我国会展公司的标准化程度与国际水平还有很大差距，至今国内只有几家展览公司通过了ISO 9002质量认证。加入WTO，我国会展公司在承揽展览业务，尤其是国际展览业务时，国际标准和资质将成为企业参与竞争的重要砝码。

关于我国会展承办单位的职责，在原对外贸易经济合作部公布的《关于出国（境）举办招商和办展等经贸活动的管理办法》第七条中做了相应界定：“根据主办单位的要求，具体办理布置展场、运送展品、安全保卫、广告宣传、现场活动、安排人员食宿交通、办理出国手续、收取费用等工作。”事实上，随着展会组织专业化程度的增强，展会承办者的职能在不断扩充，例如由展会主办者负责的招展招商活动都由承办者按照主办者要求，具体运作完成。

表6-2 我国部分展会主办者与承办者一览表

展会名称	主办单位	承办单位
2002第九届中国国际医药展览会	国家食品药品监督管理局 杜塞尔多夫展览（中国）有限公司	杜塞尔多夫展览（中国）有限公司
2003第十届中国国际给水排水技术及设备展览会	中国建筑金属结构协会给排水设备分会 中展集团北京华港展览有限公司	中展集团北京华港展览有限公司
2004第四届中国国际轮胎及橡胶技术展	中联橡胶（集团）总公司	中联橡胶（集团）总公司
2004第五届航空航天博览会	中国国际贸易促进委员会 国防科学技术工业委员会 广东省人民政府 中国民用航空总局 中国航空工业第一集团公司 中国航空工业第二集团公司 中国航天科技集团公司 中国航天科工集团公司	珠海航展有限公司

续表

展会名称	主办单位	承办单位
2004 第三届中国(武汉)国际工业自动化展览会	中国国际贸促会武汉市分会 中国国际商会武汉商会 湖北省机械汽车行业管理办公室 湖北省自动化学会 湖北省仪器仪表学会 武汉市自动化学会	湖北好博展览有限公司 中国国际贸促会武汉市分会
2003 上海国际汽车展	上海市贸促会 中国国际贸促会汽车行业分会 中国汽车工业协会	上海市国际展览有限公司 德国慕尼黑国际展览有限公司 国际交易会及展览有限公司

6.2.3 参展商

从参展企业角度来看,参展应诠释为企业的一种营销活动,企业在展会中不仅可以展示新技术、新产品,更可以借此树立品牌形象,提高企业和产品的知名度。同时,除了展览本身以外,在展会期间举行的各种会议、论坛、表演以及招待会等活动更成为展会吸引企业的附加因素,展会以其独具的专业性和针对性成为国内外企业面对客户、展示自我的重要手段。参展商类型根据不同的性质可以分成不同的类型。

1)根据参展区域划分

对于会展组织机构和会展主办地来说,根据参展商所属地区的不同,可以将参展商分为区内参展商、国内参展商、国际参展商。顾名思义,区内参展商是指参展所在地参展的人员,国内参展商是指本国境内前来参展的人员,国际参展商则是指以境外注册企业或境外品牌名义参加展览的人员。境外参展商占整个展会人员比例的多少是衡量和评价一个展会国际化程度的重要指标,所以拓展区域市场是提升会展产业影响力的重要手段之一。

2)根据参展目的划分

明智的企业参展都应该带有一定的目的,可以分为基本目的、发展目的和提升目的。所谓基本目的就是为了销售、产品与成交目的,展览时间虽然短,为了便于客户直接与商家交流,大多数参展者都希望在展览会上达成一些协议或意向,并以之为他们在展览会的最大收获;发展目的就是为了利于公司以后的发展为目的而参展,这种目的包括了解市场、发现需求、了解客户需求、收集市场信息和试探定价余地;提升目的就是为了需求合作、交流经验、扩大销售网、寻求新代理和提升公司形象等几种。按照参展目的对参展商进行划分有利于市场定位。

表 6-3 参展目的分类

基本目的	销售目的、产品目的、成交目的
发展目的	了解市场、发现需求、了解客户需求、收集市场信息、试探定价余地
提升目的	寻求合作、交流经验、扩大销售网、寻找新代理、提升公司形象

3)根据参展地位划分

目前,展会开始由综合性展会向专业性展会过渡,一场展会的举办将某个行业的企业聚集在一定的空间之内,而行业是个庞大的系统,按照各个参展商在行业中的地位,可以将其分为领导者、成长者和落后者3个群体。所谓领导者就是指参展企业中一些规模庞大、实力雄厚的龙头企业或组织,他们在行业中有着很大的影响力和号召力,是行业的老大;而实力超强的企业毕竟是少数,大多数参展企业处于成长阶段,他们发展潜力强劲,但是目前他们实力相对于领导者来说还比较弱小,处于成长阶段;落后者从规模和影响力方面都不能和前两者相比,但是他们可以通过展示自己的经营特色来达到自己的参展目的。

4)根据合作程度划分

根据参展商之间合作程度不同来划分,可以将参展商群体分为单独参展商、联合参展商。所谓单独参展商就是参展商以单个组织或个人的名义参加展会;联合参展商就是指由两个或两个以上参展商组成的参展群体,利用联合参展的形式可以节约成本和制造声势,很多企业参加国外的展览时,通常会采取联合参展的方式进行参展,这样可以降低风险,减少投资。

6.2.4 观展者

观展者是会展经济中另一个重要的构成部分,按照观展者的身份及目的可以将其分成专业观展者和一般观展者。

1)专业观展商

专业观展者是直接与参展者利益相关,成为会展市场中关键要素的观众群体,他们或扮演供给方的角色或成为需求方,因此,专业观展者参加展会的目的是直接与其业务相关。按照专业观展者的参展目的又可以分为产品供需型和技术探求型。产品供需型专业观众以产品交易为最终目的,通常由市场人员构成,如采购员、市场部经理等;技术探求型专业观众则不以达成合约为目的,其观展的目的在于探求相关领域技术的发展状况,了解该领域的最新动态,该类观众主要由技术人员构成,如软件开发者、工程师、设计师等。

2)一般观展商

一般观众则不以达成交易为目的,而是出于兴趣和爱好来了解展会情况的群体。由于一般观众只是希望初步了解展会情况,因此,参展商不会像对待专业观众那样重视一般观众,所以许多展会,尤其是专业技术方面的展会不允许一般观众入场,即使允许也安排在展会的最后两天。但是对于消费类展会而言,一般观展者受重视程度较高。

6.3 会展市场营销体系

会展市场主体的多样性和会展活动的复杂性决定了会展营销活动的复杂性。一次大型的展会是一项复杂的系统工程,其直接表现就是多个利益相关者。成功举办一个展会涉及城市、主办者、会展企业、场馆、参展商、工程搭建商等，每个层次的营销活动和营销对象以及营销目的都大相径庭（见表6-4），现以会展城市、会展主办者、会展企业、参展商为主简单论述他们的营销对象、营销内容和营销目的。

表6-4 会展市场营销体系

营销主体	营销对象	营销内容	营销目的
会展城市	会议或展览组织者	优越的办展环境	吸引更多、更高档次的会议或展览在本城市举办
会展主办者	参展商、政府、观展商、媒体	强调会展对当地的贡献率和对产业的拉动力、展会的规模、档次和观展者	吸引更多的参展商参展、观展商观展、政府的支持
会展企业	会展主办者、媒体	大力宣传自己的展会策划能力	争取承办展会策划业务，树立企业形象
展览场馆	主办单位和展览公司、参展商、专业观众、媒体	功能完善的设施和优良的配套服务	吸引更多的档次高的展会在本中心举行，提高场馆知名度
参展商	专业观众、其他参展商、媒体	宣传自己的新产品、新服务和新技术等	吸引新客户和新的合作单位以及树立本企业的形象
旅游企业	会展主办者、参展商、观展商	宣传自己的专业服务	争取会展外围服务，招揽更多业务

6.3.1 会展城市营销

举办会展活动需要有良好的外部环境作支撑，同时，会展产业的发展需要各种要素的自由流动，这客观要求外界充分了解会议或展览的主办城市，并渴望与主办城市的各类企业进行业务交流。因而，会展城市营销可以为城市会展经济的发展提供良好的环境。会展城市营销的对象主要是会议或会展主办者，主要宣传城市优越的办展环境，在营销运作时应重点关注以下3个方面：

1）政府牵头，组织整体促销

通过这种方式，城市可以将会展整体营销的市场运作和政府主导有机结合起来。当然，在具体操作时每个城市应该依自身的实际情况灵活处理。例如，除了举行以介绍城市会展业的总体情况为主题的说明会外（这部分费用一般由政府来承担），还可以策划品牌展览会的专场推介会，参加此推介会的展会主办者或企业便需要交纳适当的费用。

2）抓住时机，开展事件营销

事件（Events）一般指有较强影响力的大型活动，其范围相当广泛，包括国际会议或展览会、重要体育赛事、旅游节庆，以及其他能产生较大轰动效应的活动。作为一种新的营销理念，事件营销（Events Marketing）的实质就是地区或组织通过制造有特色、有创意的事件来吸引公众的注意，并让其对自身的品牌或产品产生好感。会展城市进行事件营销主要有3个渠道，即举办节庆活动，利用重要事件，制造公关事件。

3）建设 DMS，推进网络营销

人类社会已经步入信息时代，各类企业在经营活动中都广泛借助国际互联网来收集、处理信息和汇集、整合资源，作为第三产业中一支重要力量的会展业也是如此。在将城市作为一个整体向外推广营销的过程中，最终形成了目的地营销系统（即 DMS，Destination Marketing System）。会展城市可以运用 DMS 来开展营销活动，甚至可以和旅游目的地营销有机结合起来，以整合各类资源，特别是基础设施、专业场馆、市民素质、科技水平等，并能有效降低营销成本。

6.3.2 会展主办者营销

因为举办一次展览会，展会的主办者主要和政府、参展商、观展商和媒体接触，所以会展主办者市场营销的对象主要是这 4 个群体。通过对政府营销获得政策、资金等方面的支持；通过对参展商的营销获得高层次的企业参展；通过对观展商的营销获得足够多的专业观众；通过对媒体的营销来影响公众的思想和观点。

1）重点政府推广，获得政策支持

每个会展主办者都希望得到政府的支持，这种支持不仅是资金的投入，更重要的是政策上的。但是政府一般只对一定性质和规模较大的展会予以关注并给以相应的支持，这些展会一般是政治意义重大或者能够给当地经济有明显促进作用的展会。所以为了获得政府支持，主办者需要向政府进行推广，推广的主要方面是强调此展会对当地经济的推动作用和对产业的贡献率大等作用，以引起政府的注意。

2）准确市场定位，加大参展商营销

从一个展会的收益点来看，参展商的展位租赁费占展会收益的一大部分，所以参展商营销是展会营销的核心工作。对参展商营销应该通过强调展会的规模和档次，以及专业观众所占比例的多少来吸引他们的参加。即首先向目标群体提供科学可行的专业观众营销计划，这是参展商们最为关心的问题；其次对展会的配套服务和参展政策进行承诺。

3）及时传递信息，吸引专业观众

专业观众的质量和规模影响着参展商的参展积极性，所以专业观众营销和参展商营销是相辅相成的。对专业观众的营销，展会主办者主要向他们传递展会有关信息，比如展会的规模性、权威性以及参展商的档次、其他专业观众的观展信息等，其最终目的是为了让专业观众了解展览会的内容、参展商情况以及可能给自己带来的价值，从而激发他们做出参展的决定。

6.3.3 会展企业营销

在瞬息万变的市场中，为了通过有效的营销活动争取承办展会策划业务，从而树立企业形象是会展企业能够在竞争中立于不败之地的有效手段。

1）塑造企业形象

一个市场认知度较高的企业容易得到参展商、主办者和专业观众的认可，而市场认知度要靠企业的知名度和美誉度来体现，所以会展企业要进行市场推广，首先要打造提升自身的形象。打造企业形象是一个长期的过程，是一个系统工程，需要在制定长远战略的基础上进行。

2）依托品牌展会

品牌是市场竞争的产物，是现代企业的一项重要无形资产。会展企业通过依托品牌展会来提升自己的形象和塑造品牌。因为良好的品牌最终必须通过适销对路的产品和优质的服务来体现。会展企业能够拥有品牌产品，参与品牌展会的策划是会展企业营销活动的重要策略。

6.3.4 展览场馆营销

会展场馆面对的服务对象十分复杂，除了展览会的主办单位和展览公司，还有参展商、专业观众、媒体记者甚至一般市民。展览场馆开展营销活动的主要目的有两个：一是树立鲜明的品牌形象，以吸引更多、更高层次的展览会；二是在设施布置、市场开发、现场管理等方面都更加人性化、专业化，切实提高面对各种对象的服务水平。会展场馆营销主要采用的方式有以下3种。

1）参与城市整体营销

所谓城市整体营销，就是整合城市的相关资源，进行统一设计和精心策划，并通过旅游节庆、文艺演出、媒体广告等途径，向公众宣传城市的经营理念、建设成就、自然资源和精神风貌等，从而改善城市环境、树立城市形象，增强城市对国内外各种资源的吸引力。而成功的国际会议或展览会都属于城市促销活动，对于宣传城市、提高城市知名度和美誉度有重要意义。因此，会展场馆应以城市景观、城市功能建筑、城市重要活动场所等多重身份融入城市整体营销。

2）实施品牌形象战略

不管是展览场馆，还是展览公司或展览会，品牌和形象都是其经营走向成功的关键。CIS战略是打造场馆品牌和形象的关键。展览场馆品牌的塑造离不开公众尤其是展览公司对其企业形象的认可，只有在公众心目中树立了良好的形象，场馆的个性化服务才可能被人们接受和传播。因此，国内展览场馆要加强质量的控制，全面导入CIS战略，并在此基础上综合运用多种手段，实施品牌延伸策略，树立良好的市场形象。

3）拓展功能提升吸引力

展览场馆拓展功能才能产生更为强烈的吸引力，并且能在会展淡季形成持续的效益。在此方面国内展览场馆应当向展览业发达国家学习。国外展览中心一般都能提供全方位的服务，包括银行、邮局、海关、航空、翻译、日用品、商店、餐馆，整个服务体系成为一座城中城。例如，新加坡博览中心拥有新加坡第二大的厨房（第一大厨房在机场），可同时供一万人用餐，并可以为参展商提供不同档次的商务套餐。德国许多展览会场中间的露天场地一般设有快餐中心区和休息场所，设有躺椅和遮阳避雨通道，以利于观众小憩。快餐中心区一般还设有风味特色餐厅，如亚洲餐厅和西式餐厅等，以满足人们多样化的需求。

6.3.5　参展商营销

从参展企业角度来看，参展应诠释为企业的一种营销活动，企业在展会中不仅可以展示新技术、新产品，更可以借此树立品牌形象，提高企业和产品的知名度。同时，除了展览本身以外，在展会期间举行的各种会议、论坛、表演以及招待会等活动更成为展会吸引企业的附加因素，展会以其独具的专业性和针对性成为国内外企业面对客户、展示自我的重要手段。

下面将主要介绍参展商参加展会的具体筹备工作，并就筹备工作中的重点进行详细阐述。在企业所有的营销方式中，参展环节最多、周期最长，而且各个环节紧密相连。因此，参展商的参展筹备工作是一项长期的工作计划安排，从经费预算、人员安排（包括筹备人员和参展人员），到项目运作（包括调研、联络、展品、运输、设计、施工、宣传、公关、膳食行）等都要统筹考虑安排。表 6-5 列出了"参展商展会筹备安排一览表"，参展要做到有备而来、满意而归，可将参展商的参展归纳为以下 16 个字"谨慎选择，及时决定，用心准备，完善服务"。

表 6-5　参展商展会筹备安排一览表①

时　间	参展筹备工作
12 个月前	选定全年展览计划
	向展览组织者提出申请
	选定展览场地
	进行展览财务预算
9 个月前	设计展览结构
	取得展览管理公司的设计批准
	选择并准备参展产品
	与国内外客户联络
	制作展览宣传册
6 个月前	实施各种推广活动
	支付展览场地及其他服务所需预先付款
	检查展览准备工作
3 个月前	继续追踪产品推广活动
	最后确定参展样品
	准备赠送客商的特色样品或礼品
	最后确认展位结构设计方案
	计划访客回应处理程序
	训练参展员工
	排定展览期间的约谈
	安排展览现场或场外的招待会

① 如何正确选择展览会备忘录，新华会展网会展殿堂. www. xinhuanet. com/expo.

续表

时　间	参展筹备工作
四天前	装好运货文件、展览说明书及公司和产品宣传册
	出发前往目的地
三天前	视察展览厅及场地
	咨询运输商，确定所有运送物品的抵达
	指示运输承包商将物品运送至会场
	联络所有现场服务承包商，确定一般准备就绪
	与展览组织者联络
	访问当地客户与顾客
两天前	确定所有物品运送完成
	查看所订设备及所有用品及功能
	布置展位
	最后决定所有活动节目
一天前	将摊位架构、设备及用品做最后的检查
	与公司参展员工、翻译员等进行展览前最后简报
展览期间	于展览第一天即将新闻稿送到会场的记者通讯厅
	现场详细记录每一个到访客户的情况及要求
	每日与员工进行简报
	每天将潜在商机及顾客资料送回公司，以便即时处理及回应
展览结束	监督摊位拆除
	尽早预约明年展览场地
	处理商机，寄出谢卡

1）谨慎作出参展决定

“谨慎作出参展决定”对参展商有两方面的要求。一方面是，参展商的参展目的要明确，在选择展会时要谨慎。尤其是目前我国会展业处于发展时期，会展市场秩序和市场机制还不完善。各种展会数目繁多，良莠不齐，因此企业在选择展会时要进行详细的调研工作。考察会展项目与本企业的行业或产品是否相符，主办单位与承办单位的具体情况，向相关行业协会询问展会的具体情况等。展览调研主要有 4 种方式，根据综合展览资料进行研究选择，根据具体展览资料进行研究选择，通过直接询问有关方面获取资料进行研究选择，以及通过实地考察获取资料进行研究选择。企业可根据需要选择调研方式，展览项目的合适与否将直接影响企业效益，因此必须采用认真的态度和科学的方法进行对待。

另一方面是，企业一旦做出参展决定，就要尽早提出参展申请，开始参展筹备。因为越是好的展览，申请者越多，然而参展名额有限，展览会组织者招展的公开原则通常是在对申请者进行资格审查的基础上按先来后到排序，并按此原则接纳新的参展者。就世界最好的展览会而言,连续等候数年仍不能参展的现象很普遍。因为展览会面积有限,现有参展者一般不会轻易退出,新进者便只有等待因违反展出规定而被禁止参展者的空缺。因此企业要尽早着手参展的申请与筹备,从而尽早落实参展时间和参展场地。

2)积极配合展前宣传

企业参展前的各种宣传推广活动也必不可少,如广告宣传在整个展览过程中扮演着重要角色,参展商应在展览会前在行业的专业杂志以及展览会刊上刊登广告及自己产品的特别报道。并提前将刊有自己产品彩页的专业杂志寄给目前及潜在的顾客群,提醒顾客该项产品将于会中展出,同时附赠由展览组织公司提供的且印有公司名称及摊位号码的展览入场券或贵宾卡。据调查,参观商参观那些曾经在展前寄发过邀请函的参展公司,比参观其他公司的展位机会大4倍,可见做好展前宣传十分有效。

同时,网页宣传也是一种重要的展前推广方式。越来越多的展览组织者提供参展厂商与展览网页的链接,参展者可借此提高公司知名度,并可与客户在网上探讨产品、销售技术等问题,并与客户约定在展会期间的会谈。这样将大大提高展会对于客户的吸引力,并提升参展商参展的针对性和效益性。

3)加强培训参展人员

员工是展览会的特使,加强对参展员工的培训是建立企业专业形象和提升参展效用的必需。对参展员工的培训,应培养参展员工的3种基本能力,善于与客户沟通的能力、善于收集展会信息的能力以及熟悉产品演示的能力。首先,员工要乐于并善于与客户交谈并准确了解和抓住他们的需要,并立即记下客户的信息。同时,员工要熟练并热情地宣传企业和产品,宣传时要做到富有感染力和热情饱满。因为在观展商与专业观众看来,参展员工就是企业和产品的代表,其表现对观展商的决定起很大影响。

4)精心策划展台设计

企业展台的设计是对企业和产品形象的综合反映,其不仅是产品展示的载体,同时展台设计还具备广泛的信息传播和广告宣传功能。目前展台设计以及展会期间的活动组织已发展成为一项专门的展览艺术——展览礼仪企划。展览礼仪企划起源于20世纪40年代法国巴黎的展览会,20世纪80年代末90年代初,伴随着我国会展业的迅速发展,展览礼仪在我国也逐步发展起来,专业化和规模性逐渐增强。

展览礼仪企划包括从展台设计到各种配套活动的举办,通过专业策划公司的精心策划,为参加展览会的公司提供最完美的参展活动设计方案。硬件策划包括展位展台布置,以及与之配合的各种声、光、电效果;软件策划则包括各种宣传促销活动、展览礼仪模特的培训及包装等,从而最大限度地表现出参展商的优势。进行展览礼仪企划首先要了解展览会的类型、企业品牌、产品特点、展位的周边环境及竞争对手的情况等,从而确定展台风格,并进行整个礼仪活动的创意策划。进而根据创意将参展人员进行分工,包括解说员、演员、展示员、接待员等,并进行人员培训。展览礼仪企划的发展提高了展览会建设的专业化程度,有效促进展览行业专业化的进程,从而使其更加适应市场竞争的要求。

5)用心收集展会信息

“用心收集展会信息”不仅指参展商要注重收集客户信息,同时展会使参展商及其竞争对手会聚一堂,因此这也是对竞争对手进行现场调研和信息搜集的时机。尽可能搜集有关竞争对手的资料,如对方的定价、产品比较、付款条件、交货方式等,研究竞争对手的独特之处,并寻找自身产品、销售人员、展品、宣传资料、顾客评价和展会前的营销策略及其在实施效果方面与竞争对手的差距。可通过以下问题来评估与同行间的差距与原因:①

①参展企业与同行间的差距是积极还是消极?

②目前的差距有多大?

③造成这种差距的原因与时间?

④在客户眼中,这种差距对你企业成长有何影响?

⑤如何应对这种差距及竞争对手?

⑥如果参展企业占据优势较大,竞争对手是否很容易赶上?

⑦将如何保持这种优势,可以保持多久?

⑧除了竞争对手,还有什么因素会影响你的竞争优势?

6)重视展会后续工作

“重视展会后续工作”也包括两个方面:一是展后对客户的跟进,从而使企业的销售更富有成效;二是重视对于参展效益的评估,每次展览会结束后立即与员工共同进行自我评估,以便不断改进,进一步提高下一次的参展效益。

6.3.6 旅游企业营销

旅游企业在会展活动期间进行营销,不是让其举办各种会展,也不是一定具有游览风景的过程,而是让旅游企业发挥行业功能优势,为会展活动提供相应的外围服务。旅游企业对会展的宣传和营销是多种多样的,具体形式要根据目标顾客的不同而定,主要有会展主办者、协会、参展商、观众等群体。

1)市场细分,针对性营销

展览会和展销会的宣传和营销既要向参展商进行宣传和营销,同时也要对社会公众进行宣传和营销。对于社会公众的宣传和营销一般通过宣传册、广告、公关活动、新闻媒体、折扣门票、名人参与的方式;对于参展商的宣传和营销则通过电子邮件、直接邮寄、宣传册、广告、内部公关、外部公关、举办新闻发布会等形式并配合价格、差异化服务产品组合来进行。

2)搭建平台,网络营销

随着信息技术的不断发展,信息技术为会展带来的不仅是硬软件的应用,更主要的是运作流程的优化和相关信息的集成、营销思维方式的改变等方面,要体现信息技术的真正优势,需

① 黄彬.充分利用展会实现企业目标[EB/OL].新华会展网会展殿堂,www.xinhuanet.com/expo.

要在整个运作过程中进行信息化。因此建立会展旅游信息服务体系成为一种必然。这个体系服务于会展的各个主体，为会展运作提供一个信息交流平台，其基本宗旨是在城市会展及旅游行业主管部门、会展企业、专业会议、展览组织者、参展商和专业观众之间建立起一座联系沟通的桥梁。

案例分析：小松山"把买家留住"的营销管理

小松山是日本一家生产推土机和巨型挖掘机的集团公司。小松山参展目标并没有非常特别之处，无数参展商每年都制订出相似的主题和可以比较的目标。但是，小松山突出的地方却是用高明的措施，真正留住了买家。

一、汇聚人气

小松山展区的焦点是前区和中区，这是一个有着80个座位的剧场式的主活动场所，舞台的台窗点缀得像色彩斑斓的飘扬的风筝，是参观者到达小松山展区的第一站。每隔半个小时，沃比—格林公司派出的4个演员就会来一段12分钟的演出，节目直接表现展销主题，即生产率、可靠率和价值率。节目间隙，小松山播出婴儿潮时期出生的人喜欢听的摇滚音乐，目的是吸引这群人。不出所料，当熟悉的摇滚音乐响起的时候，他们纷纷从其他展台来到小松山的活动场所，并坐下来欣赏美妙的音乐。既然坐下来了，加上受到演出后抽奖送望远镜以及每人发一顶帽子的鼓励，他们也就索性看完一场演出。5天的展览，80个座位从未虚席，现场的气氛还感染着100多个围观者。初步估算，至少有8 500人获得了12分钟演出传达的信息，超过了预先设定的7 500人的目标。

二、推动观众

每场演出结束时，迷人的女主持就会把小松山的帽子发给要离去的观众。这些美女并不是演员代理公司派出来的，而是麦克林先生亲自挑选的。她们聪明、礼貌、可爱，都是最有效率的观众组织者。这种印象不仅因为她们通过了精心的挑选，还因为她们有偿参加了博览会开幕前一天的培训课程，并同小松山另外85名展区服务人员进行了配合演练，对展览的整体情况了如指掌。

大约80%的观众为演出所吸引，进入小松山的展区，只有1/5的人去了其他展区。进入小松山展区的参观者很快就发现，这些女主持对他们很有帮助，因为主持人熟知产品经理、工程师以及具体产品的销售代表，她们可以帮助潜在买家与小松山的任何管理者见面。

三、多层展示

中心活动区域的演出结束一分钟之后，还有两个更短的演示活动。这两个演示主要是对具体产品的描述：中心区的左侧是推土机和滑动装货机产品系列；右边是挖土机、轮转装货机和垃圾车。产品演示原先设计都为8分钟，但在第一天的演示中发现，右侧的演示不能让观众坚持8分钟。于是，策划者们把其中的原因记下，以避免下一届展览犯同样的错误。女主持也运用她们学到的小松山产品知识，引导参观者积极参与进来，这样就延长了来此区域的参观者停留的时间。

展区内还有一个尖端的信息系统，利用该系统，参观者和员工可以追踪公司总部的雇员，以及参加展销的多数本地分销商。宾馆、手机号码、展台工作时间以及会议日程等全部都储存在该系统中，而且兼作产品示范台的15台电脑也都与该系统相连，随时可以查阅。

四、持续推动

如果参观者在产品演示结束之后不愿意参与销售代表组织的活动，也不想在电脑上查阅挖土机的技术指标，那么他们一定会注意到，在展区后部的轮转装货机模拟装置司机室和操纵杆是真实装货机上的复制品。这种装置就像一个复杂的虚拟现实的视频游戏，人们可以通过它来测试自己的操作技能，就像一个真正的重型机械的操作手。如果玩家能取得当天的最高分，那将是极大的挑战和自我满足。参赛者们排起了队，司机室里通常有10个或12个人轮流操作，两分钟换一人。外面排队的人可以同时观看现场即兴的喜剧表演和参赛者们的操作水平，真是一种享受。参观者平均等待的时间为20分钟，但是，他们花在这里的每一分钟都意味着对手失去了观众本该花在他们展台上的时间。

五、网站点击

价值180万美元、型号为PCI800的巨型液压挖土机，只适用于采石和开矿，但却是会展上最大的挖土设备。这台挖土机是从日本拆装后运到会展举办地，然后再拼装起来的。对于参观的承包商来说，这台机器就像硕大的巨兽，本身就具有吸引力。但是，小松山把它带来并不仅仅为了展示其笨重的外表，还有其他用途。参观者们被邀请站在1 414立方英尺的挖土机的铲斗里，拍摄一张数码照片，照片会立刻被贴到 www. komt. suatconexpo. com 网站上，并被这个网站保留大约6个月。但小松山是如何让这些人回来访问它的网站呢？个人照片是对参观展览的回忆，这种回忆证明是对上述问题的绝妙回答。在展中和展后的6周时间里，网站就被点击了37.5万次。由于点击者要查看他们的照片，所以他们也能查看小松山在博览会展出的所有21种机械产品的技术指标。

六、收集客户资料

被认为是潜在客户的参观者才是客户资料的收集对象。小松山在会展上收集了2 700份客户资料，麦克林先生认为他们完全达到了目标。90%的客户资料都包括了合格的问题答案，48%来自从未购买过小松山产品的人。这说明，在现有客户的基础上，这次展览成功地扩展了潜在客户群。

自参展以来，小松山每周都通过保存在“快速反应系统”内的客户资料来追踪分销商的销售进展。到6月中旬为止，由于参展的缘故，他们已经作成了好几笔买卖，包括博览会第二天就做成的交易。

资料来源：百度文库. http://wenku. baidu. com/view/0dbbfe02a6c30c2259019eac. html.

讨论题：

1. 分析小松山企业展会营销管理的成功之处。
2. 谈谈会展企业的营销创新。

【专业词汇】

会展市场营销(exhibition marketing)　参展商(the exhibitor)

【思考与练习】

1. 会展市场主体有哪些？分别有什么特点？
2. 谈谈会展企业市场营销的内容。
3. 会展企业营销的主要策略有哪些,思考可以从哪些方面进行创新？
4. 会展场馆营销主要有哪些方式？

HUIZHAN
会展经济与管理

第7章 会展人力资源管理

【本章导读】

本章主要阐述了会展人力资源管理的知识内容，共分为3节：第一节追溯了人力资源管理的理论源起，讨论了会展人力资源的概念和特征，分析了会展人力资源的构成体系；第二节着重对会展业人力资源管理的内容体系进行了系统阐述，会展人力资源管理的内容体系主要包括人力资源规划、工作分析、人员招募与选拔、培训与发展、绩效评估、人员激励等多个方面；第三节论述了我国会展业人力资源的开发与培养，分别从我国会展人力资源的开发现状，会展人力资源开发的原则，会展人力资源的价值诉求和具体的开发途径等几个方面展开介绍。

人力资源是会展业发展中至关重要的资源，因为人是创造财富之源，也是管理的根本，只有通过人力资源管理把人的积极性和创新性发挥出来，会展产业才能得到健康快速持续的发展。由于我国会展业发展起步相对较晚，专业会展人才较为缺乏，无论是展览组织者、管理者、施工人员还是为展览提供其他服务的人员，他们的整体素质与会展业发达国家相比都存在着较大差距，人才问题已成为严重制约我国会展业持续快速发展的“瓶颈”。因此，提高会展业从业人员知识水平、造就一批高素质的会展业管理人才是我国会展业快速发展的关键。

7.1 会展人力资源管理概述

7.1.1 人力资源管理的理论溯源

对人力资源的管理思想和具体实践可以追溯到美国古典管理学家弗雷德·温斯洛·泰罗，他在1911年出版了其代表作《科学管理原理》，核心思想是对工人进行科学的选择培训，使用标准的操作方法，实行差别计件工资制激励工人超额劳动。泰罗创立的科学管理理论标志着人类管理理论的正式诞生，其本人也被誉为“科学管理之父”。

法国古典管理理论学家亨利·法约尔在1916年出版其著作《工业管理与一般管理》标志着一般管理理论的形成，也从此确立了他“管理理论之父”的历史地位。其主要内容之一是提出了14项管理原则，其中涉及人力资源管理的有4项：个人利益服从整体利益、人员报酬、人员稳定、创新和团队精神。

被誉为“组织理论之父”的德国古典管理理论学家马克斯·韦伯在其著作《社会和经济理论》中，提出了“理想的”行政管理体制，他主张建立一种高度结构化的、正式的、非人格化的“理想的行政组织体系”，该理论在提高工人的事业心和成就感，提高工人工作能力和企业生产效率等方面有着很大贡献。

人际关系理论的创始人乔治·埃尔顿·梅奥发表的主要著作《组织中的人》和《管理和士气》中提出了工人是“社会人”而非“经济人”，新型的领导能力在于提高员工的满意度等主要观点，为现代人力资源管理理论的形成提供了重要的理论依据。此后，西方许多行为科学家以此为基础进行了更加深入细致的研究，提出了更多的理论观点，如马斯洛(A. H. Maslou)的需求层次激励理论、赫次伯格(F. Herzberg)的双因素激励理论、麦克莱兰(D. C. Macleland)的成就需求激励理论、麦格雷戈(D. M. McGregor)的“X理论-Y理论”的人性问题理论、波特(L. M. Porter)和劳勒(E. E. Lawler)合作提出的波特-劳勒模式等。

1960年美国经济学家西奥多·舒尔茨在经济学年会上发表题为“人力资本投资”的演说，被认为是人力资本理论诞生的标志。

从上文的分析中我们可以看到，人力资源理论是随着企业管理理论的发展而发展起来的，到今天人力资源管理已经与生产、营销、财务管理等具有同等的职能地位，成为企业组织一项必不可少的基本管理职能。

7.1.2 会展人力资源的概念和特点

1)人力资源

一般认为,人力资源是指能够推动整个经济和社会发展的劳动者的能力,它反映一个国家或地区人口总体所拥有的劳动能力,人力资源包括数量与质量两个方面。

人力资源数量是指一国或地区拥有劳动能力的人口的数量,分为3个经济层次:第一,理论人力资源,即一国或地区可利用的全部人力资源;第二,现实人力资源,即现实国民经济活动可以利用的就业人口和谋求职业人口的总和,也称"经济活动人口";第三,直接人力资源,即已经被使用的资源,它表现为就业人口。

人力资源质量是指一国或地区拥有劳动能力的人口的身体素质、文化素质、思想道德以及素质与专业(职业)劳动技能水平的统一。①

2)会展人力资源

会展业与其他行业相比有其自身的特征,会展业具有3"R"的特点,即快捷性(Rapidity)、关联性(Relationships)和效益性(Results)。

广义上来讲,凡是能够给会展行业创造劳动价值的人口都可以视为会展人力资源。从狭义层面上来看,会展人力资源是指在会展行业内为各个企业或相关组织工作的劳动者。一般人们容易把人力资源局限在会展行业内受雇的雇员上,但是由于会展行业有其特殊性,在现代社会中还存在着其他形式的人力资源,如一些具有公益性的、社会公共性的大型会展活动中很多的非政府组织人员也是属于会展人力资源管理的范畴。例如奥运会筹备和组织过程中的大量志愿者、安保人员和演职人员等,这些都是今后会展业人力资源管理所不可忽视的组成部分。

概括起来,会展人力资源具有以下特点:

(1)能动性

人力资源不仅具备被企业开发和利用的特征,同时还具有自我开发的能力,人的进取心和事业心的大小决定了他将来成就的高低,这都是由人的主观能动性所决定的。

(2)增值性

人力资源是可以增值的,如果开发得当,可以为企业带来非常高的价值,成为公司的重要资本,甚至成为一个企业的核心竞争力。

(3)时效性

人力资源的使用受到时间的限制,人才得不到及时的开发和使用,就会失去其社会价值,人所具备的知识技能也会跟不上时代的需求。因此,对人才的组织培训和长期培养都是具有时效性的,否则,人力资源就不能产生资本增值的效果。

---

① 赵西萍.旅游企业人力资源管理[M].天津:南开大学出版社,2001:5.

(4)稀缺性

从经济发展的角度来看,人力资源是稀缺的,尤其是高素质的会展业高端人才在我国是奇缺的,企业的人力资源并不是越多越聚集在一起就越好,关键是企业如何组织安排和合理配置人力资源,否则,素质低、能力差、不能为企业所用的人越多,只会越增加企业人力成本的支出,不能为企业创造效益。

7.1.3 会展人力资源构成

成功举办一项会议展览必须全面策划安排所有各项活动,如会展活动策划、市场营销推介、会议展台设计、场馆建设营运、展台招商、展览物资通关、会展效果统计、会展物流管理、展会资料印刷装潢、宣传广告编排、信息管理、现场服务管理、旅行食宿安排等,因此会展业是集全局性、专业性、操作性和政策性于一身的系统工程,涵盖了会展策划经营、会展实施技能和会展理论研究三大层次。因此会展人才的构成包括3个层次:会展策划经营层、会展实施技能层和会展理论研究层。其中会展策划经营层包括会展活动总体策划与市场推广的项目经营性人才,会展实施技能层人才包括场馆建设管理人才和专业服务性人才,理论研究层包括行业管理和协调的理论研究型人才。

不同类型的人才在会展活动中承担的角色不一,各自担负的职责不同,所需的知识结构亦有较大的差异(见表7-1)。首先,会展的策划经营人才即高级会展运营管理人才涉及会展项目策划、会展项目管理、会展营销、会展工程管理、会展信息管理、会展设计管理、会展特装工程管理、展品运输操作管理、展览器材的标准化管理等众多方面。必须熟练掌握会展策划和市场营销技巧,具备驾驭会展现场、协调会展各项活动的能力,应当具备项目策划、项目管理、市场营销和特殊会展主题一般专业知识。其次,会展的实施技能人才即会展场馆建设与专业辅助型人才。实施技能人才与前所需知识结构要求又有较大的差异,会展场馆建设需要建筑设计与施工、会展场馆特殊功能等方面的背景知识,而会展场馆营运则需要物业管理与经营、会展现场后勤服务与保障等方面的背景知识。需要为会展参加者提供展台设计搭建、展览物资运输、海关通关等方面的服务,会展服务提供者需要为会展参与者提供餐饮食宿、旅游交通等方面的生活服务,不同服务内容决定了对不同服务提供者的知识结构要求和专业背景要求:会展现场设计和资料印刷装潢需要工艺美术方面的知识基础,而现场搭建则需要工程设计与施工方面的基础,餐饮食宿安排需要旅游专业的知识背景,物资运输、海关通关需要物流专业的知识背景。最后,会展的理论研究人才需要进行市场调研、市场规律总结、发展趋势分析和政策法规研制,需要运用市场机制进行宏观调控与协调,因此,必须比较全面地了解和掌握市场经济的运作规律,会展行业的特殊性能和市场要求,需要具有较深的经济理论功底和较强的理论研究能力。

表7-1 会展人才构成体系

会展人才层次	职责范围
会展策划经营层	会展项目策划、会展项目管理、会展工程管理、会展设计、会展特装工程管理、会展信息管理、展品运输操作管理、会展营销、展览器材的标准化管理
会展实施技能层	展台设计搭建、展览物资运输、海关通关、现场设计、资料印刷装潢、供餐饮食宿、交通、翻译、物流、广告、旅游、饭店

续表

会展人才层次	职责范围
会展理论研究层	会展市场调研、市场规律总结、发展趋势分析和政策法规研制，运用市场机制进行宏观调控与协调

7.2 会展人力资源管理的内容体系

人力资源管理就是“通过对人和事的管理，处理人与人之间的关系，人与事的配合，以充分发挥人的潜能，并对人的各种活动予以计划、组织、指挥和控制，以实现组织的目标。”会展人力资源管理通过建立一个人力资源规划、开发、利用与管理的系统，帮助实现会展企业目标，提高会展企业的竞争力。

会展人力资源管理是一个十分复杂的系统工程，主要包括以下几个方面的内容：

7.2.1 人力资源规划

人力资源规划指确定组织对人力资源的需要以及确保组织在恰当的时间里在恰当工作岗位上有相当数量的合格人员的过程。也可以说，人力资源规划是把人员的供给（包括内部和外部）在给定的时间范围内与组织预期的空缺相匹配的系统。人力资源规划面临的第一个挑战就是要把组织计划和目标变成对员工需求的时间进度表。一旦确定了对员工的需求，人力资源规划就必须制订出保证获得所需员工的计划。人力资源规划的实施步骤为：

①确定组织目标对组织中具体工作的影响；

②确定实现目标所需求的技能和知识（对人力资源的需求）；

③根据目前的人力资源确定追加的人力资源需求（净人力资源需求）；

④开发行动计划满足预期的人力资源需求。

人力资源规划直接影响着各种人力资源活动，如人员招募与选拔、人员培训、员工激励。通过确定会展公司的人员需求，人力资源规划可以帮助会展经理根据规划要求招募到公司未来一段时间所需的人员。人力资源规划也有利于员工的培训与发展，展览中心或展会组织者根据人力资源规划对员工进行复合技能培训，以提高员工的技能水平，并使他们具备胜任多种岗位的能力。

7.2.2 工作分析

工作分析是确定并报告与一项具体工作的本质相关联的有关信息的过程。它确定工作所包含的任务及工作承担者成功地完成工作所需的技能、知识、能力和责任。工作分析是所有人力资源职能的基础。在进行工作分析时，要列出所包含的工作任务并确定成功完成工作所必需的技能、个性特征、教育背景和培训。表 7-2 说明了通过工作分析可以获得的一般信息。

表 7-2　工作分析提供的信息

信息类别	信息内容
工作名称和位置	工作名称和所处的位置
组织关系	对所督导人员数量(如果有)和所督导职位名称的简要说明
与其他工作的关系	描述和概括工作所需要的协作
工作概要	工作内容的简要说明
关于工作要求的信息	通常包括设备、工具、材料、智力上的复杂性和所需的注意力、身体要求和工作条件方面的信息

工作分析不仅涉及对工作内容的分析,也涉及对分析结果的报告,这些通常以工作说明书和工作规范的形式呈现出来。表 7-3 概括了工作说明书中通常包含的信息(包括工作规范)。表 7-4 列出了美国会展职位与工作职责。

表 7-3　工作说明书的内容

工作说明书应该是一种正式的书面文件,通常 1—3 页,应该包括以下内容:
• 编写日期
• 工作状况
• 职位名称
• 工作概要(工作职责提要)
• 工作职责和责任的详细清单
• 所受监督
• 重要联系
• 要参加的有关会议和要归档的报告
• 能力或职位要求
• 所需的教育和经验
• 职业流动(工作承担者以后可以胜任的职位)

资料来源:Judith A. Delapa. Job Descriptions That Work[J]. Personnel Journal,1989(June).

表 7-4　美国会展职位与工作职责

职　位	工作职责
展览经理	主要负责指导和管理展商活动,包括销售和促销活动
展会主管	主要负责展会的计划、组织和管理工作,包括制定预算、选择场地、与场地出租者进行协商以及监督展台销售
会议主管	主要负责会议计划、组织安排、开发、选址和会议预算,与场地出租者进行协商以及协助演讲人

续表

职　位	工作职责
一般展会工作人员	协助展览经理的管理工作，向参展商提供服务，包括编制参展商名册和协助展会现场管理
一般行政管理人员	负责市场营销、登记和审核协会成员资格
会展策划师	从事会展的市场调研、方案策划、销售和营运管理等相关活动，负责会展项目的市场调研、进行项目立项、招商、招展、预算与运营管理等方案的策划，项目销售以及现场运营管理
会展设计师	根据品牌特色和客户要求选展和布展，包括现场观察展位位置，构思展位主题、展览形式，设计制图，安排场地布局，并能现场指导安装人员以及展览礼仪的企划等
会展项目经理	是行业内有多年从业经验的会展项目负责人，主要职责为承接会展项目，负责所承接项目的组织、实施，完成部门下达的创收指标等工作。研讨会专题项目运作，包括项目策划、招商、观众组织和现场实施
会展客户/销售经理	负责国际展会的咨询、销售、后续服务以及相关商务的联系接洽工作

资料来源：中国会展经济报告。

7.2.3　人员招募与选拔

人员招募是指寻找和吸引能够从中挑选出胜任工作空缺的合格候选人的人群。图 7-1 说明了工作分析、人力资源规划、招募和选拔过程的关系。会展公司既可以从现有人员来填补某项职位空缺，也可以从公司外部招募人员来满足岗位需求，外部招募来源包括广告、职业介绍所、员工推荐、校园招募等。

会展从业人员的招募是为会展企业中一定岗位选拔出合格人才而进行的一系列活动，是企业人力资源管理的起始点，是将优秀人员招入企业将其安排在合适岗位的过程，是会展企业人力资源管理成败的关键。因此，会展企业要特别关注员工的招募状况，在招募时为了保证员工的质量，应严格坚持以下原则：

(1)任人唯贤原则

企业招募员工是关系到企业今后发展的大事情，因而在个人利益和企业利益之间要把企业的利益放在第一位。时刻坚持任人唯贤，反对任人唯亲和任人唯钱。这里所说的"贤"指的是德才兼备，即要求员工必须具备较高的社会公德和职业道德，同时要在会展的专业领域内有一定的才能，或者在会展专业领域内存在较大的发展潜力。只有时刻坚持这个原则，企业人力资源的质量才能有基本的保证。

(2)量才适用原则

企业工作人员的专长和才能只有与他们的岗位以及职位要求一致时，才能得到充分发挥。这就要求在对新吸纳的人力资源进行定位时，遵循量才适用的原则。所谓量才适用就是根据每个人的专长和能力、志向和条件做到才以致用，各得其所，各尽其才。因此要对工作和员工进行研究和分析，明确工作岗位对工作人员的要求，掌握每个员工的能力与志向使得两者相互配合，使人力资源发挥出最大的效用。

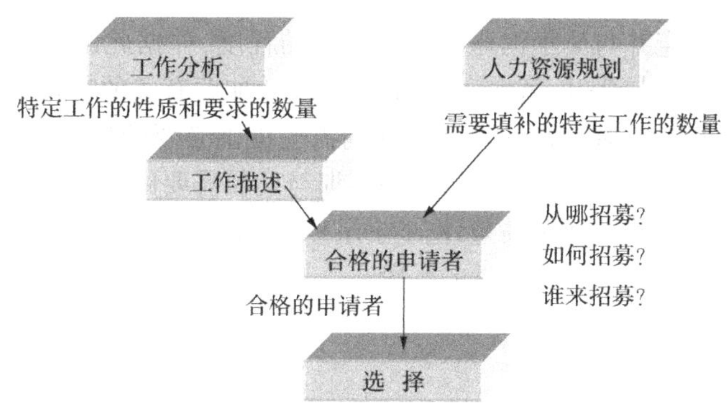

图 7-1　工作分析、人力资源规划、招募和选拔过程的关系

7.2.4　培训与发展

培训是一个包括获取技能、观念、规则和态度以提高员工绩效的学习过程。为了保持自己在会展行业的竞争优势，会展公司有必要加强对员工的技能培训和职业生涯发展培训。对于专业会议组织者而言，不仅要掌握会展业的专门知识，还要具备卓越的管理才能。因此，会展公司的员工，都需要接受持续不断的培训从而保持高效的工作业绩或适应全新的工作方式。

会展经济是一个集资金密集型、劳动力密集型和技术密集型等特征于一身的经济形态，资金和技术构成了会展企业的硬件，而会展企业的工作人员就是会展企业的软件。在软件的开发上，一个十分重要的手段就是培训。通过培训，企业员工除了可以获得知识和技能方面的提高、工作效率的提升外，还可以获得自身的发展机会，与此同时企业的人力资源总体状况也可以得到提升。因此，会展企业要培养出具有一定竞争力的人力资源为自己服务就应努力挖掘内部潜力，建立一套科学的、行之有效的培训体系。培训机制的建设要遵循以下原则：

(1)目标化原则

即在对企业员工进行培训时首先要制订一个具体的目标，因为目标的制订会影响员工学习的积极性和效率。在培训时规定出具体所要求达到的目标能使受训员工产生一定的责任感，有利于更加充分的发挥潜能。

(2)反馈性原则

企业建立的人力资源培训机制不应该是单向运作的，它应该具有相应的反馈通路。反馈通路的存在能使企业的人力资源培训机制更加完善，受训员工在教与学的互动交流中得到所需要的知识和提高。

(3)全过程原则

在企业中员工的培训通常都采取集中学习的形式进行，这种形式有其自身的优点，但是也存在不足之处，如受训时间短、企业的工作也会因此而受到有一定程度的影响。所以企业的员工培训机制不应该仅仅围绕人力资源部来运转，该机制的影响范围要扩展到企业运作的全过程，即员工在工作的同时接受培训。

7.2.5 绩效评估

绩效评估是一个确定并与员工沟通其工作进行的程度，并据此制订改进计划的过程。绩效评估最普遍的用途是为与晋升、解雇、临时雇佣和绩效加薪有关的管理决策提供依据。绩效评估信息也能为个人和组织对培训和发展方面的需要提供必要的依据。对员工个人而言，一项完整的绩效评估应该包括一个概括了具体的培训与发展需要的计划。绩效评估的另一个重要作用是鼓励绩效改进。管理通过绩效评估与员工沟通他们目前的绩效水平，并指出他们在行为、态度、技能或知识方面所需要改进的手段。

7.2.6 人员激励

所谓激励就是指通过高水平的激励实现组织目标的意愿，这种努力以能满足个体的某些需要为条件。为了让员工充分发挥自身的潜力，企业还必须提供持续的物质和精神动力。在现实中，这种动力来自于企业设立的员工激励机制。可见激励机制的内涵必然包括企业的利益以及企业员工的个人利益，激励机制的本质就是通过鼓励企业员工追求个人利益的行为，从而使企业获得效益。在现实中企业员工激励机制和员工绩效考评制度的建立是同步的。传统的激励因素主要有：职位的升迁、奖金的发放、福利待遇的供应等；对于管理人员的激励形式有年终分红、长期激励计划和股票期权。最常见的组织全员激励计划包括收益分享计划、斯坎伦计划和员工持股计划。虽然企业员工激励机制存在的形式是不拘一格，但是在建立激励机制时有一点是尤其需要注意：该机制要对员工进行有效激励，避免出现过度激励。过度激励的结果往往是与管理者的初衷背道而驰，企业员工会为了一己私利而引发内部矛盾，反而影响到企业今后的发展。

7.3 我国会展人力资源开发与培养

7.3.1 我国会展人力资源现状分析

由于我国会展业发展才刚刚起步，现在仍处于一种初级阶段。这一发展阶段就决定了我国会展业人力资源的现实状况，其发展现状主要存在以下几个问题：

1）数量规模不大

我国会展业的商业化运作开展较晚，很长一段时间内展会的举办都是政府行为。因此，基本上没有培养出规模化的会展专业人才，且现实的从业人员整体平均业务素质偏低，会展从业人员的专业水平亟待提高，这对我国会展业的发展形成了一个重要“瓶颈”。

2）专业结构不全

会展业同旅游业相比具有更大的关联性，是一个涉及多个关联产业的现代服务产业。一个大型的展会活动就是一个系统工程，从业人员需要具备更宽、更高和更全面的知识，因而对会展从业人员的专业结构提出了较高的要求,需要更多的知识作为支撑。就我国目前会展从业人员的专业结构来看,肯定是不全面的,尤其是会展及相关专业科班出身的人才比例偏小,不能较好地适应会展业发展和行业激烈竞争的要求。

3)素质状况不高

所谓从业人员的素质是指人力资源质的特征,它的衡量主要从以下几个方面进行:受教育程度、健康状况、应变能力以及创新能力。其中我国会展业人力资源中受教育程度和健康状况近年来有很大的提高,但是从业人员的应变能力和创新能力还有待进一步加强。

4)空间分布不均

由于受我国经济东中西部三大地带的分布影响,我国会展业人力资源也呈现出由东至西的阶梯状递减分布。东部沿海地带开放较早,条件也相对优越,吸引了一批国内年轻有为的会展人才,同时国外许多会展专业人士也在此谋求发展。而中部和西部则由于开发较晚,优秀人才的汇集也相应较少。但随着国家对中西部地区开发力度的加大,会展人才在空间上分布不均的状况会有所改善。

由此可见,我国会展业目前的人力资源状况是堪忧的,我国会展业人力资源开发与管理工作的任务艰巨。

7.3.2 会展人力资源的开发原则

1)前瞻性原则

我国会展业虽然发展迅速,但就其现有的发展水平而言,与欧美一些国际知名的会展大国,如德国、美国、法国相比还存在较大的差距。正是因为如此,对我国的会展业人力资源的开发与建设应该一开始就具有一定的前瞻性,应当定位于高起点、高质量的专业培训与职业教育。并且就人力资源开发建设的目的而言,其本身就应该具有一定的指导性,不能仅局限于对会展业发展现状的认识来进行人才培养,而应当在一定程度上着眼于未来。在培养上不仅要借鉴国内外最新的会展业研究成果,而且要能够依据国内和国际会展业发展的动态和趋势,对新事物、新现象、新问题做针对性的教育与培训,保证人才培养内容的及时更新。

2)系统性原则

会展人力资源开发的系统性包括两个方面:一方面是会展培训与教育专业课程的系统性,另一方面则是会展培训与教育体系的系统性。

会展专业课程的系统性取决于会展专业教材的发展,有没有得到行业内高度认可的权威性教材,是决定会展培训与教育能否走上标准化和规范化道路的关键。教材的系统性:一方面是指横向的教材内容体系,即会展专业教育的教材在内容上应该兼顾宏观和微观,涵盖会展相关知识的方方面面,如会展管理、展会策划、会展市场营销、会展物流管理等。另一方面是指纵向的教材层次体系,即针对不同层次的会展培训与教育,在教材内容设计上应有不同的侧重点,以增强教材和课程的针对性与实用性。会展教材建设和课程设计要根据会展业发展的实际需求,有计划、有步骤地开展。

会展培训与教育体系的系统性是指构建以高等院校为主体的多层次的会展培训与教育体系,其中包括高等院校、职业技术学校、行业协会和会展企业。高等院校作为会展培训与教育的核心,担负着课程规划、学历与学位教育、科研中心、管理模式输出中心、信息中心等职能;职业技术学校主要承担具体操作业务的培训,主要培养有实际操作技能的实际运作人员;行业协会则主要从事会展行业资格认证工作,同时组织业内人士进行相关的经验交流和相互研讨;企业除进行员工培训外,主要担负经验传授、案例教育等。

3)本土化原则

本土化主要是指将引进的国外会展人才培养的精华和本国会展业发展实践紧密、恰当地进行结合。因为虽然“他山之石,可以攻玉”,但是中外国情有别,会展业的发展状况和发展特点并不一样,会展人力资源发展现状也不相同,因此从会展业以及会展人力资源长远发展的角度来看,富有成效的会展人力资源开发与培养必须建立在对本国会展业深入研究的基础之上。因此,实现人力资源开发与培养的“本土化”,探索具有中国特色的人才发展之路,是中国会展人力资源开发应遵循的重要原则。

美国会展业的后来崛起正是得益于会展人才培养的“本土化”。众所周知,会展业的发源地在欧洲,欧洲会展的强势在于举办大型会议和大型国际展览。而作为后起之秀的美国,其由于“大熔炉”式的多民族的文化特点,会展业的发展精华在于“特殊事件管理”,美国对于会展人才的开发与培养正是与这种富有美国特色的特殊事件管理相得益彰,才使美国会展业得以快速发展、异军突起。

4)全面化原则

会展人力资源开发的全面化原则也包括两个方面:一方面是会展人才层次结构的全面性,要求在会展人才培养上要构建多层次的培训与教育输出体系。如会展教育系统中对于会展专业人才的培养要包括职业技术教育、本科教育、硕士教育甚至博士教育,培养各个层次的管理与操作人才。会展培训系统中对于从业人员的培训既要面对高层管理人员,也要面对具体运作人员;既要有强化式的短期培训,也要开设系统全面的长期培训。

全面化原则的另一方面是指会展人才专业结构的全面性,这是由会展专业的多学科性和广泛性决定的。因此在进行会展人力资源培训与教育时,要开设多门相关课程,以适应会展业工作多样化的要求。

5)一体化原则

一体化原则是指会展人力资源开发的“产学研”一体化模式。会展专业是实务性和操作性很强的专业,因此知识的获得和能力培养不能仅仅依靠课堂教学和书本学习,参与会展实践是会展教育的重要渠道。欧美国家各类院校会展专业的开设大都与会展行业专业组织保持密切的联系,为学生提供各种实践机会,让学生参与大型会展活动的组织、策划管理、接待和服务活动,培养锻炼学生策划、创新、组织、协调等各种能力。在实现会展教育“学”和“产”结合的同时,会展教育工作者在教学的同时,也抓紧科研的步伐,积极探讨会展业的发展规律与趋势、科学管理与经营、经营模式与运行规则、人才培养与使用等问题,用教育推科研,以科研促教育。

7.3.3 我国会展人力资源开发的价值诉求

会展人力资源素质能力的高低决定了展会举办的质量,也决定着会展的品牌形象。我们要进行会展人力资源的开发,首先应明确人力资源的价值诉求,也就是我们进行会展人才培养的目标,这是会展人力资源开发的根本出发点。

1)道德价值是前提

道德价值指会展人才必须具备高尚的职业道德、理智的从业态度和强烈的社会公德,有健康乐观的身心条件,有宽容大度、正直善良的思想品德,有谦虚谨慎、热情无私的人格魅力,同时还要有良好的身体素质和心理素质,有能面对外部不确定性环境的心理承受能力。

2)资源价值是基础

资源价值指会展人才必须具备与其工作职能相匹配的知识结构,必须有一定的专业知识技能和较为丰富的工作经验,如经营管理、组织决策、人事配备、执行控制等,以能够很好地胜任所担当的职务。

3)能力价值是核心

能力价值是职业经理人应具备的核心价值,指会展从业人员能够在不断变化、竞争激烈的市场环境中创造企业价值、实现企业目标的能力,包括领导创新能力、整体运筹决策能力、人际关系沟通能力、帮助他人成长能力、适应环境与竞争生存能力和自我学习能力等。

表7-5 会展人力资源开发的价值诉求

道德价值(前提)	资源价值(基础)	能力价值(核心)
职业道德 从业态度 敬业精神 社会公德 思想品德 身体素质 心理素质	经营管理知识 会展专业知识 会展业务知识 丰富的工作经验	领导创新 整体运筹决策 组织执行控制 人际沟通与合作 培养激励他人成长 适应环境 竞争生存 自我学习

7.3.4 我国会展人力资源的开发途径

1)重视会展人才教育,大量培养会展专业人才

从世界范围来看,会展教育早就随着会展业在全球的快速发展而在欧美国家得到重视和开拓。以美国为例,从美国内华达大学于1978年在美国开设了第一门会议管理课程后,至今已过去36年,如今在美国已有150多所大学开设了会展专业或课程。在国际会展教育发展的近40年时间里,经过开设会展专业和会展课程院校的努力,会展各类课程已有几十门之多,会

展教育已具备了较为完整的课程体系。同时，通过国际院校的专家、教授和学者们对于会展专业教育的不断探讨，已经形成了集"产学研"一体化的教育模式。

伴随着会展业的快速发展，我国会展专业人才教育也在短短十余年内取得了突破性的发展。自2000年以来，在全国范围内已经形成了一个不同层次、不同类别、形式多样的会展教育体系。会展专业人才教育概括起来包括职业教育和高等教育两大市场，2004年经教育部批准，上海师范大学和上海对外贸易学院成为上海首批设立会展本科教育专业的高等院校，时至于今，我国已有180多所本专科院校开设了与会展有关的专业、专业方向或相关课程。同时，我国会展专业人才教育在教材、师资、科研成果、认证培训和中外办学等方面都已经有所突破。

发展我国会展专业人才教育的主要途径有：

(1)确立高等院校会展教育主体地位

从教育发展的一般规律看，任何一个学科领域的发展都需要确立双重主体：一是确立高校和科研院所教育在学科建设中的主导地位，二是确定个别高校与科研院所在同行教育中的主导地位。会展专业人才教育需要引起教育行政主管部门和高校的足够重视，加快建立和健全会展专业的学历和学位体系，积极改善目前我国会展教育还处于行业协会、企业内部员工培训、业内人士的相互研讨等零星的、非系统的经验教育阶段的现状，确立高校在会展教育中的主体地位，并积极培育在会展专业建设中处于龙头地位的高校。

(2)建立会展专业化教育的课程体系

目前通过对各高校图书馆、新华书店以及互联网等信息渠道的综合查询，虽然已零星地出现了一些会展教育的相关书籍，如展览艺术、国际会议规划与管理、会展设计等，但尚没有形成系统的、权威的专业化教材体系，从而造成了我国会展教育各自为政、标准混乱的局面，甚至对一些关键术语和概念的理解也存在较大差异。因此，我国会展专业教育必须加快课程体系建设和教材开发的步伐。

(3)培育会展专业化教育的师资队伍

教育质量取决于师资建设。吸引更多高水平的学者专门从事会展专业的教学与科研工作，是提高我国会展专业教育水平的关键。高水平的专业化师资队伍建设取决于多种因素，其中关键要做好两点：一是在师资建设中走国际化道路，要给予相关人员外出培训的机会，以便吸收国内外最新知识与研究成果；二是高校和教育行政主管部门以及社会科学科研项目规划部门，应在科研项目立项、审批以及师资培训等方面给予必要的资金和政策扶持。

(4)选择会展专业化教育的适当模式

适合会展专业化教育的模式主要有两种：一种是开放式办学，一种是合作办学。开放式办学提倡要体现会展业的对外开放特色，积极吸收国外先进的办学经验和教学体系，要同国外最先进的教学和管理模式接轨，对一些核心课程，可以考虑直接借用外文原版教材。合作办学则是提倡既要与国外高等教育机构合作办学，以便同国际相关教育接轨；也要考虑与国外权威的相关行业协会合作办学，以充分地占有行业信息；此外还要与具体从事会展活动策划、经营与管理的企业合作办学：一方面为学生提供实习机会，另一方面增强学校教育的实用性和针对性。

2)制订会展人力资源规划,重视会展人才职业培训

会展业应制订人力资源建设总体规划指导会展人才的培养,走国际化道路与国外合作,学习国外先进经验,建成完善的会展职业培训系统。

会展职业培训是会展人力资源开发建设的重要内容之一。一方面是因为通过培育和完善会展职业培训市场,不仅有利于提高现有会展从业人员的理论水平和业务操作能力,同时也有助于加强业内的经验和信息交流。另一方面是由于会展业作为新型的第三产业,对会展人员进行不断"充电",可促进会展业发展的"吐故纳新"和"推陈出新"。

目前我国会展职业培训的发展较为滞后,主要表现在培训的内容缺乏系统性,没有形成会展业操作和发展的系统理论;主讲专家往往浅尝辄止,对业务素质提高帮助不大;培训活动的主要目的还停留于信息交流等方面,整个会展职业培训市场还处于"见树不见林"的粗放状态。因此要大力促进我国会展职业人才培训的发展,可主要从以下几个方面着手。

(1)推行资格认证

培训的真正价值在于传授一种具有指导性和可操作性的科学思维方式和技能。在会展职业人才培训中推行资格认证,能够促使我国会展培训工作趋于规范化、制度化和科学化,把我国会展从业人员的培训工作引向健康发展的道路。美国的国际展览管理协会(IAEM)20 世纪 70 年代就已着手推行注册会展经理(CEM)的培训体系。在我国,上海为满足会展产业蓬勃快速发展对于专业会展人才的要求,率先建立了会展人才资格认证体系,成功开发出"会展策划与实务"培训考核项目,把会展人员资格认证分成 4 个等级,助理会展师、会展师、注册会展师和高级会展师。同时,由中国贸促会、美国国际展览管理协会和中国交大安泰管理学院共同组织,上海也引进和推出了 CEM 资格认证体系。

(2)提高培训质量

提高会展职业培训质量,首先要从高质量的职业培训项目开始。从 2000 年开始,全国各地的会展培训项目如雨后春笋般纷纷出土。如由北京大学(继续教育学院)和中国展览馆协会主办,国际博览会联盟、中国贸促会、中国国际商会、中国国际展览中心集团公司作为支持单位开设的"中国会展业高级培训班",面对我国会展业的高层管理人员,邀请国内外会展业界各类资深专家授课,通过开设"中国经济发展阶段与会展业成长""会展市场分析与企业发展战略""系统论和信息论在会展组织工作中的应用及会展工作的规范与务实"以及营销学、消费心理学、知识产权保护、案例分析等课程,使培训班的教学既做到对宏观经济和行业视角的整体把握与分析,又深入探讨会展经济的发展和培养实践运作技能,达到理论和实践的统一,使学员的理论水平和实践能力得到长足进步。

(3)健全培训模式

目前国际上对于会展人才培养主要采用两种模式,欧洲模式和美国模式。欧洲模式是将会展培训与会展教育结合,采用学历教育与职业技术教育一体化,一旦接受会展专业教育就意味着获得了从业职业资格。美国模式则是将专业教育与职业培训分开。我国会展业从业人员的职业培训也必须探索适合我国会展业发展的道路,不断健全职业培训模式。

由于会展业是一个务实性、操作性和服务性都很强的行业,涉及信息学、管理学、经济学、旅游学、建筑学、运输学、美学等多种学科,因此在会展培训中应注重这些学科在展览中的实践

应用方面。理想的培训模式应是:以主题研讨会实战模拟演练为核心,结合会展策划和组织管理、场地的设计、企业公关策划、财务管理等模块,多数内容都用于实战,从而彻底摆脱了以往培训班多说少练的局面。同时,在培训过程中注重搜集与会展培训项目有关的含有足够复杂信息和较新颖的典型案例,并加强老师与学员之间的交流。

(4)提升培训的国际化程度

提升培训的国际化程度是要求会展人才的职业培训要汇集国际会展业发展的前沿理念、最新资讯和有效经验,汲取当今国际上最领先的经验、风格和趋势,使学员通过培训获得国际化管理理念和实际运作水平。随着我国会展业的发展,我国会展职业人才培训的国际化程度也在不断升温。如由中国贸促会与德国国际培训和发展协会合作推出的中德系列展览培训班,培训班包括赴德国培训和在华培训,既有理论学习,也提供业务交流。理论学习是指由瑞文斯堡大学教授和德国展览公司高级管理人员进行的集中授课,业务交流是指参观德国著名的展览公司并进行业务讲座。

3)完善企业人力资源管理制度,构建学习型组织

人才频繁流动已成为现代市场经济环境下的一种较普遍的现象,会展行业也不例外。会展企业人力资源管理制度在很大程度上影响着人才的流失率,一些国外的会展企业管理得比较好,企业客户的资料信息都是数据,按照一定的规定存放在企业的资料库,任何员工都不能私自带走。中国内地往往过分重视个人,员工会把客户当成个人资源,一旦有人员变动,就会造成公司资源的流失。因此,我国应建立完善的企业资料管理制度,并不断完善人力资源管理方法和手段,以提高人力资源管理的质量。

由于知识成为新时代的主导资源和决定企业成败的关键变量,建设学习型组织也是会展企业培养和造就具有高智能和高创新型人才的有效途径。“学习型组织”由 1990 年彼得·圣吉(P. M. Senge)在其所著的《第五项修炼》一书中首次指出,并提出了建立学习型组织的 4 条标准:人们能不能不断检验自己的经验;人们有没有生产知识;大家能否分享组织中的知识;组织中的学习是否和组织的目标息息相关。如今,建立学习型组织已成为各行各业不断提高员工的素质能力、强化人力资源开发与管理水平的重要途径,它从社会文化传统、心理素质结构、逻辑思维方式等出发,建立员工的价值取向,以内化机制满足员工多种需要作为激励人力资源的基点,让员工在学习氛围浓厚的组织环境中不断地学习,掌握最新的知识,提升其创新能力与知识水平,避免了传统激励方法不足而引起的各种短期性和非团队性的不良效果。学习型组织对改善会展企业人力资源的能力结构和完善会展人力资源的知识体系将发挥重大的功能。

案例分析:会议专业培训从内部做起

——专访恒瑞行传播资深运营总监王叶民

会议产业发展迅速,从业者也越来越多,而由于中国会议行业从业者专业知识构成的不

同,造成整体会议产业从业者的专业化程度较低。无论是PCO,还是会议组织者,都需要更加专业、具备高水准会议运营管理能力的行业人才。但是谁来为他们充电?会议从业者究竟应该需要获得哪些专业提升?最重要的是企业应该如何做?本刊专访恒瑞行传播资深运营总监王叶民,给会议从业者提出了最恳切的意见,也展现出恒瑞行在人才培训方面的优势。

《会议》:您认为在组织或者管理会议的过程中,会议从业者需要提升哪些能力?

王叶民:迫切需要提升的是项目管理能力,包括客户需求的把握、方案撰写与提标、项目工作内容的界定与分工、成本的把控、工作进度的把控、风险管理、项目沟通与文档管理等。

《会议》:企业在人员的专业能力培训方面有哪些措施或办法?

王叶民:在人员的专业能力培训方面有很多措施和办法:"Mentor"帮带计划。对于新入职且有一定相关工作经验的员工,公司指定一名mentor负责培养这位新人。这位mentor一般是业务部门比较资深的专业人员,主要从行业现状、会务专业知识、公司产品结构、业务流程、项目管理、人员衔接等方面对新人进行引导,让新人尽快融入团队,了解公司的产品与服务模式,体现出自身价值。

资深项目经理的案例分享与培训。公司定期举办经典案例分享会,将近期比较成功的案例展现给员工,包括创意方面的亮点,执行过程中的注意事项、经验与技巧等,促进跨业务部门的创意分享与经验学习。

邀请供应商来公司培训新技术与新解决方案。供应商的支持与配合,对项目的成功意义重大,也对公司产品结构的提升具有重要作用。公司定期邀请AV、搭建、酒店、视频、APP、摄影摄像等供应商前来公司对业务部门进行相关知识与技能的培训,并展示业内最新的技术与解决方案,以便于业务部门在竞标提案或项目执行过程中应用这些新技术新方案,提升项目执行的效果与客户满意度。

观摩业内重大活动现场。随时关注业内最新的活动信息与动态,并安排公司相关人员现场观摩,学习业内其他公司的创意设计、项目管理、现场执行与把控、内容安排等,开阔视野与思路。

新人"跳板"培训计划。对于一些想在这个行业发展,比较有培养潜力,但缺乏相关工作经验而无法直接进入业务部门的人员,公司制订"跳板"计划。让他们先进入行政、支持等后端部门任职,在做好日常本职工作的基础上,他们需要了解公司的产品结构、组织架构、业务流程等,并利用业余时间学习相关业务专业知识,而且关键是公司会尽量安排他们参与项目现场执行。经过半年左右的现场学习与了解,就可以在业务部门有需求时根据这些"潜力"人才的表现促成跨部门调动,调到业务部门担任AE等初级岗位,进入业务部门相应的职业通路。后端部门对于他们来说就是一个跳板,依此实现员工职业的转换与跳跃,从而达成公司与员工的双赢。

建立图书馆。公司建立内部员工图书馆,订阅会奖旅游行业的专业期刊,购买市场营销、整合营销传播、公共关系、项目管理、客户关系管理、供应链管理、运营管理、财务管理等一系列专业的书籍,供员工借阅,并定期举办读书分享会。

组织专门活动。公司通过创新奖评选、演讲比赛等活动的举办,一方面促进知识与经验的内部传播与分享,另一方面为员工演讲技能的提高提供平台与机会。

其他途径。公司市场部关注行业动态,并通过EDM等形式发送给员工学习了解。公司通过技术手段建立公共的信息平台,上传一些专业的知识,全体员工都可以浏览学习讨论等。

资料来源:会议,2013-12-09.

讨论题：

1. 谈谈人力资源在会议展览业发展中所起的作用。
2. 结合案例资料，谈谈我国会展人力资源存在哪些现实问题，该如何提升？

【专业词汇】

会展人力资源(human resources of exhibition)　工作分析(job analysis)
绩效评估(performance evaluation)

【思考与练习】

1. 简述会展人力资源的构成。
2. 简述会展人力资源开发的原则。
3. 简述会展人力资源开发的途径。
4. 会展人力资源管理的内容有哪些?
5. 举例说明会展企业如何进行人员激励?

HUIZHAN
会展经济与管理

第8章 会展客户关系管理

【本章导读】

本章主要阐述了会展客户关系管理的知识，共分为3节：第一节主要对客户关系管理的起源、定义和理论基础作了概要介绍；第二节界定了会展客户关系管理的概念，解读了会展客户关系管理的功能和目标，并从理论模块和技术模块两方面对会展客户关系管理作了全面系统的分析；第三节分析了会展客户管理的实施过程，包括收集客户信息、制订客户方案、实现互动反馈和评估活动绩效等，然后详细介绍了会展CRM的主要实施策略，即客户获取策略、客户保留策略和客户忠诚策略等。

在竞争日趋激烈的市场环境中，企业与市场的关系最直接、最根本地表现在企业与客户的关系相处得如何。很多办展企业和组织者由于缺乏对客户关系管理的认知，无法改善与客户的沟通技巧，忽视数字时代客户对互动性与个性化的需求，导致会展客户资源的逐步流失。随着经济全球化所带来的挑战，越来越多的会展企业开始重视客户关系管理在业界的应用，利用客户关系管理提高企业满足客户个性化需求的能力，进而全面提升企业的核心竞争力。

8.1 客户关系管理的理论基础

8.1.1 客户关系管理的概念源起

1)客户关系管理的起源①

(1)CRM 最早产生于美国

①CRM 这个概念最初由 Gartner Group 提出来，20 世纪 80 年代就有了“接触管理”(Contact Management)，专门搜集客户与企业联系的信息。企业为了降低成本，提高效率，对业务流程进行重组。很多企业采用了“企业资源计划”(Enterprise Resource Planning，ERP)。ERP 提高了内部的业务流程自动化，使员工从日常事务中解放出来；ERP 还优化了企业内部的业务流程，提高了工作效率和质量，可以让员工有更多的精力关注企业与外部相关利益者的沟通互动，发现市场机会。因此，也发现客户在服务方面提出的问题多，能否及时合理解决对企业影响很大。而原有的理论缺乏这些问题的系统研究，CRM 也就应运而生。

②20 世纪 90 年代初演变为“客户关怀”(Customer Care)。最初的 CRM 范围窄，主要是解决部门之间的解决方案，如销售队伍的自动化(SFA)和客户服务支持(CSS)，但并未提供完整的加强企业与个体客户之间关系的手段。

③20 世纪 90 年代中期推出了整体交叉功能的 CRM 解决方案，把内部数据处理、销售跟踪、国外市场、客户服务请求等融为一体。为企业营销人员提供及时、全面的客户信息，清晰地了解每位客户的需求、购买情况，以便提供相应的服务。

(2)CRM 技术的研发

20 世纪 90 年代后期，特别是互联网技术的进步，CRM 的能力大大拓展，真正得到了广泛推广。国外客户关系管理 CRM(Customer Relationship Management)研发的重要基础是基于 20 世纪 90 年代盛行的集成直接营销法(Integrated Direct Marketing)，并将其与 IT 技术和网络环境集成演变而来的。客户关系管理构成了基于 Internet 技术电子商务的三大板块(客户关系管理 CRM、企业资源计划系统 ERP、供应链管理 SCM)之一。

(3)CRM 作为一种管理理念和战略的应用

CRM 作为一种管理理念和战略始于 20 世纪 90 年代末。美国的 IBM，GARTNER GROUP

---

① CRM 的概念. http://www.runwellcrm.cn/CRMConception.aspx.

等企业认为 CRM 的产生与新经济、新技术有关。新经济促使了自由化,带来了竞争和客户个性化。企业如何保持竞争能力并求得发展依赖于:

①要有好产品,但产品好坏由客户判定。

②经营效率高;同时还有速度、价格和服务。

③建立与客户的亲密关系,增加客户对企业的依赖度。

2)客户关系管理定义

对于客户关系管理的界定国外众多著名的研究机构和跨国公司都进行了不同的诠释,其中最具代表性的有以下几种定义:

定义 1:客户关系管理是企业的一项商业策略,它按照客户的分割情况有效地组织企业资源,培养以客户为中心的经营方式以及实施以客户为中心的业务流程,并以此为手段来提高企业的获利能力、收入和客户的满意度。

该定义指出 CRM 是企业的一个商业战略,而不仅仅是 IT 技术;提出建立以客户为中心的经营机制是实现 CRM 目的的重要手段。

定义 2:CRM 是企业在营销、销售和服务业务范围内,对现实的和潜在的客户关系以及业务伙伴进行多渠道管理的一系列过程和技术。

该定义指出了 CRM 的业务领域为营销、销售和服务;其目的是为了管理客户以及建立伙伴关系;还提出了 CRM 的管理手段,即过程和技术。

定义 3:CRM 是为了消除企业在与客户交互活动时的"单干"现象,整合销售、营销和服务业务功能的一个企业经营策略,它需要企业全方位协调一致的行动。

该定义明确了 CRM 的重要业务目的,指出 CRM 是全方位的行动,不是部门行为。

我国的众多学者在国外研究的基础上也对客户关系管理的定义提出了自己的见解,综合看来,客户关系管理主要包含着以下 3 个层面的含义:

①客户关系管理是一种现代的经营管理理念。它起源于西方的市场营销理论,又逐步融合了近年来信息技术为市场营销理念带来的新发展,吸收了"数据库营销""关系营销""一对一营销"等多种新管理思想的精华,形成了以客户为中心、视客户为企业资源、通过客户关怀,实现客户满意的现代经营理念。它旨在通过与客户的个性化交流来掌握其个性化的需求,并在此基础上提供个性化交流的产品和服务,不断增加企业给客户的交付价值,提高客户的满意度和忠诚度,最终实现企业和客户的双赢。

②客户关系管理是一种新型的管理机制。其成功实现了"以产品为中心"的商业模式向以"客户为中心"的商业模式的转化,完善了管理过程。以客户为资产的客户关系管理帮助企业最大限度地利用其以客户为中心的资源(包括人员和资产)并将这些资源集中应用于客户和潜在客户身上,缩减了销售周期和销售成本,有助于寻求扩展业务所需的新市场和新渠道,并且通过改进客户价值、满意度、赢利能力以及客户的忠实度来改善企业的有效性。

③客户关系管理是一套新型的应用软件系统。它凝聚了市场营销等管理科学的核心理念,又以市场营销、销售管理、客户关怀、服务支持等构成了客户关系管理软件的模块基石,从而将管理理念通过信息技术的手段集成在软件上面。它集合了当今最新的信息技术,包括:呼叫中心(Call Center)、工作流管理、多媒体技术、数据仓库和数据挖掘(Data Mining)、企业应用集成(EAI)、计算机网络、信息安全、专家系统和人工智能以及相应的硬件环境,同时还包括与

客户关系管理相关的专业咨询等。互联网的普及更加成为客户关系管理软件系统应用和推广的加速器。

8.1.2 客户关系管理的相关理论知识

1)客户忠诚

客户忠诚度是客户对企业员工、产品和服务的满意度和依恋的感情。对于会展企业而言,企业成功的赢利的关键要素是客户满意。客户的满意度越高,双方的关系就越持久。如图 8-1 所示,不同客户对企业的服务的感觉不同,相应的行动也不同,其忠诚度就不同。

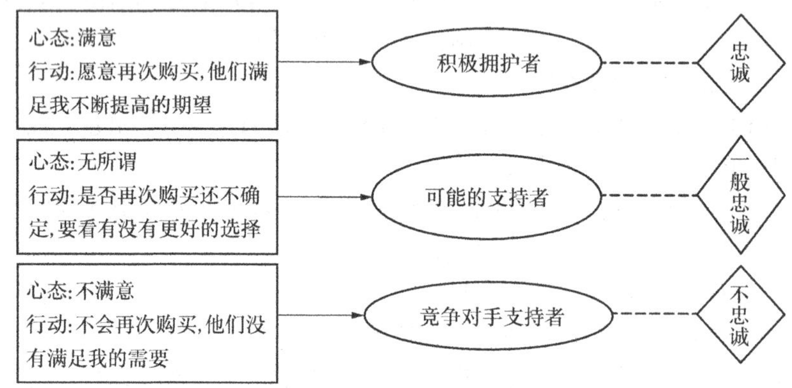

图 8-1　顾客忠诚度模型

客户满意对于会展企业会产生以下几个方面的效应:

①长期客户订单通常比较频繁而且相似,从而可以降低服务成本;

②满意的客户有时可能会支付额外的价格;

③满意的老客户常常会通过口碑推荐,给企业带来新客户,从而降低吸引新客户的成本;

④保持回头客使竞争对手很难简单运用低价和诱导转换等策略增加市场份额;

⑤增强企业员工和投资者的自豪感和满意度,进而提高员工的保持率。

以顾客忠诚为核心的 CRM 管理(见图 8-2)的目的是提高客户的忠诚度,延长客户关系生命周期,从而获取更多的客户价值。

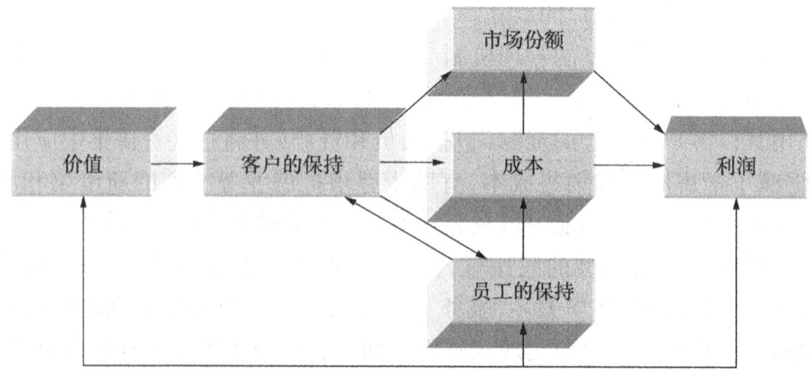

图 8-2　以客户忠诚为基础的 CRM 管理模型

2)数据库营销

数据库营销是指企业通过收集和积累消费者的大量信息,经过处理后预测消费者去购买某种产品的可能性,以及利用这些信息给产品以精确定位,有针对性地制作营销信息,从而达到说服消费者去购买产品的目的。数据库营销为每一个目标客户提供了及时做出可测定和度量的反馈的机会,使得客户从被动接受转为"双向信息交流"。数据库营销以客户的满意率为营销目标,通过维持客户关系来实现客户终身价值的最大化。

数据库营销帮助会展企业从规模营销转向个性化营销,为每个客户提供个性化的产品。表8-1显示了数据库营销和传统营销的区别。

表8-1 数据库营销和传统营销的区别

类　别	传统营销	数据库营销
中心导向	以产品为中心	以客户为中心
客户资料分析	少	较全面
与生产系统的联系	少	密切
与客户系统的联系	少	密切
方式	批量化、标准化	批量客户化

通过数据库的建立和分析,各个部门都对顾客的资料有详细全面的了解,可以给予顾客更加个性化的服务支持和营销设计,使"一对一的顾客关系管理"成为可能。数据库营销是一个"信息双向交流"的体系,它为每一位目标顾客提供了及时做出反馈的机会,并且这种反馈是可测定和度量的。

数据库营销的思想精髓就在于以客户为导向,真正和顾客建立起持续、友好的个性化联系。数据库营销不仅仅是一种营销方法、工具、技术和平台,更重要的是一种企业经营理念,它改变了企业的市场营销模式与服务模式。在信息社会,数据库营销把客户需求、客户欲望进行各个层面、全方位的细分和创新分析。它是以客户为导向下新的营销理念和信息技术的无缝结合。

3)关系营销

关系营销就是把营销活动看成企业与客户、供应商、销售商、竞争者、政府机构及其他相关者互动,并建立起长期的、信任的、互惠的关系的过程。关系营销建立在顾客、关联企业、政府和公众3个层面上,它要求企业在进行经营活动时,必须处理好与这三者的关系。

(1)建立、保持并加强同顾客的良好关系

顾客是企业生存和发展的基础。企业离开了顾客,其营销活动就成了无源之水,无本之木。市场竞争的实质就是争夺顾客,顾客忠诚的前提是顾客满意,而顾客满意的关键条件是顾客需求的满足。要想同顾客建立并保持良好的关系,首先,必须真正树立以消费者为中心的观念,并将此观念贯穿于企业生产经营的全过程。产品的开发应注重消费者的需要,产品的定价应符合消费者的心理预期,产品的销售应考虑消费者的购买便利和偏好等。其次,切实关心消费者利益,提高消费者的满意程度,为顾客提供高附加值的产品和服务。通过产品的品牌、质量、服务等，为顾客创造最大的让渡价值，使他们感觉到物超所值。第三，重视情感在顾客作购物决策时的影响作用。飞速发展的技术使人们之间沟通的机会减少，但人们却迫切希望进行交流，追求高技术与高情感间的平衡。企业在经营中要注意到顾客的这种情感因素，并给予重视。

(2)与关联企业合作，共同开发市场

在传统市场营销中，企业与企业之间是竞争关系，任何一家企业若想在竞争中取胜，就得不择手段。这种方式既不利于社会经济的发展，又易使竞争双方两败俱伤。关系营销理论认为：企业之间存在合作的可能，有时通过关联企业的合作，将更有利于实现企业的预期目标。首先，企业合作有利于巩固已有的市场地位。当今市场，细分化的趋势越来越明显，诸强各踞一方，竞争日趋激烈，任何企业要想长期保持较大的市场份额，其难度越来越大，通过合作可增强企业对市场变动的适应能力。其次，企业合作有利于企业开辟新市场。企业要发展壮大就必须不断地扩大市场容量，而企业要想进入一个新市场，往往会受到许多条件的制约。但若在新市场寻找一个合作伙伴，许多难题将迎刃而解。第三，企业合作有利于多角化经营。企业为了扩大经营规模往往要向新的领域进军，但企业不可能对所有的领域里的经营活动都十分熟悉，如果遇到一个十分陌生的领域，企业将要承担很大的风险，若企业通过与关联企业合作，这种风险就可能降低。第四，企业合作还有利于减少无益的竞争。同行业竞争容易导致许多恶果，如企业亏损增大，行业效益下降，这对整个社会经济的发展将产生不良影响；而企业间的合作即可使这种不良竞争减少到最低程度。每个企业各有所长，各有所短，发现和利用企业外在的有利条件是关系企业营销成败的重要因素。

(3)与政府及公众团体协调一致

企业是社会的一个组成部分，其活动必然要受到政府有关规定的影响和制约，在处理与政府的关系时，企业应该采取积极的态度，自觉遵守国家的法规，协助研究国家所面临的各种问题的解决方法和途径。关系营销理论认为：如果企业能与政府积极地合作，树立共存共荣的思想，那么国家就会制定出对营销活动调节合理化、避免相互矛盾、帮助营销人员创造和分配价值的政策。现代营销的内容十分广泛，相关团体与企业内部员工也是关系营销的一个重要方面。协调好与这些组织的关系，建立与企业员工的良好关系，就能为实现企业目标提供保证。

关系营销是一项系统工程，它有机地整合了企业所面对的众多因素，通过建立与各方面良好的关系，为企业提供了健康稳定的长期发展环境。

4)一对一营销

一对一营销(One to One Marketing)是企业在与客户直接互动的基础上，根据单个客户的特殊需求来改变自己的经营行为。一对一营销的核心是以"客户份额"为中心，通过与每个客户的个性化交流，与客户逐一建立持久的、长远的学习型关系，为客户提供客户化定制的产品。

一对一营销的战略流程分为4个阶段：

(1)识别你的客户

启动一对一营销之前，企业必须与大量的客户进行直接接触。关键是要获知尽可能多的细节,并且牢记这是一个永无休止的过程。收集客户信息,然后通过价值分析,将所有客户分为以下三类:MVC(最有价值客户);MGC(最具成长潜力客户);BZC(Below Zero Customer,负值客户)。

在识别客户时可以采用如下手段:

①将更多的客户名输入到数据库中,也可以聘用外部机构来完成数据的审查与输入。

②采集客户的有关信息,每次与客户接触时询问1~2个问题,了解客户更多的信息。

③验证并更新客户信息,定期更新客户信息文件,注意地址、联系方法等方面的变更,删除过时信息。

(2)对客户进行差异分析

不同客户之间的差异主要在于两点:他们对产品的需求不同,他们对公司的商业价值不同。试着把你的客户分为A,B,C等不同的类别。通过对客户进行差异性分析以识别企业的“金牌”客户。具体步骤如下:

①找出哪些顾客导致了本企业的成本发生。减少寄送给这些客户的信件。

②企业本年度想和哪些企业建立商业关系,找出这样的企业。把他们加到数据库中,对于每个企业,至少记下3名企业联系人的名字和联系方式。

③上年度有哪些大客户对企业的服务多次提出了抱怨,列出这些企业。要细心呵护与他们的业务,派业务骨干尽快与他们联系,检查业务完成情况

④上一年最大的客户是否今年也预定了业务,找出这样的客户。要赶在竞争对手之前去拜访该客户。

⑤是否有客户只在你的企业订购一个业务,却从其他企业订购更多的业务?提请该客户考虑试用企业其他的产品与服务。

⑥根据客户对本企业的价值(如市场花费、销售收入、与本公司有业务交往的年限等)将客户分为A,B,C类。减少对C类客户的市场投入,把节约的资金投入A类客户。

(3)与客户保持良性接触

一对一营销者把客户交流当作企业成长战略的一个重要部分。他们探询客户过去买了些什么,发现客户的实际价值,然后开发他们可能从客户身上获取的递增的业务,也就是通过更全面地了解客户来挖掘其“战略价值”。通过此步骤,最好的、最有效的公开交流渠道被建立起来,无论使用网站,还是呼叫中心,目的都是降低与客户接触的成本,增加与客户接触的收效,最终找到与客户建立“学习型关系”的办法。客户的反馈在此阶段中至关重要。

(4)调整产品与服务以满足每个客户的需要

一旦你了解了客户的需求,就必须采取行动,提供能够为他们带来额外收益的产品或服务。想把客户锁定在学习型关系中,因人制宜地将自己的产品或服务加以个性化必不可少。这可能会涉及大量的定制工作,而且调整点往往并不在于客户直接需要的产品,而是这种产品“周边”的某些服务,诸如分发产品的方式、产品的包装样式等。向客户准确地提供他们需要的东西,客户的忠诚度会极大地提高。

8.2 会展客户关系管理

8.2.1 会展客户关系管理的概念和功能

1)什么是会展 CRM

会展客户关系管理就是为会展组织者提供全方位的客户视角,赋予它更完善的客户交流能力和最大化的客户收益率所采取的方法。

(1)会展客户关系管理是以客户为资产的管理理念

资产在传统的管理理念以及现行的财务制度中,仅指厂房、设备、现金、股票、债券等。随着科技的发展,虽然企业开始把技术、人才等也视为资产,然而这种划分资产的理念依旧是闭环式,而不是开放式的。因为无论是传统的固定资产和流动资产,还是新出现的人才和技术资产,都只是产品价值得以实现的部分条件,而不是完全条件,其缺少的部分就是产品价值实现的最后阶段也是最重要的阶段,这个阶段的主导者就是客户。会展企业作为非物质性生产型的服务性企业,更需要视客户为企业的资产。

(2)会展客户关系管理是以更广泛内容为对象的营销整合

与其他物质性生产企业相比,会展企业面对的客户不再是用实物产品就能够满足的客户,而是那些想通过展会提供的服务获得更多市场份额的参展商和贸易商。两种需求有较大差别,会展企业满足客户期望的难度更大,因而会展客户关系管理是对更广泛对象的整合,主要包括了参展商和大量的贸易商。此外,从营销的角度来看,会展客户关系管理打破了西方传统的以 4P(产品 Product,价格 Price,渠道 Place,促销 Promotion)为核心的营销方式,将营销重点从客户需求进一步转移到客户保持上,保证会展企业把有限的时间、资金和管理资源直接集中在这个关键任务上,实现了对客户的整合营销。

2)会展客户关系管理的功能

(1)管理功能

CRM 系统理念的引入使得会展企业管理从一个全新的视角出发,即客户需求、客户满意度。无论是对企业实施质量管理、战略管理,还是对市场实施需求管理、反馈控制,都是在客户需求的引导下完成的。CRM 将为会展企业提供全方位的管理视角,赋予企业更完善的客户交流能力,拉近两者关系的同时使得客户收益得到最大化。

(2)营销功能

会展企业 CRM 的营销功能主要体现在对客户关系进行精确的营销指导,根据展会主题,选择某一单一客户群体精心策划营销策略,利用因特网与参展商和专业观众进行互动式交流,以便及时改进产品和调整营销计划。结合客户信息数据进行采取直接邮寄、电话销售等新型的营销手段,会展企业 CRM 在简化会展企业对于参展商的营销工作的同时,营销主体可逐步倾向于专业观众，使会展企业营销市场日趋成熟。

(3)服务功能

会展企业客户关系管理旨在客户满意度的提高，维系顾客关系。会展企业服务质量主要体现在3个环节：结果质量、过程质量、环境质量。会展企业往往关注于客户群体对过程质量和环境质量的注重，而忽视对结果质量的注重。客户关系管理服务功能强调一种和客户保持持续的密切的关系，例如展后客户服务跟踪，收集客户意见，丰富会展企业数据库资料，为下一次的客户服务提供优化方案。

8.2.2 会展客户关系管理的目标

如何使CRM所产生的多元效用最大化就是会展企业CRM的终极目标，而实现这个终极目标的过程实际是4R(Retain, Relation, Recommend, Recover)关系文化体系构建的过程，这个文化体系将会展企业CRM的管理对象从单一的客户概念扩大到一个广泛的客户群体，它们包括了参展商、专业观众、合作伙伴、供应商、内部员工等，通过客户群体间各种关系的建立和管理，形成一种可持续发展的会展企业CRM体系。

1)R1——保持(Retain)

所谓保持关系文化是指会展企业重视现有客户群体，通过满足或超过客户需求，提高客户满意度，培植客户忠诚，建立起一种长久信赖的客户关系。对于一个成功的展会而言，具有满意度的成熟客户为展会带来的价值远远高于新客户的价值。保持关系的文化的建立一方面要求会展企业及时掌握客户信息，了解市场需求状况，可通过现代信息系统技术处理庞杂的客户信息及市场信息；另一方面要求会展企业资源对CRM系统的全面支撑，做到上下保持一致，各个部门共同参与，以发挥CRM的实际效用。

2)R2——关联(Relation)

关联关系文化体现出会展企业同各种客户群体之间的协调关系，会展CRM理念的引入将使会展企业成为各种会展客户关系的中心纽带，一个成功展会活动的举办依赖于会展企业所起到的中心纽带作用，CRM系统帮助会展企业梳理各种客户信息，整合客户资源，对参展商、专业观众、供应商、合作伙伴及会展企业人力资源进行统筹管理，以实现会展企业销售自动化、营销自动化以及客户服务自动化的理想模式。

3)R3——推荐(Recommend)

推荐关系文化的形成是建立在客户群体对会展企业良好口碑的基础之上的，展会活动广泛的公众性和参与性使得这种口碑在树立会展企业形象，形成企业诚信，扩大客户群体等方面都能够起到积极的作用，通过老客户的推荐吸引新客户，再发展成忠诚客户，形成良性循环，同时，推荐关系文化还有助于形成会展企业品牌，提升企业核心竞争力。

4)R4——恢复(Recover)

恢复关系文化的建设是针对会展企业在经营管理过程中可能发生的突发事件，能够采取有效的挽救措施,以维护客户利益为目的,及时地将客户失望转化成新的机会,以期望客户对企业重新认识。通过恢复,企业可以重申对客户的承诺,甚至可以改变客户对企业的不良印象。

8.2.3 会展客户关系管理的系统理论模块构建

会展 CRM 的理论模块是软件开发前对系统开发目标在理论上的明确和设计,一般应用型软件的开发都要经过系统需求分析、系统设计、系统实施工程和系统维护更新几个阶段,理论模块的构建是整个系统开发的基础和指导。结合国内会展企业的运作模式和特征,总结得出会展 CRM 在理论上的完善信息流程图,如图 8-3 所示。

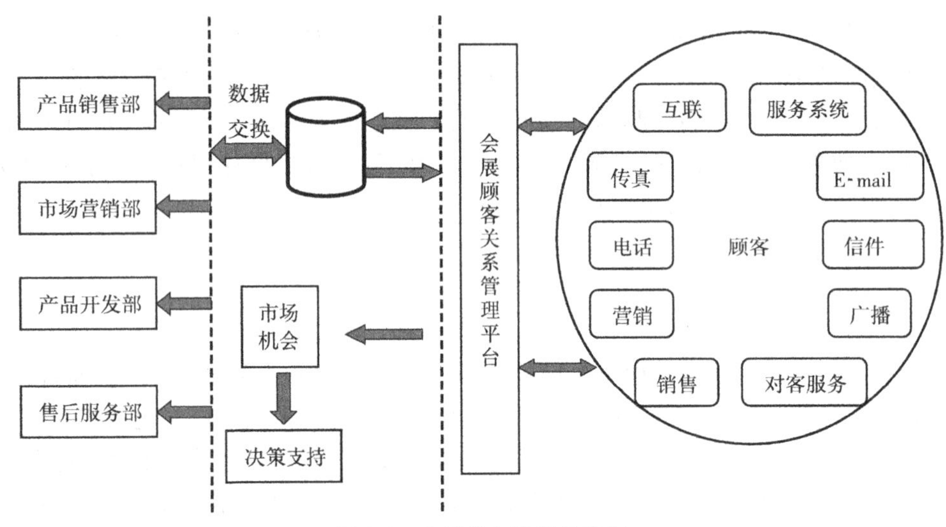

图 8-3 会展信息流程结构图

1)理念模块

会展 CRM 系统需有明确的商业价值定位和管理理念的定位,他们为每一项决策和功能的执行提供指导方向。会展 CRM 系统的开发理念是基于"以顾客为中心"的待客态度、顾客的价值观及整体会展品牌的价值,来改善或加强会展企业与顾客的关系,提高顾客的忠诚度,最终实现会展利润的增长。所以,要充分地考虑如何让顾客感觉到会展品牌的优越,会展如何识别顾客的期望,怎样使会展的员工更成功地分享外部顾客的信息,怎样激发员工的斗志和处理部门之间的协作等。

2)战略模块

战略是企业发展和成长的保护神。会展 CRM 战略应该在目标收益及方向上与会展企业发展战略保持高度的一致,它是会展企业发展战略的重要组成和体现,应该为会展创造更多的赢利机会。实施会展 CRM 战略就是从如何创造"会展品牌""会展产品品牌"价值的角度出发,发现、赢得、发展并保持有价值的顾客,并要将会展企业的内外部环境、会展企业战略实施和会展企业的经济效益结合起来,会展企业作为一种服务型企业,顾客的数量和顾客的忠诚度对会展企业的发展起着至关重要的作用,忠诚的顾客非常愿意接受会展企业提供的服务并愿意为此花更多的时间和资本，而且价值顾客及其亲身经历影响潜在顾客的决策，为会展企业赢得额外的利润。

3）经验模块

随着技术的完善和实践的不断深入，人们对会展企业运行的机制、管理的模式以及处理顾客之间的关系等方面都有了深刻的理解，在实际的工作中也积累了丰富的经验。好的经验可以提高顾客对会展的满意度、信任度、归属感和较长久的忠诚度，差的经验则相反，不但会严重影响会展与潜在顾客之间的关系，而且可能会最终失去原有的顾客。顾客与会展企业多年交往的经验深刻地影响着他们对会展的印象。所以，这就要求会展 CRM 系统对“顾客经验”在客户关系管理中的价值和重要性有功能上的预设。

4）协调模块

协调机制是每个会展企业 CRM 所必有的模块。一是协调各部门之间的工作，使之加强沟通以高效地运转；一是协调个人和会展企业之间的关系，使之目标统一行动一致。会展 CRM 系统功能的协调功能应能“以变应变”，无论是来自何方：如组织结构的变化、管理体制的变更、人员的流动等。实践证明，会展企业从技术上导入 CRM 已经没有太大的困难，但这并不能使会展企业真正进入“以顾客为中心”的时代，唯有会展企业自身从理念到行为上实现根本的转变，才能达到既定的目标。

8.2.4　会展客户关系管理的系统技术模块构建

很多国内会展企业有的甚至从未有过基本的管理信息系统（MIS），这与欧美企业在信息化和自动化程度上有很大的差距和不同，也就决定了中国市场所需要的 CRM 产品不是西方 CRM 模型的汉化，我国会展企业目前所需的 CRM 还处于操作层次和分析层次，具体主要包括以下几个重要的功能模块。

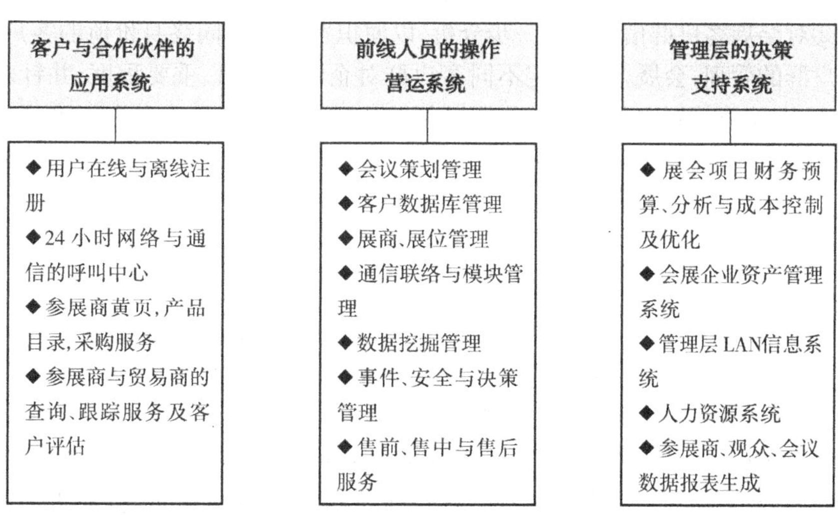

图 8-4　会展客户关系管理技术系统模型

1）数据集成与数据挖掘功能模块

收集客户的信息可以说是客户关系管理的第一步。零乱或不完整的客户信息是没有用的，数据需要转化为信息，只有健全、准确、持续的客户信息才有使用价值。首先必须建立起完善和高效率的客户采集系统，提供能够与客户畅通无阻沟通的CRM平台，在与会展客户多种方式的接触过程中，大量关于客户、合作单位、参展商、贸易商的记录和商业机会的信息资料分散于各部门或岗位员工的私人邮件、文本文档、传真件、工作簿中，这就要求建立起完善的客户信息入库登记制度。然后通过科学手段对客户信息进行去伪存真，精心提炼出客户知识，使其具备利用价值。通过对数据仓库的数据对会展业务和行业进行分析预测，对原有和潜在顾客的消费行为进行分析，提供报告和预测未来发展的模型。

2）客户价值评估功能模块

客户价值的评估是筛选客户的基础。客户价值评估用于进行客户利润贡献度和客户生命周期价值评估，客户价值的判别标准是客户在全价值生涯中给企业带来的利益（即全生涯周期利润CLP），而不是与客户的交易额，基于对CLP的预测，选择客户的当前的价值、客户的增值潜力两个维度指标对客户进行组合排列得到：铁质客户、铅质客户、白金客户、黄金客户4种类型①，同时还可建立潜在客户价值评价模型及其应用策略、潜在客户各种转化形态的实现条件、机理以及转化策略。CRM系统非常关注客户价值，并且应具备为CRM其他功能模块（特别是呼叫中心和门户网站）提供实时支持的能力，应该将企业资源（如：会展推广营销经费及与客户有效互动的方式和时间）引向潜在回报最高的客户群。

3）客户分类管理功能模块

客户的分类管理是实现优质服务的前提。客户分类管理主要包括以下内容：①确定细分会展客户群的标准，包括参展商的个性化资料、消费的量与频率、参展方式、地理区位、客户的关系网等。②对会展客户群信息的进一步分析，以便识别具有不同终身价值的客户或客户群。③对不同客户群的管理，会展企业确定不同客户群对企业的价值、重要程度，并针对不同客户群的消费行为、期望值等制定不同的销售服务策略。虽然淘汰不良客户资料可能在短期内对会展产生影响，但没有健康的客户渠道就不可能有健康的品牌展会。对客户信息的分类管理将有助于提升管理和信息的功能。

4）客户与市场信息互动处理功能模块

客户与市场信息的互动处理是维持良好客户关系的根本保障和措施。随着Internet、网络、移动通信的发展，越来越多的会展客户习惯于通过Web，E-mail，WAP，SMS等方式与会展企业交流沟通，电子商务和呼叫中心的建立及不断完善大大地提高了企业客户信息的处理效率，尤其是将CTI（Computer Telephone Integration）、IVR（Interactive Voice Response）等技术应用于呼叫中心后，系统能够自动为客户提供客户信息查询、历史交易明细查询等，还可为客户提供多

① 张国方，金国栋．CRM（客户关系管理）的应用与理论研究综述［J］．科技进步与对策，2003（3）．

样化、个性化的服务，以亲切优质的服务赢得客户的赞许和忠诚，及时反馈客户的需求信息，实时调整服务的内容和策略，最终真正地、最大限度地发挥信息对营销和竞争的作用。

鉴于我国会展企业组织规模比较小，所能调用的人力、资本与技术资源有限。目前最主要的是建立以参展商和观众为主体的客户关系管理信息系统，然后逐步建立真正意义上的 CRM 系统。因此，应用服务提供商 ASP(Apply Service Producer)将为会展 CRM 的开发提供极大的便利，ASP 服务提供商可以通过中央管理设备来配置、租用、管理、共享和运行会展 CRM 应用系统。在这种服务模式下，ASP 不断开发、提升应用系统及相关服务，并通过网络向会展企业提供个性化的服务，这种技术在今后可能得到广泛的应用。

8.3　会展客户关系管理策略

8.3.1　会展客户关系管理的实施过程

CRM 的实施是一个往复循环的过程，是一个螺旋式提升的过程。会展企业 CRM 的实施过程如图 8-5 所示，包括收集客户信息、制订客户方案、实现互动反馈和评估活动绩效 4 个环节，继而上升到新一轮循环。

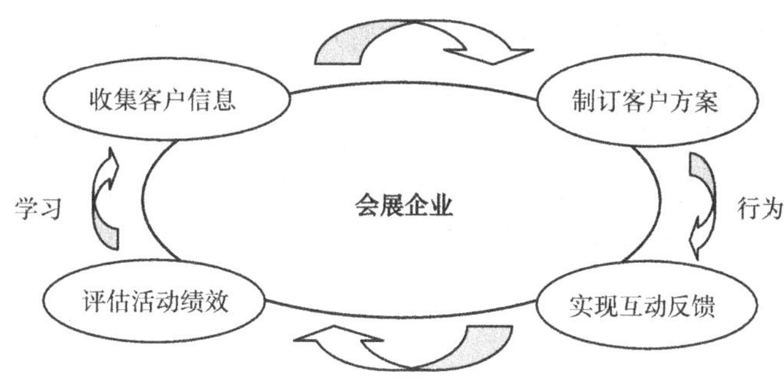

图 8-5　会展 CRM 循环流程示意图

1)收集客户信息，发现市场机遇

会展企业客户关系管理流程的第一步就是分析会展市场客户信息以识别市场机遇和制订投资策略。它通过客户识别、客户细分和客户预测来完成。

(1)会展客户识别

会展企业所面对的客户市场是一个广泛复杂的群体，不同的客户有着不同的参展需求。会展客户识别即在广泛的客户群体中，通过从各种客户互动途径，包括因特网、客户跟踪系统、呼叫中心档案等，收集详尽的数据，包括客户资料、消费偏好以及交易历史资料等，储存到客户数据库中，然后将不同部门的客户数据库整合成为单一的客户数据库。同时把它们转化成为管理层和计划人员可以使用的知识和信息，使其从中识别出有参展需求的客户。

(2)会展客户细分

通过集中有参展需求的客户信息，会展企业可以对所有不同需求信息之间的复杂关系进行分析,按照需求差异进行客户市场的细分,并描述每一类客户的行为模式。从而会展企业可以根据展会的主题定位,从中选择某些客户需求群体进行专门的市场营销举措。

(3)会展客户预测

会展客户预测是通过分析目标客户的历史信息和客户特征,预测客户在本次会展活动中,在各种市场变化与营销活动情况下,可能的服务期望和参展行为的细微变化,以及以此作为客户管理决策的依据。

2)制订客户方案,实施定制服务

即针对客户类别,设计适合客户的服务与市场营销活动。现实当中,企业对于各类客户通常是一视同仁的,而且定期进行客户活动。但是用 CRM 的观念来看,这样做显然是不合算的,CRM 要求"看人下菜"。它要求会展企业在全面收集客户信息的基础上,针对项目客户,预先确定专门的会展活动,制订服务计划。这就加强了会展企业营销人员以及会展服务团队在展前的有效准备和展中的针对性服务,提高了会展企业在客户互动中的投资机会。在这一流程中会展企业通常要使用营销宣传策略,向目标客户输送展会各项服务信息,以吸引客户的注意力。

3)实现互动反馈,追踪需求变化

这是会展企业借助及时的信息提供来执行和管理与客户(及潜在客户)的沟通的关键性活动阶段,它使用各种各样的互动渠道和前端办公应用系统,包括客户跟踪系统,销售应用系统,客户接触应用和互动应用系统。通过与客户的互动,会展企业可以随时追踪有关参展商的需求变化以及参展后的有关评价不断修改客户方案。以往市场营销活动一经推出,通常无法及时监控活动带来的反应,效果如何最后以销售成绩来判定。CRM 却可以对过去市场营销活动的资料进行相关分析,并且通过客户服务中心或呼叫中心及时地进行互动反馈,实时调整进一步的营销活动。

4)评估活动绩效,改善客户关系

这是会展企业客户关系管理的一个循环过程即将结束时,对所实施的方案计划进行绩效分析和考核的阶段。CRM 透过各种市场活动、销售与客户资料的综合分析,将建立一套标准化的考核模式,考核施行成效;并通过捕捉和分析来自于互动反馈中的数据,理解客户对企业各项营销活动所产生的具体反应,为下一个 CRM 循环提出新的建议,以此不断改善会展企业的客户关系。

8.3.2 会展客户关系管理策略

1)客户获取策略

会展企业要生存首先要有客户支持,因此 CRM 的第一步是获取客户,即建立客户关系。关系是双方的,企业要与客户建立关系,一方面企业要寻找目标客户,另一方面,要让客户了解企业。只有双方都认为可以从对方的交换中获取合理的利益时,这种关系才可能达成。因此,建立客户关系的首要原则是“公平合理”。对一次会展活动而言,这种公平合理体现在,客户的参展可以为会展企业带来可观的经济与社会效益,并为展会带来适当水平、档次的产品,保证展会质量,提高企业美誉度;同时会展企业为参展客户提供了一个展示自己产品的舞台,在专业技术和服务的包装下,达到拓展销路的目的。这种互利是双方建立关系的前提。

(1)加强展会宣传力度,形成对客户的吸引力

会展企业某次会展项目主题一经确定,首先要加强对外宣传,让更多客户了解进而产生参展愿望。大多数参展商表示对展会的规格、知名度、同类参展商、主办者的名头、展览企业的资质等要素十分在意。因此,针对目标客户的需求,会展企业需要通过各种有效的传播手段向顾客报道有关信息,阐述会展项目与相关服务措施。将这些信息迅速、准确地输送给客户,争取客户的支持与信任,把他们吸引到自己的展会上来。

云南举办民族服装博览会时,虽然云南少数民族众多,服装服饰多样,但只有云南省的物品,终究不能代表全国。主办企业通过广泛造势,民族服装业发展的大好前景对各地产生了吸引力,博物馆、厂商、收藏爱好者都有纷纷前来,汇集了各类服装服饰3 000多套,15 000多件,使展会取得了成功。

(2)提高管理与服务水平,建立良好第一印象

企业通过宣传将客户吸引到展会中来,还需要通过高效、完备、便捷、优质的服务,建立良好第一印象,赢得客户信任,进一步留住客户。这就要求会展企业按照国际惯例办事,按照国家标准为客户提供现代化、个性化、人性化的服务,急参展商之所急,想观众之所想。

同时网络经济时代对会展经济在展会服务工作组织方面提出了“快捷”的要求。大多数会展企业对此深有感触,并采取各种措施积极应对,如实行网上招展、网上机票与旅馆预订、对于客户的咨询通过电子邮件及时回复以及网上下载客户需要的有关展览会的各种资料。可见网络经济的介入同时也为企业提供新的服务手段与方式以适应客户需求,其目的仍在于建立与客户的良好关系。

2)客户保留策略

作为组展机构,会展企业长期的工作目标就是要加深、牢固与客户的关系,尽可能留住客户,建立客户忠诚。具体而言,会展企业需要做到以下几点:不断寻求增进关系的方法;理解、满足甚至超越参展客户的期望;预计参展客户可能出现的问题,尽所能去解决。这就要求会展企业对参展客户的需求变化充分把握,同时了解客户参展的业务与参展目的,帮助他们增加利润。

(1)追踪与满足客户的服务需求

只有不断满足客户的需要,才能取得他们的长期信任。会展客户的需要因人而异,需要有针对性予以满足。最有效地了解参展客户需要的方法就是直截了当地发问,而座谈会、调查表和电话访问都是捕捉客户信息的常规方法。参展商的需求在不断变化,因此这些调查也是长期需要的。然而捕捉信息只是第一步,要建立长期相互信任的关系,关键还在于会展企业要倾听和付诸行动。参展客户都希望组展机构关心他们,真正为他们的成功而努力。

(2)关注与提高客户的参展交易额

客户参展的直接目的是想通过展会拓展销路和市场,达成产品交易,从中获利。如果参与

购买的客户少或质量不高,参展商不能取得预期收益,他们与组展机构的关系就很难保持,会展企业的市场就会逐步萎缩。因此会展企业要想从根本上留住客户,需要关注客户在展会上的交易情况,有效组织贸易商,增加参展商的交易额,提高其参展效益。会展企业要增加目标观众,必须制定渠道策略,建立高效畅通的会展渠道。

3)客户忠诚策略

客户忠诚既可以界定为一种行为,也可以界定为一种心态,一系列态度、信念、愿望等,是一个综合体。它的某些组成因素对企业而言确实非常琐碎,但对客户而言并不如此。会展企业得益于客户的忠诚行为,而这种行为源于他们的心态。忠诚也是一种相对而言的心态,它排除对其他一些会展组织者的忠诚,但并不是排斥所有其他组织者,比如一名客户可以对一个以上但彼此相竞争的供应商保持忠诚。同时我们反对单纯提高客户忠诚度的说法,而提倡展览企业与参展客户彼此忠诚,两者之间建立平等对待、彼此尊重的忠诚关系。因此要保持客户忠诚,关键的一点就是组展机构应主动开展显示企业忠诚的工作。忠诚的客户希望得到比不忠诚的客户更好的关系,期望从企业这儿得到忠诚,无论它以何种形式提供。

(1)实施促销激励

实施促销激励是企业奖励忠诚顾客的最常用方式,如价格折扣,免费或低成本地促销产品和服务等,这种现象在会展活动中很常见。香港会展中心承接大量会展业务,建立了自己广泛的客户关系,为了培育顾客忠诚,该中心采取积分激励的措施。在客户档案中建立参展积分栏,按其一定时间内在中心参展的累计次数积分,积分达到不同数量时实施不同级别的奖励,即在缴纳展位租赁费用时享受不同的折扣,从而鼓励客户长期参展,形成客户忠诚。免费或低成本促销的优惠形式也比较多见,让忠诚者从中获利,得以回报。

(2)提供获利帮助

举办参展企业培训班,就企业参展的有关问题请有关专家进行讲座,灌输新思想,转变旧观念,提高参展企业参展效果。它要求会展企业努力了解忠诚客户每次参展的业务和参展目的,尽量为他们的获利提供帮助。比如说,在展会取得成功后,作为要从中取得销售利润的组展机构应该为他们的成功提供一些帮助,即从帮助参展商的角度出发,不断寻求改进展会效果的方法,甚至组织参展商座谈会,集思广益地发挥成功办展的新举措。只有帮助忠诚客户增加利润,节省开支,才能说在策略上取得了成功。

(3)加强彼此联系

开展联谊工作,如通过会员俱乐部等组织形式,加强展览公司与忠诚客户的联系。展览公司可以通过一定的途径,向会员无偿提供商业供求信息,为重点参展企业提供展览知识方面的服务以及优先保证他们参加展览企业组织的各种培训等。

案例分析:别让这11件事"搞砸"你的展览

优秀的参展商能够规避的风险往往和他们能够给出的高效优质的参展提案一样全面。他们有足够的权利对他们的老板和同事说“不”以避免错误的决定。并且他们也需要花费一定的心思来引导整个团队如何在参展时做出最佳选择。

1. 不求数量但求质量

就像把一个房子彻底装修成一个温馨的家一样，对于参展商来说，他们需要在现场悉心经营自己的展位才能吸引买家，促成最终的商业目的。这也意味着你应该选择“正确的展览”，设定可行的参展目标，挑选展会，培训和指导现场展位的员工，展位设计，采购、运输、搭建展位，拆除展位，展物撤出，发挥你在展览当天的控场，并且要做好参展效果评估。不仅仅如此，每一次出展都需要一个事无巨细的 to-do list。所以一个优秀的参展商不会满世界撒网一样到处参展，因为这会消耗和分散他的经历甚至最后的效果和投入的成本不成正比。

2. 市场部与销售团队缺乏沟通

销售团队与市场总有一种断层的感觉。作为一个贸易展的经理，在销售和市场部之间打造一个高效畅通的沟通渠道是非常有必要的。销售团队需要从来访观众那里得到什么样的市场信息？你的员工如何帮你宣传和定位你们公司的品牌？如何去后续跟进现场获得的客户资源？哪个销售人员能够成为你现场展位最棒的员工？糟糕的内部沟通不会给你带来你想要的客户和参展效果。

3. 选择报价最低的供应商

很多人选择低廉的供应商因为这是一个简单又安全的做法。但是有没有想过过于追求低价格、低成本会导致后续出现更昂贵的代价？优秀的展商清晰地知道采用高品质的产品和服务会推高整个项目的成本，但却可以节省时间，让头疼的问题得到解决，展会的质量和成效也有所提高。优秀的展商知道如果选择高品质的供应商，表面上会让人觉得好像成本负担变大了，但是站在经营的角度来看，其带来的附加价值是无法比拟的。

4. 以展位成本或展览影响力来决定是否参展

展位成本以“每平方米展位所能达到的观众量”来计算，来确定是否适合自己参展，与此同时也要深度挖掘好在现场的哪块展位能够为自己带来最高的目标客流量，这样才能保证参展商可观的投资回报率。

5. 重点客户的后续跟进

优秀的展商会努力确保展前展中的事宜能紧跟计划进行。同样的，他们非常清楚大部分工作的价值来源新客户的累积。所以，他们不会把客户就晾在销售点那里，反而会定期看看这些客户有没有后续跟进的工作，目标当然是配合销售团队，看是否随时有洽谈签单的机会。

6. 只布展不推广

就像在第一条中提到过的一样，想要办好一次展览，参展方有很多细节都需要用心准备用心完成。优秀的参展方不会忘记设计一套完整的展前展中推广计划来吸引足够多的观众。

7. 选出最适合参展现场的员工

优秀的展商就像是整个参展团队的指挥官，认真挑选适合出席现场活动的员工，保证每一个出色的员工都能发挥最大价值。工作努力，态度积极，对自己公司的产品、客户群和所在行业都了若指掌，这些都是一个理想的展位现场工作人员的特点。

8. 迎合趋势的推销手段

参展商或是他们的老板往往很抗拒被人催着做事，特别是老板催——例如要在参展现场派发最独特最吸人眼球的小赠品。其实他们真正需要的是能和自己产品或是气质相配套的小礼物来吸引住他们的目标客户群体。出色的参展商会更理解设计什么样的小赠品能够“挠”到客户的笑点，而不仅仅是送一些追求时髦的小玩意儿。

9. 展位现场内容太过“丰富”而失去焦点

比起在展位现场铺天盖地地堆满产品或是尽一切可能满足观众的需求，精心严选展位设计元素，控制产品摆放数量，根据客流量安排合适的活动才是更明智的选择。如果没有用心考虑好优先次序，那么你的展位很可能最后会变成一个跳蚤市场或是热闹的马戏团。

10. 让科技给你展位添异彩

最新的科技产品往往能吸人眼球但是参展商也会顾虑是否会变成“给别人做嫁衣”，原本是想热销自己的产品，却把观众的眼球吸引到辅助的最新科技上。聪明的参展方只会利用新技术来增强客户的参与感和体验感，让科技元素和自己的展位、产品能够巧妙地融为一体。

11. 每次出展都“老调重弹”

展商其实都了解的是，贸易展也在一年一年的举办中不断变化和衍生，每次参展前他们都需要认真考虑所存在的一些风险：和之前参展的效果差不多还是能够更成功带来更多订单？因此有时展方也会请求他们的管理层能够容忍在试水新展览时存在失利的风险。当然，如果参展效果不佳的原因只是因为每次把自己的展位原封不动地“搬”到各个展会上，这样的失败就绝对不能容忍了。

信息来源：会展微刊，2014-07-27.

讨论题：

1. 结合案例，谈谈如何建立高质量的会展客户关系？
2. 综合讨论如何进行会展客户的开发和管理创新。

【专业词汇】

会展客户关系管理（Exhibition customer relationship management） 会展客户关系管理系统（Exhibition customer relationship management system）

【思考与练习】

1. 会展客户关系管理的核心思想是什么？
2. 结合我国会展客户关系管理的实施现状，谈谈会展业 CRM 的发展方向。
3. 会展客户关系管理的功能有哪些？
4. 说明会展客户关系管理的实施过程。
5. 结合案例分析会展客户关系管理的实施策略。

第9章 会展信息管理

【本章导读】

本章主要介绍了会展信息管理的知识,共分为4节:第一节诠释了管理信息系统的概念和作用,介绍了会展信息与信息管理,分析了现代会展业与信息技术之间的相互关系;第二节界定了会展管理信息系统的概念和特征,分析了会展管理信息系统的总体结构,并详细介绍了会展运营管理系统;第三节主要介绍会展的电子商务管理,明确了会展电子商务的概念和内涵,分析了会展电子商务的运行模式,并对会展电子商务的体系构成进行了系统阐述;第四节着重讨论了会展信息系统的安全管理,分别从系统安全管理的影响因素、系统运行的安全和系统的安全维护等几个方面展开论述。

9.1 管理信息系统与会展信息管理

随着计算机技术和网络技术的应用越来越广泛,信息处理和信息管理领域的发展起到举足轻重的作用,而会展行业为了适应市场发展和行业发展的需要,大量地使用各种信息处理和信息管理软硬件工具,从而产生了各种管理信息系统。

9.1.1 管理信息系统的概念源起

早在20世纪30年代,柏德就写书强调了决策在组织管理中的作用,就有了管理信息系统概念的萌芽。20世纪40年代,美国数学家申农和维纳创立了信息论,它是控制论的基础,主要研究通信和控制系统中的信息传递和如何提高信息传输系统的有效性和可靠性等问题。20世纪50年代,赫伯特·西蒙(Herbert Simon)提出了"有限理性"的概念,观点之一就是数据和事实信息有助于管理决策;同一时期,维纳发表了《控制论与管理》,他把管理过程当成一个控制过程,而控制要依赖于信息,这一时期计算机已经开始用于会计工作。

管理信息系统一词最早出现在1970年,瓦尔特·肯尼万(Walter T. Kennevan)给刚刚出现的管理信息系统下了一个定义:"以口头或书面的形式,在合适的时间向经理、职员以及外界人员提供过去的、现在的、预测未来的有关企业内部及其环境的信息,以帮助他们进行决策。"这个定义说明了管理信息系统的主要功能是提供信息,什么时候的信息(过去的、现在的、预测未来的)?什么形式的信息(口头或书面)?关于什么的信息(有关企业内部及其环境)?什么时间提供(合适的时间)?向谁提供(经理、职员以及外界人员)?用来做什么(进行决策)?在这个定义里强调了用信息支持决策,但并没有强调应用模型,没有提到计算机和应用数据库,很明显,这个定义是出自管理的,而不是出自计算机的,这显示了这个定义的初始性。

1985年,管理信息系统的创始人,明尼苏达大学的管理学教授Gordon B. Davis给了管理信息系统一个较完整的定义,即"管理信息系统是一个利用计算机软硬件资源,手工作业,分析、计划、控制和决策模型以及数据库的用户机器系统。它能提供信息支持企业或组织的运行、管理和决策功能。"这个定义全面地说明了管理信息系统的目标、功能和组成,而且反映了管理信息系统在当时达到的水平。它说明了管理信息系统的目标是在高、中、低3个层次,即在决策层、管理层和运行层上支持管理活动;它不仅强调了要用计算机,而且强调了要用模型和数据库;它反映了当时的水平,即所有管理信息系统均已用上了计算机。

管理信息系统一词在中国出现于20世纪70年代末80年代初,许多最早从事管理信息系统工作的学者给管理信息系统也下了一个定义(登载于《中国企业管理百科全书》上):"管理信息系统是一个由人、计算机等组成的,能进行信息的收集、传递、储存、加工、维护和使用的系统。管理信息系统能实测企业的各种运行情况;利用过去的数据预测未来;从企业全局出发辅助企业进行决策;利用信息控制企业的行为;帮助企业实现其规划目标。"

美国著名学者Kenneth C. Laudon和Jane P. Laudon教授在2002年出版的《管理信息系统》(Management Information Systems,6e)一书中就再次强调MIS的定义,说:"信息系统技术上可定义为互联部件的一个集合,它收集、处理、储存和分配信息以支持组织的决策和控制。"Laudon又说:"由管理的观点,一个信息系统是一个基于信息技术的,针对环境给予的挑战的组织和管理的解答。"这样说来，任何用信息技术解决管理问题的解答均是信息系统。当代信息系统定义之广可想而知。Laudon 还说："企业信息系统描述了企业经理的希望、梦想和现实。"实际的情况也确实如此：当代的企业要想实现任何期望和梦想，实现任何新战略，没有信息系统的支持是不可能实现的①。

9.1.2 管理信息系统的作用

1）企业重要的资源

信息是企业的一种无形的资源，随着组织应用信息技术越来越广泛和深入，信息也日益成为企业的重要战略资源。以前人们比较看重有形的资源，进入信息社会和知识经济时代以后，信息资源就显得日益重要。因为信息资源决定了如何更有效地利用物资资源，它不仅能够提高组织的工作效率，带来经济效益，更为重要的是信息技术的应用改变了企业参加竞争的方式，为企业提供了新的竞争手段。信息资源是人类与自然的斗争中得出的知识结晶，掌握了信息资源，就可以更好地利用有形资源，使有形资源发挥更好的效益。

2）企业决策的基础

管理的实质是靠新知识和新信息驱动的创造性工作，信息是制定决策的最重要的依据。决策只有通过对客观外部情况、对企业外部环境、对企业内部资源等进行充分地了解才能做出最准确的判断和决策。因此，决策和信息有着非常密切的联系。过去一些凭经验或者拍脑袋的那种决策经常会造成决策的失误，越来越明确信息是决策性基础。

3）企业实施管理控制的依据

经典的管理强调的是组织、计划和控制。心理学家 Henry Mintzberg 将管理任务分为 3 类：社交类、信息类和决策类。信息管理的任务是在组织范围内传送信息，而决策管理包括评估可选方案和选择有利于企业发展的方向，管理者需要花费大量精力来作决策或为其他人的决策提供信息。在管理控制中，以信息来控制整个的生产过程、服务过程的运作，也靠信息的反馈来不断地修正已有的计划，依靠信息来实施管理控制。有很多事情不能很好地控制，其根源是没有很好地掌握全面的信息。

4）企业联系组织内外的纽带

根据管理信息系统的概念，管理信息系统是进行信息的收集、传递、储存、加工、维护和使用的系统，它能实测企业的各种运行情况；利用过去的数据预测未来，从企业全局出发辅助企业进行决策，利用信息控制企业的行为，帮助企业实现其规划目标。可见，企业与外界的联系依靠信息的传递，企业内部各职能部门之间的联系与沟通更依靠信息的传递。因此要沟通各部门的联系，使整个企业能够协调地工作都需要依靠信息，它是组织内外沟通的一个纽带，没有信息就不可能很好地沟通内外的联系和步调一致地协同工作。

---

① 管理信息系统的定义. http://blog. sina. com. cn/s/blog_655fc9db0101jafi. html.

9.1.3 会展信息管理

会展行业是一个交叉性很强的行业，对于会展行业信息的定位也不能局限于行业本身，他是一个信息及其密集的行业；会展信息管理表现为信息采集、加工、传输、存储、更新和维护等复杂的过程。

1）会展中的信息

会展工作的关键是信息，"世界展览王国"德国的展览协会和各大展览中心历来重视信息的采集、整理、分析和传输，每次展览会的组织实施过程就是一次完美的信息流程。展览会得以成功举办，很大程度上靠的是缜密、细致的信息组织工作。

会展信息主要包括：

①会展行业信息。包括国内外展览场馆的信息、专业展览会信息、参展商和厂商信息、展览观众信息及展览服务商的信息。

②会展企业业务部门、管理部门的业务信息和管理信息。包括主办商对场馆租赁的需求、参展商的参展需求和服务需求、观众网上报名等数据。

③综合评估数据。包括展会评估报告、分析报告、组站上、观众、参展商、服务上满意度等调查报告。

④会展企业内部公文数据和办公数据。

2）会展信息管理的概念

当前，会展行业的信息管理局限在一个较低的层次上：会展主办公司和参展商各自独立地重复收集观众名片信息，数据没有共享和交换；缺乏对信息的深入利用；不同会展活动之间的数据独立，数据缺乏归并和统一处理。如何有效地对行业信息进行科学管理就显得尤为重要，人们希望通过有效的方法和途径，把信息的孤岛变成信息的海洋。

所谓会展信息管理是指为了满足会展企业管理需要而进行的信息产生、识别、筛选、收集、加工、传递、存储、检索、输出等各项工作的总称。信息是会展管理人员可以加工利用的最重要的资源。会展信息管理工作的主要内容包括以下几个方面：①原始数据的收集；②会展信息加工；③会展信息传递；④会展信息存储；⑤会展信息检索；⑥会展信息输出。

3）会展信息管理的有效途径

（1）信息管理的标准化

信息管理的标准化是指提高信息管理水平，建立计算机管理信息系统的前提条件，主要包括原始数据收集制度化、信息载体规范化、信息加工程序化和信息传递工艺化等方面。

（2）信息管理的高效化

信息管理的高效化是指信息管理的各个环节做到及时、准确、适用和经济等 4 个方面。高效率的信息管理既是信息管理工作的目标，也是贯穿于信息管理全过程的工作标准。

（3）信息管理的现代化

进行现代化的信息管理，需要做到人才建设和机构建设的完善、技术全面、硬件过硬，同时,要树立现代化的管理理念。

9.1.4　信息技术与现代会展业

中国会展市场竞争激烈,会展城市、会展企业、会展项目和会展人才之间的竞争日趋“白热化”。会展活动由成千上万个环节组成,而每个环节又涉及大量的信息交换,可以说,信息技术是现代会展管理竞争取胜的核心力量。

1)会展管理离不开现代信息技术

会展的前期计划组织工作需要进行大量细致的市场调研,获取诸如市场信息、行业信息、产业结构信息、政府相关政策的信息等,这些信息的获取离不开现代信息技术的运用,在展览活动的招展招商阶段也需要现代信息技术的运用。

在展览实施阶段,主办方需要收集大量的观众信息,参展商需要利用电子显示屏、投影仪等设备展示和传播自己的展品以及其他需要传播的信息,观众需要通过网络或各种自动化的电子设备、仪器来了解和筛选展会现场的海量信息等,可见,信息技术在会展实施的整个过程中都起着巨大的作用。

展览结束后主办方、参展商和公众之间需要进行进一步的沟通和交流,会展举办所取得的成果也需要通过各种媒介第一时间传递给世界各地,这些环节,每一步都离不开信息技术的运用。

因此,我们可以说,信息技术对现代会展业具有不可忽视的促进作用,会展管理离不开现代信息技术的广泛应用。

2)现代网络技术是现代会展的重要支撑

现代网络技术的快速发展给信息化会展带来了新的契机,网络会展成为现代会展发展的新方向。人们可以借助互联网展示产品、交流信息、洽谈业务、进行交易。目前,世界上会展发达国家和地区都开始利用网络来组织展会,如网上招商、网上会议、网上展览等。网络会展打破了时间和空间的局限,不仅能为交易双方建立起一对一、一对多的直接接触,而且便利的平台使交易双方可以更方便快捷、更全面细致地了解对方,从而使贸易效率得到大大增加。

网络技术的进步为网络会展的发展引领护航,其经济性、便利性和可操作性等优势必将使其发展成为未来会展业的一种全新的运营模式。

9.2　会展管理信息系统

9.2.1　会展管理信息系统的概念和特征

会展管理信息系统是一个以人为主导,利用计算机硬件、软件、网络通信设备以及其他办公设备,进行信息的收集、加工、传输、存储、更新和维护,以凸显会展企业战略竞争优势、提高展会经济效益和社会效益为目的,支持会展企业的高层决策、中层控制、基层动作的集成化的人机系统。

会展管理信息系统具备如下几个特征：

1）辅助性

会展管理的主体还是人，计算机只是数据处理的辅助工具。会展管理信息系统通过对会展各种相关信息进行收集、处理和传递，最终还是为管理者的战略决策提供信息支持，辅助他们做出正确的决策，以达到有效实现会展组织目标的目的。通过它的辅助管理，能使会展管理更加科学化，日常事务处理更加有序、更加规范、更加准确。

2）开放性

会展管理信息系统的开放性体现在它是一个具有信息输入、输出功能的开放式系统。它的输入体现在对各种票据、登记账单、报表等原始信息的采集、录用，输出体现在通过技术处理后的各种统计报表、汇总表等有用信息的显示、使用。通过对信息的输出和输入不仅能够对环境进行分析并适应环境，而且能够在一定范围和程度上改造环境，促进展会积极营造有利于自身发展的环境。

3）层次性

现代会展管理具有明显的等级层次，可以划分为基层业务管理、中层经营管理和高层决策管理。作为会展管理的信息化工具，会展管理信息系统与之相对应的也可以分为基层、中层和高层3个层次。其中基层子系统主要是录用和管理一些基础数据以提高展会工作效率和服务质量；中层子系统主要管理综合数据以提高管理效率和管理精确度；高层子系统则主要根据系统输出的结果信息做出会展发展战略决策以提高经营管理的效益，如会展营销策略制定、发展战略规划、成本控制决策等。

4）反馈性

会展管理信息系统是对展会的具体业务信息进行综合控制，而会展的经营环境处于不断的发展变化之中。因此，必须根据会展管理信息系统输出的结果信息与外界的信息及时调整内部处理方式或扩充相应处理功能。这样可以保证系统输出的结果更加精确、实用。

9.2.2 会展管理信息系统的总体结构

会展管理信息系统帮助企业将信息系统、观众、参展商和服务供应商、合作伙伴等融合到一个共同的公共信息平台上，并以客户关系管理的核心理念为指导，将客户信息流引入会展运营管理中，在业务实施过程中实现信息的有效运转，使整个会展运作过程能够资源共享，并为企业提供信息化的决策支持，实现整个会展管理过程的科学高效。

会展管理信息系统总体结构包括会展运营管理系统、客户与合作伙伴应用管理系统和决策支持系统三大子系统，其中会展运营管理系统包括会展业务管理系统、会展现场管理系统、会展门户网站系统及会展企业办公系统；客户和合作伙伴应用管理系统包括参展商管理、专业观众管理、合作伙伴管理和服务供应商管理；决策支持系统包括会展决策模型管理与会展决策分析。会展管理信息系统总体结构如图 9-1 所示①。下文将着重介绍会展运营管理系统。

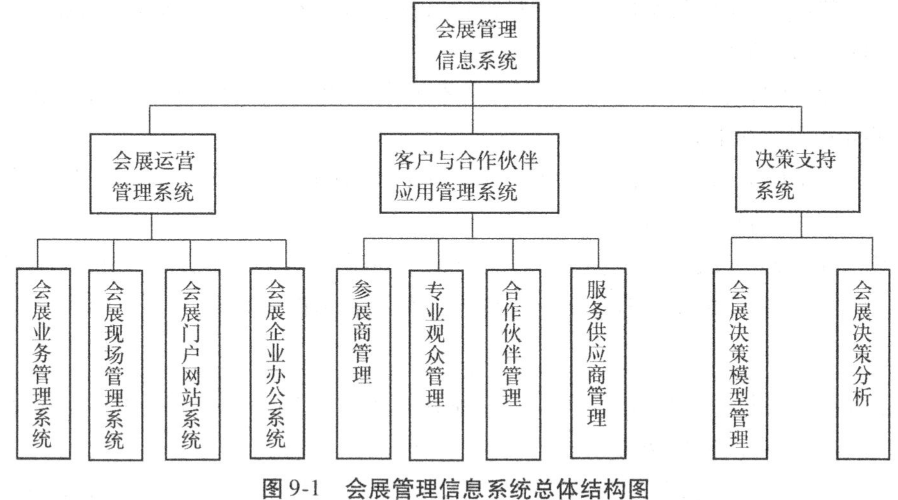

图 9-1 会展管理信息系统总体结构图

9.2.3 会展运营管理系统

1)会展业务管理系统

在展会开幕之前,主办方要围绕展会参与者处理很多细节工作,在短时间内集中处理这些琐碎事项绝非易事,但很重要,细节工作直接关系到展会的效果,关系到展会参与者对主办方的印象。会展业务管理系统可以帮助主办方从繁杂的事务中解脱出来,达到事半功倍的效果。

会展业务管理系统包括会务管理、招展管理、展位管理和租赁用品管理等。会务管理需要对会务工作进行管理,包括会议室的管理、租车服务、礼仪服务、会议日程安排等;招展管理需要通过对展商信息数据库的分析,提取符合要求的潜在客户,分配给相关业务人员进行意向跟踪或服务,经审核通过后可签订合同并做好后续服务;展位管理通过 GIS 技术和各种网络技术的运用更有效地销售展位,并可以根据招展的实际情况进行展位变动操作;租赁用品管理主要指对参展商提供各种设备设施的租赁服务和管理,包括租赁用品清单、关联价格等的具体的操作。

2)会展现场管理系统

(1)参展商服务

展商服务管理由展商登记、展商证卡制作、资料管理、欠费管理、展商申请服务管理、展商调查表、展台管理、展商调查表统计分析组成:

①参展商报到注册系统是对数据库中的相关展会参与者的验证与登记的系统,预注册的展商则可以直接拿到自己的相关证卡、资料等。未预注册的参展商在提交相关信息后现场制卡,领取相关资料。展览主办方可酌情选择不同类型的证卡,有纸卡、PVC、磁卡、IC 卡等不同

① 王红梅. 会展管理信息系统[M]. 天津:南开大学出版社,2011:135.

介质的证卡供选择,同时也可以提供不同证卡模版或根据主办方要求设计专用模版。

②资料管理:系统对发放给展商的资料进行管理,可以及时发放给展商参展指南、餐券、调查表、搭装证等资料、证明。

③欠费管理:展商报到登记时,对有欠费的参展商给出提示,欠费参展商交纳欠费后方可根据相关证明办理报到手续。

④参展商申请服务管理:展商在报到时可以申请其他服务,如住宿、饮食、租用设备等,利用系统进行管理,做到有条不紊。

⑤参展商调查表:发放、回收展商调查表,并录入系统。对结果加以分析统计,最终形成报告,提交主办方作为参考依据。避免了人工处理的烦琐和错误。

(2)观众服务

观众服务包括:观众登记、观众信息收集、制作证卡、门禁管理、统计分析、电子会刊、事件管理、调查表分析和观众抽样调查分析组成。

①观众登记:观众登记业务系统主要处理现场观众的注册、报到和预先注册观众的现场报到事务,同时可以登记其申请的展会服务项目。对于预注册的观众可以直接领取自己的证卡,现场观众在填写观众登记表后可以进行现场制卡。

②观众信息收集:集观众姓名、单位、职务、地址、电话等基本信息,并对数据进行录入,分类等操作,可以让主办方和展商在第一时间掌握到场观众的情况。

③制作证卡:根据观众提交的表格和名片等信息,为现场参展观众打印和发放入场证件(胸卡),证件信息可根据需要处理。

④门禁管理:观众入场时,系统需要对入场者的信息和入场时间信息进行采集,以便统计流量等信息。

⑤电子会刊:电子会刊是采用光盘为载体的会刊,和普通会刊相比它能提供更详细的数据,检索分类更方便,成本更低,美观等优点。

⑥事件管理:对展会期间举行的一些酒会、培训、讲座、研讨会等事件进行管理,如对参加资格的审核、收费、特殊要求等的管理。

⑦观众调查表:观众调查表的发放和回收,录入后利用系统对观众信息进行统计和分析,最终形成分析报告提交给展览主办方和展商。

⑧抽样分析:设计调查问卷,在参观观众或展商中抽样选取样本进行问卷调查,更深入地了解展商、观众信息,以及他们对展会的评价。

(3)展后服务管理

在展览结束之后,优品为主办方录入和完善现场获得的数据信息,并帮助主办方利用相关数据,相关服务有:

①提供数据分析报告,包括门禁流量、展台流量、单位情况、观众情况、观众调查表、服务事件、收支等项目的统计分析。

②提供分析软件,方便您对数据的查询、检索、分类、统计。

3)会展企业办公系统

会展企业办公系统在于构建一个以展会服务为核心业务为主导的企业管理平台,其中涉及 CRM(客户关系管理)、ERP(企业资源计划)、OA(协作办公自动化)、SCM(服务供应链管理)、WORKFLOW(工作流管理)等子系统。

(1)销售、财务等业务管理

销售管理用于集中管理企业的销售行为,包括客户跟踪、联系日志、合同签订与变更、合同注销、应收款、收款管理、票据管理等诸方面。销售管理的目标是:全程跟踪销售进程;量化的业务部门考核;及时准确的应收应付款管理;全面的销售日志,有效分析销售中存在的问题;销售行为由个人行为转化为企业行为;全面的财务监管;电子化的销售流程,管理层对销售行为全面而及时的分析并决策。系统中与销售管理相关的模块包括:应收款管理、应付款管理、合同管理、招商进度、客户资源分配、产品(展位)资源分配管理、销售业绩测评、销售日志管理、票据管理。

(2)协作办公自动化(OA)管理

办公自动化是随着企业的办公要求越来越高,对办公效率和信息处理要求越来越严格而产生的需求。办公自动化管理系统有助于提高企业办公效率;集中管理办公数据;扩大办公范围,允许远程办公和远程监控;集中管理企业内部资源,提高利用效率;保留办公痕迹,集中办公管理。系统中与办公自动化相关的模块包括公文管理模块、合同档案模块、音像档案模块、车辆管理模块、资产管理模块、邮件、快递件管理模块、电话、传真管理模块、资料管理模块、公司组织机构模块、规章制度模块、行政企业管理模块、员工管理模块、薪酬管理模块、绩效考核管理模块和培训、开发管理模块等。

4)会展门户网站系统

现代展览行业是一个开放的、竞争激烈的行业,展览会组织者在思考自身综合竞争能力同时,要意识到互联网科技的进步对展览业带来的深刻影响,一个功能完备的展览会门户网站不仅代表着展览会的品牌形象和管理需求,更是代表展览会综合竞争力和以客户为中心的服务水平。会展门户网站系统在展览会市场推广、销售管理、客户服务、数据采集和管理、决策支持等方面的应用,将会极大限度地提升展览会的综合竞争力。

展会门户网站系统支持多个展会在同一平台上有序管理,除了功能强大的信息发布系统之外,更能实现"在线展会",同时实现展位在线销售、展商观众在线预登记、表单下载等在线自助服务功能,帮助会展企业把服务平台的空间从企业内部协作拓展到 Internet 互联网领域,突破服务时间和空间的局限性,主张客户应用自助服务系统,一方面保证服务需求及时送达企业内部业务系统,同时也能减轻内部员工的部分工作量,通过内部业务系统处理来自互联网的需求,从而大大拓展客户来源和提高客户参与度与满意度。

会展门户网站系统为客户提供在线自助服务,系统可将部分集成到会展企业网站,让会展客户或潜在客户在登录网站时,自助递交商务需求,可以提供全天候、全球服务入口;同时,会展企业通过网站的文章发布系统将展会相关的信息及时准确地在互联网上发布,使得浏览者全面了解展会概况和展会动向,通过互联网下载相关的表单资源,实现客户、企业、供应商等实时顺畅的沟通。

9.3 会展电子商务管理

9.3.1 会展电子商务的概念

1)什么是会展电子商务?

电子商务进入会展业是会展业自身发展的需要。因为会展本身就是人们进行信息交流发布、洽谈商业合作和进行市场营销的场所,它发挥的是一种桥梁和媒介作用,而电子商务恰恰在这方面有着传统会展业无可比拟的独特优势。它提供了一个更为快捷、互动、有效的商务通道。结合电子商务的上述定义,我们可以将会展电子商务界定为:

为了满足会展企业、会展场馆、参展商以及会展产品消费者的交易愿望,通过以 Internet 为主的各种电子通信手段开展的一种新型的会展商业活动。按照电子商务对传统会展业介入程度的不同,也可以将会展电子商务分为两种层次:一是不完全会展电子商务,即在会展的运作过程中部分地借助电子商务方式为会展服务,实现网上广告、订货、付款、货物递交、售前售后服务,以及市场调查分析、财务核算、生产安排等一项或多项内容;二是完全电子商务,即网上会展,会展的组织、举办等各个环节都实现了电子化,组展商、参展商和观展者之间的交流主要通过互联网进行,它代表着会展产业未来的发展方向。

2)会展电子商务的内涵

为了更好地认识会展电子商务,在概念界定的基础上,让我们再来对会展电子商务的内涵做些更为详细的说明。对会展电子商务的理解,应从"现代信息技术"和"会展商务"两个方面考虑。如果将"现代信息技术"和"会展商务活动"分别看作一个集合,"会展电子商务"无疑是这两个集合的交集(如图 9-2 所示),是现代信息技术和会展商务活动的结合,是会展商务流程的信息化和电子化。

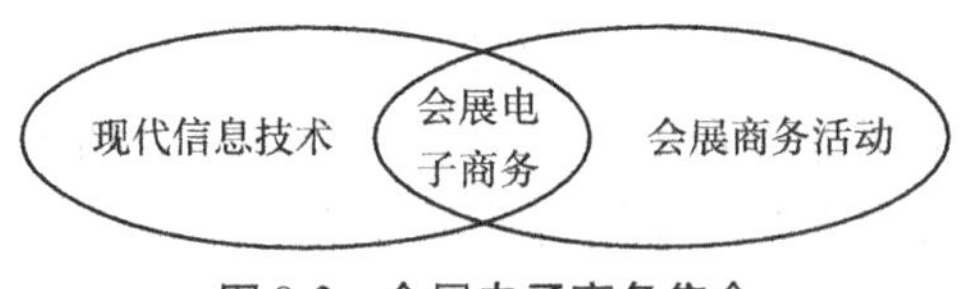

图 9-2 会展电子商务集合

(1)会展电子商务的技术基础

从技术基础的角度看,会展电子商务是采用数字化电子方式进行会展信息数据交换和开展会展商务活动,比较多的是运用以 Internet 为基石的多种电子手段实现交易。它是在互联网的广阔联系和现代信息技术系统的丰富资源相互结合的背景下应运而生的一种相互关联的动态会展商务活动。

(2)会展电子商务的活动范围

会展电子商务所涉及的贸易活动包括两个方面:一是面向市场,以市场活动为中心,包括促成旅游交易实现的各种商业行为——网上发布会展信息、网上公关促销、会展市场调研和实现会展交易的电子贸易活动——网上会展企业洽谈、会展产品展示、售前咨询、网上产品交易、网上支付、售后服务等;二是面向企业内部,利用网络重组和整合会展企业内部的经营管理活动,实现会展企业内部电子商务,包括会展企业建设内部网,利用业务管理系统、客户关系管理系统、物流管理系统和财务管理系统等实现会展企业内部的管理信息化。

9.3.2 会展电子商务的功能与特性

会展电子商务是会展商务活动的电子化,是以现代信息网络手段提供会展信息流、资金流、物流等的解决方案,提高其效益和效率的过程。具体而言,会展电子商务的功能体现在以下方面:

1)整合会展商务信息流

会展商务过程需要处理来自各方面的复杂信息,包括会展市场调研信息、组展企业与办展场馆之间的协作信息、组展商与参展商之间的服务信息、参展商与产品购买者之间的交易信息等。电子商务体系能够有效整合上述信息流,以确保会展信息的有效传递,以及信息的合理组织、再造,并完善会展信息的查询功能。

①调研信息整合。会展电子商务为会展企业开展市场调研提供了新的网络渠道。市场营销人员利用 Internet 可以广泛收集和整理有关同行业竞争对手、参展客户以及展品消费顾客的各项信息,为会展企业的展览项目策划与决策奠定科学的基础。

②服务信息整合。会展电子商务在会展组展商与参展商之间的业务往来中,承担了大量的服务信息传播功能。市场营销人员同样利用 Internet 可以实现组展企业服务信息的整合传播,从而增强展会的推广与促销能力。

③客户信息整合。会展电子商务为组展企业、参展企业和展品交易商提供了三方通话的机会。不论是以参展商为主要客户的组展企业,还是以交易商为客户的参展企业,通过这种交流方式都能更好地获取客户信息并开展跟踪服务,从而全面整合客户信息,为定制化服务提供依据。

④展品信息整合。会展电子商务为展品的宣传促销开辟了新的信息渠道。组展企业将通过与参展商的信息交流,了解各类展品的相关信息并进行整合,最后通过 Internet 对使用网络的广大消费者发布全面的展会产品信息,同时提供产品查询服务。

2)优化会展商务资金流

会展商务过程涉及广泛的资金领域,包括会展项目的投资开发、项目运作中的财务管理、展会交易的资金流动等。电子商务体系可以有效优化展前、展中以及展后的资金流向,完善会展资金管理。

①科学确定资金投向。电子商务使得展览项目宣传更为广泛。组展者、参展商和观众可获得比以往更为丰富、深入的信息资料,从而科学确定资金投向,避免选择项目时的盲目性及由此带来的经济损失。

②有效降低成本费用。电子商务使会展过程中组展者、参展商、观众之间的联络手段从传统的高收费的电话、传真、信件中解放出来,从而使得业务费用降低。另外,电子商务使信息反馈、收集、处理、统计等自动化程度提高,工作效率得到提升,也意味着经济效益的提高。

③全面掌握交易资金流向。电子商务使展品网上交易成为可能。通过电子支付手段,不仅可以节省交易中大量人员的开销,更有利于会展组展企业和参展商全面掌握交易资金流向,更清楚地识别有效客户及其价值。

3)完善会展商务物流

会展电子商务在传统会展的物流交易基础上,进一步完善了会展网络物流配送体系。在传统的物流和配送管理中,由于信息交流的限制,完成一个配送过程的时间比较长,但在电子商务环境下持续时间会大大缩短。同时网络的应用可以实现对整个物流过程的实时监控和实时决策。当系统的任何一个环节收到一个需求信息时,该系统都可以在极短的时间内作出反应,并可以拟订详细的配送计划,通知各相关的环节开始工作。

目前在国际上,网上会展成为新亮点。它将传统的商务流程电子化、数字化。一方面以电子流代替了物流,大大减少了人力、物力,降低了成本,提高了效率;另一方面,组织者、参加者和观众通过网络系统联系起来,各主体间的沟通呈现立时互动的特点,并摆脱时间和空间的限制,为会展经济带来更大的发展空间。本章前文中已经提到,网上会展就是会展电子商务的完全化表现形式,通过对网上展览会和传统展览会加以比较(见表9-1),我们可以清楚地认识会展电子商务的特性。

表9-1 网上会展与传统展会的特性对比表

特 性	网上会展	传统展会
组展手段	网上发布信息,辅以在其他媒介上进行宣传	文件、传真、电话等,辅以电子邮件和互联网络
信息发布范围	世界各地各个角落、非定向发布	有限范围、定向发布
展出场所	虚拟空间	实实在在的场地
展出手段	文字、图片、声音、动画等,通过逻辑说理宣传企业形象和产品形象	实实在在的产品,以直观的形象展开对外宣传
参展费用	仅需支付远程登录费	需支付展品运输费、场馆租金、施工费用、人员费用等
展出期限	一般有开始展出的日期而没有确定的结束时间,从理论上说可以无限期地进行下去	一般有固定展期
观众范围	面向广大网民,网民遍布世界各地	面向特定区域或特定专业的人士,有的只面向专业贸易观众
观众搜集目标展商方式	借助计算机和鼠标点击,到达包含参展商信息的网页	靠走路,在展出场地中按照产品分类、展馆和摊位编号等查找目标
交流方式	依靠电子邮件、聊天室等完成彼此间的交谈、磋商	为展览活动参与者提供面对面交流的空间和机会
契约方式	依赖数据信息、电子文件等完成组展者、参展商、观众之间的约定和责任规范	依靠书面材料证明契约的达成和执行

网上展览会出现时间不久,还不成熟和完善,但与传统展览会相比已表现出一定的优势:

低成本，高效率，展出时间长、增加贸易机会，展出空间无限广阔，经营规模不受场地限制，观众的广泛性，及时反馈，自动统计和评估等。同时它也具有一些与生俱来的缺陷：展出范围受到限制、展出信息的不完整性、观众的不确定性、信息统计上的偏差。而且人们需要面对面的情感交流。网上展览会的这些缺陷很难用技术手段加以弥补，这注定了它不可能完全替代传统展览会。网上展览会的发展需要依附于实物展览会，特别是定期举办的展览会。组展者可以把参展商的资料放到互联网络上加以广泛宣传这也将成为传统展览会组办者吸引参展商和观众的必要手段之一。

9.3.3　会展电子商务的运行模式

电子商务是通过信息技术手段将交易各方联系起来进行各种商贸活动的，按照交易所涉及的对象通常可以将电子商务分为 3 种类型或称模式，即企业——企业（B2B：Business to Business）、企业——消费者（B2C：Business to Consumer）、企业——政府（B2G：Business to Government）。会展商务活动涉及组展机构、参展商和交易商三方。组展机构可能是政府，也可能是专业的会展企业，因此会展电子商务在运行过程中主要表现出以下 4 种特有模式。

1）会展企业对会展企业的电子商务模式（简称 B2B 模式，即 B to B）

这里的会展企业包括专业展览公司以及会展场馆。会展企业间的电子商务是指会展企业之间通过网络信息手段实现相互之间的一对一或一对多的合作交流，开展商务合作。它的功能在于通过会展企业之间的信息交流，开展网络合作，共同搭建会展网上交易平台，为广大的参展商和交易商提供更加广泛、全面、权威的会展咨讯，并在此基础上结合相应的会展在线商务往来、交易管理等需求，设计并构架相应的、符合各目的地运营模式的系统。

2）会展企业对参展企业客户的电子商务模式（简称 B2E 模式，即 B to E）

这里 B2E（Business to Enterprise）中的 B 指组展的会展企业，E 指参展的各类企业客户。会展企业对参展客户的电子商务是指会展企业通过网络发布会展信息，提供专业服务，宣传招徕目标企业客户上网参展的在线营销活动。它的功能在于通过 Internet 向各类产品运营商提供一个便捷的网上展览和促销环境——跨时空、形象化产品展示效果，专业权威的会展咨询，从而促进产品销售；同时利用网络开展一对一营销，尽可能多的吸引和招徕参展企业，为广大的交易商提供广泛的产品选择。

3）参展企业对交易商的电子商务模式（简称 E2C 模式，即 E to C）

这里 E2C（Enterprise to Consumer）中的 C 指上网的会展产品交易商。参展企业对交易商的电子商务就是通常所指的互联网销售和互联网购物，是一种利用互联网推销参展企业产品和提供服务的销售方式。它的功能在于通过 Internet 向产品交易商中的网络用户提供一个便捷的网上购物环境——丰富全面的展品信息、专业权威的使用咨讯、个性定制的产品设计等，通过交流促进交易商做出购买决策，同时具有电子支付功能，可以实现网上购买。

4）会展企业对政府的电子商务模式（简称 B2G，即 B to G）

这里的会展企业指承办展会的专业会展公司。会展企业对政府的电子商务模式是指，当展会由政府主办、企业承办时,会展企业与政府之间进行的电子商务活动。例如,政府将拟举办的会展活动在因特网上公布,通过网上竞标方式,选择展会承办企业。它的功能在于通过网络的公开信息发布与反馈,一方面增强政府办展的公开性和透明度,另一方面政府随时随地了解承办企业的办展情况,加强对会展电子商务活动的有效监管。

9.3.4 会展电子商务的体系构成

会展电子商务的相关要素十分复杂。完整的会展电子商务系统是在网络服务平台的基础上,由会展机构(展馆机构、组展企业和参展企业)、使用互联网的产品消费者、专业会展网站运营商和提供物流和支付服务的机构共同组成的信息化会展市场运作系统,如图 9-3 所示。

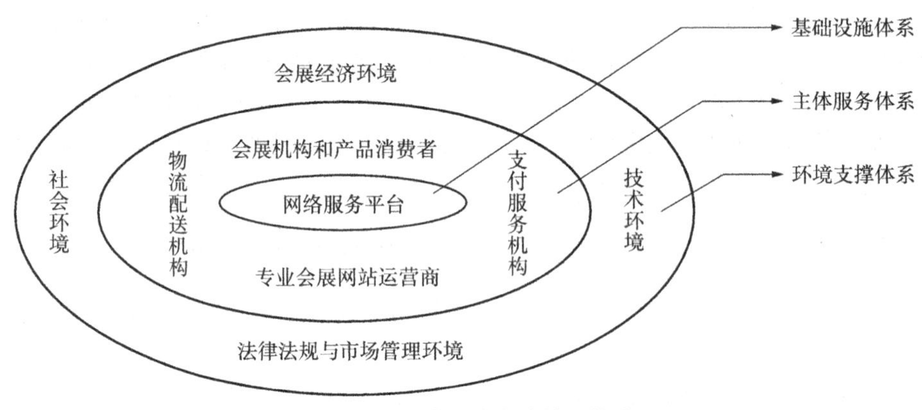

图 9-3 会展电子商务的体系构成

1)会展电子商务的基础设施体系

会展电子商务的基础设施体系主要是指会展电子商务的网络服务平台。会展电子商务的网络服务平台,在比较完备的情况下,由网络系统、基于 Intranet(企业内部网)的管理信息系统和电子商务站点组成。

网络系统,即计算机网络是通过一定的媒体如电线、光缆等将单个计算机按照一定的拓扑结构联结起来,在网络管理软件的统一协调管理下,实现资源共享的网络系统。会展机构应用的网络系统分为内部网(Intranet)、外部网(Extranet)和互联网(Internet)。网络系统是沟通会展机构内外信息传输的媒介。

基于 Intranet 的管理信息系统是信息加工、处理、存储的工具。会展机构通过管理信息系统,在机构内部收集、处理、存储和传输信息,实现内部管理信息化。管理信息系统一般包括营销管理系统、内部流程管理系统、财务和人力资源管理系统等子系统。

电子商务网站是指会展机构在 Intranet 上建设的具有信息服务或营销功能的,能连接到 Internet 上的 WWW 站点。电子商务网站是会展机构的信息窗口,极大地方便了同业合作伙伴和消费者直接了解会展机构及产品信息,并通过网站与会展机构进行沟通、开展交易,同时也是收集市场信息反馈的良好渠道。

网络服务平台具有以下特点:

(1)协调性强

会展电子商务网络服务平台首先是一个协调的整体。各自独立运转但又不能单独存在,在技术上兼容，同时在不同技术支持下的各项交易功能兼容发展，内外部网络连接畅通无断点，数据传输可靠无差错。

(2)适应面广

会展电子商务网络服务平台在服务对象上，不仅仅涉及买卖双方，而是在 Internet，Intranet，Extranet 等网络基础上，将会展电子商务系统中的各个角色紧密结合在一起，从而消除时间与空间带来的障碍。因此，网络服务平台具有广泛的适应性。

(3)功能强大

会展电子商务网络服务平台将担负会展网上交易的一系列操作任务，需要有强大的网络交易功能作支撑，因此必然是一个功能强大的操作平台。一是内外部网络之间良好的互动功能；二是内部网络具有智能化的管理功能，可以有效简化交易操作流程。

(4)配置先进

会展电子商务系统对网络平台的需求不断变化，信息技术与产品的产生与换代，要求会展企业不断更新网络平台的软件及硬件配置，以先进的配置确保网络平台的功能性和广泛适应性。

2)会展电子商务的主体服务体系

会展电子商务的主体服务体系包括交易主体——会展机构和产品消费者、专业会展网站运营商、物流配送以及支付服务机构。

(1)专业会展网站

专业会展网站按照创办机构的类别可以分为 4 种类型，即会展综合信息网、会展中心网站、大型展会网站和会展企业网站，如表 9-2 所示。

表 9-2 中国会展专业网站概览表

网站分类	网站名称	网 址
会展综合信息网站	中国会展网	www. exp-china. com
	中国国际会展网	www. cc356. com. cn
	中国会展经济信息网	www. ceeinfo. net
	展览联盟	www. s999. net
	中会展网	www. expoinchina. com
会展中心网站	上海新国际博览中心	www. sniec. net
	上海光大会展中心	www. secec. com
	深圳高交会展览中心	www. chtf-expo. com
	武汉国际会展中心	www. whicec. com
大型展会网站	上海世博会	www. expo2010china. com
	北京国际汽车展览会	bjauto. chinacars. com
	南博会(中国东盟博览会)	www. caexpo. org
	义博会(中国义乌国际小商品博览会)	www. chinafairs. org

续表

网站分类	网站名称	网　址
会展企业网站	中国展览总网(广州时空展贸中心)	www. 2t2. net
	优博会展网(深圳市优博国际展览有限公司)	www. ubexpo. com
	广东科展网(广东国际科技贸易展览公司)	www. ste. com. cn/kz

会展综合信息网一般由会展学术机构建设,面向会展组办机构、承办场馆、参展企业以及观展者提供全面综合的会展信息。具体包括:对外发布会展场馆及企业的综合信息,并提供专业咨询服务;对内开展信息和学术交流,并密切关注业内动态。

会展中心网站由会展场馆机构主办,主要面向组展机构、参展企业以及展品购买者提供展馆的有关信息。具体包括:该场馆已举办或承办的会展项目以及未来的会展活动安排,场馆的硬件设施、功能布局以及配套服务情况,同时向广大消费者提供展品信息咨询服务。

大型展会网站由大型展会组办机构创建,主要围绕定期举办的大型展会主题提供相关信息。如世博会网站,会展前发布招展与促销信息、提供咨询服务,会展期间跟踪发布展会交易信息、开展对外交流,会展结束后公布展会情况总结、跟踪客户需求,为下届展会做准备。

会展企业网站则由专业会展企业创办,主要面向政府、行业协会、其他会展企业等会展组展机构,以及广大参展商提供企业办展的有关信息。具体包括:会展企业为办展发布的促销信息,办展企业之间为加强协作开展的信息交流,针对参展商的各项服务信息等。

(2)电子支付服务

电子支付指的是以金融电子化网络为基础,以商用电子化机具和各类交易卡为媒介,以计算机技术和通信技术为手段,以电子数据形式存储在银行的计算机系统中,并通过计算机网络系统以电子信息传递形式实现流通和支付。它是会展电子商务活动的关键环境和重要组成部分,是会展电子商务能够顺利发展的基础条件。如果没有良好的网上电子支付环境,网上贸易商只能采用网上订货、网下支付的方式,只能实现较低层次的会展电子商务应用,这就使得电子商务高效率、低成本的优越性难以发挥,使得会展电子商务的应用与发展受到阻碍。与传统的支付方式相比,电子支付服务具有以下特征:

◆支付方式特征

电子支付是采用先进的技术通过数字流转来完成信息传输的,其各种支付方式都是采用数字化的方式进行款项支付的;而传统的支付方式则是通过现金的流转、票据的转让及银行的汇兑等物理实体的流转来完成款项支付的。

◆支付环境特征

电子支付的工作环境是基于一个开放的系统平台,即因特网之中;而传统支付则是在较为封闭的系统中运作。

◆支付设施特征

电子支付使用的是最先进的通信手段,如 Internet;而传统支付使用的则是传统的通信媒介。电子支付对软、硬件设施的要求很高,一般要求有联网的微机、相关的软件及其他一些配套设施;而传统支付则没有这么高的要求。

◆支付优势

电子支付具有方便、快捷、高效、经济的优势。用户只要拥有一台上网的 PC 机,便可足不出户,在很短的时间内完成整个支付过程。支付费用相对于传统支付来说非常低,曾有过统计,电子支付费用仅为传统方式的几十分之一,甚至几百分之一。

(3)物流配送服务

物流是指物质实体从供应者向需求者的物理移动,它由一系列创造时间价值和空间价值的经济活动组成,包括运输、保管、配送、包装、装卸、流通、加工及物流信息处理等多项基本活动,是这些活动的统一。物流配送在会展电子商务服务体系中占据举足轻重的地位和作用,无论会展电子商务是多么便捷的贸易形式,如果缺少了物流将是无米之炊。在设计会展电子商务物流系统时,要物流的各个环节联系起来看成一个物流大系统进行整体设计和管理,以最佳的结构、最好的配合,充分发挥其系统功能、效率、实现会展物流整体的合理化。具体而言,物流系统设计应遵循 5S 原则:

◆服务性原则(Service)

即在为参展商和贸易商服务方面要"以顾客为中心",做到无缺货、无货物损伤和丢失等现象,且费用便宜。

◆快捷性原则(Speed)

即要求货物按照参展商指定的地点和时间迅速送到。为此可以把物流设施建在供给地区附近,或者利用有效的运输工具和合理的配送计划等手段。

◆空间有效性原则(Space Saving)

即有效利用面积和空间。虽然我国土地费用比较低,但也在不断上涨。特别是对城市市场区面积的有效利用必须加以充分考虑。应逐步发展立体设施和有关物流机械,求得空间的有效利用。

◆规模适当性原则(Scale Optimization)

即在会展物流系统设计中,应该考虑物流设施集中与分散的问题是否适当,机械化与自动化程度如何合理利用,情报系统的集中化所要求的电子计算机等设备的利用等。

◆库存控制原则(Stock Control)

库存过多则需要更多的保管场所,而且会产生库存资金积压,造成浪费。因此,必须按照生产与流通的需求变化以库存进行控制管理。

9.4　会展信息系统的安全管理

所谓信息系统的安全,从本质上来说就是网络上信息的安全。信息系统的安全管理包括维持网络正常运行的硬件、软件、系统中的数据和系统的运行 4 个部分的安全,使之不受到偶然的或者恶意的因素造成部件的破坏、更改、泄漏,以此来保证网络服务的畅通无阻。从广义的角度来讲,凡是涉及信息的真实性、保密性、完整性的理论和技术都是信息系统安全管理应该研究的问题。所以信息系统安全管理的内容包括两个方面:一方面是技术问题,主要侧重于防范外部非法用户的破坏;一方面是管理问题,主要侧重于内部人为因素的管理。

信息系统的安全问题已经成为一个关系国家安全、社会稳定和民族优秀文化继承和发扬的重要问题,其中网络和信息的安全涉及计算机科学、网络技术、通信技术、信息安全技术、应用数学、信息论等多种学科的知识。会展信息系统是利用信息技术去解决会展业中营销管理、企业管理、行业管理等问题,安全问题也一样需要受到重视,需要借鉴其他信息系统安全管理的经验。

9.4.1 会展信息系统安全的影响因素分析

由于计算机拥有极大的数据存储量和极快的数据处理速度,人们将越来越多的数据资源存储在计算机系统中,使得信息和财富在计算机中高度集中。然而一旦其中的信息或网络遭到破坏或丢失,都将会给社会造成极大的影响。信息系统是以计算机数据处理为基础,因而信息系统的安全也与计算机系统的安全密切相关。分析信息系统的安全因素应该从它的构成出发,分别研究影响信息系统设备(硬件设备)安全、软件安全、数据安全和运行安全的因素。通过分析,可以将对信息系统的安全构成威胁的因素归纳为以下几个方面:

1)影响信息系统设备安全的因素

信息系统设备的安全主要有赖于计算机硬件、存储介质、通信设备和网络线路的安全,要确保他们不受自然和人为因素的影响破坏。

网络的拓扑结构包括总线形结构、星形结构、环形结构、树形结构等,实际的网络又是这些网络结构组成的混合结构,所以很多情况下造成硬件的相互冲突。例如网桥、路由器等大量用于广域网络,而路由器技术和性能目前还受到很大的限制。另一方面,计算机的核心芯片多依赖于进口,不少关键的网络设备也依赖于进口,造成网络安全的缺陷。对于存储介质和通信设备等都有自己使用的条件要求,如温度、湿度、电压等,在操作的时候一定要严格遵循设备的使用说明,对于公用的设施设备更应该爱惜,加强这方面的管理。有实力的旅游企业还应该储备有备用的应急设备。

2)影响信息系统软件安全的因素

信息系统的软件安全有赖于应用软件的程序代码及其相关数据、文档的安全,要保护它们在运行过程中不被任意篡改和非法复制,坚决使用正版的软件光碟。

由于软件程序的复杂性和编程方法的多样性,软件系统中很容易有意或无意地留下一些不易被发现的安全漏洞,会引起极大的网络安全问题,主要包括以下几个大类的问题:操作系统的安全问题、数据库及其应用软件的安全问题、TCP/IP 协议的安全漏洞、网络软件和服务的安全漏洞。同时,从企业内部信息系统的安全运行来说,要加强对员工操作的管理。制定严格的管理制度,避免因操作不当误删除文件,随时备份重要的数据和文件,交给专人保管。此外,要防止系统文件和文档被病毒感染,自动地进行文件删除和修改。

3)影响信息系统数据安全的因素

信息系统的数据安全是指信息系统内存储的数据和资料不被非法使用和修改。

数据和资料对一个系统来说是至关重要的,也是通过信息系统进行管理决策的关键所在,要保证存储的数据不被非法使用。在技术上要防止黑客的入侵、信息的窃取和破译;在管理上要明确各级管理部门查阅相关信息的权限,并通过电脑授予查看、修改和管理权限的密码,不得随便让他人查看系统的数据信息,更不能告诉他人系统的密码。

4)影响信息系统运行安全的因素

信息系统的运行安全是一个动态的、综合的概念,它有赖于信息系统的连续正确运行。

首先会展企业管理者对信息系统应该要有高度的重视,树立信息安全的观念,及时杜绝一些不可抗力因素(如火灾等)的发生;其次应该改进信息的管理机构的设置,为系统设置具有相当权限和责任的管理机构,并配置足够的人员和资金,提高工作人员的素质,包括操作的技能和责任心;最后应该加强行政管理制度和法律法规的制定,以防范人为因素对安全性所造成的威胁。

9.4.2 会展信息系统运行的安全管理

1)完善信息系统的管理机构

任何管理活动得到有效实施的前提都是有一个良好的组织。因此要实现会展信息系统的安全管理也得首先确定相应管理的机构,它是会展企业必不可少的部门。如美国的大型会展公司的组织机构极为庞大,但每个部门均可通过会展管理信息系统了解到其操作的范围,整个会展公司的工作不会发生混乱。然而在我国,会展信息系统的管理机构在职能地位和人员配备上都存在弊端,需要不断完善以确保会展信息系统的安全运行。

(1)提高管理机构的职能地位

在我国,会展信息系统的管理机构在会展企业内部的职能地位与其他部门平行。这样虽然可以实现信息资源在会展企业内部的共享,但系统运行中有关的决策和协调能力却大大降低了,系统运行的安全性难以充分保障。会展信息系统应该由企业最高层直接领导,作为参谋中心和协调中心而存在,才能够充分发挥信息系统的决策支持和有效指挥作用。

(2)完善管理机构的人员配备

信息系统管理机构的人员配备直接影响着系统的正常工作。一名高素质的工作人员,不仅能够对系统运行进行严格的管理和维护,还会对系统的完善提出合理的建议。按照工作的职责分工,信息管理人员大致可以分为三大类:系统维护技术人员、系统日常管理人员和系统业务操作人员。信息系统管理部门的主要成员由前两类人员组成。一般在中小型会展企业里,信息系统管理部门的人员较少,系统维护、网络维护、资料管理、员工培训都集中在少数几个人身上,难以确保系统的安全运行,有待进一步完善。

2)规范系统运行的管理制度

制度是规范行为的有力保证。它为企业的管理活动提供了科学的依据,有利于明确会展信息系统的操作规范。一般的运行管理制度包括:系统操作规程、系统安全保密制度、系统修改规程、系统定期维护制度以及系统运行状况记录和日志归档等,如:重要的数据输入和输出制度、密码口令专管专用制度、定期病毒防治管理制度、安全培训制度。

3)加强数据的维护与管理

会展企业组织中各种数据是管理信息系统的基本加工对象,系统正常运行的参数是必要的辅助数据,这两部分数据是信息系统数据维护的重要内容。要实现系统的安全运行,一定要加强数据的维护和管理,确保数据的安全。首先,要保证输入系统的数据是正确的、有效的、符合程序处理的要求,这样才会被系统所接受并做出正确的处理;其次,要及时、准确地备份数据和正确的保管备份数据,在系统出现故障的时候能够在短时间内将系统数据恢复到最新的状态;最后,在将数据制作成文档时力求制度化、标准化,形成一些固定的格式,维护文档的一致性,方便对文档的各种处理工作。

9.4.3 会展信息系统的安全维护

1)信息系统的安全设计

信息系统的安全问题应该在系统设计阶段就予以充分的重视。信息系统的安全设计包括:物理实体的安全设计、硬件系统和通信网络的安全设计、软件系统和数据的安全设计等内容。这些都属于计算机和网络应用技术方面的问题,在系统开发的时候应该多听取有关专家关于这些方面的建议,力求使得这些由物理因素造成的安全隐患降至最低,保证系统的正常运行。

2)操作系统的安全选择

选择一个安全可靠的操作系统,是软件安全的最基本要求,也是确保其他软件正常运行的基础,系统稳定运行的保证。因此只有在选择安全可靠的操作系统的前提下,讨论系统软件的安全性才有意义。同时,多数信息系统都运行在某个数据库管理系统之上,数据库管理信息系统的安全直接关系到信息系统应用程序和数据文件的安全。因此,在选择数据库管理信息系统时,一定要考虑数据库本身的安全能力和安全措施。

3)自然因素的安全防控

(1)防水、防火

机房的建设和网络的组建要达到当地消防部门的相关规定,机房内不能铺设水和蒸汽管道,地面上要有防滑措施。

(2)防磁、防震

因为磁场会改变存储介质上的数据,磁盘和磁带等介质应该远离变压器等磁场源。

(3)防静电、防尘

防静电的最好办法是将电器接地,并采取一定的措施防止静电的产生。同时注意因静电或其他原因造成的灰尘污染,保持机房的清洁卫生。

(4)选择合适的辅助设备

机房内使用的工作台、终端桌、隔板、窗帘等都应该是非易燃材料制品;并且机房内不宜使用地毯,因为地毯会聚集灰尘、产生静电。

4)计算机病毒的有效预防

近些年来,世界范围内的计算机系统一直受到计算机病毒的困扰,而且到目前为止还没有一种非常有效、彻底的防治手段,会展信息系统也是如此。所谓计算机病毒实际上是一种专门破坏其他程序和数据的一小段程序,它可以通过磁盘拷贝、通信网络和计算机网络扩散,一般可分为操作系统型病毒、文件型病毒和源码病毒,无论哪种病毒一般都很难发现,也会给系统带来不同程度的损失。

计算机病毒的感染基本上是通过两条途径:一是在网络环境下,通过数据网络的传递;一是在单机环境下,通过软盘的信息传递。一般来说,预防电脑病毒的感染比病毒侵入后再去发现和排除它要重要得多。特别需要注意以下事项:

①在使用公共的电脑或共享的软件时要特别谨慎,确需使用的时候应该进行杀毒;

②在网络通信时要限制网上可执行代码的交换,不执行来历不明的程序和邮件包,不把用户数据或程序写在系统盘上;

③对安装的反病毒软件如:金山毒霸、Mcafee VirusScan、Norton AntiVirus 等,要启动实时监控的功能,并及时在线更新病毒库;

④养成良好的软件备份习惯,对重要的可执行文件和重要的文档做一些备份,当机器遭到病毒攻击时,如不能杀毒则可考虑磁盘的格式化,使系统恢复正常。

案例分析:互联网改写传统展会模式

又到了国内遍地办展的旺季。与往年不同的是,展会,这种传统意义上促进经贸技术合作、拉动当地消费物流的实体大聚会,正在被日益普及的互联网改写着运作模式。

一周前在青岛举办的中国国际消费电子博览会上,很多令人耳目一新的现场体验和展会运用网络推广的亮点,已经散发出借力互联网办展的气息和魅力。

10 年前,青岛电博会首次牵手美国消费电子展,走出"白+黑"家电主打传统模式,逐步向智能、互联、融合等行业新趋势迈进。如今,展会不仅在内容上日益"互联",更在举办模式上积极"拥抱"互联网。

相比之下,10年前互联网平台刚刚起步,信息与技术交流并没有像现在这样无处不在。所以,那个年代的展会是推动交流合作的主渠道。参加展出的企业,在技术、形象、营销等方面均收获颇丰,而观众则可以零距离接触生产企业一睹芳容。除此之外,举办一个高大上的展会,还可以提升一个城市的知名度,乃至以1∶9的撬动力带动城市经济发展。

如今,迅速崛起的互联网正在缩小时间和空间的距离,消除着地域的隔阂,让技术流、信息流、资金流等渠道变得更加便捷和多元。网络电商巨头的覆盖率不断提高,实体生产企业也在构建自己的互联网平台,企业与企业之间在网上就可以实现交流合作,消费者通过网络随时随地可以淘到最新产品……这个时候,展会不再是唯一、主流,只能成为一种与线上相融合的互补渠道。

这种互补渠道,其实与当下实体百货店类似,遭遇互联网之后剩下的主要优势就是现场体验了。因为这一点在虚拟网络中尚未实现。对于这种现场体验功能,却不能轻视其能量,将来也是大有空间可挖。从当前的展会体验来看,虽然部分展商精心推出了一些产品体验,但仍然是蜻蜓点水,不够全面和深入。

曾记得在早期的展会上,一进展厅震耳欲聋,几个大品牌企业不是在比音响,就是比花里胡哨的演出。这不是产品体验,充其量是为了吸引眼球。后来引入国际大牌展会理念,新技术现场发布和经贸洽谈成为主打,展会办得越来越专业。而现在,新产品与新技术体验越来越多,越来越务实,这也将成为未来展会的大势所趋。如果有一款产品给观众带来了全新的体验,谁还会在乎这个展位的装修和音乐如何?

除了体验优势,还有一个就是观众数据信息优势。过去,展会的收入主要来自展位销售、门票、广告等,而现在,数据信息也能创造价值。今年南京车展举办时,主办方通过微信做了一个1元抢票活动。通过此次活动,主办方收集到有价值的观众信息,从而吸引了汽车厂商、经销商、汽车网站以及一些电商平台的关注。所以,将来展会应该从细小的数据做起,将数据做得精准。而由多个细小数据汇集而成的大数据,则是会展业的未来竞争力之一。

此外,办展过程中要以互联网思维来策划、组织、推广及运营展会。目前已有越来越多的展会学会运用互联网新技术,比如建数据库、线上注册、微信营销等。以前举办展会多注重成交额,现在举办展会更重视信息采集、交流、发布。正如中国会展经济研究会会长袁再青所言,互联网思维有助于会展业突破发展瓶颈。

眼下"网络会展"已经起步,并诞生了3D网络展览平台,网上的"实体感"越来越强了,这更给实体展会带来了挑战。传统展会只有更好地融合互联网,才能培育起自己的新优势。而对于那些仍准备新建展馆的二三线城市来说,也应该提前衡量一下自己是否有充分的策略去迎接互联网时代。

信息来源:青岛早报,2014-07-21.

思考题:

1. 试比较分析传统会展和网络会展的差异。
2. 结合案例,分析网络会展的市场前景。

【专业词汇】

会展管理信息系统(Exhibition management information system) 会展电子商务(The exhibition electronic commerce)

【思考与练习】

1. 阐述管理信息系统的概念和特征。
2. 举例说明会展电子商务的运行模式。
3. 分析会展管理信息系统的总体结构。
4. 比较中国各个会展专业网站,分析他们的优缺点。
5. 结合实际案例讨论会展信息系统安全管理的重要性和具体措施。

第10章 会展物流管理

【本章导读】

本章主要介绍了会展物流管理，共分为3节：第一节介绍了物流这个词的起源与发展，以及会展物流的内涵，分析了会展物流活动的特点，阐述了会展物流管理的核心内容和基本要求；第二节全面分析了会展物流系统，内容包括会展物流系统的构建原则、要素及构建模型、会展物流管理的保障机制；第三节提出了会展物流管理的战略导向，即高效供应链战略、成本领先战略、质量第一战略、信息制胜战略、绿色物流战略等。

随着全球化竞争的日益加剧,越来越多的制造企业意识到,要想获得长期的发展,不仅要降低生产成本,更重要的还要为顾客提供及时、准确、具有个性化的产品和服务。在这样的背景下,物流体系的设计与管理逐渐得到重视,众多的研究与实践表明,较高的物流效率是形成企业核心竞争力优势的重要因素。

10.1 会展物流管理概述

10.1.1 会展物流的基本概念

1)物流

"物流"一词,最初起源于军队的后勤系统,到了20世纪80年代美国物流管理协会对物流的定义几经修改,定义为:"所谓物流,是指有计划地对原材料、半成品及成品由其生产地点到消费地点的高效流通活动。这种流通活动的内容包括为用户服务、需求预测、情报信息联络、物料搬运、订单处理、厂址及仓库地址的选择、采购包装、运输、装卸、废旧物资回收利用及仓库管理。"日本曾成立"流通技术专业考察团"对美国物流"Physical Distribution"进行研究,并提出了"物流"这一概念。日本产业构造审议会流通部对物流的定义为:"所谓物流,是指物资有形地或无形地从供给者向需求者进行物理流动。具体说,物流活动包括包装、装卸搬运、运输、保管及通信联络等诸项活动。物流活动与交易活动不同,物流活动可以对物资做出在时间上和空间方面的价值贡献。"

20世纪80年代初至今,我国的物流经历了从不被重视到受到广泛关注,从不完善到逐步完善的发展过程。由国家质量技术监督局发布的《中华人民共和国国家标准物流术语》已于2001年8月1日起正式实施,其中对物流的定义是:"物品从供应地向接受地的实体流动过程中,根据实际需要,将运输、储存、装卸、搬运、包装、流通、加工、配送、信息处理等基本功能实施有机结合"。

物流发展到今天,其概念已从早期的PD(销售活动中的桥梁)发展为现在的Logistics,即"物流系统工程",它强调物流是一种范围更广的服务,突破了传统物流作业只是物产销售活动的附属行为,更加重视物流对生产销售在战略上的能动作用。进入全球化、网络化,电子化的21世纪,国际物流发展的新趋势表明,每个企业都构建物流体系是没有必要的,不但资金上不允许,还容易造成资源的极大浪费,因此,由物资供应方、需求方以外的第三者提供的物流服务,即第三方物流(TPL),成为新世纪物流发展的主要方向。

2)会展物流

在会展业日益蓬勃兴旺的今天,作为展销活动供、需双方以外的第三方组织者所提供的一种具有后勤保障功能的服务,会展物流应运而生。所谓会展物流,是指以展销会为中心,所涉及的展销辅助设施、产品的物理运动过程。具体包括对会展辅助设施和产品的运输、保管、配送、包装、拆卸、搬运、回收及相关信息处理等。它是由会展组织者在综合会展现场多个供需对应体的信息要求后,统一指挥、统一安排、统一协调的物资流通体系。

从上述概念来看，会展物流的主体是会展组织者，客体是参展商和购买者；移动的主体是会展辅助设施、产品和与之相关的信息；载体是用以实现会展物品流动的设备和设施，包括直接运载的车辆、船只、飞机、装卸搬运设备和铁路、公路、港口、机场等设施；流向主要是从参展商——会展中心——顾客的流动，这种流动包括空间位置的转移，又包括时间的延续。在这个过程中，包括运输、仓储、装卸搬运、配送、包装、加工、流通以及相关的信息活动，涉及的环节众多，必须进行恰当的计划、实施与控制，才能确保会展物流过程中各个环节功能最优化，保证对会展活动的高度机动性。

因此，会展物流管理，就是对会展物流的全过程进行计划、组织、实施、协调和控制，确保会展物品以较低的成本，高效、高质地实现时空的转移。

10.1.2 会展物流的特征

与一般企业商品流通的“单一输出模式”不同，会展物流是发生在短期内、同时与多个参展企业和客户发生关联的物质流通活动，具有其自身的某些基本特征。

1)“过程控制”的复杂性

会展期间的物流组织与管理工作是一项极其复杂的系统工程，在明确了会展主题、功能与层次等方面的定位后，需立即依据项目策划书中对会展场馆内部的布局和风格设计，购置或租借用于室内外装潢的材料和用于搭台摆台的设备物品；同时，还要尽快与参展企业取得联系，核定其参展产品的申报单，然后协助进行这些产品的运输，并安排好仓储。上面的这些工作在实际操作时显得非常繁杂而琐碎，每一环的衔接都要按照既定的程序来开展。

2)“体系优化”的双重性

物流体系的优化被称为第三利润源泉。为实现会展物流的合理化，需在物流体系的规划与运行过程中不断作出科学决策，随时根据需要对其进行优化调整。但在实际运作时，常常会出现物流体系优化用户最优(局部最优)和系统最优的矛盾，前者在物流过程的每一阶段从自身利益出发去寻找最小阻抗的路径，经过不断的自组织调整达到局部均衡状态，当太多的局部均衡存在时，物流体系就会远离系统最优，使整体效益受到不良影响。我们的目标应该整合用户最优和系统最优，找到两者的最佳平衡点，使之转化为全局最优。

3)专业化程度相对较高

会展本身的特点决定了其各项组织管理工作必须具有较高的专业化水平才能突出个性、保证质量，尤其在会展物流方面，对专业化的要求更高。为了做好这项工作，必须拥有具备物资管理专业技能的人才、通畅的物流渠道、有效的物质配送手段和功能齐全的物质转运与仓储中心作为支撑。因此，专业化程度相对较高是会展活动物流体系的一个非常显著的特征。

4)信息化要求相对较强

信息化是我国会展产业与国际接轨的一个重要衡量标准，也是会展产业发展的必然趋势。在会展活动物流的组织与管理过程中，物流信息管理是一项非常重要的内容，会展组织管理者会同各参展企业的有关人员必须不断对各种物流信息进行实时监控，并根据反馈信息及时调整物流过程中的具体行动措施。在构建现代化的会展物流体系时,首先要借助先进的科学技术手段,形成完备的信息网络。

10.1.3 会展物流管理的内容

会展物流管理的目标是为了实现会展物品在流动过程中的效益,即时间效应和空间效应。为了实现这一特定的目标,需要协调各方资源、综合多方信息,以较低的成本和最有效的方式,在适当的时间将会展物品运送至指定的地点。会展物流管理中的质量管理、时间管理、运输管理、仓储管理以及信息管理正是为了实现会展物流管理的目标。

1)质量管理

全面质量管理在众多企业和行业的实施,树立起以顾客为中心的理念。会展物流是为会展这一特殊的市场凝聚体服务的,而且会展活动的开展具有期限的短暂性和展期的固定性等特点。这就要求会展物品必须在严格的时间和空间要求下,通过高质量的物流作业来完成其时空的转移。另外,会展物流的费用一旦支出,是无法收回的,而且会展物流作业等的疏忽很容易造成错过会展时机和商业机遇的后果,具有严重的恶性连带影响。因此,必须对会展物流作业的全过程实施严格的全面质量管理标准,从而保证会展物流的高质量工作。

2)时间管理

时间在物流中是一个核心因子,主要包括接到订单快速响应的能力、运输途中所消耗的时间和在会展过程中对洽谈结果所做出的快速作业等。时间管理是实现会展物流服务质量的保障,也是提高竞争力的有效途径。随着信息技术的不断提高,会展物流对时间目标的追求逐步从传统的按预期进行物流安排,转向到物流作业对会展活动的快速响应,实现各个环节的快速和及时。譬如采取直达物流、联合一贯运输、时间表系统等管理和技术,都是为了提高时间利用率,实现会展物流在时间上的效益。

3)运输管理

所有物流活动的开展都离不开物品实体的流动,运输则是实现这一空间转移的主要环节。会展物品运输管理的主要目标就是在限定的时间内,科学组合各种运输方式,将会展物品从供给地运送到指定的地点。运输过程也是物流过程作为"第三方利润源"的主要实现途径,运输成本的控制对降低整个物流系统的成本有着至关重要的作用。

4)仓储管理

仓储源于仓库的储存保管功能,但仓储早已突破了其原始意义,仓库也不仅具有储存保管的功能,反之,这种功能也不一定由仓库来完成。在会展物流过程中,虽然没有生产企业产品物流的大批量、多批次的仓储作业,但是,在会展期间仓储的合理安排,也对会展活动的顺利进行和快速反应产生重大的影响。因此,会展物流仓储管理的目标主要就是通过会展物品在会展中心或附近的库存场所的仓储管理,实现会展的供求调节和配送加工等功能。

5）信息管理

从一般狭义的定义来讲，物流信息是指物流作业过程中的信息总和，与运输、仓储等各个环节有着密切的联系，起着神经系统的作用。广义的物流信息不仅指与物流活动相关的信息，还包括间接联系的其他流通活动的信息，譬如市场信息、商品交易信息等。在会展活动中，信息具有量大、变化快、关系复杂等特点，所以会展物流信息管理的主要目标是为会展活动提供迅速、准确、及时、全面的物流信息，以便进行科学的决策。

10.1.4 会展物流管理的基本要求

会展物流的基本任务，就是安全、快捷、准确、低耗地组织会展活动所需的物资和参展企业的展销产品，完成其由供货地点向会展现场的空间转移以及由会展现场向购买者的过渡，以满足会展活动的需求。

1）安全

主要是指在物流过程中的货品安全。一般而言，会展活动所需的设备物品由组织者采购，而参展企业展销产品的运输则在会展组织者的统一调度下自行负责。承运人员在运送过程中要保证物品不发生霉烂、破损、腐败、水渍等损害物资原有使用价值的事故，避免因此而造成的供货质量不合格而导致的会展准备的中断。

2）快捷

这一点是物流高效的体现，在确保运送质量、符合经济合算原则的前提下，要以最快的速度完成会展物资从供货地点到会展现场甚至购买者的空间转移，切忌物资运输迟滞，供货不及时，给会展活动造成不必要的损失。

3）准确

会展物流的准确性要求很高，在发货、运货、提货等各项业务中，要保证货单相符，在物资运送过程中不发生错、乱、丢、差等责任事故，力求准确地完成物资的运输流通任务。

4）低耗

经济性是物流运作的一个普遍原则，会展物流的低耗是指在保障上述3项要求的基础上，对物资运送所选择的运输路线、运输工具、运输方式等进行综合评价，继而选择最节省人力、财力和物力的组合，以最大限度地降低物流成本。

10.2 会展物流系统的构建和保障机制

10.2.1 会展物流系统的概念

会展物流系统是在会展期前后，在一定的空间维度中，由物流的客体、主体、载体等物质、能量、人员和信息等各方面相互作用、相互依赖和相互制约所构成的,以实现会展物品运输、仓储、回收及相关信息顺畅流通等功能为目标的有机整体。会展物流系统化的目的在于根据快速、可靠和低费用的原则实现以最少的费用提供最好的物流服务。

会展物流系统由物流作业系统和物流信息系统两个分系统组成:

①物流作业系统。在运输、保管、搬运、包装等作业中使用先进技能和技术,并使物流据点、配送路线、运输手段等网络化,以提高会展物流活动的效率。

②物流信息系统。在保证进货、库存、出货、配送等信息畅通的基础上,使通信据点、通信线路、通信手段网络化,以提高会展作业物流系统的效率。

10.2.2 会展物流系统构建的原则

根据会展物流的整体性、瞬时性、信息化以及多对象相关的特性,可引申出构建会展物流系统的3条基本原则。

1)链接简畅、成本低廉

要尽量减少会展物流配送路径的结点,简化中间环节并明确它们与前后相关环节之间的责权关系,从而确保物流渠道的畅通,这既是提高物流效率的重要保证,又是降低物流成本的有效手段。在物流方式的组合选择上,也应充分考虑到成本因素,在各方面条件允许的前提下,力求最低的运作成本。

2)功能齐全、服务多元

由于会展主题不同,参展商和购买者对象会有所不同,其展销产品也相应不同,这就给会展物流体系提出了较高的功能全面化和服务多元化的要求。因此,完备的会展物流体系除了需涵盖输送、保管、包装、装卸等各项功能外,同时还应能够胜任不同形态、性能的展销产品的配送服务。例如,参展商在参展前只需将展品交付物流公司,公司就能为其提供包装、运输、搬运、仓储、布展、撤展等一系列的物流服务。

3)灵活度高、可控性强

会展物流体系不能是静态不变的,而要设计成具有灵活调控能力的动态体系。当从会展现场反馈出的供求信息传达到会展信息控制中心时,会展物流体系应能够迅速作出反应,主动配合参展商启动合同产品的运送;当先期供求信息有所变更时,该体系又要能根据实际情况及时作出调整,保障展销物资适时适量、安全快捷地运达目的地。

10.2.3 会展物流系统的构建要素

任何一个系统都是由人、财、物等要素组成。会展物流系统也不例外,主要也是由劳动力要素、物质要素和资金要素组成,三方面的要素缺一不可,而且是紧紧结合在一起的,只有对这个3个方面进行系统的规划,科学的安排,才能充分调动各方动力,高效地完成会展的物流活动。其中,劳动力要素是完成物流任务的核心主体,整个过程的实现需要人类大脑智力的指导和安排,以及人类体力的辅助。物质要素包括会展物流的客体(会展物品)和会展物流载体(运送、仓储设施等)，是物流实体流动过程的体现。资金则是这个物流运转过程的动因和得以顺利实现的经济保证。除此之外，会展物流还包括物流相关信息等要素，进而形成了会展物流系统的要素体系。从会展物流的功能上看，主要分为七大功能要素：

1)运输功能要素

克服空间阻力，实现会展物品的空间移动，从参展商到会展中心或直接到客户的展品和产品的转移过程。对该系统的规划需要强调经济性和安全性，要求选取技术经济效果最好的运输方式和联运方式，合理确定运输路线，将会展物品安全、及时地送至目的地。

2)储存保管功能要素

储存是保管在会展活动过程中暂时处于停滞状态的那部分会展物品，包括堆存、保管、保养、维护等活动。该系统是时间差异的调节器，不同物流运输方式的科学衔接，并保证会展现场的会展活动的顺利开展。

3)装卸功能要素

装卸搬运是在运输前后和保管前后端点上对会展物品进行改变存放状态和空间位置的处理方式。该功能的实现使得整个物流系统各个环节的结合合理化、科学化。

4)包装功能要素

这里的包装指的是在会展物品在流动过程中保护物品、方便储存、宣传形象，而采取一定的技术手段对物品的容器进行处理的过程。包装除了从运输角度保护物品、单元划分、功能区分外，还反映重要的物流信息和宣传标志等。

5)流通加工功能要素

流通加工是在会展物品的流动过程中，根据会展和顾客的需要对会展产品和辅助性物品进行简单处理和加工的一种辅助性加工活动。回收系统主要是在会展活动结束后，对会展物品的回程处理。对这两个方面的规划要解决在什么地点设置、选择什么类型的加工、采用什么样的技术设备，才能达到提高效率和效益的目标。

6)配送功能要素

配送主要集中在会展活动的正式开展阶段，以配货、送货的形式完成会展物品在会展场馆的合理配置。会展场馆所提供的仓储是很有限的，通常还需要在会展场馆的附近仓储中心开辟专门的会展物品储藏、配送区。会展物流的配送系统需要对会展现场的信息进行快速机动的反应，迅速组织实施配送，按照拟订的配送路线和配送的方式，将会展物品送达目的地。

7)信息处理功能要素

物流信息是物流作业的神经系统，通过对会展物流信息的控制，才能保证会展物流系统各项作业活动的正常有序的开展，才能提高会展活动效率。对物流信息系统的规划，要求建立高效的信息系统和信息流通渠道，准确收集、汇总、统计、使用会展信息，以保证可靠、及时的会展物流服务。

10.2.4 会展物流系统的构建模型

会展物流的根本是会展相关物资产品的空间流动与管理，物流运作体系与参展企业及会展组织者的经济利益也是直接挂钩的，现代化的会展物流体系应结合参展物资产品的特点和会展经济运作的特性，努力提高专业化因素在物流过程中的强度，从而建构起完整发达的网络化物流系统（见图10-1）。

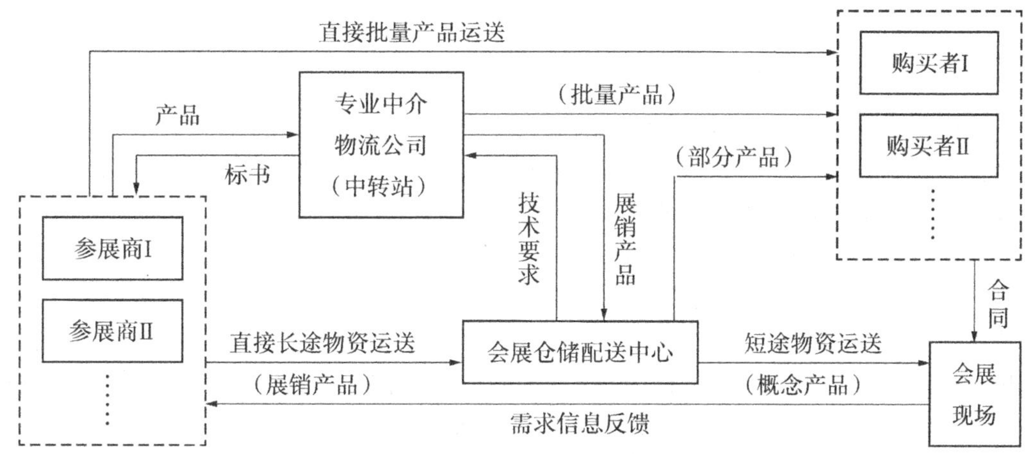

图10-1 会展物流系统的构建模型

图10-1显示，会展活动物流系统的核心在于由会展现场（会展场馆）和会展仓储配送中心所组成的“物资——信息”综合体，从宽泛的层面讲，它是会展活动物流起点（参展企业群）和物流终点（购买者群体）进行物资传送和信息互动的交换器，物资流分别从参展商向购买者呈现出单向脉状传递形态，信息流则以会展现场为集散中心，呈双向发射状传递形态。在这个复杂的物流系统中，专业中介物流公司以招标、竞标的方式产生，它作为会展物流的中转站，通过为参展商提供专业化程度较高的物流管理与转运服务给会展物流运作以技术支持，同时，当参展商从会展现场获取回馈的需求信息后，也可委托专业中介物流公司提供批量产品的“送货上门”服务。显然，通过专业中介物流公司这种发展形态的间接渠道负责会展物资及客户需求产品的运送流通服务，一方面增加了安全性，减小了风险系数；另一方面由于这些公司的专业化水平较高，还可在很大程度提高物流的效率。

10.2.5 会展物流系统的保障机制

会展物流系统的整体水平直接关系到会展活动的运营效率和参展企业的市场形象，同时它还在相当程度上影响着参展企业的综合竞争力及其对参展的信心。只有通过多方努力，积极建立起具有现代化标志的会展活动物流系统，在会展物资的流通过程中做到“货畅其流、货逢其时、货适其量”，才能保障会展活动的高效运作，从而促进会展活动在良性轨道上的突进。

1）制定相应的会展物流政策

对于跨国境的会展物资流通，应坚持国家有关政府行政部门主导，并通过各种有效手段进行组织、引导、协调、管理，可采取以下具体的政策措施：在某些口岸会展举办城市，允许国外参展人员实行口岸签证（即落地签证），或允许过境参展企业的工作人员在一定期限内实行免予签证制，或对特定国家和地区的国际参展人员在一定期限内实行一次签证、多次出入境；公安、边防、海关等部门简化会展物资的证照办理手续，实行一站联检制，创造快捷、便利的验放条件，为会展物资的出入境创造优良环境；在新开辟的国际机场，在一定时期内对特定的外国航空公司允许不对等飞行，以增大会展物资运送的灵活性和自由度。

对于国内各省市之间的会展物资流通，则需在政策上由地方政府主导，广泛进行区域合作，形成稳定、高效、成熟的区际物流网络。

2）规划组织化的物流渠道

组织化渠道是人们按照渠道形成机制加以系统组织所形成的渠道系统，在该系统中，传统渠道内部关系再造，渠道成员之间通过不同程度的一体化合作而形成稳定的业务关系。这种组织化渠道是适应大市场、大流通的要求而产生的。

会展活动的组织化物流渠道主要有两种类型：公司系统与计划系统。公司系统是指由一家公司控制物流渠道的若干层次甚至整条渠道而形成的渠道系统，在会展物流过程中，扮演这一角色的是专业化物流中介公司，这些公司一般规模较大，兼容了物流过程中必然涉及的各个领域的业务服务，使物流过程中的社会分工转为同一企业集团内部的分工，大大减少了矛盾冲突，增强了协调性。在实际操作时，这些公司是经参展企业和会展组织者的考察，通过竞标方式选择出来的，各方以契约关系为基础，经过长期的合作则形成一条较为固定的组织化渠道。

计划系统与公司系统并不是在相同层面的并列关系，就会展物流而言，它是一种以会展展览计划为核心，按会展物资的流通方向、预设线路而紧密衔接所形成的渠道系统，计划系统对物流渠道的长短、宽窄等指标都有一定的规定，这些指标的额定数值是在长期的物流运作实践中总结出来的。

3）完善会展物流的配套设施

标准化是现代化的一个显著标志。全球一体化的今天，各行各业、各方各面都要做到与国际接轨，在会展活动物流的组织与管理方面也是一样。不仅要在物流运转流程、操作方式等“软件”上实现标准化服务，还要在物流配套设施设备等“硬件”的建设方面向国际先进水准看齐。

会展场馆和会展仓储配送中心的建造都应充分考虑到物流因素。具体来说，会展场馆是会展活动的主会场，其物资通道的口径与场馆空间及面积要符合科学的比例，场馆应配备合理大小的停车场和临时仓库；会展仓储配送中心是集中储存和管理参展企业展销产品的场所，内部格局的设置要按照“快捷、便利”的原则进行动态设计，也就是说，随时可以根据会展主题的不同，依据差异性展销产品的特点更新，同时，仓储中心还需配置计算机网络监控室，运用微机开展数据化管理。

4）运用多元化的物流手段

交通运输条件的改善和运输工具的进步将在很大程度上缩短时空距离，扩展物资的空间流通领域。在我国，目前广泛用于物资运输的运输工具主要有货物列车、汽车、船舶、飞机以及民间运输工具等，这些工具有机地组合在一起，形成了多元化的会展物流手段。

货物列车和船舶通常用来运送体积大、吨位重的大型物品，适宜时间条件较为宽松的中远程运输；汽车则是近程小型物资运输的最佳载运工具，随着近几年公路情况的巨大改观和众多物资运送对汽车自身灵活性优势的日益需要，公路运输在物资运输中的比重将越来越大；飞机以其快速、安全的优势在运输业中发挥出重要的作用，由于会展展销产品作为“样本”，数量有限，且对时间条件有较高要求，飞机运输这一物流手段得到众多参展企业的广泛青睐，在会展物流的过程中始终占据着“龙头老大”的地位；民间运输工具包括三轮车、手推车、平板车等多种类型，在小批量短距离运输时可适当采用这些工具，如当会展仓储配送中心到会展现场的空间距离相对较短时，使用民间运输工具既灵活、成本又低，十分划算。

现代化会展活动的物流体系中还应包含多元化物流手段的组合，发挥立体物流方式的合力效应。

5）专业人才培养与物流技术创新

人才是发展的基石，创新是发展的动力。会展活动物流体系的发展水平与专业人才的培养和物流技术的创新息息相关，只有具备一定数量的专业技术人员，并且不断引进全新的物流技术成果在会展物流实践中加以应用，我们所欲构建的会展活动物流体系才能被贴上“现代化”的标签。培养专业人才的路径很多，可以吸收一部分从物资学校或高校物流管理专业毕业的技术操作与管理人员，将其推向会展物流组织管理工作的“前线”参与理论联系实践，还可以定期从岗位上抽调部分有潜力的从业人员返回学校深造，接触前沿的物流技术知识。

物流技术主要指物资的运输技术和仓储技术，运输技术的进步有利于物资“位移传送”的“更快、更准、更安全”，先进的仓储技术则提高了储存物品的养护能力，物流技术的创新是时代的要求，也是提高物流效率最直接、效果最好的方式。

10.3 会展物流管理的战略导向

物流系统管理（Logistics Management）是以物流过程整体为对象，对供应、制造、销售广义制造全过程中产品、服务及其相关信息的流动与储存进行规划、执行和控制。会展物流系统管理要求结合会展物流的鲜明特点与任务，将物流系统管理的理论精髓和前沿技术要领作用于会展物流全过程的运作、协调与控制。

10.3.1 高效供应链战略

所谓供应链（Supply Chain），是指产品生产和流通中所涉及的原材料供应商、生产商、批发商、零售商以及最终消费者所形成的供需链状结构体系。供应链管理（Supply Chain Management，SCM），即是对供应链上所有节点企业都联系起来，进行优化，形成高效的生产销售流程，从而达到快速反应市场需求、高韧性、低风险和低成本。世界权威的《财富》（Fortune）杂志，就将供应链管理能力列为企业一种重要的战略竞争资源。

与一般物流系统不同的是，会展物流系统仅关联到展销产品的供销和运输，而不涉及其原料采购和生产环节；而且，由于会展客我关系呈现出的“多对一”状态和展销产品实体的差异，它可能同步运行有多条供应链。因此,传统物流系统的供应链在会展物流系统中被缩短且多线化了,其日益成熟的供应链管理理论对会展物流系统管理的适用范围和方式也应有相应的变化。

传统的企业物流系统供应链中(见图10-2),物流配送中心一般是大中型生产企业或商业连锁企业自有的内部机构,是企业内部物流系统专业化的产物,它按照企业产品或商品的特性进行设计,只对企业自身负责,服务口径较为狭小。建设这样的自有配送中心,需要额外成立专职机构并为购买运装设施设备投入大量资金,大大增加了企业的经营管理成本。

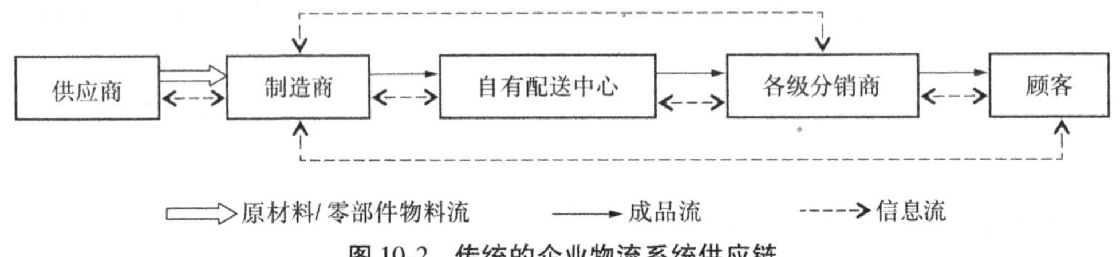

图10-2 传统的企业物流系统供应链

相对而言,会展物流系统的供应链中(见图10-3),会展仓储配送中心则具有区域公共性的特质,它与不同参展商及会展场馆之间的信息是多向流通的,在会展活动开始后,它与会展现场之间信息共享,便于快速反应和精确地提货配送。

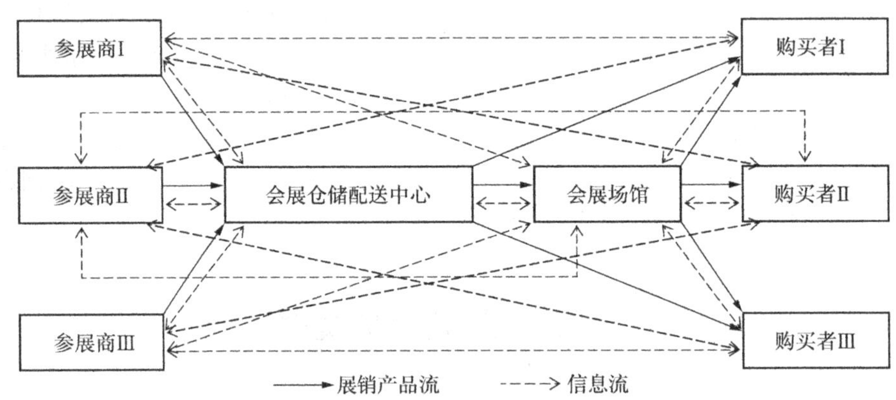

图10-3 会展物流系统的供应链

因此,对会展物流系统的供应链管理需要从会展活动的需求出发,在时间和空间上对供应链进行科学整体规划,提高整个供应链的运行速度、效益和附加值,实现对会展现场动态消息的快速反应,保证会展供应链的高质量运作。

10.3.2 成本领先战略

会展物流成本是指在实现会展物品的空间位移过程中所消耗的各种劳动和物化劳动的货币表现。具体而言,是在会展物品在实体的运动过程中,运输、包装、装卸、仓储、配送、加工等各个环节所支出的人力、物力和财力的总和。而对会展物流成本的管理既是目的也是手段,通过对会展物流成本的控制和管理来管理整个物流系统,实施成本领先战略,提高会展物流的经济效益。

由于会展物流涉及多方面的因素和多环节作业,成本构成具有一定的复杂性,主要包括在会展物流活动起始范围内,即从参展商企业所在地或中转地到会展活动中心,再到下方买家或回到参展商企业所在地的空间转移过程中。会展物流活动各个作业环节的费用支出，主要由运费、保管费、仓库租用费、人工费、折旧费、修理费、动力费、保险费等构成。但在实际的操作过程中，很多费用项目在财务报表中并不能正常反映，因此，需要对会展物流的成本进行标准化管理，其主要内容包括：

1）会展物流成本预算

由于会展物流对会展的效果产生直接的影响，在对会展物流进行整体策划和控制的同时，需要对会展物流的成本进行预算，即对成本的指标、计划指标进行测算评估，寻求降低会展物流成本的有关技术经济措施、协调各个物流作业环节的工作，并可作为最后绩效考核的指标之一，进而明晰会展物流系统的成本预算目标，保证会展物流作业的有序开展。

2）会展物流成本计算

在会展物流作业开始执行之后，各种成本费用就开始发生，会展物流成本的计算就是对产生的人力、物力、财力消耗进行归纳，通过适当的财务计算方法对会展物流费用项目进行计算，最终以货币的形式进行量化。

3）会展物流成本控制

在会展物流成本预算的基础上，对会展物流各个作业环节的费用成本支出，采取各种方法进行严格的控制和管理，如建立健全各项物流成本费用控制制度和相应的组织机构，建立完善的配送、验收、保管制度、设备设施的维护保养制度、报审批制度等，实施严格的制度控制法；采用科学的方法，经过调查、分析和测算而制定在正常条件下的标准成本，从而实行标准成本控制法等。会展物流成本的控制就是在保证质量的前提下，将成本减少到最低限度，以达到预期的物流成本目标。

4）会展物流成本分析

会展物流成本的分析是在会展物流作业完成之后，运用比较分析、因素分析、比率分析等方法，对物流成本计算结果进行的客观计量分析，具体包括检查和考核物流成本计划的完成情况，确定各物流作业环节成本项目因素的影响程度和会展物流的成本结构，进行比较分析，进而找出影响成本升降的核心因素，提出更有效的降低会展物流成本的实施途径。

5）会展物流成本信息反馈

收集会展物流有关的成本费用数据和资料，并提供给决策部门，使其掌握翔实的资料，对会展物流的成本构成、影响因素有更深入的了解，从而有利于加强成本控制，保证预定目标的顺利完成。

6）会展物流成本决策

决策是成本领先战略的一个周期的最后一步，是根据前面对会展物流成本的分析和信息反馈的结果，采取完善措施，对会展物流的成本控制进行优化，进而对会展物流系统的改良提出建设性的意见，不断提升系统的性能和运行效率，从而以最小的成本耗费获得最优效果。

10.3.3 质量第一战略

会展物流质量的概念是一个全面的质量概念，包括物流对象的质量、物流手段和方法的质量、作业和服务质量、系统工程质量等多方面，是实施全面质量管理的典型部门。

1）会展物品质量保证

会展物流的客体对象就是具有一定质量的实体，即有一定的等级、尺寸、规格、性质、成分、外观等，这些物流特性是在物品发送之前就已固定了的。在对会展物品实施物流操作，进行空间转移的过程中，要保证这些物理特性不发生变化，并最后实现对客户的质量保证。尤其是在像食品博览会这种对参展商品的质量要求更是严格，因此，在物流作业系统的设计过程中就要积极考虑会展物品的属性特征，采取相应的保护、保障措施，并在作业过程中利用各种手段来改善和提高会展商品的质量。

2）会展物流服务质量

会展物流是为会展活动的顺利开展提供服务的，并且会展物流的利润来源很大程度上也是依靠服务来赚取第三方利润，可以说，整个会展物流的质量目标就是其服务质量。会展物流的服务质量可以用客户满意度来衡量，即参展商和与会者对会展物品质量和物流作业的满意程度，以及对相关服务（如标签申请、报关、报验、信息反应速度等）的满意程度。

3）会展物流作业质量

高质量会展物流作业是会展物流质量的主要保证，会展物流作业质量包括会展物流作业过程的各个环节、各工种、各岗位的具体工作质量。具体指标包括：运输环节的正点运输率、满载率、运力利用率，仓储环节的商品收发正确率、商品完好率、库存商品缺损率、仓储吨日成本等。因此，对会展物流作业过程的质量控制必须着眼于细处，对细节进行指标性控制，从而保证整个会展物流作业过程高质量完成。

4）会展物流工程质量

会展物流的质量不仅需要物流作业各环节的高效运作，还需要对各个环节进行科学有效的组合，运用系统工程的理论和方法对会展物流系统进行改造和提升，形成高质量的会展物流工程体系，才能保证会展物流活动整体高质量。

总体而言，会展物流系统受到多方面的因素影响，另外一方面会展活动对物流的要求又非常严格，因此，会展物流企业的可持续发展必然要求实施质量第一的战略管理措施，利用全面质量管理的一些方法和原则，如“PDCA”循环、六西格码质量管理方法等，强调会展物流系统中的各个环节之间的联系和配合，以预防为主，做好“事前管理”，运用经济的手段和方法，向客户提供其要求的会展物流质量，将会展物流的质量管理系统化、科学化，从而满足包括会展活动的参展商和会展商品的购买者两方面客户的要求。

10.3.4 信息制胜战略

信息是知识经济时代可供利用的最重要的资源之一。在物流活动中，对信息技术的合理运用与有效管理是确保整个物流体系稳定高效运转的重中之重。可以说，会展物流信息系统是会展物流的中枢神经系统，会展物流信息系统管理的重要性不言而喻，它是其他各项管理的实施基础和保障，只有结合会展物流的供应链结构，充分地运用好计算机网络等高科技技术，建立起专业化高、能动性大、操作性强的会展物流信息系统管理模型并付诸实行，才能保证其他各方管理的顺利运作。

会展物流的管理信息系统（MIS）是其进行信息管理的操作平台，它通常应由会展组委会办公室、会展前台（现场）销售信息统计中心、会展物流情报中心、会展物流调度中心等核心部分组成（见图10-4）。

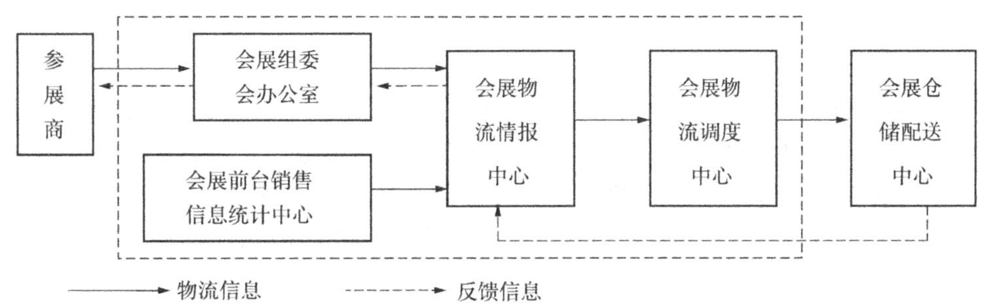

图10-4 会展物流管理信息系统

会展物流管理信息系统以各部分办公自动化的实现为前提条件。在图10-4中，会展的物流信息主要有两大来源：一是外部输入的，在会展活动举办前由参展商向会展组委会提供的展销产品的详细资料（包括类型、数量、规格、特性等信息），其二是内部收集的，在会展活动现场因参展商与购买者的洽谈成功而产生的潜在物流信息，由会展前台统计销售中心负责。两股信息在不同阶段汇集到会展物流情报中心加以综合分类分析，制订好物流方案后以派送任务的形式反映到会展物流调度中心统一指控。当会展仓储配送中心接受到物流指令后，即按计划组织实施物流活动，并及时将完成情况的信息反馈到会展物流情报中心，进而经由会展组委会办公室反馈给参展商以寻求其评价意见及其他要求。在这个信息机制系统里，会展物流情报中心和会展物流调度中心是为会展物流专设的机构，而会展组委会办公室和会展前台销售信息统计中心则兼具多项职能，提供物流信息只是其众多工作中的一部分。

会展物流信息制胜战略的实施需要大量现代科学技术的支持。在各个环节信息的分类、处理和数据交换的过程中，信息量之大、来源之多、变数大等原因对会展物流信息的管理是一种挑战，制胜的手段就是要积极运用先进的信息管理技术，如条形码技术、EDI（Electronic Data Interchange）技术、射频技术RF（Radio Frequency）、GPS技术（Global Positioning System）、GIS技术（Geographical Information System）、Internet网络技术等。信息技术的应用保证了会展物流信息的充足性、准确性和及时性，实现了信息的标准化管理和快速反应（QR）机制，缩短了物流供应管道，并且增加了管道的透明度，使得会展物流系统的管理趋于科学化、合理化。另外，在会展物流信息系统的运行和管理过程中，还要强调系统的运行管理和安全管理，保证信息传递的保密性、完整性与可用性（即CIA：Confidentiality，Integrity，Availability），维持信息系统的日常更新。

10.3.5 绿色物流战略

进入21世纪，环境问题受到越来越多的关注，几乎融入到社会经济的每一个领域。这其中也包括环境问题对物流行业的影响,绿色物流应运而生。绿色物流是指在物流过程中,抑制物流对环境和资源造成危害和浪费,通过对运输、仓储、包装、加工等物流环节的绿色化改造,实现环境的最小影响和资源的最充分利用。在会展物流中贯彻绿色物流的理念,从而保证了会展业的可持续发展。实施绿色物流战略不仅可以最大程度地减少对环境的污染,实现节能高效少污染,还可以大大压缩物流成本、降低物流的环境风险成本,拓展有限的"第三利润"空间,且绿色化战略的实施能有效提高会展整体形象和档次、赢取公众信任。因此,在会展活动中实施绿色物流战略意义重大。绿色会展物流作为一种管理理念贯穿于整个会展物流活动的各个环节和系统管理中,一般包括以下几个环节。

1)绿色运输

运输是实现物质移动的主要过程,在会展物品的运输过程中,交通工具燃油消耗和尾气排放、发达运输网络所产生的噪声等都是对环境的挑战。绿色运输首先应尽量采用节约资源、环保型原料作为运输工具动力,如采用排污量小的货车车型,近距离配送,夜间运货(以减少交通阻塞、节省燃料和降低排放)等。其次,科学规划货运网点、配送中心设置,周密策划运力,合理选择运输工具和安排运输路线,从而克服迂回运输和重复运输,缩短路线、降低空载率,减少资源的浪费。另外,在会展物品的运输过程中,还要注意运输安全问题,避免物品因运输处理不当而受到污染或损害,保证会展物品运输质量。

2)绿色包装

在实际的物流作业中,大量的包装材料在使用一次后就被废弃,不仅造成资源的浪费,还造成了环境的污染,因此,会展物流所提倡的绿色包装主要是指采用节约资源、保护环境的包装材料,通过环保化设计,并建立包装回用制度等。绿色包装的途径主要包括:采用环保可降解材料、提高材质利用率、设计折叠式简易包装、重复利用单元式包装、包装材料回收和再利用等。

3)绿色流通加工

流通加工是对会展物品在流动过程中的简单二次加工,也需要坚持绿色环保原则,做到少耗费,高环保,尤其要防止加工中的货损和二次污染。绿色流通加工可以通过对同类会展物品的集中加工来实现规模作业方式,以提高资源利用率,减少环境污染。同时,还可以集中处理加工过程中产生的边角废料,统一进行加工场所的清理,切实贯彻环保的精神。

4)绿色仓储

会展物品的仓储主要在会展场馆或者附近的仓储中心,针对同时间内大量会展物品齐聚的特点,会展物流仓储必须坚持高效、保质的原则。绿色仓储要求在整个物流过程中运用最先进的保质保鲜技术,避免会展物品受到污染或损坏,保障库存物品的完整性和完好性;仓库合理化布局,提高单位空间利用率,降低仓储成本。

案例分析:“广交会”会展物流问题分析与解决构想

中国加入WTO后,广交会的交易不断扩大,并从单纯出口交易扩展为进出口交易。会展业的发展为会展物流的发展提供了广阔的空间,同时优质的会展物流服务又促进了会展业的健康稳步发展。分析广交会物流存在问题,提出改进对策,不仅有利于物流业的发展,而且有利于广交会的发展。

一、广交会会展物流问题分析

目前广交会的物流范围包括搭建展场的建材、设备设施的物流服务和展品的物流服务,各参展商均是自行选择物流企业来为其提供参展商品的物流服务。虽然广交会物流的规模不断扩大,但是管理却跟不上,会展物流存在的问题仍然不少。

1. 缺乏开展会展物流业务的专业公司

中国的会展业以每年20%的速度递增,会展物流业大体与其同步增长,但是开展会展物流业务的专业公司却较少,要找到一家能满足会展方要求的会展物流公司也着实较难。在有限的布展期限内,如不尽快将展品运到位,就会影响布展进度,撤展时也会遇到类似问题。广交会的参展商都希望能很容易地找到富有经验的会展物流专业公司,他们不仅提供展品的巡回展出运输及展品的专线往返配送,而且能研究、协调、解决会展物流中的一切问题,能提供全程服务,包括展品安全等问题。

2. 缺乏会展物流的整套服务

目前广交会物流商通常只负责展品的运输,而当展品到达参展地的机场、码头、火车站之后,参展商就得另外联系当地的拉货队把展品拉至展馆,不少参展商反映将展品搬运到展馆的地面运输方提供的服务多数不尽理想,货损货差时有发生,时间上也难以保证;二是对货物信息的跟踪难以实现,展品拉出去以后,查不到货在什么地方,遇到事故也难以及时采取补救措施。

3. 缺乏会展物流的专业人才

物流业在中国仍处于起步阶段,物流专业人才缺乏,专门从事会展物流的人才更是凤毛麟角。物流服务人才一般来自于两个方面:一是刚刚从学校毕业的物流专业毕业生,二是从物流相关专业转向物流服务的人员。会展物流服务需要的是复合型的经济管理人才,只有多方位、多形式地培养会展物流人才,才能给会展商提供更高水准的全程物流服务。

4. 会展物流在回收物流方面存在空缺

回收物流属于逆向物流的一部分,是与传统的正向物流方向相反的系统,其作用是将参展商不再需求的物品、材料运回企业备用或者重新加工。在广交会结束后,会有大批的展览品、展材因为体积过大、重量过重等问题不便运输而被参展商遗弃在展馆,多数被作为废品来处置。若把这些零散的物品统一收集,把它们运回到生产领域,作为原材料重新加工,就可以变“废”为宝,但现有的会展物流商却无人做回收物流。

5. 会展交通与物流、人流的衔接还有待改善

广交会围绕进出口贸易这个主题,众多参与者在特定的时空内集聚与交流,时间短、人与

物集中。广交会期间，当地虽然在交通方面做了大量工作，但在每天开展及闭展时分，仍是车辆与人流的大排长龙。

6. 时常因信息不畅、反应滞后而导致物流混乱

由于没有建立广交会主办方、参展商、展馆方、特装布展方、物流服务商共享的有效反应的信息管理系统，而各参展商又都有自己的物流供应商，因此信息的流动就发生在众多的物流供应商、展览主办方、场馆方之间，线路繁杂，沟通过程中经常会出现信息流通受阻现象，协调困难，展品在场馆外滞留或者留给参展商布置展台的时间过短等现象时有发生。

二、广交会会展物流新构思

1. 广交会会展物流配送的新构思

①合理安排会展物流的运输。会展物流商应该尽早收集参展商信息、资料，把这些参展商的展览品按一定线路、沿线打包、装车，便于用大载重量的运输工具进行长距离、大批量的干线运输，这样可以提高效率、降低运输成本。

②提高末端物流的服务效益。为避免不同参展商展览品间的混淆，会展物流商必须对包装进行标识，或者作二次包装，防止货品在物流过程中的丢失、混淆，而此种附加服务也会使得客户感到贴心和放心。

2. 广交会会展物流仓储的新构思

①提供二次配送服务。现有的广交会物流商在把展览品运至广州会展中心货品集散场后便基本完成了它的物流任务，若参展商要把展品运至场馆进行布展则需要自行联系当地的拉货队，再把展品从运输车辆上卸下，用小拉车装载运进场馆。这样就出现了几点弊端：一是当地拉车队多是临时组织，拉货人员并没经过业务培训，由于不熟悉场馆内部布局，缺乏保护展品的意识，增加了展品丢失或损坏的可能；二是当地拉车队容易坐地起价，因为只有他们的小型拉车能够进场馆，物流商的运输车辆则不能，这也就直接增加了参展商的物流成本。针对这种现象，承包参展商物流运输、仓储的物流商可成立拉货队，自备拉车与拉车人员，在把自家承包的展品用拉车拉进馆卸载、拆装后，把包装用品如数拉回，装车运回仓储中心存储，待到撤展时再进行返回的物流作业，这样配套的物流运输、仓储、配送服务既方便了参展商、减轻了他们的负担，又促使物流商形成规模、增加其业务量。

②进行必要的存储加工。经过一次拆装展品后，展览品的包装物难免会出现破损现象，物流商可在包装物仓储的过程中，对包装物进行修补加固，如在纸箱折痕处打钉等。此外，展览品的包装物多为纸箱，对水分敏感，春季广交会一般在每年 4 月 15 日至 5 月初举行，而秋季广交会一般在每年 10 月 15 日至 11 月初举行，所以在存储时要充分考虑到季节天气的影响，做好防潮措施，仓库要保持良好的通风、干燥条件，温度最好是控制在 20 ~ 25 ℃，且纸箱应该采用垫板垫高堆放，且不宜靠近墙壁，间距不能小于 40 厘米，防止吸潮而使纸箱强度大幅度下降。

③实行仓储的机械化、自动化。总体来说，我国物流中的仓储业效率不高、设备利用率不高、作业条件差。广交会物流仓储也存在上述问题，加上广交会物流往往还具有负荷重、作业量大、时间紧、作业环境恶劣等特点，因此广交会物流仓储机械化是其发展的必然，通过机械化和提高作业集成度，提高作业效率，减少人身伤害和货物损坏，提高作业安全程度。

④提高仓储信息化水平。对于存量巨大、存货品种繁多的广交会物流，要提高仓库利用率，没有计算机的信息管理和处理是不可想象的。仓储信息化管理包括通过计算机和相关信息输入输出设备，对货物识别、理货、入库、存放、出库等进行操作管理。

3. 广交会物流服务系统新构思

第一，以一家或者若干家较具规模的物流公司为组织者，其他物流公司与其合作，形成物流联盟，各物流公司可以取长补短，优化资源，实现规模效益，做强做大。进而，以此物流联盟与广交会主办方协商，以物流联盟的形式承办广交会的物流，这就抓住了客户。

第二，各个参展商与物流供应商沟通，确定参展商展品的种类、数量、起运时间、需要办理的手续、展位布置时间等信息。

第三，物流供应商收集到所有参展商的物流信息后，应根据参展商的不同要求，兼顾安全、快捷、经济等要求，与各参展商共同制订最佳物流方案。

第四，物流供应商与场馆方协作，将参展商的展品运输至展览场馆，参展商组织展位布置。

第五，参展过程中，如有顾客购买展品，物流供应商应与顾客充分沟通，将展品运至顾客指定地点，如果是国外顾客，还需办理好出关手续。

第六，参展结束时，物流供应商应及时与各参展商及场馆方协作，安排好展品的撤馆和返回等相关工作。

资料来源：张长生，张思瑶．"广交会"会展物流问题分析与解决构想[J]．物流技术，2010(12)．

讨论题：

1. 分析广交会会展物流存在哪些待改进的地方？
2. 根据案例，谈谈我国会展物流管理水平与国际上的差距。

【专业词汇】

会展物流(exhibition logistics)　会展物流系统(the exhibition logistics system)

【思考与练习】

1. 简述会展物流活动的内容与分类。
2. 什么是会展物流系统？会展物流系统的构建要素有哪些？
3. 阐述会展物流管理战略导向中的高效供应链战略。
4. 谈谈成本领先战略的主要内容。
5. 谈谈质量第一战略的实施过程。
6. 什么是信息制胜战略？

第11章 会展品牌管理

【本章导读】

本章主要介绍了会展品牌管理，共分为3节：第一节介绍了品牌的起源和发展、品牌的相关理论研究内容，解读了会展品牌的概念、内涵和主要特征，阐述了会展品牌的分类，并分析了品牌会展的关键要素构成；第二节论述了如何塑造会展品牌，主要从会展品牌定位、会展品牌设计和会展品牌推广等3个方面展开讨论；第三节阐述了会展品牌的知识产权保护，分析了我国会展品牌知识产权保护的现状，并提出了打造会展品牌自主知识产权的有效途径。

20世纪80年代末，以品牌的资产化为核心的品牌革命崛起于西方，对现代企业经营管理产生了深远的影响。企业由产品竞争，到资本竞争，再到品牌竞争已是不可逆转的形势。品牌竞争力是一个企业乃至一个国家综合实力的表现。会展市场的竞争也遵循同样的竞争规律，中国会展业要实现快速成长，必须实施高起点的定位，借鉴国际会展业的发展经验，重视和加速会展项目的品牌化发展，在会展业市场树立信誉和威望，从而不断提升中国会展业的国际竞争力。

11.1　品牌和会展品牌概述

11.1.1　品牌的起源与发展回顾

自给自足的自然经济以及市场经济萌芽时期，只有产品，没有品牌。在商品经济发展到一定规模，各地之间商品交换日益频繁和扩大以后，品牌才逐渐开始出现。

"品牌"(brand)一词来源于古挪威文字brandr，意思是"烧灼"。早期的人们利用这种方法来标记他们的家畜，后来发展到手工品的标记。原始意义上的品牌起源于古代手工艺人，如陶工、石匠等。他们在其制作的手工品上打上某种标记以利于顾客识别产品的来源，这种标记主要是一些抽象的符号。因此，可以说符号是品牌最原始的形式。之后，除了符号之外，还出现了以手工艺人的签字作为识别标志的情况，这就是最原始的商品命名(即品牌化)。

真正意义上的品牌化起源于欧洲。在欧洲中世纪，出现了很多的手工业行会，如陶瓷业、金银手工业等，它们是品牌化的主要实施者和促进者。为了维持其声誉和产量，这些工艺人在自己制作的器皿上打上一些标志。除了陶工、金银工标志以外，还出现了印刷工标志、水印、面包标志、手工业行会标志等。有时它们是用来吸引顾客，但多数情况是为了保护行会的垄断地位以及维护商品质量，找到生产低质量商品的商人。如英国1266年通过了一项法律，要求面包房在每个面包上打上他的标记，如果面包分量不足，就很容易找到生产者。金匠和银匠也要求在他们制作的金银器皿上打上他们的签名或私人标记，作为质量的保证。

当欧洲人来到美洲后，他们也带来了传统的命名方法。美国历史上最早对商品进行品牌化(即给商品命名)的是一些烟草商和专利药品制造商，但几乎没有一个品牌幸存至今成为国际品牌。

19世纪下半叶是全球品牌化思想成熟与发展的时期，在美国和欧洲都相继出现了许多全国性的品牌，并且很多品牌在当时就已经具有了坚实的国内基础和强劲实力，为它们日后成长为全球性的国际品牌铺平了道路。时至今日，一些著名的国际旅游品牌也是由当时的品牌发展而来。

19世纪末20世纪初，世界范围内先进资本主义国家过渡到垄断资本主义阶段，市场经济逐步趋向发达和成熟，以开拓世界市场为目标的大企业大批涌现，市场竞争日益激烈，为品牌的普遍形成和发展提供了经济条件。进入20世纪，科技的发展和工业的进步促进了新产品的不断涌现，品牌化的思想和实践进一步得到发展和巩固，大部分的品牌已经树立了地区或全国地位，品牌越来越多，消费者越来越接受，甚至尊敬这些品牌。品牌的推广也变得越来越专业化，由专门广告人才来进行品牌的推广。这种专业化使得广告营销手段和技巧有了极大的提高。

另一方面,跨国公司的兴起也为品牌国际化提供了条件,很多国内品牌随着公司在国外设立机构而顺利地走向了世界。国际品牌成为全球企业最向往的无形资产,成为它们奋斗目标。这些国际性品牌不但把优良的产品和服务带到了全世界,使人们享受到优质的产品和优良的服务,而且还把某种生活方式带到了全世界。可以说正是这些国际品牌影响了全球消费者的消费观念和生活方式,有的还甚至成为某种生活态度的象征,例如正是 Coca—Cola、McDonald's 等商品把美国式的快餐生活方式带到了全世界消费者眼前。

11.1.2 品牌的相关理论研究

西方国家对品牌理论的研究最早出现在 1955 年,距今已有半个多世纪。对品牌理论的研究在不同阶段有不同的特色理论。从 1950—1960 年代,集中于品牌独特差异销售理论、品牌形象策略等的研究;1970—1980 年代集中于品牌定位理论的研究;1990 年代以来品牌的研究主要集中在品牌要素构成、品牌资产理论等方面。下面对几个主要的品牌理论研究做简要介绍:

1)品牌形象理论

20 世纪 60 年代以后,消费者购买心理发生变化,开始注重心理上的满足,科技的进步和社会的发展使新建立的企业可迅速仿造出相近的产品,众多品牌不断涌现,产品的同质性越来越高,竞争日益激烈。著名的广告学者奥格威首次提出了品牌形象(brand image)理论,基本观点有:

①创造差异。品牌之间的相似点越多,为品牌塑造差异性就越困难。品牌选择的可能性越小,为品牌树立一种突出的形象就可以为企业获得较大的市场占有率和利润。品牌形象是创作高效率广告的必要手段。

②每一广告都是对其品牌形象的长期投资。品牌是企业能拥有的长期资产,品牌价值的增加直接影响企业的利润。一般说来,强势品牌享有较高的利润空间。据调查,在美国市场领导品牌的平均获利率为第二品牌的两倍,而在英国更高达六倍。

③当属于某种商品概念的品牌之间没有品质上的差异时,决定竞争胜负的关键集中在消费者对于商标和企业本身特殊性质的印象上。因此,描绘品牌的形象比强调产品的具体功能特征更为重要。

2)USP 定位理论

USP 即 unique selling proposition 独特售卖点,由 R. 里维斯在 20 世纪 50 年代首次提出,定位(positioning)最早出现于 A. 里斯和 J. 屈特在 1969 年 6 月出版的《工业营销》(industrial marketing)杂志上发表的一篇文章中,A. 里斯与 J. 屈特在 1969 年首次提出了"定位"的概念,其定义如下:定位始于产品,一件商品、一项服务、一个机构或者一个人……定位并非对产品本身作出什么行动。定位是指要针对潜在顾客的心理采取行动,即要在顾客的心目中定一个适当的位置。USP 定位理论在 20 世纪 60 年代得到普遍推广,其要点是"消费者心中"和"相对于竞争对手",这正是 USP 定位理论与品牌形象理论的主要区别。经过多年的发展和实践,生产过剩使得企业之间的竞争不断升级,广告诉求的重点是企业形象,企业不仅要有良好的产品和形象,更重要的是要被人们接受,只有广告的诉求引起消费者内心深处的共鸣,广告才有竞争力。USP 定位理论逐步演变为市场营销理论中的一个重要的分支,它是在与市场营销观念对传播业的影响变化中同步发展起来的。

3)品牌价值理论

约翰·安瑟姆森等人认为,最有影响的品牌价值定义概括为 5 个方面:第一,品牌价值由消费者的感知所形成;第二,品牌价值是价值协助品牌的全球印象;第三,品牌价值源于品牌命名,而不单纯是物体的分配;第四,品牌价值是一种可靠的竞争对手进行比较的关联测量;第五,品牌价值毫无疑问将影响品牌的财务价值。

按照美国品牌研究专家大卫·艾克的观点,品牌价值由品牌感知质量、品牌认知、品牌联想、品牌忠诚等要素指标来衡量。

尽管人们从不同的角度对品牌价值的评价有多种不同的方法,但是品牌的价值的外在表现形式却是不变的,即对市场顾客的价值。这是品牌价值的基础,也是品牌价值的外在表现。

4)品牌资产理论

品牌资产的研究源自 1980 年代末 1990 年代初,由于西方国家企业兼并浪潮的涌起,品牌资产应运而生。实务界从品牌管理的角度提出了品牌资产的概念,理论界将该概念上升到理论层面并迅速在实务界得到了广泛应用。国外的诸多学者对品牌资产定义各有不同,这里不一一列举,但归纳来说,西方学者已经将品牌理论研究纳入经济学研究的范畴,品牌资产的内涵主要体现在 3 个方面:第一,品牌能对消费者产生记忆的影响,即消费者对该品牌有丰富的相关知识;第二,消费偏好与品牌关系紧密,消费者存在较高的品牌忠诚度;第三,消费者能够溢价购买自己偏爱的品牌,从而品牌能给企业带来超额价值①。

品牌资产的概念于上个世纪末引入我国,我国学者对该概念的研究也存在不同理解,该理论的研究也仍在不断深入发展中。

11.1.3　会展品牌的概念和内涵

会展品牌是指会展系统内某个会展的名称、标志、宣传口号等符号,有着较高知名度和美誉度的,能够为企业创造经济利益,为参展商和参展观众创造功能利益和附加价值的产品属性、名称、价格、服务和文化、营销方式等的一种有机组合。

根据凯珀夫(Jean. Noel Kapfer,1992)对品牌理论研究层次的界定,我们对会展品牌的内涵可以从 6 个方面来诠释,即品牌的属性、利益、价值、文化、个性和用户。

属性(Attributes):指品牌产品区别于其他品牌产品的本质特征,如功能、质量、价格等。

利益(Benefits):指品牌产品因能帮助消费者解决问题而带来的实惠利益。

价值(Value):产品为顾客提供的价值。

文化(Culture):品牌所具有的文化内涵。

个性(Personality):品牌所具有的人格特性。

---

① 姚杰.品牌资产理论研究综述[J].南京财经大学学报,2007(06).

用户(User):品牌现实地为哪种类型的消费者所购买和使用,亦即该品牌的目标消费者。

11.1.4 会展品牌的分类

各种品牌的辐射空间是不同的,辐射空间越大,品牌的知名度就越大,辐射全球的称国际会展品牌,辐射全国的称国内会展品牌,辐射全省的称省级会展品牌。品牌区域的扩大一般由小到大、由内及外可以将品牌分为区域会展品牌、国内会展品牌、国际会展品牌。

1)国际会展品牌

会展品牌知名度从国内跨向国外,在国际上有一定的知名度。有些国际性大都市国际经贸交流频繁,知名的国际性、专业性展会比较密集。例如,北京举办的展会以大型国际展会和高技术含量、高附加值的展览会为主,中国最早的国际展会品牌大部分来自于北京。我国香港以珠宝、皮革、玩具展著称,深圳"高交会"、广州"广交会"、大连"服装节"、青岛"啤酒节"、厦门"投洽会"、杭州的"西湖博览会"及中国工艺美术大师作品暨国际艺术精品博览会、最佳人居环境展览会、国际汽车展览会等。另外UFI也是国际性会展品牌的一个标志之一,UFI是国际展览联盟(Union of International Fairs)的简称,2003年更名为全球展览业协会(The Global Association of the Exhibition industry),仍简称UFI。UFI是迄今为止世界展览界最重要的国际性组织。目前,在UFI成员数量上,中国已超越俄罗斯、德国、意大利、法国、新加坡等展览大国,成为UFI成员数量最多的国家。中国通过UFI认证的展会数量也能够与意大利、法国抗衡,仅次于德国和俄罗斯,排世界第三位,呈现出强大的发展势头。在最近两年的时间里,中国有20多个展会通过了UFI认证。例如:上海国际汽车工业展览会、北京国际工程机械展览与技术交流会、中国长春国际汽车博览会、多国仪器仪表学术会议暨展览会、中国国际机械设备展览会暨中国机床工具商品展览交易会、中国国际电力展(香港)、中国国际模具技术和设备展览会、中国国际流体机械展(新加坡)、中国深圳国际机械及模具工业展览会等。

表11-1 中国内地已获得UFI认证的国际品牌展会

序号	展会名称	序号	展会名称
1	中国国际皮革展/中国国际鞋类展 Asia Pacific Leather Fair	8	中国(深圳)国际钟表珠宝礼品展览会 ChinaWatch,Jewellery & GiftFair(CWJF)
2	上海国际汽车工业展览会 Auto Shanghai	9	中国国际机床展览会 CIMT
3	北京国际工程机械展览暨技术交流会 BICES	10	中国国际纺织机械博览会 CITME
4	中国国际服装博览会 China International Clothing & Accessories Fair(CHIC)	11	大连国际服装博览会
5	国际医疗仪器设备展览会 China Med	12	国际模具技术和设备展览会 Die & Mould China
6	北京国际印刷技术展览会 China Print	13	中国食品餐饮酒店零售专业展览会 FHC-Food & Hospitality
7	中国制冷展 China Refrigeration	14	国际家具展 Furni

续表

序号	展会名称	序号	展会名称
15	中国国际高新技术成果交易会 Information Technology Exhibition of China Hi-TechFair	20	上海广告印刷包装纸业工业展览会 Shanghai International Advert, Print Pack, Paper Exposition
16	中国国际冶金展 Metal & Metallurgy China	21	中国(深圳)国际品牌服装交易会 Shenzhen International Apparel Fair
17	多国仪器仪表展览会 Miconex	22	中国(深圳)国际机械及模具工业展览会 SIMM
18	中国国际加工、包装、印刷科技展览 ProPakChina	23	中国国际林业、木业机械与供应展览 Wood Mac China
19	中国国际通信设备技术展览会 PT/Expo-CommChina		

2)国内会展品牌

国内会展品牌就是指在国内知名的会展项目。随着中国经济总量和展览市场不断壮大,全国性的展览项目逐渐增多,这类展览不仅能服务本区的展览,而且可以服务全国、辐射周边。比如深圳的中国深圳消费品采购大会、中国(深圳)汽车展览会、中国(深圳)宠物水族及用品展、全国电子展;宁波的中国家博会、中国塑料博览会、中国象山开渔节、中国宁海开游节、中国戏剧节、中国渔村喊海狂欢节、中国工业优势博览会、中国模具之都(宁波)博览会;大连的中国畜牧业及饲料交易会、全国药品交易会(大连)、中国北方旅游交易会、全国交电家电商品(大连)交易会;等等。以上这些都属于国内会展品牌。

3)区域会展品牌

除了上述两类展览品牌之外,其他许多会展品牌只是在本区域内具有影响力,即区域会展品牌,一般是指有能力举办跨省区的中等以上规模展会并具有区域性辐射能力的会展项目。例如,深圳的深圳中原地产2006年春茗晚会,华南广告、印刷、纸业展览会,深圳(春季)房地产交易会,华南地区工业控制自动化国际展览会,华南工业组装展览会,纺织工业展览会,华南工业组装展览会,“快乐新年”深圳购物节;东莞的大京九农副产品食品(常平)交易会、广东(长安)机械五金模具交易会;西安的西安中国供热展、中国(西安)旅游博览会暨西安旅行社旅游采购联谊会、西安啤酒节、西安休闲时尚博览会、陕西省住宅产业博览会;等等。以上这些都属于区域性的会展品牌。

11.1.5 品牌展会的特征

要培育自己的会展品牌,走品牌化发展道路,首先需要认识、了解品牌展会的特征。综合研究分析国内外尤其是国际展会品牌化的过程,我们发现品牌展会一般具有以下特征:

1）规模性

规模效应大是品牌展会的一个明显特征。在短短几天的展览期间，展览会几乎将整个涉展行业浓缩于展厅之内。在展览王国德国，每年举办的国际贸易展览有130多个，展出面积690万平方米，参展商17万，参观商逾千万。仅成立于1947年的汉诺威博览会展出面积就达310 000平方米。在我国，虽然现有的品牌展会还很少，而且品牌知晓度相对较弱，但世博会、汽车展、航空展等也为大众所熟知，其原因就是展会的规模效应所产生的宣传效果和影响力。规模效应不仅可以使展会吸引更多的参展公司和观众，而且对降低成本有积极的作用。因此，有些品牌展会还有这样一种做法，即尽量把同类或相关行业的展览会有机组织在一起，同时展出以扩大规模。比如1986年起，汉诺威博览会中就产生了专门为办公设施、信息与通信技术等部门举办的"CeBIT"，其参展商有7 200余家，展出面积更多达365 000平方米。

2）专业性

以往综合性的博览会已逐渐被代表一个或几个经济部门的专业博览会所取代，品牌展会一般都有明确的目标市场和目标客户。一方面，品牌展会的专业性表现为展会内容的主题化，如在德国的慕尼黑举办的知名展会有"国际建筑机械博览会"（bauma）、"国际手工业博览会"、"饮料技术展览会"（drinktec）以及"国际体育用品博览会"（ispo）；而柏林则成功举办了"绿色周"（农业与食品业）、"国际旅游交易会"、"国际航空航天展览会"（ILA）等在世界上引起广泛关注和兴趣的品牌展会。另一方面，品牌展会的专业性还表现为配套服务的专业化。品牌展会不仅要求现场的服务内容全面、运作高效，还要求会展公司从市场营销、展会形式、项目组织到人员安排等整个运作过程都要针对展会的主题来完成。如在德国举办的世界最大的手工业展览会I. H. M中，仅对酒店的介绍就包括了上百家不同档次的酒店，而且还注明了有关优惠及其期限等情况。

3）权威性

品牌展会一般都得到了业内权威协会或代表企业的坚强支持。如德国于1907年成立的"德国经济展览和博览委员会"（AUMA），它是由参展商、购买者和博览会组织者三方面力量结合而成的联合体，以伙伴身份塑造市场；而法国则由主要的展览公司共同组织了法国国际专业展促进会（Promosalons），它是一个商会和政府牵头组织的民间团体，任何一家展览公司都可申请加入，但对于同一个专题的展会只接纳一个会员，而且优先接纳质量最好的展会。品牌会展的运作大多取决于这些行业协会和业内主要企业的合作，无形中使自身的知名度和可信度得到了增强。

4）前瞻性

品牌展会的前瞻性主要表现为它始终走在参展行业发展的最前沿，它不仅能够提供几乎涵盖参展行业市场的所有专业信息，而且能代表行业的发展趋势，引导行业的发展方向。这不仅大大提高了观众能在展会中获得信息的数量和质量，更扩充了信息的价值含量，使观展者不仅对行业的发展现状，更对行业未来的发展方向有较大程度的把握，由此提高了展会自身的影响力。观展者越多越积极，参展商也越踊跃，双向的交流越频繁越充分，从而使展会活动得到可观的投资回报。

5)互动性

为了更好地宣传品牌,强化品牌,其展会活动非常注意与旅游、文化、媒体等相关行业和部门的合作,以形成良好的互动式发展。例如1992年西班牙塞维利亚世博会一开始就注重旅游业的全程参与,采用整体营销的战略,仅针对游客就做了8次市场调研。此次世博会共吸引了108个国家,4 200万人次的参展者和旅游者,获得了巨大的成功。有些世界上著名的展览公司如德国的Reed集团还同时经营着著名的出版社,拥有自己的专业刊物和杂志,还有快速发展的网站。这些得天独厚的条件为会展品牌的发展创造了竞争优势。

11.1.6 品牌会展的构成要素

一个著名的品牌能支撑一个企业,拥有品牌展会也是一个会展企业赖以生存和发展的根本。不管是展览公司,还是展览场馆,其最终目的都是为举办成功的展会。展会是展览公司创造的最终产品,而展览场馆是创造展会的载体。品牌展会是指具有一定规模,能代表这个行业内的发展动态,能反映这个行业的发展趋势,能对该行业有指导意义并具有较强影响力的展览会。品牌会展的要素主要包括以下几个方面:

1)具备权威协会和行业代表的支持

在国际上,政府一般不干预企业办展,展览会的成功与否,多取决于整个行业和企业对其的认可。展览企业若能获得权威行业协会和该行业内主要代表的支持和合作,无疑就增加了该展览会的声誉和可信度,使之规模不断扩大,并带来了巨大宣传效果和影响力。

2)代表行业的发展方向

代表行业的发展方向是品牌化的重要标志,它体现了展览的专业性和前瞻性。能代表行业发展方向的展览会就会有明确的目标市场和目标客户,就能提供几乎涵盖这个专业市场的所有信息,展会提供的信息越是全面、专业,观众就越积极,参展企业也越踊跃。

3)提供专业的展览服务

专业的展览服务要求展览企业的整个运作过程迅速高效,服务周到。从市场调研、主题立项、寻求合作、广告宣传、招展手段、观众组织、活动安排、现场气氛营造、展后服务,甚至包括展览企业所有对外文件、信函的格式化、标准化,都须具备较高的专业水准。

4)配合强势的媒体宣传

一个好的展览会虽在行业内有一定知名度,但频繁的新闻报道和适当的"炒作"更能促进展会宣传,以此形成良性互动,使展会更具号召力。国际上几家著名的贸易展览公司如Miller Freeman和Reed集团都同时经营着世界上著名的商业出版社,拥有数百种专业刊物、专业杂志和商业网站,这些得天独厚的条件为其展览的品牌化提供了竞争优势和条件。

5)获得"UFI"的资格认可

国际博览会联盟 UFI 对申请加入其协会的展览项目和其主办单位有着严格的要求及详细的审查程序。由于有了这套较为成熟的资质评估制度,UFI 资格认可和 UFI 使用标记就成为名牌展览会的重要标志。

6)坚持长期的品牌战略

培养一个品牌展览会并不容易,不可能企求通过办一次两次展览会就能达到目的。展览公司必须要有长远眼光,要敢于投资、敢于承担风险、精心呵护、耐心培育。展览企业必须确立长远的品牌发展战略,从短期的价格竞争转向谋取附加值、谋取无形资产的长期竞争,用先进的品牌营销策略与品牌管理技术强占展览市场的制高点。

11.2 会展品牌的塑造

品牌不是产品与生俱来的,最初入市的会展企业是无名小卒,市场上没有其位置,在竞争中也毫无优势。不像已经占领市场的老品牌那样,能够对进攻和防御两种策略进行选择,他们无阵地可守,无城池可守,只有进攻一条路,进攻的途径就是塑造品牌。

11.2.1 会展品牌的定位

会展品牌要如何创立呢?从国际知名展会的发展来看,定位是关键。每个品牌展会的背后都有其自己的定位,只有把自己放在正确的位置上才能找到合适的发展道路。世界上著名的展会和论坛几乎都有自己明确的定位,如欧洲品牌会议达沃斯论坛,它的定位就是一个较高层次的宏观性的经济会议,孜孜不倦地追求内容的有效性和价值性。会展品牌定位需要重点考虑如下几个方面:

1)主题定位——关注行业动态,引领行业潮流

一个成功的品牌展会必须要有一个清晰准确的主题理念,这个主题理念是对整个展会活动的目的、功能、性质、作用等内涵的高度浓缩和概括。因此,成功的主题定位是在遵守以下4个原则的基础上完成的:一是目标性原则,即明确目标市场,通过展现展会活动的功能与性质吸引特定的目标市场,品牌展会的主题通常针对于该行业领域中的品牌企业、领先者和创新者;二是包容性原则,成功的主题应该是一个开放的主题,这主要取决于品牌展会主题内容的丰富性和受众心理感知的多面性;三是前瞻性,如果将某一行业结构比喻成一个金字塔形,那么行业内的品牌企业总是处在塔尖的位置,他们不是拥有雄厚的经济实力和发展规模,就是拥有领先的产品技术和服务理念,因此要吸引这些品牌企业的加盟,必须要有确立一个能够代表行业最新发展动态,对未来发展趋势具有预见性的主题;四是发展性,品牌展会的持续性决定了其主题在时间序列上具有一定的发展性,既是对上一主题的延续,又是对未来发展空间的创新和拓展。

而展会活动的主题理念主要是通过一个完整的、鲜明的主题形象体系表现出来的。鲜明

的主题形象是品牌展会呈现在公众面前的第一个亮点，好比一个盛大节日的开幕式，它能够最直接、最深刻地吸引公众的注意力，并影响参展商的决策。品牌展会的主题形象体系由物质表征和社会表征两个方面支撑：物质表征包括了展会选址、场馆布置与设计、环境氛围营造、展会活动项目策划、服务质量、标示口号等有形表现；社会表征包括了展会的运作流程、技术力量、经济效益、工作效率、公众关系、管理水平等方面。

表11-2 1990—2010年历届世界博览会主题一览表

年 份	举办国家	举办地	主 题
1990	日本	大阪	花与绿-人类与自然 (Relationship of gardens and greenery to human life helping in the creation of a rich 21st century society)
1992	西班牙	塞维利亚	哥伦布：船与海洋(Ships and the Sea)
1993	韩国	大田	发现新方向之挑战 (The challenge of a new road to development)
1998	葡萄牙	里斯本	海洋-未来的财富(Oceans-A Heritage for the Future)
1999	中国	云南	人与自然-迈向21世纪 (Man and Nature-Marching Into 21st Century)
2000	德国	汉诺威	人类、自然、科技-蓬勃发展的全新世界 (Humankind, Nature, Technology)
2005	日本	爱知县	自然的智慧(Nature's Wisdom)
2008	西班牙	萨拉戈萨	水及永续发展(Water and Sustainable Development)
2010	中国	上海	城市，让生活更美好(Better City, Better Life)

2)功能定位——认清两大误区，提升功能层次

会展经济所产生的社会经济效益是显著的，换言之就是每一个展会活动的成功举办对于社会经济发展都能发挥作用，这就是会展功能。某些国内学者将会展功能进行了较为全面的概括，形成八大会展功能，即展览展示功能、形象宣传功能、经济辐射功能、商务洽谈功能、旅游拉动功能、城市建设功能、吸引投资功能和系统整合功能。然而作为品牌展会其成功并不取决于八大功能的面面俱到，而是因为对所有功能进行系统定位，强化和突出其中某些功能元素，来提升整个功能体系，并实现展会运营目标。会展功能体系可以从产生机理和作用的重要性角度划分为5个功能单元，即基础功能、辅助功能、提升功能、派生功能和附加功能，同时各种功能具有时效性、聚合性、动态性和可控性的特征。在进行功能定位时，依据展会活动的最终目标，将不同类型的功能归属到不同的功能单元，以明确展会的主体功能。

品牌展会的目标市场和自身运营目标决定了它的主体功能定位于展览和沟通，而不是销售和交易。所有的展会活动都具有销售和交易的功能，但是品牌展会随着品牌参展商和专业观众等增多而发生了功能上的转变。品牌参展商期望展会活动为他们提供一个拓展市场影响力和增进业界高端市场信息交流的平台，专业观众期望在品牌展会上能够看到某一行业内或某一区域内最具代表性、最高端或者最具活力的品牌。例如在德国展会上经常可以见到该行

业的研究教育及培训机构的展位，他们带来最新的研究成果，带来最新的行业教育理念。因此，品牌展会在展馆布局、信息系统管理，客户服务以及相关的活动项目组织等方面都要注重强化和突出展览和沟通功能。

3）项目定位——提升服务质量，打造精品项目

会展项目作为一种新型的项目形式具有其自身的项目特色，主要表现在服务目标性、项目关联性、客户广泛性和效益综合性几个方面。品牌展会的项目定位区别一般展会活动，突出表现在提供高品质的客户服务，通过提升服务品质来提升整体项目层次，先进的服务理念是品牌展会项目定位的关键要素之一。首先，要围绕品牌展会项目的立足点，创新服务理念，品牌展会的项目主要立足于专业领域的领先性，资源要素的整合性，整体效益的最优性，那么服务理念的创新在于提升展会管理者的展业素养来提供个性化和超乎想象的服务，同时注入全程服务的使命感，与客户建立和谐友好的关系；其次，要围绕展会项目结合点，创新服务领域，实施一个会展项目往往会涉及交通、通信、建筑、装饰等诸多部门，在不同的领域拓展会展工作视野，创新服务领域；再次，要找准切入点，创新服务手段，品牌展会服务要打破以往的看家守摊的传统服务方式，应用现代CRM理念，主动同客户建立关系网络，及时了解客户的价值需求，提供及时、正确的服务。

4）市场定位——瞄准潜力市场，凸现品牌特征

品牌展会总能代表某一行业发展的最前沿，能够做到这一点，取决于具有战略性、超前性的市场定位。品牌展会的市场定位关键在于瞄准潜力市场，凸现品牌特征。所谓潜力市场，即能够体现行业发展方向、参展商、供应商、政府组织者以及参展观众的价值诉求的某一细分市场。它通常具有较强的专业性、前沿性和升值空间，因此一些品牌展会被称之为行业晴雨表，他们总是能够实时跟踪展会所属行业的最新动态，不断强大展会的生命力。例如随着企业内部物流概念的逐步推广，原来作为汉诺威工博会其中一个题材的CEMAT上届被分离出来，于2006年10月单独办展。同时，品牌展会确定目标市场后，在实施营销策略时，都要遵守凸现品牌特征的原则，宣传推广其展会主题的前沿性，稳固其行业地位的领先性，并且通过各种各户互动活动营造具有文化内涵的展会气氛。

5）价值定位——关注价值诉求，平衡价值体系

尽管品牌展会主要针对的是高端市场，但是其价值层面不是单一的，死板的产品层面，任何参展商或观众参加展会活动不仅仅是寻找单纯的产品，而是有不同的价值诉求，品牌展会在进行价值定位时就要关注于这些不同层面不同维度的价值取向。会展企业及其他展会组织者，参展商、参展观众以及社区公众的价值诉求是不同的。会展企业的价值诉求体现在通过展会活动得到经济回报，获取更多的客户信息等；行业协会等政府机构期望促进整个行业发展，提升城市形象等；参展商则期望通过参加品牌展会活动塑造企业品牌形象、拓展销售渠道等。这些不同的价值诉求形成一个互动的价值体系，存在着此消彼长的矛盾关系，因此品牌展会价值定位的关键就在于如何平衡各个价值主体的价值诉求。

品牌展会应该从长远发展的战略角度对待各种价值矛盾，把握住驱动政府运作组织者、参展商以及参展观众的关键诉求，以满足这些关键价值诉求为前提，以适当牺牲眼前经济效益为

代价,通过提升专业水准、服务水平以及市场地位来提高整体参展准入度,逐步转变价值获取的被动局面,实现品牌展会持续规模发展的价值诉求。

11.2.2 会展品牌设计

会展品牌设计就是根据会展品牌的市场定位赋予品牌特殊的外显特征。会展品牌定位是品牌设计的前提和基础,品牌设计是将品牌定位更加具体化和明晰化。品牌的外显特征就是展会的文字名称、图案标记或两者的结合,用以象征展会或品牌的特性,是展会形象、价值观、信誉、文化的综合与浓缩。品牌设计者必须深刻地理解品牌标志所代表的象征和意义,即展会的地位、规模、宗旨、理念、战略、风格等,同时,应使所设计的品牌标志符合公众心理,唤起他们的共鸣。

1)会展品牌设计的主要内容

会展品牌设计一般分为品牌创意、品牌命名和商标设计3个部分。

(1)会展品牌创意

所谓会展品牌创意,即是为会展品牌赋予一个个性鲜明的主题。创意"主题"并无一定范围,但创意使会展品牌具有特定的文化内涵和精神气质,使之能够较快地激发目标市场消费者的关注和共鸣。德国汉诺威工业博览会(HANNOVER MESSE),它的会标(Logo)如图11-1所示,这个符号有其象征意义。根据其官方网站上的文字介绍,这是一个侧影,代表赫尔墨斯(Hermes)的形象。据说,赫尔墨斯是希腊神话中众神的信使,他管商业、旅行及竞技等,甚至包

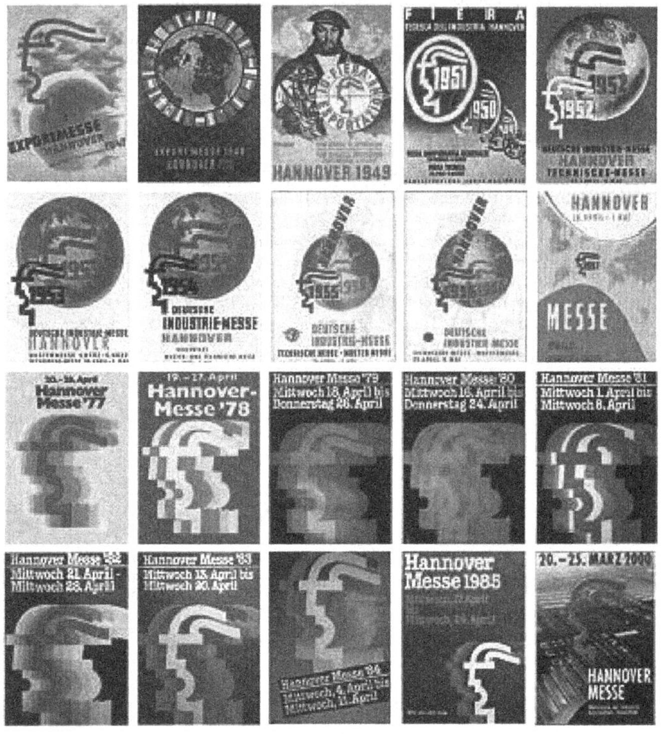

图11-1 汉诺威工业博览会历年宣传会标

括管偷窃,他大致掌管着所有需要技巧的活动。他的形象特征是非常明显的,头上戴着插有羽翼的帽子,脚上穿着插有羽翼的鞋子,手持双蛇缠绕的魔杖。这一会标符号,特别简明地代表了德国汉诺威工业博览会所包容多种展览内容,给人以丰富的联想与耐人寻味的寓意①。

(2)会展品牌命名

在品牌经营的大市场中,品牌的名称成千上万,取一个好的品牌名称,是创立会展品牌形象的重要内容,正如艾·里斯所说:"名称是把品牌吊在潜在顾客心智中的挂钩"。

展会命名需要考虑多个方面的因素:第一,它能否传达策展人的核心理念;第二,它是否简洁;第三,它是否能足够吸引观众;第四,它是否新鲜有趣;等等。

展览名称可以分为3个部分:基本部分、限定部分和附属部分。其中基本部分和限定部分构成展览会名称的主体。基本部分主要用于表明展览会的性质和特征,在汉语中,博览会、展览会、展销会、庙会等可以作为展会的基本词;附属部分是限定部分的补充,具体地说明展览会的时间、地点等细节,最常见的是用小体字标明展览会的具体日期,比如3月15—18日,也有的再加上具体地点、组织单位名称等。许多展览会的名称有缩写形式。比如北京国际博览会的英文缩写是BIE,可以单独使用,但是如果放在全称之后,应视其为附属部分②。

(3)商标设计

杭州举办的西湖国际博览会,其会标如图11-2所示,由荷叶与滚动的晶莹水珠变形设计而成。荷叶与水珠代表杭州与西湖,秀气富于动感。荷叶的叶脉似一根根飘动的节日彩带,欢迎远道而来的客人;线条由四周向水珠汇集,体现"天堂盛会聚嘉宾,西湖博览汇精品"的含义;标志以绿色为基调,深绿代表博览会70多年的历史,开中国博览会之先河;浅绿代表西博会生气勃勃,常办常新;同时象征杭州山清水秀,环境和平,映衬西湖和谐之美、活力之美。此外,杭州西湖博览会还有一个吉祥物"欢欢",如图11-3所示,它是由西湖十景之一的"三潭印月"的造型拟人化后的形象。"欢欢"手持莲花,张开双臂,喜迎八方宾客,表现西博会的全方位对外开放;"欢欢"可爱的笑容、聪敏和幽默都给人以欢快吉祥之感,形象个性鲜明,使人过目不忘;"欢欢"造型体现出杭州山美、水美、城美、人美,展示杭州"精致和谐,大气开放"的人文精神③。

图11-2 西湖博览会会标

图11-3 西湖博览会吉祥物"欢欢"

① 张敏.会展管理[M].上海:上海人民出版社,2011:334.

② 各地的展览会是如何命名的[EB/OL].中国投资咨询网,2013-9-5. www.ocn.com.cn.

③ 张敏.会展管理[M].上海:上海人民出版社,2011:334.

商标形象一般运用点、线、面、色四元素来塑造,其风格通过这4个元素的不同设计组合来实现。展开商标市场的调查、研究、讨论和定位是商标设计前的重要内容。商标调查的可靠方法是查阅商标大典查询中国工商总局商标司的商标电脑图库,研究国内外会展品牌的商标状况,作为商标设计的依据,然后在讨论商标的设计内容和方向。另外在商标设计中还应特别注意商标的合法性。

2)会展品牌设计的原则

简洁醒目、易读易记——来自心理学家的一项分析结果表明,人们接受的外界信息中83%的印象通过眼睛,11%借助听觉,3.5%依赖触摸,其余的源于味觉和嗅觉。基于此,为了便于消费者认知、传诵和记忆,会展品牌设计的首要原则就是简洁醒目,易读易记,适应这个要求,不宜把过长的和难以读诵的字符串作为品牌名称,冗长、复杂、令消费者难以理解的品牌名称不容易记忆,也不宜将呆板、缺乏特色感的符号、颜色、图案用作品标。

构思巧妙、暗示属性——一个与众不同,充满感召力的会展品牌,在设计上不仅要做到简洁醒目、易读易记,还应该充分体现品牌标志产品的优点和特性,暗示会展产品或服务的优良属性。

富蕴内涵、情意浓重——会展品牌大多都有其独特的含义和解释或释义。有的就是一个地方的名称,有的就是会展服务和产品的功能,有的或者就是一个典故。富蕴内涵,情意浓重的品牌,因其能唤起消费者和社会公众美好的联想,而使其备受消费者的青睐。

避免雷同、别具一格——会展品牌设计的雷同是实施品牌运营的大忌。因为品牌运营的最终目标是通过不断提高品牌的竞争力,超越竞争对手。若会展品牌的设计与竞争对手雷同,不仅容易使消费者难以辨识,而且还会增大品牌传播费用,减低品牌传播效果,企业在宣传自己的品牌时,自觉不自觉地为竞争对手的雷同或相近品牌进行了宣传。如此,将难以达到最终超越的目的。

11.2.3 会展品牌推广

1)会展品牌推广的策略

(1)明确目标顾客,提高品牌知名度

会展知名度是指会展被公众知晓的程度,是评价会展形象的量化指标。会展要发展,必须要有知名度,会展知名度越高,高档的参展商到此参展的可能性也越高,抵御竞争对手的能力也越强,会展经常通过提高展会在目标顾客中的影响力来提高知名度。提高会展的知名度:首先,要认清会展在区域城镇体系中的位置,对展会区位进行定位;然后分析会展营销环境的优势、劣势,只有清楚地认识了会展营销环境,才能有效地宣传会展所处的社会环境;其次,在会展功能整体把握的基础上,对会展进行战略定位,通过提炼会展最有价值的传播信息,发掘创造并利用好营销机会,通过邀请名人,举行知名的活动,达到对会展的宣传活动;最后,选择有效的营销活动和传播方式,例如在重量级媒体做广告。

(2)宣扬会展特色,提高品牌认知度

会展知名度强调的是品牌的扩张的广度,而认知度则体现出品牌扩张的深度。会展认知度是指参展商与公众对某一会展在其品质上的整体印象，对会展的认识程度，内涵包括：功能、服务等。它是会展差异定位、高价位和品牌延伸的基础。会展品牌存在的价值是它在市场上的定位和不可替代的个性，与产品品牌一样，著名品牌会展之所以屹立百年不倒，就因为它始终遵循着自己的定位和保持着与竞争对手的差异。会展的个性是会展品牌的核心价值，参展商经过认知，认识到会展的差异。突出的个性，有利于发展会展的品牌竞争力。会展要提高公众的认知度，首先，应该保持会展设计发展的人本化、个性化，突出与其他会展不同的特征，加强个性化设置，加深参展商和公众印象；其次，注重会展品牌时代主题的调整和变化，时代是发展的，会展的认知度的提升要与时代的主题相一致；再次，要注重会展品牌独特功能的展示和发挥；最后，运用营销策略宣扬会展品牌个性，个性的传播需要手段之间的协同，用不同的传播手段、不同的媒介形式统一于相对一致的主题、元素、风格、语调，以达成多样化的统一。

(3)塑造“名牌效应”，扩展品牌美誉度

会展美誉度，在参展商决策过程当中具有强大的心理牵引力，决定着参展商对会展选择心理定势的形成。知名度与认知度的传播方式可能要以大众传媒为主，而美誉度的传播却主要依靠人际传播。即品牌的美誉度不是通过广告的吹捧所能建立，也不是用大力度的广告说服所能得到的，而是经过从认知度、知名度……这一层层阶梯逐步累积而成的。所以，当会展拥有美誉度时，说明它在参展商中已有了较好的口碑。要提高会展的美誉度，最好的方法是运用“名牌效应”。会展品牌的“名牌效应”是与会展客源市场中的公众在选择会展时，对名牌展会更偏爱、更感兴趣，品牌会展也更能吸引越来越多的参展商前来参展和参观，名牌会展能使人产生愉悦感、信赖感、可靠感和安全感，会展的地位一旦在人们心目中确立，就能够保持相对的稳定性。会展品牌的“名牌效应”具体体现为附加效应、光环效应、马太效应、激励效应(见表11-3)。会展经营者应善于把握此种心理现象，全面实施会展“名牌战略”，在激烈的竞争中获胜。

表11-3 会展“名牌效应”策略

名称	含 义	“名牌效应”策略措施
附加效应	即名牌会展能给公众及参展商带来附加价值，有时这种附加价值甚至超过参展行为本身的价值。到名牌会展参展是参展商显示自己个性、提升自己地位、显示自己身份的标志	会展要邀请当代名人前来光顾，借助名人名气来提高会展的知名度，增加会展的文化含量
光环效应	名牌是会展为自身营造的光环，它能有效地影响社会公众对会展自身形象的看法和评价	功能健全、建设独特新颖、品牌的名称要易于认读、识别和记忆、环境要整治，建设一流的会展软环境
马太效应	马太效应支配着会展形象竞争，越是有声誉的会展，越能获得更多文化名人光顾，获得更多参展商的青睐，越能获得好的收益，赢得会展更好的名声，促进会展获得更大的声誉	多邀请有身份的专家到会展进行讲座，著名企业到会展进行展览会
激励效应	会展的名牌效应能鼓舞内部员工的士气，激励企业员工更重视会展自身的环境、文化建设，重视自身素质的提高，增强会展的内聚力、荣誉感	会展名牌的塑造主要靠全体员工的努力，名牌会展的员工会更珍惜名称的这一荣誉，会加强自律意识，会加倍努力塑造会展的形象品牌

(4)完善服务管理,培育品牌忠诚度

正如忠诚的顾客是企业实现利润的稳固基础一样,忠诚的参展商也是展会具有稳定客源,增强竞争力的宝贵财富。忠诚度的形成不完全是依赖于会展的知名度、美誉度,它与参展商本身的特性密切相关。会展的忠诚顾客主要表现在他们的口碑效应,即将他们的满意经历推荐给他人,以带来更多的参展商。因此培养忠诚参展商,无论是资源优化配置还是对其竞争力的增强都具有长远而积极的作用。品牌忠诚度高的品牌,因为参展商层次改变的速度慢,所以可以有更多的时间研发新的产品,完善传播策略应对竞争者的进攻。完善会展服务管理:首先,配套设施要齐全,应该拥有能够较好地满足国内外参展商参展需求的设施;其次,树立良好的企业形象,企业形象是体现一个会展的整体形象的重要因素;再次,人才的培养是完善服务配套设施的软件因素;最后,活动结束后,售后服务是至关重要的,是使参展商加深印象的最好的方法。

(5)建立工程体系,提升品牌满意度

如果说忠诚的参展商是增强会展竞争力的宝贵财富,那么造就忠诚参展商的关键则在于使他们满意,参展商的满意度越高,忠诚度也越高。如果一个会展品牌的知名度、认知度、美誉度、忠诚度都处于相对高的水平,那么,满意度自然会很高。由于活动的综合性,决定了产业的综合性,进而也就决定了提升会展品牌的综合性。会展品牌建设,任何一个环节出现偏差,整个的品牌形象就会受到影响。从国际品牌、全国品牌到地方品牌,全省品牌也必须同时具备,从各个小的方面都应该积极响应提升品牌策略,否则,在市场竞争全球化的背景下,会展品牌就会缺乏竞争力,很难在市场上立足。因此,品牌的提升,不只是提升好某一个品牌就可以了,而是必须建立一整套的品牌体系,实行品牌的系统工程建设,实施品牌的系列工程提升,从而提高顾客满意度。如图 11-4 所示。

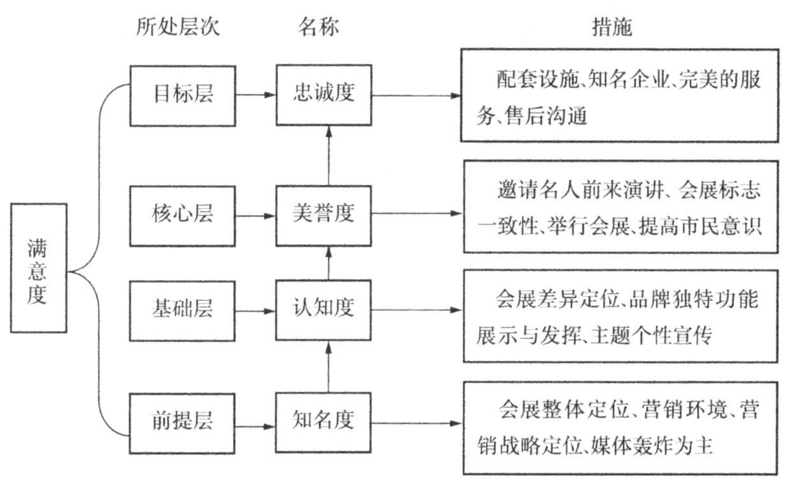

图 11-4 会展品牌推广策略整体框架

2)会展品牌推广途径

会展品牌推广主要有广告推广、公关推广、营销推广和服务推广等 4 种主要途径。不同的品牌推广途径的选择会带来不同的效果。因此,灵活选择和应用适宜的品牌推广途径是会展品牌推广成功的关键。

(1)广告推广

广告是会展品牌推广的最有效方式之一,它受众面广,传递信息的方式直接快速,它所产生的效果有时是任何其他促销手段都达不到的。广告可以向顾客全面介绍会展的服务和产品,吸引顾客并激发其购买欲望;可以维持与市场新老顾客之间的关系,改善与参展商和服务商之间的联系;可以帮助会展树立良好的形象,创立知名品牌。广告媒体的选择是采用广告的方式推广会展品牌应关注的问题,随着科技的发展,广告媒体已经从报纸、杂志为主的印刷媒体逐渐移至以电视为主的电波媒体和新兴的网络媒体。各种媒体的功能各有所长也各有利弊,因此,选择合适的广告媒体和有效的广告方式影响着会展品牌广告推广的效果。一般说来,广告媒体的选择要考虑媒体的生命与接受性、媒体与市场的结合程度、媒体的广告费用、会展产品的特征与媒体的切合度、会展品牌的市场竞争性等方面。

(2)公关推广

有效的公关宣传和促销活动能为会展品牌的认知和推广起到积极的作用。要树立会展品牌,首先必须树立良好的会展品牌形象。会展品牌形象是社会公众和顾客在对会展品牌了解的情况下形成对品牌的评价,包括内在形象和外在形象。内在形象主要指产品形象和文化形象,而外在形象则包括品牌标识系统形象以及品牌在市场和社会公众中的口碑和信誉。公关推广是塑造良好的会展品牌形象的重要手段,通常公关推广要经过周密的策划,利用新闻传播、报道、演说以及组织参观、有奖征答等活动来进行公关造势并展开活动,其主要目的就是要在社会公众心中树立起展会健康、环保、关心顾客、造福社会的美好形象,使会展品牌能永保活力和生机,并扬名海内外。

(3)营销推广

会展品牌营销是品牌经营管理的重要环节。会展品牌的认知、品牌形象、品牌忠诚等都主要是通过品牌营销来实现的。营销推广应注意:第一,要进行周密的市场调查,了解自身的产品与竞争对手的产品和服务之间的优劣差别,了解目标市场顾客的需求;第二,要制订周密的营销计划,营销计划中必须明确对本会展产品的“定位”,以及要能够根据顾客的个性化和多样化的需求适时调整营销计划;第三,营销推广过程中要注意对会展品牌价值的提升,即品牌延伸,这是对付竞争对手的非常有效的方法;第四,营销还要注重公共关系以及营销方式的灵活运用,要合理选择和运用各种促销方式;第五,会展品牌营销推广还要注重会展营销费用的控制,力求用最低的成本创造出最好的营销效果。

(4)服务推广

在会展行业市场竞争中,服务是竞争的关键,是为展会赢得市场、赢得顾客、赢得利润、赢得信誉的重要保障,同时也是为会展产品、会展品牌乃至整个会展业创造知名度和美誉度的关键所在。为顾客提供和创造优质、完美的服务是会展企业经营的主要目标,成功的展会经营者在创立品牌的同时也都在竭尽全力为顾客提供尽善尽美的服务。因此,会展的服务推广是会展品牌创立和推广的有效途径。企业必须努力为顾客创造全方位的服务,通过高层次的服务造就会展的产品品牌,通过提供超值服务打造出世界知名的会展品牌。服务推广必须着眼于顾客的期望,为顾客提供高品质、高水平的服务,力求做到顾客满意,甚至超越顾客的心理期望、超越产品本身价值、超越经济界限,努力用尽可能低的服务成本,生产出高品质的会展服务和产品。

11.3 会展品牌与知识产权保护

11.3.1 我国会展品牌知识产权保护现状

我国颁布了《知识产权法》《专利法》《商标法》以及相应的实施条例，同时我国还相继参加了一些主要的知识产权保护国际公约、条约和协定：《世界知识产权组织公约》（1980 年加入）；《保护工业产权巴黎公约》（1985 年）；《商标国际注册马德里协定》（1989 年）；《关于集成电路知识产权条约》（1990 年）；《保护文学艺术作品伯尔尼公约》（1992 年）；《世界版权公约》（1992 年）；《保护唱片制作者防止唱片被擅自复制日内瓦公约》（1993 年）；《专利合作条约》（1994 年）等等。我国已经初步建立了一个相对完善的知识产权保护的法律体系，但是由于会展的特殊性，现行的法律制度还存在着一些问题。

1）会展行业的盟约——行业协会公约制度

随着会展逐渐向专业化市场化转变，会展企业通过行业协会来加强行业自律，要受到协会组织的"软约束"。展览行业协会既是展览企业的代言人，也是贯彻政府意图、执行政府政策的可靠助手。行业协会是会展市场经济发展不可缺少的自律性中介组织。行业协会在制定行业规范，组织人员培训，交流相关信息实现行业"自我约束、自我完善、自主经营、共同发展"方面大有可为。北京国际会展协会在 2005 年 11 月份推出了《北京国际会议展览业协会保护知识产权公约》，对规范北京市会展行业起到了很大作用。会展行业协会的主要职责是：制订会展业经营规范；监管会展业市场；审核展览企业资质；统计会展业业绩；培训会展业从业人员；交流会展业信息等。行业协会经常是作为主办单位出现的。从法律上来说，主办单位与承办单位的关系是委托与被委托的关系，主办单位应当对展会的一切法律责任负责，主办单位负责以后才可以依据承办合同追究承办单位的法律责任。面对展会知识产权侵权猖獗而相应法律法规保护无力的情况下，行业协会则起着很大的作用。

会展具体事务的处理一般是承办单位在起作用，整个会展的运作也是承办单位在执行。行业协会作为事业性法人，主办单位既无人力也无财力处理有关问题。这样就出现了巨大的法律漏洞：一方面是承办单位只享受权利不承担义务，将自己应当担负的责任推给了主办单位；另一方面是推向前台的主办单位带有半行政色彩，无力承担责任。这样，主办方与承办方基于利益，联手坑害参展商与观众的道德风险大大加强。

2）会展主办方的武器——黑名单公示制度

侵权黑名单制度是指展会主办方对以前在该展会上出现过知识产权侵权的参展商，设立黑名单并予以公布，同时采取相应的惩罚措施。1990 年代中期，中国的钟表企业开始拓展国际市场之际，它们没有料到一张处心积虑布置的大网正等候着它们。中国企业首次去瑞士参加钟表展，当地企业以及会展主办机构的律师不期而至，检查中方的产品是否涉嫌专利侵权。一旦被认定侵权，中国企业就要为每种侵权产品当场支付 2 000 瑞士法郎的罚金，并要把侵权产品撤下展台，承诺配合调查和接受更进一步的法律诉讼。如果不交罚金，主办方将封杀其展位，相关企业立即被列入“黑名单”并诉诸司法。2005 年 12 月开幕的第 13 届中国国际海事会展上，知识产权咨询服务接待处首次出现在沪上展会中。主办方表示，被证实有侵权行为的展商将列入“黑名单”，取消今后参展资格。侵权黑名单制度这一举措已经被很多国际会展企业广泛使用。

尽管黑名单制度的广泛使用产生了很大的效应，但从法律层面作进一步考虑，会展的主办方和参展商本质上是一种合同关系，主办方是否有权将参展商曾经的侵权行为公之于众，这种行为是否已经在某种程度上构成对参会展商合法权益的侵害仍有待于讨论。

3）会展参展商的承诺——保证书制度

这一制度是指作为会展的主办方，在前期展览策划过程中就应突出知识产权问题，起码在招展通知书上、参展通知书上和展览现场的参展须知上要明确发布保护知识产权的信息，以示主办单位的社会责任。在开展前主办方应与每家参展商签订保证书，让参展商保证承诺所有参展展品、产品样本、说明书及现场演示所使用的软硬件不存在侵犯他人专利权、版权和著作权。另外还要明确表示，一旦出现纠纷，主办方将依据国家法律，支持投诉方的维权行为，提前把责任划清。《展会知识产权保护办法》第四条：展会主办方可通过与参展方签订参展期间知识产权保护条款或合同的形式，加强展会知识产权保护工作。为了贯彻展会主办方可通过与参展方签订参展期间知识产权保护条款或合同的形式，加强展会知识产权保护工作。为了贯彻《办法》中的保护精神，这一做法在境内国际会展中得到了广泛的应用，这一举措一是加强了各参展商的法律意识，二是用来表示主办方的严肃立场，以配合执法人员在现场的执法工作。这一做法得到了绝大多数参展商的支持。一旦参展商在展会期间有违反保证书的约定的情形，会展的主办方有权要求参展商撤走任何被指控为侵犯知识产权的展品。

4）会展参展商的保障——投诉机构制度

新出台的《展会知识产权保护办法》规定，展会时间在三天以上（含三天），展会管理部门认为有必要的，展会主办方应在展会期间设立知识产权投诉机构。设立投诉机构的，展会举办地知识产权行政管理部门应当派员进驻，并依法对侵权案件进行处理。未设立投诉机构的，展会举办地知识产权行政管理部门应当加强对展会知识产权保护的指导、监督和有关案件的处理，展会主办方应当将展会举办地的相关知识产权行政管理部门的联系人、联系方式等在展会场馆的显著位置予以公示。投诉机构职责包括：①接受知识产权权利人的投诉，暂停涉嫌侵犯知识产权的展品在展会期间展出；②将有关投诉材料移交相关知识产权行政管理部门；③协调和督促投诉的处理；④对展会知识产权保护信息进行统计和分析；⑤其他相关事项。

会展企业所设立的知识产权投诉机构的性质是什么，其所作的处理是否具有行政执法的职能。作为会展主办方来讲，大多数属于行业协会、事业单位，其本身没有行政执法权，由其设立的投诉机构是否真的具有行政执法权呢？这就要视参与投诉机构工作的知识产权人员的地位而定。如果属行政执法，其执法的主体应该是行政机构，而会展投诉机构作为协助配合的机构，行政机构应对其在展会期间的行政行为负全责；如果说仅仅提供技术咨询，那投诉机构就没有一个准确的定位。如果行政机构属于主办方，那么与参展商处于不平等的地位，是掌握了展位资源的强势主体，其通过格式合同来限制参展商来行使自己的权利或限制被诉方的抗辩权和答辩权，是有失公平的。

5）法律部门的举措——速判速决制度

速判速决制度即在展览会期间发生的侵权现象，现场予以解决。这一制度在我国还没有出现，最早见于2005年1月的德国法兰克福文具展商。速判速决制度法院判决则注重高效，只要提交的具体侵权证据确凿，法院在2天内即可单方判决。并赶在展会期间内下达判决书。具体做法是：在开幕前即查询重点国家和地区及厂商，提前布置准备。展会开幕前一天，展品刚陈列便布置便衣取证，甚至提前扮作买家谈判，并拍照、索取样品、询问价格和生产规模。取证结束立即向法院提交证据，并往往在次日下达判决书。这就是为什么以前展览开幕头一天往往出现纠纷，而这次是次日后稍晚才开始出现纠纷的原因。检察院拿到判决后立即奔赴展馆向侵权单位出示德文判决书并要求该单位当场签字承认，并课以重罚，一般为7 000～20 000欧元作为律师费。并要求当场交纳现金。认罚签字者则没收侵权商品，但非侵权展品尚可继续展出。否则当即查封所有展品和录像留据，并可能还会受到因抗拒法院执行判决的指控。

这是会展知识产权保护方面出现的一个新举措，于是有人建议在国内效仿这种制度，以切实打击会展中的侵犯知识产权现象。法院方面立即判决而完全不给另一方任何辩解的时间是否符合相应的法律规定，是否直接剥夺当时一方的诉讼权利，还存在很大的疑问。其实在我国现有的法律制度下，这种速判速决制度是不现实的。首先，从会展实践过程看，由于整个会展持续时间极为短暂，尽管我国《民事诉讼证据若干规定》在某种程度上确立了偷录偷拍证据的合法性，一般展会开幕前各参展商都忙着进行展品运输、展台搭建和展台布置等必要工作，没有时间去调查取证，直接造成起诉上的困难。其次，速判速决的速度我国是跟不上的，在我国民事诉讼中所确立的调解制度，在双方合意的情况下可达到快速结案的目的，但一般情况下也不会出现第一天起诉第二天即出调解书的情形。即使被控侵权参展商确实存在，也应该在法律上受到公正的待遇，其依法享有的答辩权和抗辩权应给予足够的保证。另外，如果由会展主办方出面取证并向法院起诉，则不符合我国法律的规定，因为作为会展主办方，其对被侵犯的知识产权并不享有权利，不符合我国民诉法规定的起诉条件。最后，即便是法院能在展会期间下判决书，并不立即生效，因为被诉方有上诉权和抗辩权，仍然可以参展。等法院文书生效之时，展会已经结束。

11.3.2　打造会展品牌自主知识产权的途径

国外的会展企业成批涌入，并大面积抢占市场，我国的会展企业也期待着走出去。要想在超竞争的市场中生存和发展，我们就必须突破短期的经济利益的思维，加大自主知识产权的开发力度，快速形成自己品牌的核心竞争力。

1）营造正确的品牌文化氛围

从创会展企业品牌的角度，系统地引入知识产权管理理念，并将其提高到战略管理的高度，放在战略层次来谋划。要迅速提高企业的知识产权和参展商的知识产权意识，加强知识产权法律法规和相关知识的宣传普及工作，让知识产权保护意识融入会展运作的每一个环节和各个方面并成为自觉的工作准则和日常行为。使会展场馆的设计、会展营销、会展服务符合品牌质量和标准，使会展企业的宣传、教育培训和奖励活动与品牌挂钩，包括会展企业商标、品牌市场占有率排行等方面，形成特有的会展企业特有的品牌文化。

2)建立健全知识产权管理系统

建立起知识产权管理系统,知识产权情报系统和知识产权危机系统。开展知识产权战略研究,通过搜集竞争对手的相关信息,为会展企业制订发展规划和市场策略提供参考资料,重视在国外的专利申请工作。根据自身市场竞争的需要及同行、对手的发展趋势,适时在国外进行专利申请,以保护企业在国际市场上的竞争力。

3)品牌发展的技术创新战略

鉴于我国会展企业技术水平和世界发达国家还有很大的差距在相当一段时间内,建议采取自主创新和模仿创新相结合,以模仿创新为主自主创新为辅的技术创新战略。自主创新主要、依靠企业自身的力量完成技术创新的全过程,关键技术上的突破要由本企业实现;模仿创新是企业学习模仿率先创新者的创新思路和创新行为,吸收创新者的成功经验和失败的教训,引进和购买或者破译率先创新者的核心技术和技术秘密,并在此基础上改进完善,进一步开发。将自主创新和模仿创新相结合,加快提升我国会展企业品牌发展。

4)品牌发展的商标注册战略

商标是品牌的外在表现和标记,是会展企业用以标明自己产品个性的一种特定专用标记。所以对于办的比较好的展览会使用注册商标是首选,这是我国商标法特别加以保护的。大型会展企业要注册国际商标,否则,国际抢注就难以避免,品牌就难以保护。但商标注册必须注意根据《马德里协定》《巴黎公约》确定的国民待遇原则以及遵循国际惯例和禁用条款进行。

在开放和竞争的市场中,品牌已成为竞争的焦点,企业赢得市场的主要途径之一便是塑造和维护品牌。以工业企业为例,联合国工业计划署的调查表明,名牌在整个产品品牌中所占的比例不足3%,但名牌产品所占的市场份额却高达40%,销售额占50%左右,由此可见品牌的巨大效应。会展市场的竞争也遵循同样的竞争规律,会展项目是会展企业的产品,虽然我国会展业起步较晚,但发展迅猛。随着各类展会数量的增多,会展市场由“卖方市场”向“买方市场”的转变,以及参展商和观展者的逐步成熟,只有品牌会展项目才能在会展市场中获得长足的发展。因此,中国会展业要实现快速成长,必须实施高起点的定位,借鉴国际会展业的发展经验,重视和加速会展项目的品牌化发展,在会展业市场树立信誉和威望,从而不断提升中国会展业的国际竞争力。

案例分析:宜春月亮文化节,塑造月亮文化品牌

一、案例背景

宜春市位于江西省西北部,自汉代开始建县,迄今有2 200多年的历史,自然资源丰富,生态环境优越,文化积淀厚重,全市森林覆盖率为52.78%,是全国第一批生态试点城市之一,历来为“江南佳丽之地,文物昌盛之邦”。

明月处处有,宜春月最明。位于宜春城南的明月山海拔1 763米,因山上“有石夜光如月”

而得名,宜春提出要打造“月亮之都”也是因此山之故。竹海、飞瀑、松涛、奇峰让这座名山“步步拾锦绣,一里不同天”。

江西宜春已于2008年9月注册了“月亮之都”“月亮之城”等商标,并进行了域名注册。2007—2013年成功举办过7届月亮文化节。

二、2013年宜春月亮文化节简介

2013宜春第七届月亮文化节举办时间:9月11—19日。

本届月亮文化节主题:“泉月欢歌·维景维美”。办展理念:以文化为根基,在传承发扬中创造经典;以创新为灵魂,在推陈出新中形成特色;以消费为导向,在引导民众中催生活力;以品牌为效应,在高端宣传中铸就声誉;以团队为支撑,在百折不挠中凝聚力量。本届月亮文化节的主要活动内容:

“泉月欢歌·维景唯美”开幕式音乐会

“飞向明月”——赣西(深圳)旅游推介会

“硒游明月山”——全国补硒大会

“月上贺兰”——大型舞剧

“我俚跳月”——万人广场舞

“群星捧月”——业余剧团文艺汇演

“硒泉养生”——万人泡脚创吉尼斯纪录

“月是故乡明”——宜商大会

明月照万家——宜春精品楼盘交易展示会

高山揽月——高山观光小火车开通仪式

“中国梦·清廉风”——廉政文化精品创作评比演出

中秋拜月·火龙追月·放荷花灯问月·放孔明灯梦月活动

“网聚宜春”——全国旅游网络大会

“举杯邀月”——广场啤酒晚会

“明月拍客”——DV作品大赛

“博动明月”——新浪微博达人游宜春

“明月在我心”——公务人员才艺大赛

“奔月之旅”——户外自驾自助体验游

物以“硒”为贵——富硒农产品展销会

“中国温泉之乡”授牌揭碑仪式

三、月亮文化节的品牌塑造分析

1. 高起点谋划树立目标

月亮文化源远流长、博大精深,要使其成为宜春独特的文化和标志,不可能一蹴而就,而必须立意高远,通盘谋划。为此,从2007年第一届开始,宜春市就一次性策划了月亮文化节五届的主题:第一届是“团圆·和谐·发展”,目标是打造一轮最圆的月亮;第二届是“农月相趣·人月相欢”,目标是打造一轮最有趣的月亮;第三届是“情月相融·山水为证”,目标是打造一轮最美的月亮;第四届是“泉月相映·水月同天”,目标是打造一轮最雅的月亮;第五届是“禅月相通·月明禅心”,目标是打造一轮最入心的月亮。如果说第一届的主题诠释的是月亮文化的本质内涵,那么其后四届则是根据“四星捧月”的格局,分别对月亮文化进行解读,其根本目的在于为宜春树立一个独一无二的城市品牌和文化标志,让月亮文化引领宜春走向世界。

从2012年起的后五届的主题创新,宜春市也已做好谋划了树立了目标,它们更多是以宣传企业、让企业登上文化节这个平台为主。如2012的主题是“花好月圆·宜工宜家”,“花好月圆”宣示的是节庆主题,而“宜工宜家”标示的就是冠名企业——宜春重工集团有限公司。2013年第七届月亮文化节的主题就设定为“泉月相映·维景唯美”,企业利用文化节的契机来宣传即将开业的明月山五星级大酒店——维景大酒店,相当于是政府帮助做宣传,非常巧妙。2014年第八届月亮文化节现在已经确定了云南的大益茶叶集团冠名,主题定为“月下品茗·大益情深”,凸显茶与月交融的意境。2015 年第九届月亮文化节,冠名企业是明月山国际温泉禅修中心,主题是“心月如一·禅院静修”,禅月都是静的,都让人平和。2016 年第十届月亮文化节的主题是“皓月当空·济世惠民”,冠名企业是宜春袁州区济民可信药业集团。药厂必须要有良心,要为老百姓服务,就像月光一样的普照,遍洒青辉,这是药企的宗旨。用这个主题企业非常高兴,既凸显了文化意义,彰显了企业的宗旨。

2. 大手笔办节提升影响

每届月亮文化节该市都做到了早谋划、早准备、早动手,尤其注重以大手笔设计活动项目。2007 年,首届月亮文化节立足总体诠释月亮文化的本质内涵,将柔美、圣洁的月亮与生态、绿色的宜春相连相牵,16 个活动特色鲜明,气势恢宏,市民普遍叫好,来宾交口称赞,因在全球首倡月亮文化,宜春一炮打响,赢得了国内外的广泛关注。2008 年,宜春立足展示农耕文化,新颖生动的天工开物园、趣味横生的农耕运动会、独具特色的民间女红大奖赛等令人惊喜;独一无二的中秋拜月仪式、展示民俗的火龙追月活动、情动人心的金婚庆典等经典节目,更为人们津津乐道,长久回味。2009 年,宜春提出要给世界“一轮最美的月亮”,在继续完善经典活动的同时,以空前的气魄和胆识成功拿下了中央电视台中秋晚会的承办权,最后借助央视秋晚的华丽舞台、豪华的明星阵容、三套并机直播的强大手段,向世界呈现了一轮令人惊叹的“宜春月”,宜春的月亮文化由此为世界所知,世界对宜春不再陌生。2010 年,震撼人心的中国爱乐乐团交响音乐会、气势恢宏的上高之夜全国摄影艺术展颁奖晚会、全景展示宜春地域文化的央视《走遍中国·宜春》栏目 7 集系列节目等 17 项精心准备的活动,既有品位,也有节味,更有玩味,一个雅俗共赏、味道十足的月亮文化节展示出强大的生命力。2011 年,22 项精心准备的活动让人们感知到了月明禅心的宁静致远、禅月相通的恒久意境,进一步展示出月亮之都独特的内在魅力和美丽的外在形象。

3. 全方位融合锻造文化

举办节庆的过程,根本上是培植文化的过程。七年来,宜春从扎根现实还原生活娱乐大众的角度出发,坚持全方位融合宜春各类文化资源,初步打造出了一个“情月相融、泉月相映、禅月相通、农月相趣”的独特文化格局。“山月相融以养情”。明月山历代名人的咏月诗词、南宋夏皇后的故事、嫦娥奔月的传说等,让明月山拥有丰富的月亮文化底蕴,宜春将明月山作为一座情山来塑造,从明月广场相遇到梦月山庄相拥,匠心打造的十大景点构建出一条魅力十足的浪漫爱情之旅。“泉月相映以养身”,温汤温泉历史悠久,饮可康体,浴可健身,宜春倡导泡泉观月、静心养生,大力发展现代温泉旅游、疗养、休闲业,吸引了全国各地大批游客前来体验、租住、定居。“禅月相通以养心”,宜春禅宗文化源远流长,月下讲禅法以明心、月下悟禅道以宁心、月下听禅乐以静心、月下品禅茶以清心,是宜春自古以来的精神源流,宜春以节庆活动提升“禅都”知名度,加快禅文化园、禅修中心、禅宗祖庭等建设,吸引了大批海内外游客前来参禅悟道、休闲养心。“农月相趣以养生”,宜春古称“农业上郡”,悠久的农耕文化伴月而生、与月相随,荷塘月色的农村美景、披星戴月的农耕劳作、映星对月的农事气象等成就了宜春悠久的农月传统,并在明代万历年间孕育了一代科学巨匠宋应星,宜春以天工开物园为载体设计多种游园项目,开展农耕健身比赛,让宜春成为了现代人放飞心灵、调养身心的好去处。

4. 大视野搭台推动经贸

离开文化的经贸,不能吸引足够的“观众”;没有经贸的文化,也不能产生“票房价值”。宜春多年来都坚持以开放的胸怀办节，推进以节招商，以节促游，使月亮文化节成为了推动全市经济社会发展的助力器和世界了解宜春、宜春走向世界的重要平台。“莫以宜春远”，向八方宾朋推介宜春的精品旅游项目；“月是故乡明”，邀请在外宜春人士回乡省亲；“相约宜春”，向所有来宾推介宜春的重大项目……七年来，通过月亮文化节期间举行的重大产业与重点项目招商推介会、温泉休闲度假产业高峰论坛、富硒经济论坛等经贸活动，锂电产业等主导产业都得到了快速发展，各地的名、优、特、新产品大步走向市场，一大批月亮文化产品也开始崭露头角。

“月亮是世界的，而月亮之都是宜春独有的；文化是人类的，而月亮文化是宜春独特的；生活是大众的，而月亮式生活方式是宜春独享的。”如今，“月亮之都·宜春”已经展示出她的唯美品质和品牌价值，并以自己的独特标识屹立于中国的城市群。月亮之都主张的品味生活节奏悠闲、生活方式闲适、生活态度淡然、生活品质纯静的“月亮式”生活方式，以及其中所包含的明月在心的生活理念、阴晴圆缺的平常心态、明月相思的情感表达等，在纷繁复杂的现代社会具有了打动人心的号召力。

资料来源：月亮文化节五年综述[EB/OL]. 宜春新闻网，2011-12-02. http://www.newsyc.com.

思考题：

1. “月亮文化节”的核心灵魂是什么，其核心灵魂与品牌建设之间有什么关联？
2. 结合案例讨论节事活动品牌塑造的关键问题是什么？

【专业词汇】

会展品牌(exhibition brand)　会展品牌价值(exhibition brand value)

【思考与练习】

1. 会展品牌的特征有哪些？如何塑造会展品牌？
2. 谈谈会展品牌的要素构成。
3. 列举我们的知名品牌展会，并分析其品牌成长过程。
4. 如何保护会展品牌的知识产权？

第12章 会展旅游管理

【本章导读】

本章主要阐述了会展旅游管理的知识内容,共分为3节:第一节回顾了会展旅游的起源,剖析了会展与旅游之间的关系,界定了会展旅游的相关概念,并分析了会展旅游的类型和特征;第二节介绍了会展旅游的主体构成,阐述了会展旅游运作的3种模式,即单体化运作模式、一体化运作模式和网络化运作模式,并分析了会展旅游发展的客观要求;第三节主要对我国会展旅游发展的现状和问题进行了剖析,并对我国会展旅游发展的具体对策进行了一定的探索。

会展经济的不断发展为会展举办地带来了巨大的经济和社会效益，其中，会展旅游便是实现会展经济社会效益的重要推动剂。在会展经济中，旅游扮演了一个较为重要的角色，准确地说应该是扮演着双重角色：一方面，会展旅游是会展经济的受益者，成为会展经济派生消费的一个重要组成部分；另一方面，会展旅游又是会展经济的重要构成要素，对会展经济的发展起到有力的支撑作用。因此，要全面认识会展旅游，应站在辩证的角度，科学地看待它。

12.1　会展旅游概述

12.1.1　会展旅游的起源

1)会展与旅游溯源

会展活动和早期旅游活动有着自然联系，托马斯·库克在1841年7月5日租用一辆火车组织了从莱斯特前往洛赫伯勒的大团体远程旅游，目的是参加在当地举行的一次禁酒大会，这次远程团体旅游活动被学界公认为是近代旅游活动的开端。事实上，从会展业的角度来看，这次活动也可以被认为是一次会展旅游活动。在1896年，美国底特律市就成立了一个名为会议局(Convention Bureau，CB)的组织，其目的就是为了招徕和吸引会议主办者，使其将会议设在底特律。1920年，美国成立了国际会议局协会(International Association of Convention Bureaus，IACB)。后来，为了吸引数量日益增加的消遣旅游者，国际会议局协会将其名字中加入了visitor一词，变为国际会议与观光局(International Association of Convention and Visitor Bureaus，IACVB)，并沿用至今。目前，会展旅游产品的市场营销工作仍然是国际会议与观光局协会日常工作的主要内容。

杭州是中国会展旅游业的发祥地，1929年6月6日在杭州举办的西湖博览会可以说是中国近代最早的会展旅游活动。

2)会展与商务旅游

从旅游的概念上来讲，会展活动中来自异地的主办者和参加者都符合旅游者的定义，他们本身就应该是旅游者，而且事实上他们早就被学界认为是商务旅游市场的重要组成部分，即商务旅游市场中的会展旅游者。我们且看商务旅游的定义①：

世界旅游组织将商务旅游定义为："出于商业的目的，人们到达并在非居住地停留的活动。"早期的研究认为："商务旅游又叫商业旅游，是以经商为目的，把商业经营与旅行、游览结合起来的一种旅游形式。"

国际商务旅游产业峰会于2004年5月23日在北京举行，大会认为："商务旅游是指商务人士在商务活动过程中产生的所有旅游消费行为。除了传统的商贸经营外，还包括参加行业会展、跨国公司的区域年会、调研与考察、公司间跨区域的技术交流、产品发布会，以及

---

①　商务旅游的定义. http://baike.baidu.com.

公司奖励旅游等。”

我国著名旅游学者魏小安先生认为:“以商务为主要目的的复合型的旅游方式,即商务旅游活动。一是以商务为主要目的;二是复合型的旅游方式,包括会议、展览、谈判、考察、管理、营销等活动都属于商务活动。”

从上述定义中我们可以看到,会展活动与商务旅游活动有着很大的交集,虽然从某种意义上讲,会展业应是独立于旅游业之外的一个产业部门,但是由于经济活动发展的普遍联系决定了会展业与旅游业必然会相互介入。

12.1.2 会展与旅游的互动关系

会展和旅游都是综合性十分强的产业部门,两者都涉及食、住、行、游、购、娱等方面。虽然侧重点有所不同,但会展和旅游所涉及的行业有较大的重复性,具有较强的关联性。

1)会展与旅游是一种相辅相成的关系

这主要表现在会展地点的选择和会展活动的组织等方面。从会展地点的选择来看,一般会议和展览的举办地都是旅游资源富集、旅游接待服务设施完善的地区。如“中国第一展”广交会的主办地广州和2010年世博会的举办地上海,以及举办过多次国际性会展的北京,无一不是国内的著名旅游城市。因为只有著名的旅游地才能更好地吸引参展商和观展者,也只有旅游业发达的地区才能为展会提供优质的接待和服务。

会展活动的组织更与旅游有着紧密关联。无论是展前的营销宣传,展中的接待和展后的旅游娱乐都必须在旅游部门的配合下才能顺利进行。与此同时,旅游业效益的实现,市场竞争力的提升也需要依靠会展活动的开展和城市知名度的扩展。

2)会展与旅游是一种动态发展的关系

这种动态发展的关系表现在旅游与会展发展的时间序列和发展的层次上。从会展与旅游的发展序列上来看,旅游相对于会展来说属于基础性产业部门,往往较会展业发展得要早,只有当旅游业发展到一定程度,会展的产生才具备前提条件。而会展业的产生和发展将促使旅游业在原有基础上获得进一步的发展。这种发展的序列首尾相接,形成一个环状向上的螺旋链,使会展和旅游不断地发展,在这样不断上升的发展过程中,旅游和会展的层次也不断提升。无论是旅游和会展的硬件、软件设施,还是区域影响力都得到持续性的增强。

3)会展与旅游是一种积聚效应的关系

从某种意义上来看,会展和旅游都属于“注意力经济”的范畴,也就是说越多的人关注会展和旅游其发展态势就越好。会展和旅游之间恰好形成一个相互积聚注意力的效用机制,知名会展可以吸引众多的相关者来了解展会的举办地,而著名的旅游地也会为人们参展或观展的决策增添砝码。因此,会展与旅游之间这种人气积聚的关系是十分明显的。

4)会展与旅游是一种良性互动的关系

该关系主要表现在会展与旅游发展的相互促进上。会展的发展要求有相应水准的旅游服务设施与之配套。比如,许多国际性会展场馆附近需要有一定数量的四星或五星级的酒店来为参展商提供食宿服务，这样的需求就促使旅游业硬件和软件设施的改善和更新。另外，会展还有利于带动城市功能的提升，增强城市的知名度，这些都为旅游和进一步发展提供了有利的外部环境。而旅游的发展将使得该地成为人流、物流、信息流的聚集地，良好的积聚优势同时也会促使会展业的快速发展。会展与旅游之间的这种紧密关联的良性互动发展关系，是由会展和旅游客观存在的行业特性所决定的，是会展与旅游互动发展的内在前提。

12.1.3 会展旅游的概念和类型

1)会展旅游的概念①

国内外许多学者对会展旅游的概念做了各种界定，但到目前为止仍未有统一的内涵。在国际上关于会展旅游较统一的说法是 MICE(Meetings,Incentives,Conventions and Exhibitions)，如以研究事件旅游而闻名的学者盖茨(GETZ)就认为，展览会、博览会、会议等商贸及会展事件是会展业(MEETINGINDUSTRY)的最主要的组成部分。同时，有许多学者主张将会展旅游概念泛化。

本文所讨论的会展旅游对应于发达国家所指 MICE 细分事件旅游市场的概念，即 Meetings(会议)、Incentives(奖励旅游)、Conventions(大会)，Exhibitions(展览)，并包括节日庆典和体育赛事为主题的节事(Events)在内的旅游形式。即会展旅游是指借助举办的各种类型的会议、展览会、博览会、交易会、招商会、文化体育、科技交流等活动，吸引游客前来洽谈贸易，观光旅游，进行技术合作、信息沟通和文化交流，并带动交通、旅游、商贸等多项相关产业发展的一种旅游活动。

2)会展旅游的类型

根据本书会展旅游的定义，我们把会展旅游主要分为如下四大类：

(1)会议旅游

会议旅游是会展旅游的一种，广义上也属于商务旅游范畴，一般指会议接待者利用召开会议的机会，组织各国与会者参加的旅游活动，它所涉及的旅游往往带有与工作相关的目的。它是一种消费水平高，规模较大，停留时间较长的旅游方式。会议旅游的开展可以提高会议举办城市的知名度、调节淡旺季不均衡的旅游客源以及提高当地饭店全年的出租率等。在经济发展逐步全球化的情况下，国际会议召开的频率和规模都不断扩大，会议旅游在会展旅游中所占的比重和对地方旅游经济所作的贡献都不断提高。据总部设于美国的会议管理专业协会(PCMA)估计，美国每年的会议花费超过1000 亿美元，在美国 GDP 贡献最大的产业中，会议产业已经名列第22 位②

(2)奖励旅游

该类旅游是指公司员工因工作、生产和销售等表现优异而获得的免费外出旅游。一般而言，参加奖励旅游团的人数较多；奖励旅游团多数选择在淡季，而且奖励旅游的消费支出高。

---

① 会展旅游的定义. http://baike.baidu.com.

② 保继刚，戴光全. 西方会议会展与会议旅游——发展简况、研究简介与国际机构[J]. 中国会展，2003(14):57-59.

所以,奖励旅游是一项非常有潜力的高消费的会展商务旅游活动。

(3)展览旅游

展览旅游主要指由于举办大型国际博览会或交易会等而产生的商务旅游活动。大型展览活动的举办集中了大众媒体的传播报道,能迅速提升举办城市的知名度和美誉度,从而大大增强旅游吸引力。大型展览活动可以吸引成千上万的人到举办地旅游,可以带来大量短期直接的经济效应,如果开发管理得当还可以带来长期的经济效应,带动旅游产业的迅猛发展。目前,世界许多国家政府都认识到展览旅游对于当地经济的重要振兴作用,强烈地希望由他们来举办世界性的博览会或交易会,尤其是希望承办一些特大型的国际博览会或交易会,以此获得繁荣经济、发展旅游业的契机。

(4)节庆事件旅游

现代旅游经济已经由传统的资源经济向注意力经济转移,因此,节庆活动成为了促进旅游发展的重要手段。国外对于节庆活动的策划和组织起步较早,特别像美国等国家将节庆活动纳入到会展活动的范畴。由此可见,节庆活动引致的旅游行为与会议和展览较为类似,所以将该类旅游活动也归入会展旅游中。

最为典型的节庆活动就是那些国际重大体育活动。大型体育活动除了人数众多的运动员、教练员、随队工作人员、记者以外,还有大量观众参加。举办大型体育活动可以带来大量短期效益和长期效应,可以提供旅游业发展的契机,带来更多的客源,获得巨大的经济效益;对具有较好旅游接待条件和设施的国家或地区的城市,还可以最大限度的利用现有条件设施。如举办2000 年奥运会的澳大利亚政府认为,悉尼奥运会带来的不仅是16 天的运动会,而是10 年的发展机遇。据有关经济分析报告,悉尼奥运会将使澳大利亚国民生产总值增长 73 亿澳元,创造 15 万就业机会。

12.1.4 会展旅游的特点

1)规模庞大

会展旅游规模庞大主要表现在旅游接待的数量上。对于会议而言,全国规模的会议与会代表就可能达到200 人以上,而全球性的会议其与会代表的数量就更加客观。这些与会者来到会议举办地具有双重身份,即一方面是会议代表,是工作者,另一方面则是旅游者,对于会议举办地的自然景观、民俗风情等具有浓厚的兴趣。

对于展览而言其带来的旅游者规模更是数以万计,尤其是那些国际著名的展览会,在全球范围内吸引参展商、专业及一般观展者。例如2004 年5 月在上海举办的2004 亚洲 CeBIT 展览会上,共有 18 个国家的354 家参展商,吸引了 51 252 位业内观众,其中 20% 来自美国、亚太和欧洲地区,此外还有众多的普通观展者。

2)效益良好

会展旅游者所具有的双重身份使得该旅游者群体具有超常的消费实力,为会展举办地及其周边区域旅游创造了良好的经济效益和社会效益。如前所述,会展旅游者由于是在工作过程中,因此,其在交通、住宿、餐饮等方面的花费都是通过其所在的单位和部门承担,所以在食、住、行等基础性的消费方面，会展旅游者要比一般的旅游者消费水平高，会展旅游的经济效益要好。由于在基础性的消费方面由单位支付，因此会展旅游者就有更多的资金可以用于工作之余的旅游娱乐方面的消费。出于馈赠亲友或社交的需要，会展旅游者还大多具有较强的购物消费需求，为会展举办地游、购、娱等方面的收入提供了来源。可见，会展旅游对于举办地旅游发展而言具有良好的经济效益特征。

除此之外，由于参加会议和展览的代表中，不少是具有一定社会地位的人士，因而其到某个地方与会或旅游会为当地的旅游发展起到无形宣传的作用，可见，会展旅游不仅具有较强的经济效益特征还具有良好的社会效益。

3）计划性强

会展旅游与一般的观光度假旅游相比，其计划性更强。这是与会展活动组织和旅游的紧密联系相关，因为，对于大多数会议和展览而言，旅游活动的安排已经成为会议组织中的一个必不可缺的部分。特别是对于研讨型的会议，会后往往都会安排有旅游活动，以为与会代表提供放松身心的机会。对于大型会议和展览活动而言，其前期工作在会期前一年就已经开始运作，因此，对于会议过程中的旅游活动早已有所安排。到了会议举办时，一切按照事先安排就绪的旅游程序一步一步进行。例如，在某个城市举办一次全国性会议，期间就安排了两次旅游活动。一次是安排在与会代表报到之后，主要是城市体验一日游，带领与会代表与该城市亲密接触，感受其文化和氛围。另外一次就是在会议结束后，安排与会代表到该城市附近的著名旅游景点去游玩。因此，可以看到，会展旅游活动与一般旅游活动相比其计划性更强。

12.2　会展旅游的运作和发展

12.2.1　会展旅游的运作主体

1）会展旅游需求主体

会展旅游需求主体指会展市场的买方，也是会展旅游产品的买方，是会展和会展旅游一切行为的中心，是会展旅游服务的主要消费者，是对会展旅游有直接需求的组织或个人，包括参展商、与会者和观众。

①参展商，指会展活动中在一定场所展示产品、技术、信息等的参展主体。

②与会者，指会展活动中对会展旅游活动有需求的参与人员。

③观众，分为一般观众和专业观众。

这 3 个群体分别属于不同的旅游者性质，一般情况下消费能力和结构会有不同。参展单位和专业观展商作为商务旅游小团体，是公费旅游群体，具有较高的消费能力，是三者之中最高的；普通观展商是一般旅游者，是自费旅游群体，在住宿、餐饮、购物、旅游等方面的消费能力均比前两者低，所以营销旅游产品要根据不同群体分别进行营销。

2)会展旅游供给主体

会展旅游供给主体包括政府、行业协会、会展企业、旅游企业、媒体等相关主体。

(1)政府

政府在一个国家的政治经济生活中起到宏观调控作用,代表国家和地方利益。在会展旅游中扮演国家会展计划者、会展审判者、会展基础设施建设者、大型国际会展的申办者等多种角色。对会展旅游信息服务提供最基本的指导和宏观调控,建立法规维护会展旅游者的权益,同时明确各个主体的责任,辅助建立会展旅游信息市场秩序。如对于世界博览会,由于世界博览会是全球最高级别的国际展览会,是各国动员全国力量,全方位展示本国社会、经济、文化成就和发展前景的最好机会。举办世界博览会,能给举办国创造巨大的经济效益和社会效益,提升举办国的知名度,促进社会的繁荣和进步。因此,世界博览会的申办和主办通常由各国政府部门和申办城市的政府部门担任主办者的重要角色,对世界博览会的全程进行运作。

(2)行业协会

行业协会代表行业的利益,因此,主要考虑产业或行业的相关政策与发展。在我国大多数举办成功的国际性展览,其主办者都是中国的行业协会,而非行业协会主办的同类展览一般都不如行业协会主办的展览有规模和有影响力。会展行业协会作为非营利的社团组织,主要功能是按照市场经济的要求进行行业服务、行业自律、行业代表、行业协调、行业规划、行业统计和开展国内外经济技术交流和合作等工作,通过会员的自律行为和行业的制裁措施实现行业自身的自我约束与自我协调,建立起会展业的正常秩序,使之走上健康的发展道路。

(3)会展主办者

会展主办者可以是政府、非政府组织和公司等机构,是会展的生产单位和买方。在会展的形成期,会展主办者根据自己的需要,通过掌握的客户信息,进行市场调研和需求分析,提出举办会展的意向,确定会展主题、时间、地点和主要内容,将项目计划提交相关部门审批。审批通过后寻求合作者,比如会展企业、旅游企业共同承办。

(4)会展企业

会展企业是具有会展知识和经验的专业公司,一般会展企业拥有自己的会展场馆或长期租赁由政府建立的会展场馆,以代理身份或辅助会展主办者进行申办、策划、组织、协调、安排和接待工作。公司与企业主办展会时,通常与政府部门或行业协会结为伙伴,这样有利于提升展会的知名度和扩大展会的影响力。一些大型企业自己主办展览的目的主要是发布新产品,增加销售额,提升公司形象等。

(5)旅游企业

旅游企业包括旅行社、景区、酒店等旅游企业,在开展会展旅游期间,旅游企业应主动与会展公司密切配合,在会展举办前、举办中、举办后为会展旅游者提供专业化的服务。由于会展旅游专业性强,旅游需求与一般旅游者不同,所以旅游企业在会展服务过程中要引进专业人才,提供服务水平,开发适合会展旅游者的产品。

12.2.2 会展旅游的运作模式

会展旅游市场的综合性、依附性和联动性决定了会展旅游市场的运作模式是多样的和复

杂的。通过对会展旅游市场的分析,按照会展旅游市场的运作主体特征,认为会展市场运作模式有3种:

1)单体化运作模式

它是传统的会展旅游市场运作模式(见图12-1),两者之间互动性不强。即旅游业与会展业基本上各自发展,关联性很弱。会展活动主体在参加展会过程中,自行决定和安排住宿、餐饮、娱乐等项目,缺乏会展行业协会、旅游行业协会、会展政府部门、旅游政府部门等中介的组织与协调,缺乏报刊、杂志、电视、互联网等新闻媒介的沟通和参与。会展组织者在展会前没有进行充分的市场调研及信息查询,行为带有一定的盲目性,从而增加展会成本,在人力、财力、时间上造成一定程度的浪费;另一方面,旅游企业也缺乏一定自我协调机制、不开展一定程度的营销推广,错失巨大商机,与会展潜在客源之间的断层必会导致旅游企业经济效益低下,经营旅游业务均是被动行为。从长远的眼光来看,这种单体发展模式也不利于地区知名度的提升,极大地阻碍了城市会展旅游业的发展。因此,随着会展旅游业的发展,这种发展模式将逐渐被淘汰。

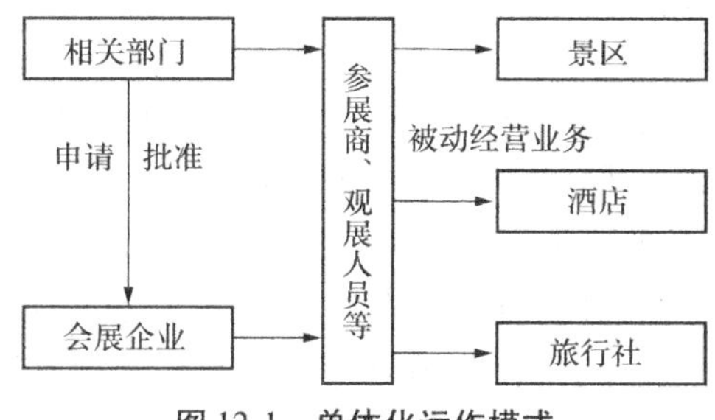

图12-1　单体化运作模式

2)一体化发展模式

城市会展旅游经济效益显著,连带效应大,但会展经济现在是否能成为一支经济力量和新兴产业,需要政府、行业协会、会展企业、旅游企业联合成一个整体,一致对外进行市场运作(见图12-2)。首先,会展主管部门与旅游主管部门一体化。两个主管部门通过协商围绕会展项目对活动主体进行整体宣传,并监督各自企业的规范性操作问题。其次,媒体与旅游企业的一体化。会展活动主体因为会展这一活动聚集在城市,并在旅游企业运用新闻、广告、互联网等媒体沟通的营销推广下成为旅游企业的主要客源,进而完成住宿、餐饮、旅游等消费单元,为旅游企业带来经济效益,推动旅游企业与活动主体的关系。最后,会展企业与旅游企业一体化。会展企业与旅游企业的信息共享,会展企业为旅游企业输送客源,旅游企业为会展企业提供外围服务,活动主体为会展企业和旅游企业带来收益基础。在旅游企业的专业化服务的基础上,能够极大地提升城市的知名度和美誉度,促进会展的持续化发展。

3)网络化运作模式

随着信息技术的不断发展,信息技术为会展旅游带来的不仅是硬软件的应用,更主要的是运作流程的优化和相关信息的集成、会展旅游的管理、营销思维方式的改变等方面,要体现信息技术的真正优势,需要在整个运作过程中进行信息化。因此面向传统会展旅游的运作,建立

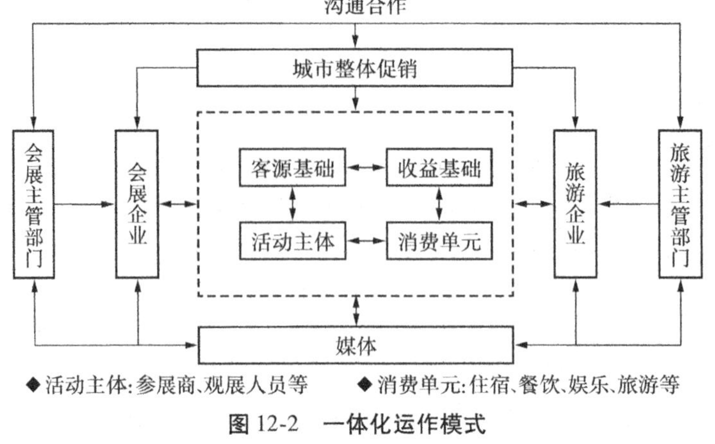

图 12-2 一体化运作模式

会展旅游信息服务体系成为一种必然。

会展和会展旅游产品不是实物商品,也不能成为标准化产品,市场运作前期很适合通过网络形式来运作,所以有条件的城市可以开展会展旅游网络化市场运作模式。进行网络化市场运作模式必须有专业网络公司的技术支持。对于会展旅游城市而言,城市会展和旅游的信息要分门别类,又要具有高度的概括性,既要汇集城市会展旅游业发展的各类相关资源,又要突出城市自身的特色,这自然离不开高水平的设计和制作,因此专业的技术公司非常重要。

这个体系服务于会展旅游的各个主体,为会展旅游运作提供一个信息交流平台,并依据信息类型、处理方式和会展旅游的具体运作,分为政府服务、会展旅游新闻、会展旅游城市、分类会展、客户管理等功能模块。其基本宗旨是在城市会展及旅游行业主管部门、城市会展旅游企业、专业会议、展览组织者、参展商和专业观众之间建立起一座联系沟通的桥梁。如图 12-3 所示。

综上所述,城市会展旅游市场运作过程因每个城市条件而异,现在中国大多数城市还处于单体运作阶段,所以为了使会展旅游业的发展产生高效率,必须优化会展市场运作的模式。

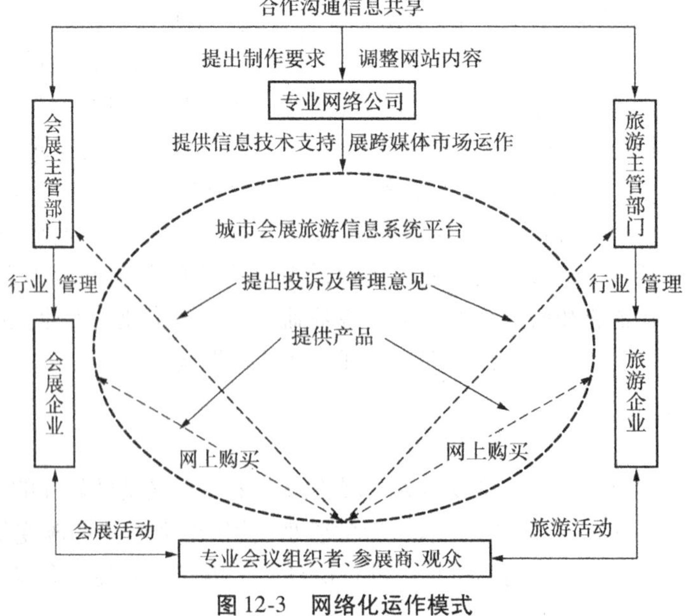

图 12-3 网络化运作模式

12.2.3 会展旅游发展的客观要求

会展旅游与一般旅游活动的一个很大的差异之处在于会展旅游对于旅游地的硬件和软件要求较高。一般旅游活动对于旅游景区的景观质量要求较高，而对于住宿、餐饮、娱乐等方面的要求则相应较低，这是因为一般的观光旅游者关注的是旅游经历，只要是满足他们求新求异的心理就可说为他们成功提供了服务。但是对于会展旅游者而言，提供纯粹的观光项目无法满足其需求，该类群体需要的是高品位的游憩和商务服务。

1)会展旅游所需要的硬件条件

(1)先进的会展商务设施

先进的会展商务设施对于开展会展旅游来说是必不可少的一个重要前提条件，会展商务设施的好坏往往直接决定了该地能否成为会展旅游目的地。目前主要的会展旅游目的地都是以城市为依托，如国内的北京、上海、广州、杭州、深圳等城市，这些会展旅游目的地的一个重要的特征就是拥有良好的基础设施，同时有先进的会展场馆和会展服务设施。此外，在这些城市周边的旅游景区也应具备相应的商务设施，这样才能真正成为符合标准的会展旅游目的地。

因此，发展会展旅游应首先关注商务旅游者对先进会展商务设施的需求，积极引导会展旅游配套设施的建设。以会展旅游发达的国家和地区为例，为了适应举办大型国际性会展的需要，这些国家和地区往往建有集会议、展览、住宿、管饮、商务、娱乐等功能为一体的大型综合性会展中心。如巴黎仅大型的会议场馆就有七八处，可同时容纳 11 万人参会，共有 140 多家航空公司开设了通往巴黎的定期航班。此外，现代化的通信网也应成为会展商务旅游目的地设施配套的一个基本内容，为各种信息的传播提供更为方便和快捷的渠道。

同时，在城市的基础设施方面也要逐步与世界先进水平接轨，不断优化会展旅游发展的宏观环境，如按照公认的国际会展城市标准，不断完善城市对外交通和内部公共交通体系，对现有的星级酒店、会展场所、购物中心、大型娱乐场所、旅游景点等进行整合改造，注重新技术的应用，如磁卡技术、IC 卡技术、多媒体电脑查询系统、自动化技术等。

由于许多商务旅游者的工作和娱乐是不完全区分的，工作的过程在游乐中完成；旅游的同时也会接洽一些商务事宜。有鉴于此，旅游场所的设施也要体现对该类旅游者的关怀，即设置相应的商务中心或商务场所。

(2)完善的旅游配套设施

会展旅游者往往具有一定的社会地位，按照马斯洛的金字塔需求模型，这个群体对于旅游活动的需求已经不仅仅满足于精神层面，而是需要在更高层面上的满足，如实现自我价值、被社会认可和尊重等。对于会展旅游者的这种高层次需求，只有通过为其提供与众不同的服务加以实现。因此，在会展旅游的组织过程中，完善的旅游配套设施同样是不可缺少的条件之一。只有完善的旅游配套设施才能为商务旅游者提供优质舒适的服务，提供与其身份和地位相符的服务。

所以，对于会展旅游目的地而言，在进行规划或建设时一定要综合考虑一般旅游者和会展旅游者的消费需求，在旅游景区的配套设施上突出完善和高档，除了为一般旅游者提供较为实惠的经济型旅游酒店外，还应在旅游景区中具备较佳景观处提供高档次的商务别墅式酒店；在餐饮、休闲、娱乐等服务方式和服务内容上同样应体现出会展旅游者与一般旅游者在消费档次上的差距。

(3)独特的旅游产品供给

作为会展活动的有机组成部分,会展旅游往往是会展活动组织机构较为重视的方面之一。特别是对于大型会议而言,会后都安排有多条旅游线路供与会者选择,此时,会议旅游安排工作的好坏就直接取决于旅游线路中提供的旅游产品内容。对于会展旅游者而言,由于其阅历较为丰富,且在文化层次和审美标准上与一般旅游者存在差异,因此,对于该类旅游者群体应提供较为独特的旅游产品,如奇、绝、怪的旅游产品,并尽量少提供纯粹静态观光性的旅游产品,多提供参与式、互动式的高层次旅游产品。

2)会展旅游所需要的软件条件

(1)优越的环境

环境首先是指会展旅游目的地的形象,其次则指会展旅游需要的政治、经济、文化和自然环境。无论是国际大型会议、地方协会年会或是企业产品推介展示等都会将目的地锁定大都市,至少也是较有知名度的城市。因此"知名度"成为会展商务活动的关注点之一,城市形象则是"知名度""美誉度"等信息等所依附的载体。从共性来看,大都市往往人口密集、高楼林立,古老与现代建筑交相辉映,高水准、高品位的博物馆与艺术馆精彩纷呈,有独树一格的城市广场,有舒适现代的星级宾馆,有丰富新潮的购物中心,有新锐时尚的影视音乐,有激情涌动的娱乐体育,有多姿多彩的夜生活,有便捷顺畅的交通、通信,有知书达理的市民,当然完备先进的会展场所更是不可或缺的基本要素。

从个性来看,大都市往往具有独特鲜明的个性与魅力。纽约的繁华、巴黎的浪漫、伦敦的传统、罗马的艺术气质、瑞士的雪域风光、上海的怀旧,有特色的城市往往会有一个别称为其形象明确定位,比如"狮城""赌城""水乡""音乐之都""阳光之城"等。城市形象强调的是在浓郁的文化背景下彰显个性,以此作为宣传促销的卖点,从而提升某个城市在会展市场中的竞争力。现代人崇尚注意力经济,一个充满独特形象魅力的城市首先具备的就是引人注目的第一印象,无论是源远流长的历史还是新近打造的当代新宠,在大张旗鼓地宣传其形象的开始,就为其成功奠定了一半的基础。因此,城市形象在会展旅游发展中的效应是不容轻视的。

政治环境主要指会展举办地的政治稳定性和社会安定程度,一般而言,该类环境因素会直接关系到会展的举办,因此,会展旅游的目的地应该具备政治环境稳定,社会秩序井然的基本条件。经济条件对于会展旅游的影响较为复杂。一般说来,会展旅游者会倾向于经济较为发达且增长势头良好的地区旅游、购物。但是在某些情况下,经济发展出现挫折、发展过程中出现问题的区域反而吸引诸多会展旅游者的眼光,如亚洲金融危机下的泰国、韩国等国家反而因为其经济不景气,汇率下跌而使得商务旅游者在此旅游可以获得更多的收益。而文化环境则要求会展旅游目的地的社会文化背景最好能与旅游者群体产生一定的差异性,让旅游者在该地旅游能够获得不一样的经历,这样才能吸引这类会展旅游者群体的关注。

(2)优质的服务

会展旅游所需要的服务主要包括两个方面的内容:即会展活动组织方面的专业化服务以及会展商务旅游过程中的优质特色化服务。这是与前面的会展旅游所需要硬件设施相对而言的。前面谈到在会展设施上、会展城市基础设施上、旅游地配套设施上要加大投入，以完善、先进的设施为会展旅游者服务。但是，最终为旅游者提供服务的还是人，所以，在投入硬件设施之余，更要注重的是对旅游者的专业化服务和优质个性化服务。

12.3　我国会展旅游的发展

12.3.1　我国会展旅游的发展回顾

商务旅游是旅游活动的重要形式，在大多数欧美发达国家中，商务旅游是旅游业中赖以生存的一个主要市场。在亚太地区，商务旅游的发展也非常迅速并具有持续发展之势。尤其是日本、新加坡、中国香港等国家或地区，发展势头很猛，商务旅游在我国旅游市场和旅游发展中也占据着越来越重要的地位和作用。

会展旅游与商务旅游关系密切，整体来看，会展旅游在我国的发展可以大致分为 3 个阶段，即会展旅游客源输出阶段、国内会展旅游萌芽阶段和我国会展旅游快速发展阶段。

1）会展旅游客源输出阶段

会展旅游与其他旅游形式一样，必须依托两大空间存在，即旅游客源地和旅游目的地。我国在 1915—1957 年，国内会展业尚未起步，因此，相应的会展旅游也没有得到促进。但是，国内会展业相对静止的发展状态不等于我国会展旅游没有发展。实际上，这里定义的会展旅游发展既包括国内会展旅游的发展，也同时包括国内参与世界会展旅游的发展。而在该阶段，我国就在国际会展旅游发展中扮演了一定的角色。我国早在 1915 年就派个人或团体参加世界各国举办的博览会，并获得许多殊荣（见表 12-1）。

表 12-1　1915 年后我国参加各国博览会获奖情况

产品名称	获奖项目	获奖时间	作　者
25 层象牙球	美国太平洋万国巴拿马博览会　一等奖	1915 年	翁昭、梁雄等
广彩“十二王击球”箭筒	美国太平洋万国巴拿马博览会　一等奖	1915 年	刘群兴
广绣“孔雀牡丹会景”	美国太平洋万国巴拿马博览会　一等奖	1915 年	余德
广绣“四角大花被”	美国太平洋万国巴拿马博览会　一等奖	1915 年	佚名
25 层象牙球	英国伦敦大铁桥开幕国际赛会　一等奖	1923 年	翁昭等
广绣“瑞狮”挂画	英国伦敦大铁桥开幕国际赛会　二等奖	1923 年	余德
象牙雕“夜战马超”	美国芝加哥百年开埠纪念国际博览会　二等奖	1932 年	白满、梁鉴泉

因此，从我国会展旅游的发展来看，最早我国是以出境参展为主，虽然该阶段我国会展产业没有产生和发展，但实际上我国已经参与了国际会展旅游活动，并且扮演了会展旅游客源输出国的角色。该时期可以算作是我国会展旅游发展的最初阶段。

2）国内会展旅游萌芽阶段

迄今为止，我国举办历史最为悠久的会展当属中国进出口商品交易会，又称广交会。广交会创办于1957年春季，每年春秋两季在广州举办，迄今已有50余年历史，是中国目前历史最长、层次最高、规模最大、商品种类最全、到会客商最多、成交效果最好的综合性国际贸易盛会。随着国内展会的起步，我国会展旅游活动也开始萌芽，会展旅游活动不再局限于出国参展，而是以出国参展和吸引国外会展者参加我国国内展会并举为主要形式。因此，1957—1978年可以说是我国会展旅游的萌芽阶段。在该阶段中，我国已经实现了由国际会展商务旅游客源地向国际会展旅游目的地的转变，这个转变的标志就是广交会的举办。但是，由于在该时期我国的经济尚未完全放开，相对封闭的经济环境给参展商制造了人为的障碍，因此，在会展旅游的发展速度上和成效上还不显著，此时的中国会展旅游还没有进入发展的快车道，仅仅处于发展的初级阶段。

3）会展旅游快速发展阶段

1978年后，改革开放的进行将我国社会经济的发展推上了一个新的发展阶段，除了国际会展的发展外，国内各地政府也逐步意识到会展经济对于当地发展的重要性。因此，出现了政府搭台，经济唱戏的各种地方性商贸型会展。与此同时，我国的旅游经济也改变了往日纯粹接待性质的运营模式，进入了商业化运营阶段。国际开放度的不断提高，国内会展活动的广泛开展以及旅游经济的市场化运作都为我国会展旅游的发展提供了良好的环境和基础。在上述因素的共同作用下，我国会展旅游出现了可喜的发展局面，即国际与国内，出境与入境，会展与旅游同步发展。由于获得了相关产业和社会经济环境的支撑，会展旅游在此后获得了快速发展。

12.3.2 我国会展旅游发展的现状

众所周知，会展旅游是旅游活动的一部分，旅行者的主要目的是前往目的地进行商务会展活动以及为了工作而产生的体育、文化、娱乐、休闲等活动。目前从市场规模和市场结构上来看，会展旅游都已经成为我国旅游业中重要的组成部分。

1）会展旅游市场规模

从会展旅游市场发展的速度来看，我国会展市场正以年均20%左右的速度快速增长，会展旅游则具有更高的增长幅度。按照国际大会和会议协会（ICCA）的预测，中国将成为具有强大潜力的国际会展市场，其总裁及执行董事于2000年8月来华访问，决定全面拓展中国国际会议市场。国际会议协会主席也曾指出："中国有可能成为21世纪国际会议旅游的首选目的地。中国会展旅游市场发展如此迅速的原因主要有以下几个方面：

（1）丰富多彩的资源和文化

会展旅游作为旅游活动的一种，在旅游资源和旅游产品供应上对其具有较大影响力。我国会展商务市场的不断发展壮大，一方面也是得益于我国悠久的历史文化和多彩的旅游景观。我国拥有的5 000年历史为现代人类留下了数量可观的辉煌历史遗迹，此外，由于我国国土面积广袤，民族数量众多，也形成了十分独特的多民族共处的文化民俗景观。因此，我国在自然景观、社会人文景观方面都具有强有力的竞争力，为会展旅游者选择中国作为目的地提供了有力支撑。

(2)安定的社会和政治环境

无论是开发会展事件还是开展旅游活动，安定的社会和政治环境是至关重要的因素。特别是美国"911"事件之后，恐怖主义有所抬头，世界各地政治局势风云变幻，安全已经成为旅游者和商务活动者追求的主要因素之一。在变幻莫测的世界政治局势下，中国始终保持了较为稳定的社会和政治环境，成为世界上最为安全可靠的旅游目的地之一。因此，中国吸引了众多会展旅游者的眼光，成为亚太地区乃至世界上重要的会展旅游目的地之一。

(3)发达的经济和完善的设施

目前，世界经济和会展经济的发展正逐渐由欧美地区向亚太地区转移，我国作为亚太地区的大国之一，拥有较强的综合国力和经济实力，并且最近几年经济发展持续走强，特别是在亚洲金融危机中，我国经济的实力得到了较好的检验。我国在金融危机中帮助周边地区摆脱困境的举措也有目共睹。目前中国已经成为亚太地区重要的经济大国，在世界经济和区域经济中扮演了重要的角色。

在国内经济建设和基础设施建设上，东部沿海地区和主要大中城市的基础设施不断完善，针对会展经济发展的场馆、交通、通信等服务设施和服务水平都得到显著提升，目前已经初步形成上海、北京、广州的一级会展旅游目的地，其带来的会展旅游者活动范围不仅在城市中还辐射到城市的周边地区，极大地带动了城市所在区域经济的发展。此外，还有杭州、深圳、大连等二级会展城市在不断发展。由此可见，我国会展旅游市场的规模会以更加迅速的速度增长。

2)会展旅游市场结构

从会展旅游市场结构来看，我国会展旅游的发展同样迅速。

(1)商务旅游客源地的空间结构不断优化

世界会展旅游的迅猛发展对于我国该类旅游的发展起到了较大的促动作用。据专家估计，随着世界经济的复苏，全世界每年的会议收入约在2 200 亿美元之上，且每年以8% ~10% 的速度增长、商务旅游中的奖励旅游增长最快，1990 年全球的奖励旅游产值已达到1 700 亿美元。随着亚洲经济的崛起，亚太地区会议旅游、奖励旅游的支出也逐年增加。今后全球经济热点逐渐向亚洲转移，可以预见亚太地区会展旅游的发展空间应该相当广阔。

在该形势下，我国会展旅游的客源地空间结构也逐步由周边区域向全球范围内拓展。在我国会展旅游刚起步时，会展旅游者的来源地和旅游目的都较为单一，大多为亚洲周边国家和地区的投资者，如来自中国台湾、香港、澳门的投资者，马来西亚、新加坡等的投资者，其目的也大多以投资选址的考察为主，形式较为单一，空间分布较为集中。而随着我国会展业逐步融入世界会展经济，我国会展旅游者的客源地空间结构也不断得到优化。目前，我国的会展旅游客源地已经覆盖全球，并且会展旅游者的目的也日益多元化，如投资、观展、参展、会议等。

(2)会展旅游在旅游业中比重不断上升

近年来，我国旅游市场的入境客源呈平稳增长趋势，游客的旅游动机逐渐由观光转向以商务投资考察为主。商务旅游是发展最快的旅游项目之一，从其规模和发展看，已成为世界旅游市场的重要组成部分，而且仍有巨大的发展潜力。全球每年旅游业收入的35 000 亿美元中，有4 200 亿美元属于企业的商旅支出,占全部旅游收入的12%,并且随着世界经济的发展和全球化进程的推进,这一比例仍会提高。目前全球商务旅游人数约占旅游者总数的1/3,根据发展趋势来看,今后商务旅游者仍会有大幅度上升。可见我国会展旅游在结构上和市场份额上都大有可为。

12.3.3 我国会展旅游发展存在的问题

1)缺乏对商务旅游的认识和研究

商务旅游,尤其是会议旅游产品已成为众多国家和地区旅游业发展的推动力,受到政府和主管部门的高度重视。但是我国许多旅游企业尤其是政府主管部门对商务旅游没有一个清晰的认识和把握,对商务旅游缺乏相应的研究和规划,因此,不能从旅游的角度对商贸活动进行综合的开发。

2)宣传、促销的力度不够

据世界旅游组织的统计,促销投入约占国家旅游管理机构整个预算的56%以上。1995年,世界各国旅游管理部门总预算达到22 亿美元、促销总预算就达到12 亿美元。我国用于这方面的支出十分有限,仅为周边国家的十分之一,甚至几十分之一,不但无法开展对公众有影响的宣传,甚至连一般宣传品的供应都难以保证,极大地制约了旅游客源的持续增长。此外,我国还没有专门针对会展旅游者的系统宣传,旅游管理机构的营销和宣传都以大众旅游者为目的,没有考虑会展旅游者的特殊需求。

3)缺乏专业人员和信息来源

商务旅游专业服务人员是商务旅游网络的支撑,其素质的好坏、专业水平的高低直接影响到会议旅游与奖励旅游的申办、组织、接待的成败。由于会议承办有限,主办者为争取主办权必须经过激烈的竞争,因此大多数国家需要的都是训练有素的专业会议策划家。在我国,这方面的专业人才少、水平参差不齐。

4)大型现代化的会展场所较少

通过修建高质量、现代化的会展中心以发展商务旅游的重要性是不容置疑的。新加坡国际会议展览中心包括一座可容纳1.2 万人的无柱会议大厅、1.2 万平方米的展览大厅、拥有2 000 个座位的多功能厅和26 个中小型会议室。我国香港特区国际会议中心,拥有2.6 万平方米的展览面积和7 500 平方米的会议场地。而我国内地近几年来在会展场馆建设方面虽然已取得了很大的成绩,但是总体上看大型现代化场馆与发达国家相比仍然偏少。大型现代化会展场所和设施的不足必定会对会展商务旅游的发展带来一定的影响。

5)旅游结构不合理,设施差

由于我国的旅游产品多以观光考察旅游为主,因此,旅游设施结构单一,基本上都是用于观光游览的旅游宾馆,缺乏发展商务旅游所需要的商务旅馆、会议旅馆和全套房旅馆,尤其是缺乏满足国内外中小企业商务者所需要的中低档商务旅馆。会展旅游者对饭店内部的设施和服务有着特殊的要求，而我国的饭店在客房照明和家具，办公器具（客房传真机、电脑及电脑插座、客房电话答录设备、语音信箱、呼叫器），信息通信服务（电视信息频道、移动电话、互联网进客房），会议设施（同步会议设备、大投影屏幕、多媒体设备投影仪、同声翻译设施），秘书服务及女性商人所需要的个性化服务等方面还存在着许多问题。

6）会展旅游业领导体制不顺、管理混乱

我国由于缺乏对旅游业的全面理解和正确认识，尤其是不了解商务旅游的定义和内涵，不少领导干部和从业人员一直认为展览会和交易会仅是一种商业促销活动，而没有把它们看成是旅游活动的一种重要形式，把旅游部门排除在展览业的管理体制之外，从而造成了我国展览业领导体制不顺、不健全的局面，进而引起了管理上的混乱。尤其是展览会的立项审批较混乱，影响了展览会质量，很难创出名牌展览会，有损国家和城市的形象。而在会展旅游的组织过程中，形成两大独立的业务块，即会展和旅游，两者的分离大大弱化了会展旅游对于国民经济的推动意义，同时也降低了会展旅游者的体验。因此，如能够成立统一的管理部门对会展旅游进行运作和管理，必定能获得更为理想的效果。

12.3.4 我国会展旅游发展的对策

我国会展旅游要发展，必须从以下 4 个方面的支撑要素开始努力：

1）主题的选择

主题的选择对于会展和旅游而言都是极为重要的要素之一。主题直接决定了展会的内容，也决定了展会参与者的身份，它同样也是展会是否具备吸引力的决定因素。只有主题选择恰当，会展与旅游互动发展才具备前提条件。因此，会展举办者和旅游企业及旅游主管部门应根据自身情况制订独具特色的主题，通过旅游的强大的吸引力来为会展提供更多的专业观展者和潜在客户，同样会展也可通过举办强势品牌的展会来为举办地创造更多的旅游者。可见，只要会展和旅游的主题选择恰当，会展和旅游就能凭借各自的优势实现互动发展。

2）活动的组织

会展和旅游从其本质来看都是人们参与的一系列社会活动的综合体，因而，会展与旅游的互动发展实际上就是两种活动之间相互交错，相互促进的过程。所以，旅游和会展活动的组织便成了两者实行互动发展的关键。总体而言，活动的组织要遵循以下原则：

首先，时间上的互补性。会展与旅游活动组织在时间上体现出互补性，有助于实现两者的共同利益。比如，会展活动避开当地旅游的高峰期举行，一方面有利于展会组织者降低成本；也有利于旅游业获得持续稳定的收入。此外参加展会的商务旅游者还可以享受更为宽松的旅游环境。

其次，形式上的特色性。会展活动的全程组织都应该在形式上突出强调当地的特色。只有这样才能激起参加展会人员的旅游兴趣。例如 2001 年在上海举行的亚太经合组织会议中，与会代表全部身着唐装，会后洋溢着古典气息的唐装和中国悠久的历史文化开始风靡全球。

最后，内容上的针对性。活动在组织时要注意到参加活动主体的特性，尽量使活动围绕着这些主体进行。只有本着这样的一个原则，会展和旅游才能实现最佳的配合。比如，旅游应该根据参展商和观展者的特殊专业背景或需求，设计出不同类型的旅游产品，并配合展会共同进行宣传，以增强展会的吸引力。这些会展参与者在会展举办地旅游之后获得的不寻常经历，将促使他们再次参加这样的展会和到该地旅游。

3）服务的优化

对于同作为第三产业中精英的会展和旅游业来讲，服务自然是位于第一位的，优质的服务既是会展和旅游发展的保证也是两者实现互动的重要支撑要素。优质的服务应该符合如下要求：首先，效率较高。服务的提供非常注重效率，会展参与者和旅游者的时间都十分宝贵，若无法提供高效的服务，他们的利益必然受到损失。其次，满意度高。服务的优质与否一方面看服务是否按照规程操作到位，另一方面要看接受服务方的满意程度。因此要借助各种手段来提高被服务方的满意程度。最后，专业化高。会展和旅游均为专业性比较强的行业，因而这两个行业中的服务也相应具有专业性。从会展服务来说，它可以分为两个类型。一个是接待服务，另一个就是展会服务。由于专业的限制，会展企业在提供展会服务方面一定有巨大的优势，然而在接待服务方面却必然无法面面俱到，而提供细致入微的暖人服务正是旅游业的专业优势。因此，优势服务的专业化程度一定要高，只要会展和旅游发挥其独特的专业优势，必然会形成良性的互动发展格局。

4）设施的完善

固然，优质的服务是会展和旅游业存在和互动发展的保证，但是如果没有硬件设施作为支撑，优质服务是不可能实现的。现代社会的任何服务都要建立在一定设施的基础上。对会展和旅游来说，两者对设施的要求都非常“苛刻”。如会展业对会展场馆面积、设备功能的要求十分高，一般都要求采用世界上较为领先的技术，旅游业为了让游客获得最大程度的享受，企业也必须不断更新设备以获得较强的竞争力。可见，设施的完善是从最基础的层次为会展与旅游的互动发展提供支撑。

案例分析：德国会展业带动商旅业快速发展

在德国会展局（GCB）和欧洲活动中心协会（EVVC）联合主办的2013年绿色会议和活动大会上（2013 GreenMeeting & Eventsconference），德国国家旅游局（GNTB）董事会主席Petra宣布德国作为商务旅行目的地的定位，商务旅行成为德国入境旅游增长非常重要的推动力量。

会展与商旅互相促进

德国展览业协会（AUMA）国际部主任斯宾格对《中国贸易报》记者透露，每年德国举办约300场展览会，其中国际展和国内展各半，世界2/3的顶级行业展览会在德国举办；国际展会上约有一半以上的参展商来自海外，其中1/3来自欧洲以外的国家；约1/4的观众来自海外，海外专业观众比例高达30%。此外，德国展览会主办机构还积极从事海外展览业务的拓展，近年来每年在海外举办展会约250场。在斯宾格看来，会展业需要包括旅游业、餐饮业、酒店业、交通运输业等产业的支持。德国拥有丰富的旅游资源，旅游业年收入占GDP的1.2%。德国酒店业在欧洲排名居第一位，发展成熟的旅游业给予了会展业强大支持，而会展业的繁荣又带动了旅游业的兴盛。对于高速发展中的东欧和亚洲客源市场来说，德国极富吸引力。

他同时提到，虽然受到金融危机影响，但德国作为会展经济大国，无论是商务旅游还是企业会展一直对世界客商具有很强的吸引力。

德国是商务旅行重要目的地

德国国家旅游局北京办事处首席代表李朝晖告诉记者，德国商务旅行市场去年增长尤其显著。

根据国际旅游咨询公司和世界旅游监测者论坛提供的数据，2012 年，欧洲人到德国进行商务旅行的人次比上一年增长 12.3%。2012 年，德国连续第三年成为最受欧洲游客欢迎的欧洲第二大旅游目的地，创造了 4 620 万人次的入境旅游记录，增长了 8.2%，远高于欧洲游客国际出境人次的同比增长幅度(1.9%)。

同时，欧洲人到德国度假旅游的人次也显著增长，达到 6%。这使得德国在 2012 年保持了欧洲头号商务旅行目的地的地位。

此外，前往德国的中国游客逐年增长。优美的自然风光，便利的交通，众多的历史文化主题，以及丰富的人文景观，都给游客提供了绝佳的度假旅行体验。

德国驻华使馆新闻参赞康博满介绍，自 2012 年秋季起，德国驻华各使领馆相继开设了签证中心，无需面试、预约递交材料更便捷的优势，为中国游客前往德国提供更大方便。此外，为方便有计划前往德国旅行的游客，使馆开通了网上预约系统，可以通过这个系统在线预约申请签证日期。

会奖旅游设施齐备

目前，德国共有 25 个大型展览中心，展厅总面积 264 万平方米，加上室外展览场地 100 多万平方米，展览总面积达 365 万平方米。世界前 10 家营业额最大的展览公司中有 5 家设在德国。现代化的会展中心及与其相配套的技术设施，加上发达的交通网络和德国所处欧洲中心的地理位置，为展览会的成功举办提供了良好的前提。

德国展会业的效益是惊人的，它不但确保了几十万人的就业岗位，使服务业更加壮大，而且使经济结构更趋合理。从经济角度看，展会直接带动了餐饮、宾馆、旅游和交通业的繁荣与发展，其每年的收入高达 130 亿美元。此外通过展会形成的订货合同金额每年大约都在 280 亿美元。

德国还有着极其便捷的公共交通网络，特别是其堪称一流的铁路网，乘火车旅游是在德国非常便利和节省费用的旅游方式。此外，德国有 14 个国家森林，14 个生物多样性保护区，100 多个自然保护公园。全球约有 750 个保护景点被联合国教科文组织列入世界文化遗产保护名录，而德国拥有其中的 27 个。

资料来源：中国贸易报，2013-07-23.

讨论题：

1. 结合案例，请你谈谈会展和旅游之间的相互关系。
2. 上述案例对我国会展业的发展有何借鉴意义？

【专业词汇】

会展旅游(MICE tourism)　运作模式(operation model)

【思考与练习】

1. 会展旅游的概念是什么?
2. 阐述会展业与旅游业的关系。它们之间互动的基础是什么?
3. 如何针对会展旅游市场进行促销?
4. 网络化模式如何运作? 最关键的是哪个环节?
5. 单一化模式有什么缺点,为什么?
6. 我国会展旅游发展面临哪些重要问题? 应该如何解决?

参考文献

[1] 马勇,王春雷.会展管理的理论、方法与案例[M].北京:高等教育出版社,2003.
[2] 马勇,冯伟.会展管理[M].北京:机械工业出版社,2006.
[3] 沈丹阳."十五"期间(2001—2005)中国展览业发展报告[M].北京:中国经济日报出版社,2007.
[4] 刘松萍.会展营销[M].重庆:重庆大学出版社,2013.
[5] 程淑丽,赵贵廷.会展公司规范化管理操作范本[M].北京:人民邮电出版社,2007.
[6] 许传宏.会展服务管理[M].北京:北京大学出版社,2010.
[7] 张敏,邵培仁.会展管理[M].上海:上海人民出版社,2011.
[8] 王保伦.会展经营与管理[M].北京:北京大学出版社,2006.
[9] 过聚荣.中国会展经济发展报告(2011)[M].北京:社会科学文献出版社,2011.
[10] 过聚荣.中国会展经济发展报告(2012)[M].北京:社会科学文献出版社,2012.
[11] 王春雷,陈震.展览项目管理——从调研到评估[M].北京:中国旅游出版社,2012.
[12] 于世宏.会展管理信息系统[M].重庆:重庆大学出版社,2012.
[13] 庾为.会展营销[M].天津:南开大学出版社,2011.
[14] 雷鹏,杨顺勇,王晶.会展案例与分析[M].北京:化学工业出版社, 2009.
[15] 曾华.会展场馆管理[M].北京:机械工业出版社,2008.
[16] 刘士名.世界商品展览史[M].哈尔滨:黑龙江科学技术出版社,1992.
[17] 潘杰.中国展览史[M].北京:电子科技大学出版社,1993.
[18] 林宁.展览知识与实务[M].北京:经济科学出版社,1999.
[19] 吴克祥,周昕.酒店会议经营[M].沈阳:辽宁科学技术出版社,2001.
[20] 宋力刚.国际化企业现代物流[M].北京:中国石化出版社,2001.
[21] 张铎,林自葵.电子商务与现代物流[M].北京:北京大学出版社,2002.
[22] 郝渊晓.现代物流管理学[M].广州:中山大学出版社,2001.
[23] 骆温平.第三方物流理论、方法与案例[M].上海:上海社会科学院出版社,2001.
[24] 王立坤,孙明.物流管理信息系统[M].北京:化学工业出版社,2003.
[25] 杨锡怀.企业战略管理[M].北京:高等教育出版社,2003.
[26] 王平换.企业战略管理[M].2 版.重庆:重庆大学出版社,2014.
[27] 赵曾耀.企业集团治理[M].北京:机械工业出版社,2002.

[28] 姚小涛,席有民.环境变革中的企业与企业集团[M].北京:机械工业出版社,2002.
[29] 梁磊,王宏涛.企业集团发展模式与运行机制比较[M].北京:机械工业出版社,2002.
[30] 周三多.战略管理新思维[M].南京:南京大学出版社,2002.
[31] 王革非.战略管理方法[M].北京:经济管理出版社,2002.
[32] 王成,宋柄颖.企业最优战略定位[M].北京:中国经济出版社,2002.
[33] 王方华,吕魏.企业经营战略管理[M].上海:复旦大学出版社,2002.
[34] 黎洁,赵文红.旅游企业经营战略管理[M].北京:中国旅游出版社,2001.
[35] 王永龙.21 世纪品牌运营方略[M].北京:人民邮电出版社,2003.
[36] 陆娟.现代企业品牌发展战略[M].南京:南京大学出版社,2002.
[37] 马勇,王春雷.旅游市场营销管理[M].广州:广东旅游出版社,2002.
[38] 马勇.旅游经济管理[M].天津:南开大学出版社,1999.
[39] 王全胜.电子商务原理[M].北京:北京大学出版社,2002.
[40] 韩冀东,成栋.电子商务概论[M].北京:中国人民大学出版社,2002.
[41] 方美琪,钟家贵.电子商务与传统企业[M].北京:清华大学出版社,2003.
[42] 巫宁,杨路明.旅游电子商务理论与实务[M].北京:中国旅游出版社,2003.
[43] 何荣勤.CRM 原理·设计·实践[M].北京:电子工业出版社,2002.
[44] 张国方,金国栋.CRM(客户关系管理)的应用与理论研究综述[J].科技进步与对策,2003.
[45] 马勇,周霄.WTO 与中国旅游产业发展新论[M].北京:科学出版社,2003.
[46] 张文显.当代西方法哲学[M].长春:吉林大学出版社,1987.
[47] 赵西萍.旅游企业人力资源管理[M].天津:南开大学出版社,2001.
[48] 刘宏伟.中国会展经济报告:2002.[R].上海:东方出版中心,2003.
[49] 过聚荣. 2006—2007:中国会展经济发展报告[M].北京:社会科学文献出版社,2007.
[50] Hanlon A. Trade Shows in Marketing Mix[M]. New York:Hawthron Books,1982.
[51] Christine Christman. The Complete Handbook of Trade Show Exhibiting[M]. New Jersey: Prentice Hall,1991.
[52] Judith A. Delapa. Job Descriptions That Work[J]. Personnel Journal,1989(June).
[53] 马勇.中国会展业发展的趋势与创新对策[J].中国展会,2002(3).
[54] 马勇.中国会展经济发展解读[J].经济地理,2002(3).
[55] 马勇,肖轶楠.精选展会主题,细谋营销策略[J].中国会展,2002(13).
[56] 马勇,李玺.中国会展业竞争力分析与品牌化发展战略研究[J].中国展会,2002(9).
[57] 马勇.四大误区制约会展业发展[N].长江日报,2002-07-16.
[58] 马勇,肖轶楠.会展企业人力资源开发与管理[J].中国展会,2002(4).
[59] 马勇,周娟.旅游目的地电子商务网站构建与营销创新[J].旅游学刊,2003(15).
[60] 作者不详.大会展之都形成评析[J].中国经济信息,2004(8).
[61] 作者不详.组伦堡展览公司的服务战略[J].中国会展,2004(22).
[62] 梁圣蓉.提升会展企业品牌价值的五大策略[J].中国展览,2006(07).
[63] 梁圣蓉.培育自主知识产权,打造国际会展品牌核心竞争力[J].中国展览,2006(05).
[64] 梁圣蓉.浅析国际会展知识产权保护制度[J].中国展览,2006(06).

[65] 刘住,金辉,梁保尔.对上海2010年世博会申办工作的几点思考[J].旅游科学,2000(4).
[66] 王云龙.会展活动与旅游活动的比较——兼论会展旅游概念的界定[J].旅游学刊,2003,18(5).
[67] 王保伦.会展旅游发展模式之探讨[J].旅游学刊,2003,18(1):35-39.
[68] 周春发.国内会展旅游研究进展[J].桂林旅游高等专科学校学报,2001(4).
[69] 王春雷.国内会展旅游研究述评[J].桂林旅游高等专科学校学报,2004,15(6).
[70] 王春雷.中国会展旅游发展的优化模式构建[J].旅游学刊,2002.
[71] 王保伦.会展旅游发展模式之探讨[J].旅游学刊,2003,18(1).
[72] 李玺,肖轶楠.会展企业人力资源开发与管理[J].中国展会,2002(4).
[73] 肖轶楠.会展企业集团发展战略[J].展览与专业市场信息,2002(5).
[74] 马勇,肖轶楠.我国旅游企业人力资源开发与管理模式创新[J].经济管理,2003(15).
[75] 白长虹,范秀成.基于顾客感知价值的服务企业品牌管理[J].外国经济与管理,2002(2).
[76] 杜长征.美国展览场馆的三种管理模式[N].国际商报, 2005-02-23.
[77] 郑兆磊.2012年中国会展场馆综合分析[M]//过聚荣.中国会展经济发展报告(2013).北京:社会科学文献出版社,2013.
[78] Dwyer,Forsyth. MICE Tourism to Australia:A framework to assess impacts. Proceedings of the Australia Tourism & Hospitality Research Conference,1996:313-323.
[79] Dwyer,Mistilis. Tourism gateways and regional economies:the distributional impacts of MICE [J]. International Journal of Tourism Research,1999(1):441-457.
[80] Fenich. Convention Center Operations:Some Questions Answered [J]. Journal of Hospitality Management,1995,14(3/4):311-324.
[81] McCabe, Poole, Weeks, etal. The business and management of conventions [M]. Milton: Wiley,2000.
[82] Oppermann. Conventions destination images analysis of association meeting planners' perceptions[J]. Tourism Management,1996,17(3):175-182.
[83] Lawson. Congresses, conventions and conferences: Facility supply and demand [J]. International Journal of Tourism Management,1980(September).
[84] 保继刚,戴光全.西方会议会展与会议旅游——发展简况、研究简介与国际机构[J].中国会展,2003(14):57-59.